2022—2023年
厦门市经济社会发展与预测

蓝皮书

主　编：潘少銮

副主编：吴文祥　陈艺萍　李　桢

厦门市社会科学界联合会
厦门市社会科学院 编著

厦门大学出版社
XIAMEN UNIVERSITY PRESS
国家一级出版社
全国百佳图书出版单位

图书在版编目（CIP）数据

2022—2023 年厦门市经济社会发展与预测蓝皮书 /
厦门市社会科学界联合会，厦门市社会科学院编著. -- 厦
门：厦门大学出版社，2022.12
ISBN 978-7-5615-8792-8

Ⅰ．①2… Ⅱ．①厦… ②厦… Ⅲ．①区域经济－经济
分析－研究报告－厦门－2021②区域经济－经济预测－研
究报告－厦门－2022 Ⅳ．①F127.573

中国版本图书馆CIP数据核字(2022)第189658号

| 出 版 人 | 郑文礼 |
| 责任编辑 | 许红兵 |

出版发行　厦门大学出版社

社　　　址	厦门市软件园二期望海路 39 号
邮政编码	361008
总　　　机	0592-2181111　0592-2181406(传真)
营销中心	0592-2184458　0592-2181365
网　　　址	http://www.xmupress.com
邮　　　箱	xmup@xmupress.com
印　　　刷	厦门集大印刷有限公司

开本	720 mm×1 000 mm　1/16
印张	28.75
插页	2
字数	535 千字
版次	2022 年 12 月第 1 版
印次	2022 年 12 月第 1 次印刷
定价	88.00 元

本书如有印装质量问题请直接寄承印厂调换

厦门大学出版社
微信二维码

厦门大学出版社
微博二维码

扫描上方二维码获取本书电子书

前　言

　　2022 年中国共产党第二十次全国代表大会胜利召开,是党和国家事业发展进程中十分重要的一年,也是实施"十四五"规划承上启下的关键一年。以习近平新时代中国特色社会主义思想为指导,深入学习贯彻习近平总书记重要讲话重要指示精神,特别是在福建考察时的重要讲话精神和致厦门经济特区建设 40 周年贺信重要精神,厦门人民牢记嘱托,当好改革开放先锋,发挥辐射带动作用,在新时代中展现了新担当新作为。值此之际,由厦门市社科联、市社科院组织编撰的《厦门市经济社会发展与预测蓝皮书(2022—2023)》正式付梓出版了。

　　全书以党委政府及公众关注的社会热点问题为研究重点,分为"经济篇""社会篇""区域篇""专题篇",内容涵盖 2022 年厦门市经济运行、社会发展、文化繁荣、生态文明等各个领域,新设"厦门市工业经济运行情况分析及建议""厦门市海洋产业发展情况分析及建议""厦门市优化营商环境情况分析及建议""厦门市实施乡村振兴战略情况分析及建议""厦门市人才发展情况分析及预测""厦门市创新生态建设情况分析及建议""厦门市建设海丝中央法务区情况分析及建议"等 7 个篇目,调整"厦门市招商引资情况分析及建议""厦门市建设国际消费中心城市情况分析及建议""厦门市推进金砖创新基地建设情况分析及建议""厦门市推进跨岛发展战略情况分析及建议""厦门市医疗卫生发展情况分析及建议""厦门市教育发展情况分析及建议""厦门市推进厦台融合发展情况分析及建议"等 7 个篇目的题目或撰稿人。以科学、翔实的经济社会发展数据为分析预测基础,全面系统地回顾总结了2022年厦门经济社会发展情况,客观分析预测了2023年以及今后一个时期厦门经济社会发展走势,看到了成绩与差距,发现了问题和矛盾,提出了对策及建议。全书在导向上具有鲜明的科学性,在选题上具有现实的针对性,在内容上具有较强的可读性,在研究上具有地方特色性,是我市社会科学界充分发挥智库作用、服务经济社会发展的有效载体和具体体现。

每年编撰出版厦门市经济社会发展与预测蓝皮书,是我市社会科学界围绕中心、服务大局的重要举措。我市社会科学界将勇立潮头、勇毅前行,为全面深化改革开放,推动高质量发展,促进两岸融合发展,更高水平建设高素质高颜值现代化国际化城市,努力率先实现社会主义现代化提供智力支持;努力把习近平总书记为厦门擘画的宏伟蓝图变为美好现实,为全面建设社会主义现代化国家、全面推进中华民族伟大复兴贡献厦门智慧。

编者

2022年12月

目 录

经济篇

社会篇

区域篇

专题篇

专题一　厦门城市竞争力问题研究

专题二　深化厦门市体育事业管理体制和政策创新研究

经济篇

厦门市经济运行总体情况分析及建议

2022 年以来,厦门市深入贯彻落实党中央、国务院和福建省委、省政府各项部署,按照疫情要防住、经济要稳住、发展要安全的要求,克服国际局势复杂多变、国内疫情多点散发、"三重压力"持续加大等不利因素影响,着力抓好"稳主体、稳信心、促服务、促改革"工作,经济社会保持平稳健康发展,呈现一季度"开门红"、二季度"结果好"、三季度"态势稳"的良好势头,经济增速在省内和全国同类城市中保持领先。

一、2022 年经济运行情况分析

(一)指标情况

1—9 月,厦门地区生产总值 5686.7 亿元,增长 5.9%,比全国、全省分别高 2.9 和 0.7 个百分点,增速排名全省第 3 位、全国 15 个同类城市第 1 位,2022 年以来始终保持领先全国、全省态势。其中,第一产业增长 4.4%,第二产业增长 6%,第三产业增长 5.7%,实现二、三产业协同发力。

从省内看,厦门市商品房销售面积、零售业总额、公路总周转量、邮政业务总量等 4 项指标增速居全省第一,水路总周转量增速居全省第二,金融机构本外币存贷款余额增速居全省第三。从全国 15 个同类城市看,在已公布指标中,厦门市 GDP 增速居第一位,地方一般公共预算收入增速居第二位,规模以上工业增加值增速居第三位,固定资产投资、社会消费品零售总额 2 项指标增速居第四位。详见图 1。

(二)运行特点

1.工业经济稳中有进。 1—9 月全市规模以上工业增加值增长 6.6%,比全国、全省分别高 2.9 个和 0.3 个百分点。全市 35 个工业大类行业中,23 个行业实现增长,增长面为 65.7%;三大主要行业计算机通信和其他电子设备制造业、电气机械和器材制造业、医药制造业均实现稳定增长,分别增长 6.7%、19.2%和 0.9%。战略性新兴产业得到加快培育,厦门市重点发展的新能源、新材料产值分别增长 40.7%和 23.7%。工业发展后劲不断增强,1—9 月工业投资增长 24.2%,其中高技术制造业投资增长 32.1%。

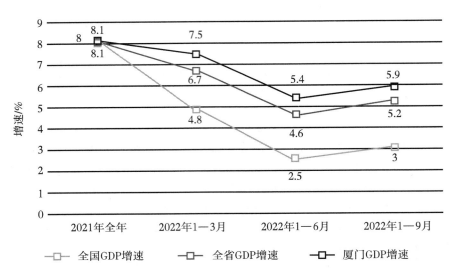

图 1　厦门与全国、全省 GDP 增速比较图

2.服务业发展多向发力。一是批发零售业、其他营利性服务业快速发展。1—9月批发零售业销售额增长24.4%；其他营利性服务业营业收入增长25.2%，其中软件业、租赁和商务服务业发展势头良好，分别增长18%和33%。二是金融业服务实体经济作用进一步增强。9月末金融机构本外币存贷款余额增长11.8%，排名全省第三，其中制造业中长期贷款、普惠小微贷款、涉农贷款的余额分别增长18.9%、27.5%、15.5%。三是交通运输业保持省内领先。1—9月公路总周转量增长7.1%，排名全省第一；水运总周转量增长15.5%、邮政业务总量增长15%，均排名全省第二。

3.投资拉动作用不断增强。1—9月固定资产投资2315.7亿元，增长9.8%，比全国、全省分别高3.9个和0.6个百分点。投资结构进一步优化，其中，工业投资增长24.2%，占全市固定资产投资比重19.1%，同比提高2.2个百分点；基础设施投资增长23.3%，占全市固定资产投资比重30.3%，同比提高3.5个百分点。重大重点项目稳步快速推进，125个省重点在建项目累计完成投资680.1亿元，完成年度投资计划的92.9%。

4.消费市场有序复苏。1—9月社会消费品零售总额2043.3亿元，增长4.4%，比上半年提高4.1个百分点，比全国、全省分别高3.7个和0.3个百分点；网络零售额增长21%，对消费品市场起到较大拉动作用。住宿餐饮业实现较好增长，1—9月住宿业营业额、餐饮业营业额分别增长4.5%和11.7%，比上半年分别提高13.5个和1.9个百分点。

5.外需市场较为低迷。1—9月进出口总额增长4.5%，比上半年回落3.8

个百分点,低于全国、全省 5.4 个和 4.7 个百分点。其中,出口增长 9.5%,比上半年回落 4.1 个百分点,主要是机电产品、劳动密集型产品订单减少;进口同比持平,比上半年回落 3.2 个百分点,主要是铁矿砂等大宗商品进口下降。

6.质量效益稳步提升。财政收入保持稳定,剔除留抵退税按同口径计算,1—9 月全市财政总收入、地方级财政收入分别增长 3.2%和 7.4%,分别比全省高 1.5 个和 1 个百分点;地方级收入税性比重 63%,排名全省第一。市场主体活力增强,1—9 月全市新增税务登记市场主体 7.9 万户,增长 24.3%;全市开具增值税发票金额增长 18.7%。

7.民生保障有力有效。稳岗稳就业成效明显,1—9 月全市城镇新增就业 15.98 万人,完成省定年度任务数的 106.5%;失业人员再就业 3 万人,完成任务数的 83.3%;就业困难人员再就业 0.97 万人,完成任务数的 107.78%。居民收入持续增长,全体居民人均可支配收入 53846 元,增长 6.2%;其中城镇、农村居民收入分别增长 5.5%和 7.3%。物价形势总体稳定,1—9 月居民消费价格指数累计上涨 1.7%,比全国、全省低 0.3 个和 0.1 个百分点,增速在全国 36 个大中城市中排名第 28。

二、面临的主要困难和问题

一是工业面临需求不足问题。受电子消费品需求萎缩影响,部分龙头企业产值、订单数量下降明显;家居卫浴产业受国内外房地产市场不景气影响,运动器材产业受国外需求不足影响,部分企业出现减产。同时生产成本上涨、汇率变动等因素挤压企业经营利润,1—8 月规模以上工业利润总额同比下降 10.9%。

二是消费受疫情影响,短期内难以全面复苏。1—9 月全市旅游总收入下降 8.6%,消费市场不旺问题依然存在。普通商品房市场不振,1—9 月普通商品房销售面积下降 44%,个人住房贷款连续 6 个月负增长。

三是外贸形势日趋严峻。受美国等主要国家货币政策紧缩、汇率波动、地缘政治冲突外溢影响持续、大宗商品价格起伏、全球经济增长放缓、中美脱钩进入实质阶段等影响,外需市场将进一步放缓,外贸将面临更严峻的挑战。

四是企业预期转弱。对全市 409 家各行业企业开展的问卷调查结果显示,拟增加投入的企业占比从 2021 年年底的 46.7%下降至 29.9%。

五是价格形势仍较复杂。本轮猪价上行预计将持续到 2023 年年中;随着冬季取暖季到来以及上游价格上涨等因素影响,天然气也面临供给不足、价格上涨压力。

5

三、2023年形势展望

从国际看,一方面2023年国际形势的不确定性和不稳定性将进一步增加,欧美主要国家加息导致货币紧缩和汇率波动,能源和粮食价格持续上涨,地缘政治冲突影响外溢,全球经济增长不断放缓。世界银行、IMF等国际权威机构纷纷下调2023年全球经济增长预期,最新预测分别为增长2.3%和2.7%,并警示欧美主要经济体从滞胀走向衰退的可能性增大。而美国、欧盟是厦门市出口前两大市场,占比均在20%左右,这将对厦门市明年的出口和工业造成较大影响。

另一方面,中美断链、脱钩进入实质性阶段。随着《2022年芯片与科学法案》的实施以及美国在半导体等领域对华实行出口管制等,2023年我国产业链供应链安全面临更大挑战。相比于深圳、武汉、成都等区域中心城市,厦门市经济总量偏小、辐射带动力较弱,产业链供应链风险将加大。

从国内看,国内经济呈现明显恢复回升态势,但需求收缩、供给冲击、预期转弱这"三重压力"持续显现,经济恢复的基础仍不牢固。根据国家信息中心首席经济师祝宝良9月中旬判断,保守估计我国2022年经济增长3.5%左右;经合组织、国际货币基金组织分别预测2023年中国经济增长4.7%、4.6%。

从厦门市看,虽然经济增长面临一定压力,但应该看到厦门市具备支撑高质量发展的有利因素,2022年以来出台的一系列打基础、管长远的重大改革措施在2023年仍将持续释放政策红利,动能持续、梯次发展的"4+4+6"现代产业体系将形成产业发展新动能。预计2023年全市经济走势与全国一致,并继续保持优于全国、高于全省的态势,各项主要经济指标运行在合理区间。

四、2023年工作措施及建议

2023年厦门市将深入贯彻落实党的二十大精神,高效统筹疫情防控和经济社会发展,坚持把高质量发展作为我市当前的首要任务,深入实施科技创新引领工程、市场主体培育工程和先进制造业倍增计划,把发展经济的着力点放在实体经济上,更高水平建设高素质高颜值现代化国际化城市,努力率先实现社会主义现代化。

(一)推动"4+4+6"产业高质量发展

经济形势严峻复杂时期也是调整结构、转型发展的窗口期、机遇期,要结合全球产业结构调整与国际分工布局,全面推进"4+4+6"现代产业体系建设,切实提升产业竞争力。

1.推动支柱产业集群强链补链。电子信息产业集群:以龙头企业为核心,延伸平板显示、计算机与通信设备、半导体和集成电路等产业链上下游链条；结合大数据"赋能"行业转型，形成软件信息服务业新优势新特色。机械装备产业集群：壮大高端智能装备规模，推进临空经济区建设，引进头部新能源整车项目，壮大零部件配套企业。商贸物流产业集群：加快建设国家综合货运枢纽强链补链城市，积极发展货物和服务贸易、现代物流、会议展览等商贸服务业。金融服务产业集群：深化数字人民币、金融科技创新监管、绿色金融等试点应用推广，加快发展供应链金融、航运金融等特色业务。

2.促进战略性新兴产业加快发展。生物医药产业：抓住后疫情时代生物医药产业机会以及国家集采政策导向，重点布局创新药、高价值耗材、高端医疗仪器设备、数字医疗等领域。新能源产业：抓住新能源汽车行业高景气度及"双碳"政策东风，围绕"链主"企业完善产业生态，前瞻布局无钴电池、固态电池、钠离子电池等新型技术。新材料产业：在稀土材料创新应用、高端电子化学品等领域重点布局"国产替代"环节。文旅创意产业：依托金鸡奖汇聚优势影视资源和市场要素，加快打造文化中心、艺术之城、音乐之岛。

3.谋划未来产业突破性发展。第三代半导体、氢能与储能、基因与生物技术等我市具备一定产业和研发基础的未来产业，要强化前沿技术研究和技术应用，突破一批关键核心技术，培育形成产业新增长点。未来网络、前沿战略材料、深海空天开发等未来产业，要加强基础研究和应用基础研究，力争取得一批重大科技成果，为产业发展集聚创新能量。

（二）积极扩大有效投资

深入落实中央积极扩大有效投资要求，重点扩大工业、基础设施的拉动作用，深化投融资体制改革，为实现明年稳定经济和长远发展提供更多支撑。

1.大力发展工业投资。重点围绕厦门市"4＋4＋6"的产业体系，逐条梳理产业链上全球范围内的龙头企业和关键环节上的高技术性企业，以点带面形成"以商招商"的良性发展格局，促进工业投资稳步增长。

2.强化项目策划生成机制。一是壮大项目储备，强化项目策划生成和转段开工，重点加强重大投资项目策划，突破现有审批体制，将项目策划储备到开工前最后一个环节。二是进一步落实优化基础设施全生命周期推进机制、重大片区运行机制、季度项目评价等全流程抓项目促投资体制机制，加速项目滚动接续、转段生成、落地投用。

3.深化投融资体制改革。一是用好PPP、存量资产盘活等工具。积极策划投资体量大的PPP项目，缓解征拆资金压力；加快全市公共停车场资源整合、产业园区资产梳理，策划发行更多REITs项目；综合运用TOT、特许经营权等方式，盘活高速公路、污水、管廊等基础设施。二是争取更多项目获得中央预算内投资、政策性开发性金融工具、设备购置与更新改造贷款财政贴息和国家"中长期贷款"等支持;持续向上沟通,争取地方政府专项债更大额度支持。

(三)加快拓展内外需市场

积极融入新发展格局,加快培育建设国际消费中心城市,积极拓展外贸出口新市场、新产品、新业态、新货源腹地,增强消费和外贸对经济的拉动作用。

1.多维度促进消费提质扩容。一是加快建设多层次特色化区域商圈,优化提升核心商圈功能布局,持续增强海上世界、集美新城等新兴商圈的辐射能力,加速构建"一刻钟便民生活圈"。二是精准定位消费群体,推动智慧零售、智慧养老、智慧体育、智慧家政等本地性消费新业态提质;依托旅游、会展、赛事等节点性活动,促进外来性消费新需求扩容。三是加快培育新型消费,鼓励企业打通各类消费边界,融合旅游、会展、演艺、体育、研学、康养、婚庆等主题,积极拓展沉浸式、体验式、互动式新型消费,大力发展首店经济、夜间经济、直播经济、国潮经济,创新新型消费应用场景供给模式。

2.全方位挖掘外贸增长点。一是加大市场拓展力度,支持企业积极开拓RCEP、"一带一路"和"金砖＋"市场,积极推进内外贸一体化,帮助企业适销对路的出口产品转内销。二是拓展新出口产品领域,推进汽车整车及零部件、新能源电池等产品出口。三是拓展新外贸业态,培育一批优质跨境电商卖家、服务商、自主品牌及海外仓,发展离岸、转口、易货贸易等新业态业务,引导保税出口企业做大业务规模。四是拓展新货源腹地,建设陆地港,加强与中西部重要节点城市衔接,通过海铁联运、中欧班列、航空货运等方式吸引更多货物在厦门港中转集散。

(四)深化改革优化环境

打造国际一流营商环境,推动改革由"局部突破"向"系统深化"转变,用改革的举措破解难题增强动力。

1.打造国际一流营商环境。一是优化审批流程,深入推进政务服务标准化规范化便利化建设,持续深化"跨省通办""省内通办""一件事一次办"等改革。二是优化监管模式,推行以信用为基础的分级分类监管制度,探索形成市场主体全生命周期监管链。三是强化信息支撑,加快分专题建设社保、医保、公积金、税务等营商环境主题数据库,实现数据共享,推动更多政务服务事项跨部门跨区域联动办理。四是提升社会信用水平,构建更加完善的社会信用基础制度,创新信用数据应用,提升信用就医、信用借阅、信用停车等信用惠民举措成效,提升中小企业获得普惠性信用融资的可获得性和便捷性,积极探索开展以信用为基础的新市民综合金融服务试点。

2.推进重点领域和关键环节改革。一是加快推进激发市场主体活力的改革,继续深化国企改革三年行动,推动重组相关的市属国有企业加强战略梳理,推动符合条件的市属国企加快混改上市;更大力度支持民营经济创新发展,引导民营企业等社会资本加大先进制造业、现代服务业等领域的投资。二是加快推进构建高标准市场体系,开展要素市场化配置综合改革试点,争创国家绿色金融改革创新实验区,力争在数据、资本、土地等要素领域取得新突破。深入实施市场准入负面清单,进一步破除市场准入隐形壁垒。三是持续深化生态文明体制改革,争取在建立健全生态产品价值实现机制方面取得成效。

(五)持续做好民生保障

坚持以人民为中心,扎实推进共同富裕,持续增进民生福祉,不断实现人民对美好生活的向往。

1.全力稳就业促进居民增收。持续深化就业政策申领"放管服",推行失业保险稳岗返还、留工补助、扩岗补助"免申即享",实施缓缴社保费"即申即享",推进就业补贴政策"直补快达",推动各区至少建设1个零工市场,加强农民工、就业困难人员等群体就业帮扶。

2.扎实做好重要民生商品保供稳价。加强标准化蔬菜生产基地建设,稳定生猪产能,及时组织猪肉收储投放调节。持续完善重要民生商品价格调控机制,充分发挥平价商店作用,确保重要民生商品供应充足、价格稳定。适时启动社会救助和保障标准与物价上涨挂钩联动机制,保障困难群众基本生活。

3.持续提升公共服务水平。实施教育补短扩容行动,推动新增中小学幼儿园学位5.9万个。提升医疗卫生服务水平,加快复旦中山厦门医院等4个国家区域医疗中心试点建设,均衡岛内外医疗布局。加快建设新体育中心、市青少年足球训练中心等文体设施建设。推进养老事业和养老产业协同发展,继续开展婴幼儿照护服务试点,推进福利性托育设施点建设。

厦门市发展和改革委员会　姜　瑞　许　林

厦门市财政形势分析与预测

2022年是实施"十四五"规划承上启下的关键一年。面对复杂严峻的国内外形势和多重超预期因素冲击,叠加新增组合式税费支持政策影响,厦门市经济运行稳中加固,财政收入增幅有所下滑,财政支出增速呈上升趋势,非税收入实现较高增长,各区财政收支增速存在差距。今后财政工作的重点包括:落实落细积极的财政政策,稳固经济恢复态势;加强支出统筹把关力度,促进节支提效;优化财政监督管理,扎实细致防范重点领域财政风险;加快推进重点领域改革,助力岛内外高质量发展。

一、厦门市财政运行情况

(一)2021年财政情况回顾

2021年全市一般公共预算总收入1530.2亿元,增长13.2%,其中地方级收入881亿元,增长12.4%。全市一般公共预算支出1060亿元,增长8.5%。全市政府性基金收入1071.1亿元,增长30.4%;全市政府性基金支出1251.6亿元,增长20.8%。全市国有资本经营预算收入24亿元,下降46.5%;全市国有资本经营预算支出22.4亿元,下降27.3%。

(二)2022年财政运行情况

2022年1—9月,全市一般公共预算总收入1287亿元,扣除增值税留抵退税因素同口径增长3.2%,其中地方级收入805.2亿元,扣除增值税留抵退税因素同口径增长7.4%;全市一般公共预算支出748.7亿元,增长5.5%。全市政府性基金收入745.3亿元,增长6.1%,其中土地类基金收入739.3亿元,增长6.1%;全市政府性基金支出912.2亿元,增长44.7%。全市国有资本经营预算收入3.1亿元,下降80.6%;全市国有资本经营预算支出1.8亿元,下降83%。全市社会保险基金收入163亿元,增长19.4%;全市社会保险基金支出128.3亿元,增长7.4%。

二、2022 年厦门市财政情况分析

(一)经济运行稳中加固,财政支出增速逐步反超财政收入增速

2022 年以来,疫情持续反复、乌克兰危机等超预期因素不断出现,经济发展面临不少困难和挑战。厦门市统筹疫情防控和经济社会发展,积极落实稳经济一揽子措施,1—9 月全市实现地区生产总值 5686.72 亿元,增长 5.9%,主要经济指标保持平稳增长(见表 1),季度 GDP 增速波动幅度较小,且始终高于全省、全国水平(见图 1),经济运行呈现稳中加固的良好态势。

表 1　2022 年 1—9 月厦门市主要经济指标发展情况

经济指标	单位	数额	增长/%	经济指标	单位	数额	增长/%
地区生产总值	亿元	5686.7	5.9	固定资产投资额(不含农户)	亿元	2315.7	9.8
第一产业	亿元	20.2	4.4	其中:房地产投资	亿元	855.7	4.0
第二产业	亿元	2231.8	6.0	社会消费品零售总额	亿元	2043.3	4.4
第三产业	亿元	3434.5	5.7	进出口总额	亿元	6863.5	4.5
规模以上工业增加值	亿元	1879.3	6.6	全体居民人均可支配收入	元	53846	6.2

资料来源:厦门市统计局。

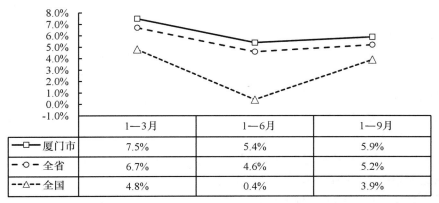

	1—3 月	1—6 月	1—9 月
厦门市	7.5%	5.4%	5.9%
全省	6.7%	4.6%	5.2%
全国	4.8%	0.4%	3.9%

图 1　2022 年厦门市、福建省与全国季度 GDP 累计增长变动情况

资料来源:厦门市统计局、福建省统计局、国家统计局。

图 2 显示,2022 年 1—9 月,厦门市一般公共预算总收入剔除留抵退税因素同口径增长率总体呈现先下降后波动性缓慢回升的态势,第一、二、三季度分别为 15.7%、5.1%、3.2%。2022 年国家实施了力度空前的以存量留抵退税为主的退税减税缓税政策,厦门市落实落细中央、省市各项减税降费政策,1—9 月全市累计减税退税缓税 234.2 亿元,惠及企业超 20 万户,用政府收入的减法换取了企业发展的加法,为经济的平稳运行和未来持续的经济增长奠定了良好的基础。相比于收入下滑,全市一般公共预算支出增速总体呈上升趋势,且在第二季度开始反超一般公共预算总收入,反映积极财政政策持续发力,全力稳增长、保抗疫。

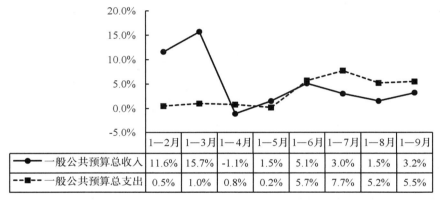

	1—2月	1—3月	1—4月	1—5月	1—6月	1—7月	1—8月	1—9月
一般公共预算总收入	11.6%	15.7%	-1.1%	1.5%	5.1%	3.0%	1.5%	3.2%
一般公共预算总支出	0.5%	1.0%	0.8%	0.2%	5.7%	7.7%	5.2%	5.5%

图 2　2022 年 1—9 月厦门市一般公共预算总收入与支出累计增长变动情况
资料来源:厦门市统计局。

(二)深化投融资体制改革,创新"财政政策＋金融工具"扶持方式

2022 年以来,厦门市以市委、市政府名义印发《厦门市深化城市建设投融资体制改革实施方案》(厦委发〔2022〕5 号),以统筹资金、资产、资源为一体,以"财政政策＋金融工具"为两翼,全力推动投融资体制改革落实落地。目前,已有多个改革项目落地:实现 3 个 TOD 综合开发地块出让,筹集资金 125 亿元;生成 18 个 PPP 项目,总投资超 1200 亿元;策划 8 个 REITs 项目纳入国家储备库,盘活资产 100 亿元;设立城市建设投资基金,首期募资规模 200 亿元。通过上述改革,预计可引入社会资本超过 2000 亿元。

具体扶持方式上,厦门市创新"财政＋金融"的理念,加快转变产业扶持投入方式,聚焦稳市场主体的关键环节,根据不同类型企业特点和需求,分类设计"财政政策＋金融工具",以财政资金撬动金融资源"精准滴灌",帮扶企业破解发展难题,共促实体经济高质量发展。具体帮扶方式包括:设立技术创新基金,运用"财政政策＋基金"支持企业扩大投资和研发创新;设立中小微企业融资增信基金,运用"财政政策＋担保"帮助企业增信改善融资难问题;设立应急转贷资金,运用"财政政策＋过桥融资"缓解企业短期流动性紧张问题;加大出口信用保险扶持,运用"财政政策＋保险"帮助企业对冲外贸信用风险。这些创新举措既缓解了企业在资金方面的燃眉之急,也放大了财政补助的乘数效应,有效帮扶了实体企业,夯实了未来财政收入增长的微观基础。

(三)税收增长结构变化受政策调整和经济增长结构的双重影响,非税收入实现较高增长

1.新的组合式税费支持政策和经济增长结构影响税收增长结构变化。
2022年1—9月,厦门市累计实现税收收入507.5亿元,剔除留抵退税因素同口径下降1.5%,占一般公共预算总收入的39.4%。其中增值税实现290.8亿元,剔除留抵退税因素146.5亿元,增收70.5亿元,同口径增长19.2%,增幅居全省九地市第一,高于全省12.2个百分点。但值得注意的是,虽然扣除留抵退税因素的同口径增长较好,但实际可用财力增长情况不乐观,各税种同比增长情况如表2所示。主体税种增值税和企业所得税分别同比下降20.6%和1.8%,个人所得税同比下降34.2%,主要是受新的组合式税费支持政策的影响,但市场主体税负的减轻也有利于助推经济回暖。

表2　2022年1—9月各税种收入完成情况

税种	收入数/亿元	同比增长/%	税种	收入数/亿元	同比增长/%
增值税	290.8	−20.6	印花税	10.4	−13.4
消费税	86.7	8.3	城镇土地使用税	4.0	−6.6
企业所得税	264.5	−1.8	土地增值税	79.8	3.8
个人所得税	122.2	−34.2	车船税	4.3	2.5
资源税	0.7	1010.3	耕地占用税	1.0	68.4
城市维护建设税	28.3	−5.9	契税	50.3	−6.4
房产税	31.6	25.8	环保税	0.3	79.6
车辆购置税	14.5	−20.1			

资料来源:厦门市财政局。

从产业贡献来看,工业税收保持平稳增长,全市规模以上工业增加值比上年同期增长6.6%,与之对应,工业实现税收342.3亿元,剔除增值税留抵退税因素同口径增长7.4%,与规模以上工业增长态势基本一致。商贸服务业税收分化明显,其中批发业实现税收118.5亿元,剔除留抵退税因素后,同口径增长21.5%。零售业和餐饮住宿业分别实现税收23.3亿元和0.28亿元,剔除留

抵退税因素同口径下降1.0%和6.3%。房地产业实现税收173.8亿元，下降明显（剔除留抵退税因素同口径增长-6.0%），主要是一、二手房交易面积较上年同期下降43%，交易金额下降45%。金融业税收基本持平，虽然金融业务增长带来了增值税增收，但企业所得税减少抵消了大部分的增收因素。

　　2.非税收入实现较高增长，助推财政收入增长。相比之下，全市非税收入297.6亿元，同比增长30.6%，占一般公共预算总收入的23.1%。非税收入中占比较高的前三项是专项收入、国有资源（资产）有偿使用收入和国有资本经营收入，比重分别为52.9%、28.8%和10%（见图3）。其中，专项收入157.6亿元，同比增长33.9%；国有资源（资产）有偿使用收入86亿元，同比增长0.9%；国有资本经营收入29.7亿元，同比增长16521.9%（见表3）。在经济下行压力加大和减税退税缓税导致税收减收的背景下，非税收入的大幅增长稳定了全市财政收入规模，保障了财政支出资金的需求。

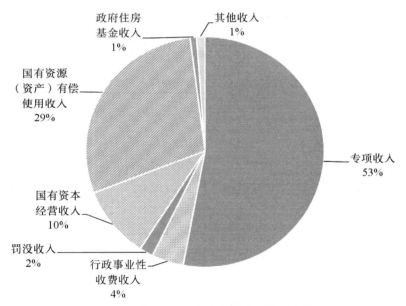

政府住房基金收入 1%
其他收入 1%
国有资源（资产）有偿使用收入 29%
专项收入 53%
国有资本经营收入 10%
罚没收入 2%
行政事业性收费收入 4%

图3　2022年1—9月各类非税收入的占比情况

资料来源：厦门市财政局。

表3　2022年1—9月一般公共预算收入中非税种收入完成情况

项　　目	收入数/亿元	同比增长/%	项　　目	收入数/亿元	同比增长/%
专项收入	157.6	33.9	国有资源(资产)有偿使用收入	86.0	0.9
行政事业性收费收入	12.8	7.1	政府住房基金收入	2.6	−17.3
罚没收入	5.6	−34.1	其他收入	3.3	199.5
国有资本经营收入	29.7	16521.9			

资料来源:厦门市财政局。

(四)财政支出增速上涨,收支平衡压力较大,民生支出结构有待优化

表4显示,2022年1—9月,全市一般公共预算支出748.7亿元,同比增长5.5%,增速较上年同期提高2.1个百分点,上涨幅度较大。全市一般公共预算总收入1287亿元,同比下降5.0%,扣除留抵退税因素的同口径增长3.2%。由于支出的刚性增长,实际可用财力增长率为负数,扣除留抵退税因素后全市一般公共预算支出增幅仍高出财政收入增幅3.2个百分点,短期财政收支平衡压力较大。

全市民生支出532.4亿元,同比增长6.3%,占一般预算支出的71.1%,重点投向了公共服务、公共安全、教育、社会保障和就业、卫生健康支出、城乡社区、交通运输等领域,加强了普惠性、基础性、兜底性民生保障建设。其中,教育支出137.9亿元,占总支出比重最高(18.4%),主要是因为厦门市2022年加大了学校建设投资力度和困难学生奖助学金资助,强化了人才引进、教师培训、校园安全等重点领域保障;科学技术支出和卫生健康支出增幅较大,分别为47.9%和39.7%,反映出对科学技术的关注及对医疗卫生的倾斜。因财政减收压力大,一般公共服务、公共安全、节能环保和住房保障等项目支出有所下降。此外,地方债务还本付息支出7.8亿元,同比增长12.9%,占全市一般公共预算支出超过1%,存在一定债务付息压力。

表4 2022年1—9月厦门市一般公共预算支出结构

预算科目	支出数/亿元	增长/%	预算科目	支出数/亿元	增长/%
一般公共服务支出	62.6	−2.9	资源勘探信息等支出	70.4	−12.4
国防支出	0.5	12.5	商业服务业等支出	25.4	101.4
公共安全支出	40.3	−16.3	金融支出	3.0	163.2
教育支出	137.9	11.2	援助其他地区支出	2.3	44.7
科学技术支出	35.7	47.9	自然资源海洋气象等支出	5.7	−22.5
文化旅游体育与传媒支出	16.7	13.2	住房保障支出	5.9	−60.2
社会保障和就业支出	62.1	11.4	粮油物资储备支出	1.6	1.0
卫生健康支出	73.6	39.7	灾害防治及应急管理支出	4.3	0.0
节能环保支出	30.9	−28.0	债务付息支出	7.8	12.9
城乡社区支出	89.4	6.9	债务发行费用支出	0.0	−16.8
农林水支出	15.2	20.1	其他支出	1.8	1.7
交通运输支出	55.7	3.4			

资料来源:厦门市财政局。

(五)各区财政收支增长不均衡,支出增速均高于收入增速

2022年1—9月,区级财政收入254.8亿元,同比增长6.0%,区级财政支出347.9亿元,同比增长8.9%,财政收支增幅相差2.9个百分点,受留抵退税因素影响,收支矛盾较为突出。财政收入方面,各区级财政收入按同比增幅排序分别为湖里区(8.0%)、海沧区(6.6%)、翔安区(6.1%)、同安区(5.6%)、集美区(5.2%)、思明区(4.7%)(见图4),与上年同期相比,各区级财政收入同比增幅均有所减小。这表明虽然厦门市财政经济运行呈现企稳态势,但不确定不稳定因素仍然较多,各区财政恢复增长基础尚不稳固。财政支出方面,各区支出增速均高于收入增速,按增幅排序分别为湖里区和翔安区(12.5%)、海沧区(8.7%)、同安区(8.5%)、思明区(7.7%)、集美区(5.0%)(见图4),各区间财政支出增速差距较大,且存在支出增长不均衡的现象。

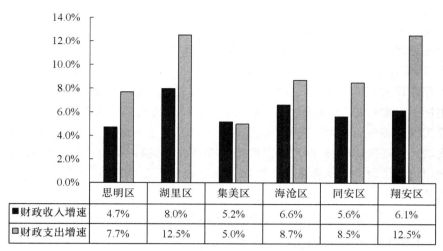

图 4　2022 年 1—9 月各区区级一般财政收入、支出增幅变化

资料来源：厦门市财政局。

三、厦门市财政形势预测与展望

当前,我国经济发展面临需求收缩、供给冲击、预期转弱三重压力,外部环境更趋复杂、严峻和不确定,经济增长下行压力依然较大。但由于积极的财政政策靠前发力,减税降费等政策积极发挥宏观调节作用,2022 年 1—9 月厦门市主要经济指标保持平稳增长,经济运行企稳回升。10 月党的二十大报告发布,再次强调夯实实体经济根基的重要性,对深化财税体制改革和做好财政工作提出了明确要求。随着国家、省稳住经济政策的接续政策措施的落实落细,展望 2022 年第四季度,全市财政收入增速将回暖,2022 年全年财政收入增速预计比 1—9 月执行数有所提高。伴随着 2023 年经济的回稳增长和短期税费支持政策到期及企业增值税"回补"效应,预期 2023 年全市实际财政收入将实现较大幅度增长和较高速增长。财政支出方面,2023 年在疫情防控、助企纾困、重大招商和重点建设项目上的支出仍将保持刚性增长,收支平衡压力依旧较大,预期 2023 年全市财政支出增速将保持平稳。综合来看,2023 年厦门市财政收支形势预期将好于 2022 年。

四、完善厦门市财政制度和政策的建议

当前厦门市财政运行存在着以下主要困难与挑战:一是经济运行虽企稳回升,但疫情增长仍呈现多发状态,疫情扰动或将继续叠加国内外经济环境不

确定性因素,经济运行仍存在较大不确定。对应的,2022年1—9月财政收入增速仍未恢复常态,且波动较大。二是厦门经济外向度高,实体经济多涉及出口业务,受欧美外部需求收缩、东南亚订单竞争影响,出口工贸企业增幅整体承压,实体经济恢复增长基础不稳固。土地出让市场不景气,实现预期出让收入存在较大不确定性,房地产市场形势仍然较为严峻。三是财政收入放缓和刚性支出增长并存,财政收支平衡和库款保障压力大。公共安全、节能环保和住房保障等支出增幅下降,未来需持续优化民生支出结构。四是各区财政收支增长不均衡,岛内外财政收支情况仍存在差异,需继续落实跨岛发展战略,全面加快推动岛内外协调统一发展。针对这些问题和挑战,我们提出以下政策建议:

(一)落实落细积极的财政政策,稳固经济恢复态势

1.全面贯彻二十大精神,实施积极的财政政策。贯彻落实党的二十大精神的重要思想指引和行动指南,深化财税体制改革。健全宏观经济治理体系,发挥国家发展规划的战略导向作用。加强财政政策和货币政策协调配合,着力扩大内需,增强消费对经济发展的基础性作用和投资对优化供给结构的关键作用。

2.继续落实助企纾困政策,利用好"财政政策＋金融工具"手段。一方面,继续落实好各项助企纾困政策,推行纾困政策"免申即享",精准、直达、快享实施政策,着力稳增长保市场主体;另一方面,在注意防范金融风险的前提下,创新政策工具,充分发挥"财政政策＋金融工具",撬动社会资金助力市场主体高质量发展,夯实微观财源基础。

3.做强做实招商基金,完善基金生态培育实体产业。围绕"4＋4＋6"现代产业体系,对接中金等头部券商,批量导入已投的高成长性、高附加值项目,积极引进有计划来华投资的已投欧洲项目。设立先进制造业基金,重点支持本土企业强链补链。引导龙头企业或上市企业设立并购基金,重点支持并购域外企业,通过市场化方式推动上下游企业整合。推动科技创新产业引导基金有效运作,重点支持本土中小科创企业做强做大。

(二)加强支出统筹把关力度,促进节支提效

1.加强预算源头管理,有保有压优化支出结构。深化零基预算改革,强化资源统筹,全面压缩非急需非刚性支出,整合低效无效扶持政策,加力盘活"趴窝"资金,集中财力支持民生保障、产业转型、生态环保等领域支出。

2.硬化预算执行约束,推动各方责任落实。坚持先有预算后有支出,强化人员经费的管理,严格执行工资和津贴补贴规定,全面规范编外人员管理。

3.完善预算绩效管理,提高资金使用效益。健全绩效评价结果反馈制度和问题整改责任制,推进绩效管理结果与预算安排、改进管理、政策调整相挂钩,提升财政资源配置效率和使用效益。

(三)优化财政监督管理,扎实细致防范重点领域财政风险

1.规范政府债务管理。完善新增债券风险评估和动态监测机制,压实隐性债务风险防化责任。加强专项债、PPP项目全生命周期平衡管理,严格防范化解地方政府债务风险。

2.完善民生支出管理。加快财政事权和支出责任划分改革,完善市对区均衡性转移支付制度和重点民生政策备案管理,合理安排基本建设资金规模,把更多资源用于产业扶持和民生保障。

3.强化财会监督管理。围绕重大财税政策执行、预决算公开、"三公"经费等重点领域深入开展专项检查,加大违规行为跨部门联合监督惩戒力度,健全人大预决算审查和审计发现问题的常态化整改机制。

(四)加快推进重点领域改革,助力岛内外高质量发展

1.着力提升产业能级,推进岛内外建设。以科创、金融和总部经济等为重点,促进优质资源要素集聚,构筑高能级都市核心产业体系,切实让岛内实现有限空间内高质量发展。深化重大片区指挥部运行机制,以产业布局和集聚为先导,组团式推进翔安、同安、马銮湾等新城拓展。

2.完善基础设施保障,加速一体化发展。强化片区综合开发和重大基础设施保障,推动5G等新基建加速布局,加快轨道交通、骨干路网等大通道建设,构建"中心放射、环湾强化、全域服务"的一体化交通网络。

3.深化投融资体制改革,持续扩大有效投资。分类设计片区综合开发、"轨道＋TOD"综合开发、PPP、城市建设投资基金等投融资模式,吸引社会资本参与城市建设和产业投资,推动开发、招商、运营有机衔接,提升资金使用效益,推动岛内外高质量发展。

厦门大学经济学院　　谢贞发　梅思雨

厦门市对外经贸发展情况分析及预测*

一、厦门对外经贸发展总体状况分析

(一)2021年厦门对外经贸发展回顾

2021年,厦门进出口总额8876.52亿元,增长27.7%,比全国平均水平高6.3个百分点,两年平均增长17.3%,比2019年高10.4个百分点。其中出口4307.30亿元,增长20.6%,两年平均增长10.5%;进口4569.22亿元,增长35.3%,两年平均增长25.3%。

从贸易类型看,一般贸易进出口高速引领。一般贸易进出口6462.20亿元,占全市进出口72.8%,增长33.7%,高出全市6.0个百分点;加工贸易进出口1300.08亿元,增长18.9%。与主要贸易伙伴进出口增势良好,2021年,厦门市对前三大贸易伙伴东盟、美国、欧盟分别进出口1629.3亿元、1132.9亿元和982.8亿元,分别增长25.2%、25.7%和27.6%。对RCEP成员国增势良好,2021年,厦门市对RCEP成员国进出口3098.1亿元,增长22%,其中澳大利亚是RCEP成员国中厦门市最大贸易伙伴,进出口596.1亿元,增长4.7%。对金砖国家进出口规模创历史新高,2021年,厦门市对金砖国家进出口737.8亿元,增长20.7%,进出口规模首次突破700亿元,其中进口512亿元,增长16.1%,出口225.8亿元,增长32.5%。

机电产品和劳动密集型产品是出口的主要产品种类。2021年,厦门市出口机电产品1916.8亿元,增长14.6%。其中,出口电子元件、液晶显示板、汽车零配件分别增长42.9%、64.2%和33.5%;纺织服装等七大类劳动密集型产品1253.9亿元,增长9.0%。

进口方面,粮食、原油等大宗商品进口大幅增加。2021年,厦门市进口粮食1210.5万吨,增长73.3%。其中,大麦、高粱、大豆的进口量分别是484.6万吨、401.2万吨、148.1万吨,分别增长117.6%、135.2%、20.3%。2021年厦门

---

* 本文数据如未特别说明,均来源于厦门市统计局、厦门市商务局、厦门海关和中国统计局。

市煤炭进口量位居全国首位。资源类产品进口有序扩大,进口原油272.6万吨,增长5.0倍;进口铜矿砂152.6万吨,增长63.3%。

服务贸易创新发展。2021年,服务贸易进出口额为655.3亿元,增长38.3%(高于全国增速22.2个百分点)。其中服务出口金额369.6亿元,增长49.8%(高于全国增速18.4个百分点);服务进口金额285.8亿元,增长25.8%(高于全国增速21个百分点)。

服务贸易创新发展试点取得进展,多项试点在全国、全省首创。国家全面深化服务贸易创新发展试点任务中全国首创5项:成立首个外国人才服务站、移民事务服务站联动服务平台;首次实现跨境金融区块链服务平台的税务应用;在厦门远海码头建设全国首个5G场景应用智慧港口项目;启用航空电子货运平台,在全国率先开展空运出口"一单多报"和"安检验讫放行电子化",实现全链条可视化数字服务;厦门口岸物流公共服务平台(一期)上线,在全国率先提供全流程综合物流信息服务。全省首创2项:建立首个工作、居留许可"一件事"联办窗口;打造"服务贸易支付便利化场景"。特色服务出口基地成效显著。其中,数字服务出口基地规模增长迅速,2021年数字服务出口基地(火炬)实现数字服务出口业务增长28.3%。

实际使用外资增量领先全省。2021年厦门市实际使用外资186.4亿元,增长12.2%,较全省高6.1个百分点,增幅全省第5;总量占全省50.5%、居全省首位,较上年末提高2.8个百分点;增量占全省95.6%。

(二)2022年1—9月厦门对外经贸发展基本情况

1.外贸增速趋缓,外贸结构持续调整和优化。 据厦门海关统计,2022年1—9月,厦门市外贸进出口6863.5亿元人民币,同比增长4.5%,显著低于全国和福建省的外贸增速,前者为9.9%,后者为9.2%。从贸易方式的结构来看,一般贸易占比超七成。1—9月,厦门市以一般贸易方式进出口5076.4亿元,增长5.7%,占厦门市外贸总值的74%;同期,加工贸易进出口占13%,保税物流进出口占12.8%。从贸易企业的性质结构来看,民营企业占比最高。1—9月,厦门市民营企业进出口2663.9亿元,增长12.2%,占厦门市外贸总值的38.8%;同期,国有企业占35.7%,外商投资企业占25.5%。从外贸的地区结构来看,东盟、美国和欧盟是前三大贸易伙伴。1—9月,厦门市对东盟、美国和欧盟分别进出口1327.2亿元、959.8亿元和782.5亿元,分别增长13.5%、12.1%和9.5%。此外,对"一带一路"沿线国家进出口2386.3亿元,增长12.3%;对金砖国家进出口692.1亿元,增长27.1%。这三方面都显示出厦门的外贸结构不断调整和优化。

2.出口增速呈下降趋势,出口商品结构不断优化。 数据显示,2022年前三季度,厦门出口额3458.2亿元,增长9.5%,低于福建省出口增速(14.2%)

4.5 个百分点,且呈不断下降趋势(见图 1)。其中,9 月份出口额 365.7 亿元,同比下降 6.4%,继 2 月份出现出口下降(-4.5%)后再次录得同比下滑,且幅度更大。从出口商品结构来看,以机电产品和劳动密集型产品为主。2022 年 1—9 月,厦门市出口机电产品 1483.1 亿元,增长 6%,占出口总值的 42.9%;出口纺织服装等七大类劳动密集型产品 999.5 亿元,增长 9.5%,占 28.9%。从出口市场构成来看,厦门出口前三大市场分别为美国、欧盟和东盟。

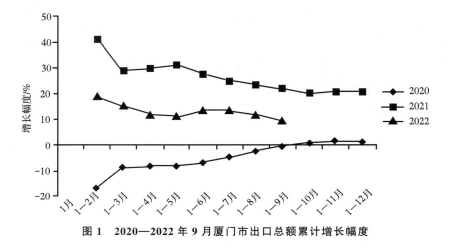

图 1　2020—2022 年 9 月厦门市出口总额累计增长幅度

3.进口增速持续低迷,对东盟的进口不断升温。据厦门海关统计,2022 年 1—9 月,厦门市进口额 3405.3 亿元,与上年同期持平,低于福建省进口增速(2.3%)2.3 个百分点,且总体呈下降趋势(见图 2),全年进口额负增长的趋势凸显。从进口商品结构来看,以机电产品、农产品和铁矿砂为主。1—9 月,厦门市进口机电产品 650.1 亿元,占进口总值的 19.1%;进口农产品 636.9 亿元,占 18.7%;进口铁矿砂 356.7 亿元,占 10.5%。从进口来源地结构来看,厦门前三大进口来源地分别为东盟、澳大利亚和美国。受益于 RCEP 的政策红利,2022 年前三季度,厦门市由东盟进口煤炭 137.3 亿元,增长 28.8%,占同期厦门市对东盟进口总值的 17.6%。同期,进口农产品 124.3 亿元,增长 39%,其中水果、水产品分别增长 93.7%、25.7%;进口铝矿砂及其精矿 17.5 亿元,增长 62.6%。这些都进一步彰显了东盟作为厦门市第一大进口来源地的地位。

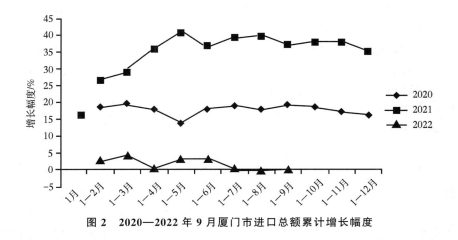

图2　2020—2022年9月厦门市进口总额累计增长幅度

二、厦门市对外经贸发展制约因素和存在问题分析

1.地缘冲突外溢效应持续。受地缘冲突、全球新冠肺炎疫情和极端天气等因素影响,全球能源、金属、粮食等大宗商品价格大幅波动,全球粮食安全问题凸显。同时,国际物流运输局部受阻,扰动全球商业活动,加剧全球产业链供应链中断风险。长期看,原有的国际经济关系规则框架面临调整,全球生产和供应网络可能重塑。①

2.世界经济复苏乏力。全球经济尚未走出世纪疫情阴霾,又遭遇地缘冲突等因素影响,复苏步伐明显放缓。2022年10月11日国际货币基金组织(IMF)发布最新一期《世界经济展望报告》,预计2022年全球经济将增长3.2%,与7月预测值持平;2023年全球经济增速将进一步放缓至2.7%,较7月预测值下调0.2个百分点。具体来看,发达经济体2022年预计将增长2.4%,较此前预测值下调0.1个百分点;2023年将增长1.1%,较此前预测值下调0.3个百分点。新兴市场和发展中经济体2022年预计将增长3.7%,较此前预测值上调0.1个百分点;2023年将增长3.7%,较此前预测值下调0.2个百分点。而10月5日,世贸组织(WTO)预计,由于多重冲击对全球经济造成压力,全球贸易将在2022年下半年失去动力,并将在2023年保持低迷。WTO预测,2022年全球商品贸易量将增长3.5%,这一预测略好于4月预测

---

① 商务部国际贸易经济合作研究院.中国对外贸易形势报告(2022年春季)[EB/OL](2022-06-08)(2022-09-11).https://www.caitec.org.cn/n6/sy_zgdwmyxsbg/json/6091.html.

的3.0%;同时,WTO预计2023年全球商品贸易量将仅增长1.0%,远低于此前估计的3.4%。

3.全球通胀压力加剧。美国劳工统计局2022年10月公布的数据显示,美国9月消费者价格指数(CPI)同比上涨8.2%,仍接近40年来高位。而10月31日欧盟统计局公布的初读数据显示,10月欧元区调和CPI同比上升10.7%,高于预期的10.3%和前值的10%,同时创下自欧元区成立以来的最大增幅。IMF预测,全球通胀将从2021年的4.7%上升到2022年的8.8%,但2023年和2024年将分别降至6.5%和4.1%。WTO表示,俄乌冲突推高了初级商品价格,尤其是燃料、食品和化肥的价格。2022年10月,世界银行发布的最新一期《大宗商品市场展望》报告称,世界能源价格在2022年上涨约60%。此外,由于俄乌双方都是谷物和化肥的主要供应国,以美元计算的食品价格也大幅上涨。这引发了许多国家对粮食安全的担忧,尤其是那些倾向于将大部分家庭收入用于食品的低收入国家。近几个月来,许多货币对美元汇率也下跌,使得以本国货币计算的食品和燃料更加昂贵。联合国粮农组织公布的2022年10月谷物价格指数平均为152.3点,环比上涨4.4点(3.0%),同比高出15.2点(11.1%)。世界小麦价格环比上涨3.2%,主要反映出"黑海粮食倡议"的不确定性仍在持续。同时,由于美国产量下调而收紧供应,亦使小麦价格更加坚挺。WTO预测,未来更令人担忧的是化肥价格,自2020年以来几乎翻了三倍后,9月份,世界银行计算的化肥价格指数同比上涨约70%,而减少化肥进口和使用可能会降低作物产量并加剧2023年的粮食安全问题。

4.疫情影响持续,厦门对外经贸发展仍存在诸多问题。由于疫情的持续和国际经贸环境的不稳定性增强,厦门对外经贸领域的问题一直没有得到很好的解决,例如出口缺乏新增长点、本地产品出口增长乏力,外资储备项目不足、市场需求减弱,出口交货值下降、交货值率偏低等。数据显示,2022年1—8月,厦门规模以上工业企业出口交货值比上年同期下降0.7%,大幅低于第一季度的6.4%的同比增幅;出口交货值率34.1%,与第一季度基本持平,但低于2021年35.8%的水平。从企业数量上看,1—8月,全市规模以上工业企业中有出口业务的企业1281家,实现出口增长的769家,占60.0%,也明显低于第一季度64.3%的占比。

三、厦门对外经贸发展环境与预测

(一)有利的因素

首先,2022年以来,一系列稳外贸政策持续出台,为外贸企业发展坚定了信心,释放了利好。9月29日,中国贸促会新闻发言人、中国国际商会秘书长孙晓在中国贸促会召开的例行发布会上表示,8月下旬以来,中国贸促会对各地外贸企业开展的 2000 多份问卷调查显示,各项稳住经济一揽子政策和稳外贸政策实施效果在三季度开始集中显现,上半年企业反映强烈的运价、能源、资金、汇率等问题得到明显缓解。当前,外贸企业总体上信心预期明显增强,持续展现较强韧性。

其次,2022 年以来,我国利用外资较快增长,政策引导的效果进一步显现。国家发展改革委政研室副主任孟玮在 9 月的新闻发布会上表示,外商投资产业结构和区域布局有所改善,美国、德国、韩国等国家对华投资均实现两位数增长,外资来源地更趋多元、平衡。而国家发展改革委和商务部已出台《鼓励外商投资产业目录(2022 年版)》,引导外资投向先进制造、高新技术、现代服务等领域。

最后,2022 年前三季度厦门实现地区生产总值 5686.72 亿元,比上年同期增长 5.9%,主要经济指标保持平稳增长,经济增长新动能支撑有力,经济运行呈现稳中加固的良好态势。尤其是全市规模以上工业增加值同比增长 6.6%。其中,新能源、新基建等需求旺盛带动相关行业较快增长,计算机、通信和其他电子设备制造业同比增长 6.8%,拉动规模以上工业增加值同比增长 2.2 个百分点;电气机械和器材制造业增加值同比增长 18.9%,拉动规模以上工业增加值同比增长 1.2 个百分点。

(二)不利的方面

当前我国对外经贸发展的外部环境依然复杂严峻。一是经济全球化遭遇逆流。世界进入动荡变革期,单边主义、保护主义、霸权主义愈演愈烈,多边贸易体制面临严峻挑战,贸易壁垒增多,贸易摩擦加剧,贸易规则更趋碎片化。二是产业链供应链畅通稳定难度加大。全球产业链供应链面临重塑,区域化、本土化趋势更加明显。国内要素成本持续上升,资源环境承载能力达到瓶颈,外贸传统竞争优势弱化,新优势亟待培育。三是贸易安全发展面临新挑战。粮食、能源资源、关键技术和零部件等贸易安全水平有待提升,应对贸易新议题挑战的能力需加快培育,外贸高质量发展风险防控体系需不断完善。

对于厦门来说,也存在市场需求减弱、企业增产乏力、减停产面占比较高等不利因素。2022 年上半年,厦门规模以上工业销售产值比上年同期增长 7.0%,产销率 90.43%,比上年同期下降 4.03 个百分点,其中计算机、通信和其他电子设备制造业产销率为 90.23%,电器机械和器材制造业产销率为 90.92%。上半年,全市 2872 家规模以上工业企业中,仅 1593 家企业产值实现增长,增产面 55.5%,减停产企业 1279 家,减停产面 44.5%。减停产企业合计减产 365.30 亿元。其中 444 家新增规模以上企业中,287 家企业产值实现增长,增产面 64.6%,减停产企业 157 家,减停产面 35.4%。这些经济基本面将对厦门的对外经贸产生明显的不利影响。

总体上,我们认为2023年厦门市对外贸易发展前景不乐观,厦门的外贸增速将低于福建省外贸增速。我们预计2023年厦门进出口总额增长5%左右,出口预计增长7%左右。而吸引外资方面,中国总体的利用外资水平仍然保持较快增长,政策支持力度不断提升。2022年10月27日商务部发布的数据显示,1—9月全国实际使用外资金额10037.6亿元人民币,按可比口径同比增长15.6%,折合1553亿美元,同比增长18.9%。此外,10月25日,经国务院同意,国家发展改革委、商务部、工业和信息化部、自然资源部、生态环境部、交通运输部联合印发了《关于以制造业为重点促进外资扩增量稳存量提质量的若干政策措施》,进一步加大制造业引资力度,着力解决外商投资企业面临的突出问题,全面加强外商投资促进和服务,推动利用外资高质量发展。虽然从2022年5月开始,厦门实际使用外资数据根据商务部口径进行调整,导致前三季度实际使用外资规模大幅下降23.1%,但根据1—4月的实际使用外资增速(32.8%)分析,厦门实际使用外资仍将保持较好的上升趋势。因此,预计2023年厦门实际利用外资规模将继续稳定增长,增幅可达10%以上,略低于2021年的增速。

四、促进厦门对外经贸可持续发展的对策

习近平总书记在党的二十大报告中明确提出,要加快构建以国内大循环为主体、国内国际双循环相互促进的新发展格局。而推进内外贸一体化有利于形成强大国内市场,有利于畅通国内国际双循环。长期以来,我国内外贸相互分割、自成体系、自我循环,一体化程度相对不高,主要原因在于国内国际制度、标准、规则不同,形成了"重外轻内"的惯性。2022年4月,中共中央提出推动形成全国统一大市场,其中内贸先行,首要任务就是提高内贸领域的政策统一性、规则一致性、执行协同性,形成更加完备的标准、制度、规则、治理等体系,打破国内国际两个市场"内外有别""外优于内"的传统惯性。在过去的一年里,厦门的对外经贸事业确实取得了长足的进步和较好的发展,但也存在诸多的问题。因此,基于对未来厦门对外经贸发展的预测,我们认为厦门应做好以下四个方面的工作:

1.积极培育内外贸一体化市场经营主体。引导支持企业提升研发设计、生产制造、品牌营销、渠道网络等能力,培育内外贸一体化经营企业。加快数字化发展,实现生产端到消费端全链路数字直连,提高企业柔性生产和智能制造能力,更好适配市场需求。鼓励外贸企业利用数字化技术手段,转变业务模式、组织架构、运营流程和管理体系,加快推进供应链数字化转型,提升自身竞争力。扶持培育一批年销售额大、内外贸业务并重、处于供应链核心的供应链

示范平台企业,支持其搭建数字化平台,为上下游企业提供贸易、物流、仓储、金融、信息等"一站式"服务,构建高效共赢的供应链生态圈。对每家供应链示范平台企业,成立"一对一"服务专班,建立常态化"三服务"工作机制,给予"一事一议"综合政策扶持。鼓励工贸一体外贸企业、外贸综合服务平台企业申报国家高新技术企业和技术先进型服务企业。

2.优化内外贸发展环境。发挥自由贸易试验区等高水平对外开放平台的示范引领作用,对标高标准国际经贸规则推进高水平制度型开放,促进内外贸融合发展。提高数字政府建设水平,加强数据开放共享,推广应用电子证照,充分依托已有平台,提供内外贸政务服务统一化、标准化、便利化的公共服务。鼓励金融机构创新产品和服务,为企业开拓国内外市场提供金融支持。引导金融机构为各类企业提供更加丰富的汇率避险产品,推动企业更好管理汇率风险。进一步扩大出口信用保险和国内贸易信用保险覆盖面。进一步提高贸易便利化水平,支持企业利用跨境电商、市场采购贸易等新业态新模式开拓国际市场。推动中欧班列运贸一体化发展,促进与贸易新业态新模式相融合,增强中欧班列支撑内外贸发展动力。创新监管措施,推进内外贸同船运输、内外贸泊位共享,提升资源利用综合效能。深入推进内外贸监管部门信息互换、监管互认、执法互助。对内外贸一体化新业态新模式实施包容审慎监管,鼓励创新发展。

3.促进内外贸企业的标准认证衔接。积极开展国内国际标准转化,补齐国内标准短板,提高标准技术水平,持续提升国内国际标准一致性。鼓励厦门的企事业单位积极参与国际标准化活动,加强与全球产业链上下游企业协作,共同制定国际标准。在共建"一带一路"倡议、区域全面经济伙伴关系协定等框架下深化国际合作,促进合格评定机构、政府间合格评定结果国际互认水平不断提升。支持具备条件的检验检测认证机构从单一检测认证服务向检测项目集中、精准指导效果好的"一站式"检验检测服务发展。鼓励支持认证机构精简优化出口转内销产品强制性产品认证程序,开辟绿色通道,缩短办理时间。

4.加强招商项目谋划,创新招商引资模式,构建全生命周期服务链。首先,围绕"招大引强"的总体目标,聚焦厦门"4+4+6"现代产业体系的构建,瞄准世界500强、中国民营企业500强、"隐形冠军""专精特新"等企业,动态更新重点招商目标客商库,争取引进一批"投资规模大、产出效益好、产业带动力强"的"大优强""绿新高"的外资项目。聚焦化工新材料、节能与新能源汽车等新兴产业,编制产业招商地图,引导各地立足产业基础、差异定位,加强对"链主型"企业和关键企业的招引,依托"链主型"企业拓展上下游关联企业,进一步做好"造链、强链、补链"工作。

　　其次,创新招商方式,积极探索平台招商、校友招商、委托招商等方式,结合产业特点和项目需求,灵活运用融资招商、资本招商、基金招商等市场化、专业化招商手段,提高招商引资的专业性、针对性和实效性。

　　最后,全面实施准入前国民待遇加负面清单管理模式,落实外资企业设立"一窗办理"。完善长效沟通机制,建立重点外资企业联系服务机制,市区两级联动全覆盖走访服务企业。建立健全市级外商投资企业投诉联席工作机制和市区两级投诉体系,及时调解外资企业纠纷,依法处理外资企业涉法事项,保障外商投资合法权益。

　　集美大学财经学院　　马明申　　黄阳平

厦门市数字经济发展情况分析及预测

发展数字经济是把握新一轮科技革命和产业变革新机遇的战略选择。习近平总书记在厦门工作期间推动成立了经济信息管理领导小组并亲任组长,领导制定《厦门市经济信息系统总体设计方案》,将经济信息中心(现"市信息中心")列为基础设施八大工程之一,拉开了数字厦门建设的帷幕;在省里工作时又提出建设数字福建战略;2021年来闽考察时强调要加快推动数字产业化、产业数字化,推动数字经济与实体经济深度融合。近年来,厦门始终牢记嘱托,以落实国家数字经济创新发展试验区任务为重点,扎实推进数字产业化、产业数字化,持续打造"芯-屏-端-软-智-网"产业生态体系。2021年数字经济规模约4250亿元,占GDP比重60.4%,较上一年提高3.4个百分点。其中,平板显示产业链实现产值1606亿元,增长6.9%;计算机与通信设备产业链实现产值1375亿元,增长15.5%;半导体和集成电路产业链实现产值481亿元,增长10.2%,集成电路产业产值309亿元,增长16.3%;软件和信息服务业实现营收1368亿元,增速10.27%。3家企业入选年度中国软件百强,5家企业入选年度中国互联网百强,112家企业入围福建省数字经济领域"独角兽""瞪羚"创新企业,占全省38%。

一、2022年厦门数字经济发展总体情况

以城市大脑建设为基础性和先导性工程,努力打造数字政府、数字经济、数字社会、数字生态"四位一体"的数字厦门发展新格局。

(一)聚焦创新发展,做大做强数字产业集群

1.平板显示产业链。2022上半年,实现产值867.46亿元,同比增长6.8%。已覆盖玻璃基板、面板、模组、整机等上下游全产业链布局,为国家光电产业集群试点、全球触控屏组最大研发和生产基地。代表企业:电气硝子、天马微电子、友达光电、宸鸿科技。

2.计算机与通信设备产业链。2022上半年,实现产值722.37亿元,同比增长9.7%。主要以戴尔、浪潮为龙头,已涵盖整机制造、电子元器件、外部设备、IT服务等产业链环节,整机品牌具有全球影响力。代表企业:玉晶光电、

29

宏发、法拉、戴尔、浪潮、神州鲲泰。

3.半导体和集成电路产业链。2022上半年,实现产值259.2亿元,同比增长8.1％。初步形成涵盖集成电路设计、制造、封测、装备与材料以及应用的产业链。获批国家"芯火"双创基地。现有规模以上企业129家,规模全省第一。代表企业:联芯、士兰、三安集成、瀚天天成、通富微电。

4.软件和信息服务业。2022上半年,实现营收482.7亿元,同比增长14.57％。成为全国14个软件名城之一,在信息安全、智慧交通、智慧医疗、移动互联网、数字文创等细分领域具有领先优势。代表企业:四三九九、吉比特、美图、美柚、点触科技。

(二)加强数字赋能,推进产业数字化升级

1.制造业方面。面向制造业企业广泛开展重点工业企业数字化能力诊断评估,制定企业上云上平台实施指南,加快推进中小企业"上云用数赋智"。全市95％重点工业企业通过两化融合贯标,建成16座数字化样板工厂(车间),超过5000家企业上云。涌现出林德叉车、天马微电子、金龙汽车等一批国家级制造业数字化转型示范企业。引进华为、百度、腾讯等一批跨行业跨领域云服务平台,建设奥普拓、链石等一批优秀行业应用云平台,有力支撑产业数字化转型。

2.服务业方面。远海码头建成全球首个5G全场景应用智慧港口,提升物流效率约20％。社区电商日均配送订单超100万单。在商务部"2021年跨境电子商务综合试验区评估"中,厦门综合排名第一档。

(三)深化汇聚共享,促进数据资源开放开发

1.健全法规和政策制度体系。印发了《厦门市加快城市大脑建设促进政府数字化改革行动方案(2022—2025年)》《2022年数字厦门工作要点》等文件,启动《厦门经济特区数据条例》立法,目前已通过市人大二审。相继印发《厦门市加快推进政务信息共享提升工作方案》《厦门市政务信息资源共享管理实施细则》《厦门市公共数据资源开放分级分类指南(试行)》,为建立一体化政务大数据体系提供制度保障。印发《厦门市元宇宙产业发展三年行动计划(2022—2024年)》,助力厦门打造"元宇宙生态样板城市"。

2.强化数据资源汇聚共享。建成人口、法人、信用、证照、自然资源和空间地理等五大基础数据库,推进建设疫情防控、公共安全、交通等专题库,累计汇聚有效数据超51亿条。建成全市统一的政务信息共享协同平台,按照"应接尽接、应汇尽汇"原则,全市174个在用政务信息系统已全部接入市政务数据汇聚共享服务体系,支撑全市76个部门130个应用,提供服务接口1868个,累计调用超19亿次,有效支撑公共安全平台、智慧财政、疫情防控一体化平台等业务系统的协同应用。我市政务数据互联互通共享获评"2022数字政府创新成果与实践案例"。

3.加快数据资源开放利用。 在全国率先建成市大数据安全开放平台,采用"可用不可见"方式推进数据场景式开发利用。目前,平台已开放41个部门2.14亿条政务数据,涵盖信用、交通、市场监管、生态环境、地理空间、生活服务等24个领域主题、20个行业分类,支撑普惠金融、信易贷等13个应用场景。

(四)坚持适度超前,夯实数字基础设施根基

1.信息网络基础设施方面。 "千兆厦门"建设成效明显,我市固定宽带家庭普及率110.7%、移动宽带用户普及率114.4%,主要指标水平全省第一。全市建成5G基站超1.1万个,已基本实现重点产业园区、重要行业区域、市政服务区域、城市交通枢纽以及高校区域5G覆盖,智慧港口、智慧公交、智慧医疗等5G典型应用率先开展。建成厦门国际互联网数据专用通道。

2.算力基础设施方面。 制定出台《厦门市贯彻落实碳达峰中和目标推动数据中心和5G等新型基础设施绿色高质量发展实施方案》,有序推动数据中心、5G为代表的新型基础设施绿色高质量发展。目前,全市数据中心已投入使用机柜约1万个。鲲鹏超算中心一期工程已投入使用,算力达4000万亿次每秒。

3.融合基础设施方面。 2021年启动厦门城市大脑建设,目前大脑中枢平台1.0版建成上线,支撑"疫情防控一体化平台""免申即享""数看厦门""数字身份"等典型应用场景,其中"免申即享"累计上线政策115项,4100家企业通过平台获得惠企资金超8亿元。"数字身份"在市行政服务中心、e政务自助终端等场景投入使用,累计开通4356人,用码超3.7万次。"数看厦门"上线13个业务专题和2个综合专题,涵盖74个主题383个主要业务指标。政务服务"一网通办"、市域治理"一网统管"等核心项目完成顶层方案设计和建设方案编制,按统建模式推进。

二、存在的问题

1.综合竞争力有待提升。 相较于深圳、杭州、广州等城市,厦门市数字经济核心产业总量偏小,缺少全国性的大型龙头企业,辐射带动作用不明显,尚未形成以优势技术为核心、上下游联动发展的产业集群体系。

2.数字化转型有待提速。 厦门市制造业结构以中小企业居多,以劳动密集型为主,普遍存在数字化基础弱、技术底子薄、改造资金不足等问题,还需加强低成本、快部署、易维护数字化转型产品和服务供给,进一步加快数字化转型步伐。

3.人才培育有待加强。 互联网、人工智能、大数据等高端人才缺口较大，技能型人才短缺，大部分企业缺乏既懂业务又懂数字技术的复合型人才。高端人才和复合型人才的结构性短缺已成为制约厦门数字经济创新发展的重要瓶颈。

三、发展环境与形势展望

放眼全球，新一轮科技革命和产业变革深入发展，互联网、大数据、云计算、人工智能、区块链等数字技术创新活跃，数字经济成为重组全球要素资源、重塑全球经济结构、改变全球竞争格局的关键力量。世界主要国家都在加紧布局数字经济发展，制定战略规划，加大研发投入，力图打造未来竞争新优势。立足国内，党的二十大对推进数字技术创新、深化数字化转型、建设数字中国提出了更高要求。我国网民数量、数据资源、数字化应用场景全球领先，人民日益增长的美好生活需要还将催生更大规模、更加多元的内需市场，将为数字经济发展创造无限可能。还要看到，我国数字经济发展的外部环境也在发生深刻变化，个别国家为维护自身科技垄断和霸权地位，遏制打压我国数字技术和数字产业创新发展。我们必须把数字技术的命脉牢牢掌握在自己手中，在科技自立自强上取得更大进展，才能不断提高我国发展的竞争力和持续性，在日趋激烈的国际竞争中把握主动、赢得未来。

（一）挑战

1.宏观经济方面。 世界百年未有之大变局进入加速演变期，国际环境日趋错综复杂。新冠肺炎疫情影响还在持续，乌克兰危机影响超出预期，美国对我国的打压不断加码，全球通胀压力明显上升，国际大宗商品价格高位运行，国际国内经济复苏还不稳固，产业链供应链安全面临更大挑战。

2.发展安全方面。 当前，我国仍面临着大数据核心技术受制于人的困境，高端芯片、操作系统、工业设计软件等均是我国被"卡脖子"的短板，需要坚定不移走自主创新之路，加大力度解决自主可控问题。

3.企业转型方面。 转型发展必然会面临观念、制度、管理、技术、人才等方面的挑战，其中观念上的转变最为核心和关键，而人才供给则是根本保障。

4.数字治理方面。 数字平台的快速发展逐步形成了"一家独大""赢者通吃"的市场格局，带来了市场垄断、税收侵蚀、数据安全等问题，难以沿用传统反垄断规则对其进行监管；针对新兴技术的管控能力亟须提升，各类新兴数字技术发展迅猛，各类威胁从虚拟网络空间向现实物理世界蔓延扩散，经济社会面临着前所未有的风险与安全挑战。

5.数据共享方面。 数据的资产地位尚未确立,数据确权难题尚待破解,数据共享流通障碍重重,数据安全和隐私保护体系尚不健全等。

(二)机遇

1.政策确定性:以高质量发展为主题。 党的二十大科学谋划了未来五年乃至更长时期党和国家事业发展的目标任务和大政方针,为我们努力率先实现社会主义现代化指明了方向。党的二十大报告要求"坚持以推动高质量发展为主题,把实施扩大内需战略同深化供给侧结构性改革有机结合起来,增强国内大循环内生动力和可靠性,提升国际循环质量和水平,加快建设现代化经济体系,着力提高全要素生产率,着力提升产业链供应链韧性和安全水平,推动经济实现质的有效提升和量的合理增长",并对加快建设数字中国做出了重要部署。习近平总书记强调,要站在统筹中华民族伟大复兴战略全局和世界百年未有之大变局的高度,统筹国内国际两个大局、发展安全两件大事,充分发挥海量数据和丰富应用场景优势,促进数字技术和实体经济深度融合,赋能传统产业转型升级,催生新产业新业态新模式,不断做强做优做大我国数字经济,等等。我们要始终保持昂扬奋进的精神状态,做到临危不乱、危中寻机、开拓进取、开辟新局,着力固根基、扬优势、补短板、强弱项。

2.产业数字化:物联网/工业软件、智能网联汽车(智能驾驶)。 工业互联网、工业软件以及物联网等应用市场将成为 5G 主战场,市场空间巨大。"十四五"期间,工信部有望将以完善"5G+工业互联网"发展环境为重点,发展高端制造业与新基建,相关赛道将迎来新一轮增长周期。其中,工业互联网/物联网(侧重于网络化和互联互通)、工业软件(侧重于软件,搭配互联网后才能实现信息互联互通)等领域是核心:作为全球工业大国,我国工业互联网的市场与目前庞大的工业体量不相匹配,各类工业软件国产化能力尚有提高空间。随着我国工业数智化转型和供应链安全可控进程的深入推进,工业软件占工业增加值的比例必将持续提升。在汽车行业电动化发展过程中,智能化、网联化升级也将成为不可逆转的大趋势。相比于传统有人驾驶,自动驾驶具有诸多优势,包括安全性高、成本低、效率高。麦肯锡报告显示,我国汽车电子软件及服务市场规模有望从 2020 年的 330 亿美元上升至 2030 年的 840 亿美元,智能汽车市场前景可观。根据 HIS Markit 数据,预计 2025 年全球智能网联汽车渗透率将达到 59.4%,中国智能网联汽车渗透率将达到 75.9%。

3.数字产业化:信创、网络/数据安全。 信创即信息技术应用创新,主要包括新一代信息技术下的云计算软件硬件主机,各类终端网络安全等领域。我国信创产业发展的关键在于,通过行业应用拉动构建完整的、国产化的信息技术软硬件底层架构。行业布局方面,目前信创产业呈现"2+8+N"的发展态势,政府部门布局最早,而汽车、物流等 N 个行业预计将在 2023 年开始发力。

数字产业化推动上云与数据爆发,内外需求共振驱动安全市场增长。云计算、大数据、物联网、移动互联网、5G、区块链等前沿技术的不断发展与落地,催生了对数据安全的新需求。在目前关键信息基础设施保护、个人数据保护及数据出境要求下,自主可控已经成为政府、国央企及大型民企数字化的硬性前提。并且随着大国博弈加剧,网络攻击武器化趋势明显,针对我国关键基础设施等领域攻击的可能性持续增加,底层安全防护能力需提升,未来网络安全行业的市场空间也将随之继续扩大。

四、下一步工作计划

加快构建"4+4+6"现代化产业体系,深入实施科技创新引领工程、市场主体培育工程和先进制造业倍增计划,以争创数字经济发展示范市为目标,以数字产业化和产业数字化为主线,提升数字经济产业发展能级,大力培育数字化转型支撑服务生态,为厦门市努力率先实现社会主义现代化贡献数字动力。

1.壮大数字经济产业规模。针对电子信息产业关键、缺失环节实施固链、补链、强链、延链行动,以智慧城市建设和数字新基建等为契机,前瞻布局元宇宙、车联网等新兴赛道,围绕扩大总量、优化存量、提升质量,坚持内培外引并重,推动增强现有软件、元器件、芯片、显示、终端等产业优势,加强精准招商,招强引优,全力保障天马光电子8.6代新型显示面板等已落地重大项目建设。创新提升中国软件名城,大力发展互联网、游戏、数字创意、行业应用等特色产业,补强基础软件、工业软件等关键核心领域的短板,形成软硬件齐头并进的良好生态。

2.强化龙头企业培育。大力推动一批具有核心竞争力的优势企业加快向国际型领军企业迈进,积极引导优势企业通过兼并重组快速做大规模,形成全国有影响力的企业集团,重点扶持一批成长性好的中小企业发展成为"专精特新"的"小巨人"企业。充分发挥企业创新主体作用,推进关键应用软件协同攻关中心、集成电路设计公共服务平台等建设。围绕人工智能、大数据、新型显示、集成电路等重点产业的基础研究及成果转化,加快引进、建设一批关键共性技术创新平台,进一步赋能产业创新发展。

3.加快推进产业数字化。深化新一代信息技术与制造业融合发展,加强企业上云、智能制造等政策宣贯,确保政策红利应享尽享。持续开展数字化转型诊断服务,进一步完善"厦门产业数字化元宇宙超市",引进更多国内优秀工业互联网平台,提高转型服务能力。坚持典型引路,鼓励行业龙头企业积极探索行业解决方案,打造一批不同垂直行业的典型示范案例。加快创建国家级工业互联网创新应用示范区、智能制造先行区等新工业革命示范区。积极发挥各类人才政策作用,帮助企业培育和招引数字化转型人才。

4.优化数字化发展环境。顶层规划方面,开展厦门数字经济发展水平评估,进一步明确做大做强做优厦门数字经济的发展方向,细化推进举措。探索建立数字经济运行监测机制。基础设施方面,加快推进"双千兆"光网城市建设,加速5G网络建设与行业应用。支持数据中心、鲲鹏超算中心等新算力基础设施加快建设,持续保障算力需求,支撑政府、企业多样化业务应用和产业生态需求。网络安全方面,按照网络安全管理和技术措施"三同步"要求,强化信息基础设施、重要信息系统、公共数据资源安全管理。加强网络安全监测和通报预警,建立健全安全考核评估体系。

厦门市委政策研究室　郑亚伍
厦门市工业和信息化局　陈洪昕

厦门市现代物流产业发展
情况分析及预测

　　现代物流一头连着生产,一头连着消费,已经成为现代经济社会发展中不可缺少的中间链条,成为国民经济发展的基础性产业。党的二十大报告提出,要"建设现代化产业体系","加快建设制造强国、质量强国、航天强国、交通强国、网络强国、数字中国","着力提升产业链供应链韧性和安全水平"。这进一步为发展双循环、构建物流高质量发展、提升产业供应链指明了方向。

一、厦门市现代物流产业发展总体情况

(一)2021年厦门市现代物流产业发展回顾

　　2021年是建党100周年,在身处百年未有之大变局和新冠肺炎疫情不断袭扰的大背景下,厦门市紧紧围绕融入"以国内大循环为主体、国内国际双循环相互促进"的新发展格局这一根本要求和21世纪海上丝绸之路核心区建设、自贸试验区创新、国际航运中心建设、港口型国家物流枢纽建设以及国际性综合交通枢纽建设的重大机遇,强化创新驱动,实现了"十四五"良好开局。

　　根据厦门市发展现代物流产业协调小组办公室(简称"市物流办")公开数据,2021年全市物流产业提质增效、高质量发展,取得了显著成效。物流产业规模方面:全市实现物流业增加值588.16亿元,同比增长24.69%;实现物流产业总收入1527.14亿元,同比增长17.36%。主要业务指标方面:完成港口货物吞吐量22755.99万吨,同比增长9.67%;完成港口集装箱吞吐量1204.64万标箱,同比增长5.62%;完成铁路货物发送量827.13万吨,同比增长9.69%;完成公路货运量25290.37万吨,同比增长22.10%;完成水路货运量13177.65万吨,同比增长8.77%;完成机场货邮吞吐量累计29.77万吨,同比增长6.96%;实现快递业务量59050.73万件,同比增长8.66%。通道建设方面:"丝路海运"命名航线达80条,共开行2829个航次,完成集装箱吞吐量351.62万标箱;中欧班列开行197列,完成19268个标箱,货值10.88亿美元,其中台湾、香港等地区和越南、韩国等国家搭载中欧班列货物74个标箱、货值400万美元。城乡配送网络建设方面:县(区)级物流节点覆盖率达到100%,

乡镇级物流节点覆盖率达到 100％,村级物流网络节点覆盖率达到 70％以上,全市已建成快递末端公共服务站点 597 个、乡镇网点 156 个、村级服务点 152 个、智能快件箱 4083 组。

(二)厦门市现代物流产业近期发展侧重点

2021—2022 年,厦门市在口岸物流、高端与创新物流(包括供应链创新与应用)、城乡配送物流、产业联动物流、区域联动物流等方面都得到重点发展。

在近两年来,市、区两级政府部门共出台 17 项促进现代物流产业发展相关政策。其中,供应链创新发展、跨境航空货运成为产业重点扶持的焦点。

1.供应链创新发展。厦门外向型经济高度发展,供应链发展水平领先。厦门市已经构建较为完善的供应链体系,建成一批跨行业、跨领域的供应链协同创新服务平台,培育了建发、国贸、象屿等一批全国领先、全球知名的供应链企业,形成"供应链协同产业链、提升价值链、构筑生态圈"的厦门经验。据厦门市商务局数据,全市现有供应链相关企业近 1.7 万家,2021 年全市批发零售业销售额达 3.06 万亿元,增加值占 GDP 比重 12.9％。截至 2021 年年底,全市新型国际离岸贸易结算总量达 243.7 亿美元。

2021 年,厦门市顺利入选全国首批供应链创新与应用示范城市。2022 年7 月,厦门市出台《厦门市加快推进供应链创新与应用提升核心竞争力行动方案(2022—2026 年)》,进一步为供应链发展明确方向。《方案》明确,到 2026年厦门将打造成为亚太地区供应链核心枢纽之一;初步形成具有较强竞争力的全国重点产业链供应链资源配置中心、供应链科创中心和供应链金融服务中心。

2.跨境航空货运。为助力全面深化服务贸易创新发展,提高厦门空运物流服务保障能力,加强厦门机场航空货运国际竞争力,实现政策精准发力,提升跨境贸易营商环境,服务"三高"企业进军国际供应链市场,满足外向型高端企业对航空运力的需求,2022 年 6 月,厦门市人民政府办公厅印发《进一步加快跨境航空货运高质量发展的若干措施》(厦府办规〔2022〕3 号),包含 8 方面18 条具体举措,预计三年补贴总额达到 17 亿元,重点培育一批运营稳定的全货机定期航线,厦门机场货邮吞吐量力争到 2023 年达 14.6 万吨、2024 年达15 万吨,进入我国跨境航空货运机场第二梯队。

政策实施后,全市航空运输产业进入发展"快车道"。据厦门市交通运输局民航处统计,2022 年 9 月,厦门机场完成国内航线货邮吞吐量 15141.858吨,比上年同期增长 19.85％,国际航线货邮吞吐量 6424.5 吨,境外合计货邮吞吐量 10870.6 吨。另外,在航空代理方面,运输飞行起落 4277 架次,比上年同期增长 27.98％,货邮吞吐量达到 14407.352 吨,平均载运率比上年同期累计增长 55.4％。

厦门航空运输产业具备良好基础,随着厦门新机场和厦门航空产业启动区建设工作持续推进,积极发展航空运输产业,有利于实现优质产业集聚与核心要素集中,优化完善航空运输产业链与供应链,增强厦门航空产业的竞争力和服务能力;有助于全市积极构建具有较高通达性、与新发展格局相适应的亚太重要航空口岸物流节点,争创特区新优势,打造新的航空运输千亿产业链,积极推进国际航空枢纽建设。

(三)2022年1—10月厦门市现代物流产业发展基本情况

2022年1—10月全市物流产业实现总收入1403.48亿元,同比增长11.85%。

1—10月主要物流数据:港口货物吞吐量18370.69万吨,同比下降2.57%;集装箱吞吐量1018.06万TEU,同比增长1.44%。空港货邮吞吐量21.96万吨,同比下降13.01%。铁路货物发送量762.62万吨,同比增长16.37%;公路货运量21251.89万吨,同比增长2.23%;水运货运量13265.68万吨,同比增长27.03%。快递业务量累计46003.48万件,同比下降7.94%,业务收入完成63.87亿元,同比下降5.52%;其中,10月份快递业务量4986.75万件,同比增长21.72%,业务收入完成6.41亿元,同比增长1.35%。2022年1—10月,中欧(厦门)班列累计开行82列,承运8190标箱,货值4.86亿美元。

二、厦门市现代物流产业发展面临的挑战

1.疫情反复和全球经济复苏缓慢带来的挑战。2022年由于地缘政治问题和疫情反复,全球供应链加速重构,生产需求发生一定程度的回流和转移,经济复苏缓慢,国际物流需求发生较大变化。根据厦门市现代物流业商会和厦门市航空运输产业联合会调研,包括跨境航空在内的国际物流型企业业务量普遍下降,最大降幅达30%。

2.经营成本上升给运输型物流企业发展带来巨大压力,拉低了厦门物流产业的发展指数。近年来,随着实施岛内外一体化战略,厦门物流市场需求不断扩大,城际城市配送等运输型物流企业保持较快发展态势,但受到内外部因素影响,该类企业拉低了厦门现代物流产业的发展指数。2022年,人工成本和油价不断飙升导致了企业运营成本急剧上升。调研发现,随着油价一路走高,以每台车每月行驶10000公里、百公里油耗42升计算,每台车单月的油费比2019年增加8190元;驾驶员每趟出车提成工资150元,较原来上涨4.66%。激烈的市场竞争使得企业物流服务报价不断压低,企业利润空间越来越窄。据中物联分析,我国物流企业毛利润率一般为4%~10%。据厦门市现代物流业商会面对近500家主要会员企业的调查,2021年超过70%被调

查物流企业平均账期超过 3 个月,最长达到 6 个月,应收账款回收期普遍比上年度长,资金周转效率连续两年有所下降。港口配套设施有待完善,集装箱拖车停车难问题没有得到解决;国际货代、临港服务企业普遍反馈代垫款额大,代垫费用不仅造成企业资金被占用,也给企业带来较高的结算风险。

3.行业组织未能充分发挥作用,在促进厦门市现代物流产业发展中的作用不明显。截至 2022 年 10 月,厦门市、区两级各类物流专业组织,包括商会、协会和专业服务机构超过 14 家。首先,超过 10 名工作人员的只有 2 家,大部分行业组织力量薄弱,不敢代表行业发声,会员反映的问题未得到及时关注。其次,政府部门需进一步发挥行业组织在政策引导、行业培训、开展合规辅导等方面的作用。

三、进一步壮大厦门市现代物流产业的对策与建议

为进一步促进厦门市现代物流产业的高质量发展,服务新发展格局,建议如下:

1.合理统筹实施"十四五"各项规划。《厦门市"十四五"现代物流产业发展规划》《厦门港"十四五"发展规划》《"十四五"厦门市邮政业发展规划》已发布,建议在实施中进一步统筹产业空间布局、交通设施建设、土地利用和经营业态诉求,合理建设、改善各类物流基础设施,完善公共服务平台,彻底实施海空港"无纸化"工程,避免重复建设和低效工程。此外,要真正实施口岸无需预约 24 小时通关模式,提升口岸通关效率,进一步改善服务质量。

2.进一步推进现代物流产业降本增效。一方面,促进降低物流成本要坚持统筹考虑,政府在规划设施用地、生产布局时,要充分考虑物流成本的因素;要坚持促进完善市场机制,着力创造公平竞争的市场环境,切实提升物流企业的竞争力,强化降低物流成本的内生动力;坚持履行政府职责,积极推动完善税制,加大薄弱环节的支持。另一方面,应鼓励企业建立健全降低物流成本的管理体制,加强物流成本的核算管理;鼓励产业采取全程供应链管理模式,加强在各个环节的协同,实现整个供应链活动的成本最小化。

3.明确物流产业短板并给予重点扶持。根据"十四五"规划明确的重点业态和产业发展短板,加大产业招商,落实项目带动,加快全市五大物流产业集聚区建设,重点壮大供应链管理、冷链城配、跨境物流等新业态,重点扶持跨境航空、应急物流等相对短板工程,鼓励物流企业通过兼并重组、联盟化运营等方式整合资源,推动物流龙头企业做大做强,着力拓宽企业发展空间,提升服务覆盖能力,降低运营成本,提升利润空间。

4.进一步完善基础设施建设,提升物流信息化水平。要进一步完善物流基础设施,促进港口高质量发展,完善临港配套产业和配套设施,推进"四桥两

隧"疏运能力提升,完善岛内常态化停车场地建设和充电设施建设,加快厦门新机场和岛外码头建设,整合各类物流产业园区,引导生产要素向产业发展方向集聚;增强区内腹地产业支撑,深化与国内区域务实合作,依托边境口岸打造开放发展模式,培育优势互补、繁荣互惠的经济产业带。鼓励支持搭建公共物流信息平台和企业信息化建设,降低物流成本,提升作业效率。

四、2023 年厦门市现代物流产业发展预测与展望

经过"十三五"的发展,厦门市现代物流产业步入快速发展的新阶段,虽然与现代物流业高质量发展要求相比,社会物流效率和服务水平仍有待提高,但随着疫情得到有效控制,经济逐步复苏,全市现代物流产业也有望在 2023 年迈上新的台阶。

据福建省统计局的数据,2022 年上半年厦门市实现地区生产总值 3663.19亿元,比上年同期增长 5.4%,增速分别快于全国、全省 2.9 个和 0.8 个百分点,GDP 增幅居全省第 4 位,三次产业结构为 0.3∶41.6∶58.1。全市经济发展呈现较好的态势,结合厦门市统计局公布的 1—8 月全市主要经济指标统计数据,预计在第三、第四季度,全市 GDP 和经济发展仍将保持一定的增速。

预计到 2023 年年底,全市物流产业总收入将超过 1680 亿元,物流业增加值约为 685 亿元。

五、结语

按照《厦门市"十四五"现代物流产业发展规划》,厦门市现代物流产业将在口岸物流、高端创新物流、城配物流、制造业商贸业联动物流、区域联动物流5 大类 18 个分类纵深发展;重点引进以供应链物流为基础,融合线上线下采购、分拨、仓储、配送、结算、金融及研发的平台型项目和企业,并加快推进物流智慧化、数字化建设,推动产业转型升级优化。

在党的二十大报告思想指引下,2023 年厦门市现代物流产业一定能够立足新阶段,贯彻新理念,取得新发展,深度服务以国内大循环为主体、国内国际双循环相互促进的新格局,在供应链数字化、信息化的革新上继续发力,打造数智化、高质量的物流与供应链服务,实现产业高质量发展,为建设现代化强国贡献更大的力量。

厦门市现代物流业商会　蔡远游
厦门市航空运输产业联合会　闫圆圆

厦门市金融业发展情况分析及预测

一、厦门市金融业发展总体情况

（一）2021年厦门市金融业发展回顾

2021年，厦门市实现金融业增加值865.50亿元，同比增长7.0%，金融业增加值占GDP比重达到12.3%；人民币存贷款余额2.86万亿元，同比增长13.5%（增速排名全省第2位）；金融营商环境获得信贷指标入选国家发改委"全国标杆"。

资本市场快速增长，全年新增8家境内外上市企业（境内4家、境外4家），总数达到95家（境内62家、境外33家），增量、总量均排名全省第1位。银行信贷质量保持稳定，截至2021年12月底全市信贷不良率0.82%，优于全国、全省平均水平。

特色金融产业蓬勃发展，2021年全市新增金融投资类项目877个，总投资额3052.83亿元，新增金融科技、私募基金等特色产业园区7个。其中，私募基金行业发展迅速，截至2021年12月底，全市共有备案私募基金管理机构355家，管理基金1684只，排名全国第13位，注册基金总规模3567.52亿元，较年初增长800.81亿元，增幅达到28.9%。私募基金已成为厦门市培育产业创新发展和转型升级的重要力量。

（二）2022年1—9月厦门市金融业发展基本情况

2022年以来，厦门市金融业发展延续着高质量和快速增长态势，表现在以下方面：

1.金融机构体系更加完善，金融业规模持续增长。 全市现有持牌金融机构277家，法人金融机构19家，地方金融组织491家，形成较为齐全的特区金融机构体系。截至2022年9月底，厦门市实现金融业增加值707.34亿元，同比增长6.7%，金融业增加值占GDP比重达到12.4%；金融机构本外币存贷款余额3.35万亿元（2022年起因统计口径调整，人民币存贷款统计调整为本外币存贷款统计），同比增长11.8%，增速排名全省第3位，仅次于宁德（同比增长25.3%）和漳州（同比增长15.4%）；全市不良贷款余额133.03亿元，不良率

0.78%,优于全国、全省平均水平。

2.资本市场建设成效显著,私募基金快速发展。企业上市方面。厦门市政府与北京证券交易所、国泰君安证券、申万宏源证券、华福证券等机构签订战略合作协议,形成总对总合作,落地北京证券交易所、全国股转系统厦门服务基地等项目成果。厦门市与深圳证券交易所合作"厦门市企业上市服务云平台"在2022年9月28日正式上线,企业上市奖励"免申即享"事项覆盖率已达60%。截至2022年9月底,全市年内新增2家上市企业(唯科科技、嘉戎技术),另有3家企业已过会待发行,上市企业总数达到96家(境内63家、境外33家,其中扣除1家已退市企业)。截至2022年9月底,全市上市企业通过资本市场实现直接融资262.41亿元,为2021年全年总额的2.28倍。

基金发展方面。厦门市聚焦特色打造私募基金创新生态,成功举办第四届中国母基金峰会暨第三届鹭江创投论坛、海峡金融论坛·台企发展峰会、第二届全球操盘手节等招商展会。福建省首只国家级中小企业发展基金落地厦门(规模25亿元)。截至2022年9月底,全市备案私募基金管理机构344家,管理基金2028只,排名全省第1位、全国第14位,占全省私募基金管理机构总数的58%,注册基金总规模3967.24亿元,较年初增长399.72亿元,增幅达到11.2%。厦门市合格境外有限合伙人(QFLP)持续深化,2022年新增6只QFLP基金,引进外资基金规模10.56亿美元(约合70.64亿元人民币)。

3.金融有效发挥纾困功能,助力稳经济稳大盘。厦门市地方金融监督管理局等多部门联合印发《金融支持稳经济保增长促发展若干措施》,实行受疫情影响企业贷款延期还本付息,截至2022年9月底,全市普惠小微贷款、制造业中长期贷款同比分别增长25.1%、18.9%,分别高出各项贷款平均增速11.5个和5.3个百分点。强化"应急还贷""增信基金"等金融纾困工具的运用,截至2022年9月底,全市累计发放应急还贷资金65.77亿元,为企业节省资金费用2883万元;运用增信基金撬动信用贷款50.34亿元,帮助1613家企业解决经营周转困难。在强化重点领域项目融资支持方面,截至2022年9月底,全市共有9个基础设施项目获得政策性开发性金融工具支持,合计投放金额35.40亿元。福建省首笔设备更新改造贷款落地厦门,投放贷款金额490万元。

4.金融改革创新持续深化,多项首创成果落地。厦门市成为全国第三批数字人民币试点城市,在数字人民币服务社会民生、台胞台企、交通出行、绿色低碳、乡村振兴等领域进行了一系列有益探索。先后落地数字人民币住房公积金贷款、农业绿色碳汇交易、数字人民币自助办税终端、港澳台胞通过境外手机号开通数字人民币钱包等首创业务。核心商圈、大型连锁商超、鼓浪屿、植物园等主要景区数字人民币支付通道快速建成,并在地铁、公交、轮渡、航空、网约车、停车、加油等交通全领域形成广泛应用。截至9月底,全市累计开立各类数字人民币钱包121.22万个,累计交易笔数(含兑换、转账、消费业务)373.86万笔,支持数字人民币支付商户门店数量1.93万个。

厦门市积极探索绿色金融改革创新实践路径,特色更加凸显,成效较为显著。2022年上半年,全市绿色信贷余额1074.28亿元,同比增长48.98%,保持较高增速。绿色债券发行实现"零的突破"。厦门市产业投资基金已投资39只绿色产业相关基金,合计金额91.69亿元。开展绿色融资企业(项目)识别、认定和融资对接,全市入库企业95家,入库项目共18个。

5.地方金融政策不断优化,服务金融营商环境。 2019年以来,厦门市启动金融强市建设,打造"1+1+N"地方金融政策体系,涵盖金融产业、金融人才、金融科技、私募基金、供应链金融、地方金融组织等各领域。成立厦门地方金融纠纷调解中心,全国首创依托府院联动的金融纠纷调解平台。依托《厦门经济特区地方金融条例》完善金融法治基础,地方金融治理体系和治理能力不断增强,金融营商环境显著提升。在第十三期中国金融中心指数(CFCI)报告中,厦门市金融政策综合支持排名全国第2位,仅次于深圳。

二、问题与挑战

1.厦门市金融业持续增长存在瓶颈。 总体而言,厦门市金融业规模优势并不明显,2021年厦门市金融业增加值865.50亿元,在全国15个副省级城市中排名第11位,处于中后水平。在未来增长潜力方面,2021年厦门市金融业增加值占GDP比重已达到12.3%,接近国内重点金融城市水平,排名副省级城市第4位(副省级城市最高的深圳市为15.4%)。在全市现有的经济规模下,金融业增速预计将逐步放缓。

2.缺乏具有全国影响力的大中型金融机构总部。 厦门市缺少国家级或区域级的金融市场,以及具有全国影响力的大中型金融机构,金融业对经济发展的引领和支撑作用不够强。全市共有19家法人金融机构,在主要金融牌照上较为齐全,但法人金融机构资产规模偏小,省域外辐射能力不足,核心竞争力和盈利能力有待提升。金融区域分支机构布局较为完善,但也存在专业度不高、同业竞争激烈等问题,缺少投资银行、资产管理、公司金融、保险精算等专业团队。地方金融组织缺少龙头企业,行业发展的成熟度有待提升。

3.厦门市金融人才吸引力和储备相对不足。 金融人才是城市金融竞争力的核心,厦门市始终将金融人才引进培育、政策奖补、服务保障作为金融发展的重心,特别在金融人才政策方面保持对标深圳等先进城市。但相对国内重点金融城市,厦门市金融业由于规模总量不足、缺少大型金融机构总部和金融高端业态等原因,也导致在引进和留住高端金融人才方面缺乏竞争优势。此外,长三角、珠三角等超大城市群对年轻人才的"虹吸效应",也成为厦门市等后发梯队城市在加强人才储备方面最大的挑战。

三、预测与展望

当前,国内经济保持复苏的良好态势,但新冠肺炎疫情对经济整体影响依然客观存在,特别是对于中小微企业。相比规模以上企业,中小微企业承受风险的能力较弱,无论是在疫情防控期间还是在经济恢复过程中,都面临着更大的压力。为稳固经济平稳增长的基础,预计2023年货币政策仍将保持稳健和总体宽松,加大金融支持实体经济的力度仍将是金融工作主线,金融改革开放将进一步深化,保持金融的稳健发展。结合国务院关于金融工作情况的报告,有如下预测:

1.货币政策持续保持稳健。今后一段时间,我国有条件尽量长时间保持正常的货币政策,维护币值稳定。总量上将保持流动性合理充裕,加大对实体经济的信贷支持力度,增强信贷增长的稳定性,稳定宏观经济大盘。价格上将持续深化利率市场化改革,降低企业综合融资和个人消费信贷成本。结构上将持续支持"三农"、小微企业发展,突出金融支持重点领域。

2.金融支持实体经济力度进一步加大。服务实体经济是金融的宗旨和本源,为保持经济运行在合理区间,有必要进一步加大金融对实体经济的支持力度。在这个整体趋势下,金融资源将更加聚焦在完善薄弱环节金融服务、强化经济转型升级、支持基础设施和重大项目建设等方面。新增信贷资源预计将更多投向社会民生工程、新型基础设施、产业数字化转型、重点领域节能改造等领域;更多投向先进制造业、战略性新兴产业,更好地服务关键核心技术攻关企业和"专精特新"企业;更多投向普惠小微、"三农"等普惠金融服务,相关领域信贷增速有望维持高速增长。

3.金融改革和对外开放将更加深化。加快构建新发展格局,迈向高质量发展阶段,需要进一步深化金融供给侧结构性改革,支持经济发展方式转变和经济结构优化。具体措施包括:推动金融结构的进一步深化,提升金融机构的稳健性,促进金融业数字化转型,提高直接融资比重;深化金融市场改革,进一步提高上市公司质量,壮大各类中长期投资力量,强化投资者保护;扩大高水平金融开放,在安全可控前提下,进一步提升我国金融市场的投资便利性,构建与金融高水平开放要求相适应的监管体系。

4.金融业发展质量将更为稳健。金融是经营管理风险的行业,防范化解金融风险是金融工作的永恒主题。进一步提升金融监管有效性,弥补监管短板,强化金融风险源头管控,有必要依法将各类金融活动全部纳入监管,加强对非法金融活动的认定和打击力度,加快化解存量风险,严防增量风险;有必要推进金融数据治理,提高数据真实性和数据质量,从而提高科技监测和监管能力;有必要依法规范和引导资本健康发展,支持资本依法依规开展投融资活动,但也要坚决防止资本无序扩张。

四、对策与建议

1.锚定新的增长目标。外部要"引增量",用好用足中央出台的各项金融政策工具,积极拓展市政府与各金融机构总部合作,加大金融支持稳企业保就业、重大项目建设以及碳减排支持工具和支持煤炭清洁高效利用、科技创新、普惠养老、交通物流、设备更新改造等专项再贷款投放力度。内部要"找增量",加强金融业与各实体产业协同,搭建实质化运行的政银企对接机制,定期梳理重点行业、重点领域、重点项目融资需求清单,帮助金融机构充分挖掘信贷增量需求,提高资金和项目的对接效率。创新要"创增量",积极争取中央各项金融改革创新政策,持续深化数字人民币试点和绿色金融改革创新,加快发展航运金融、供应链金融等创新业态,不断提升中小微企业融资可得性,降低综合融资成本,做大金融业发展增量。

2.聚焦发展多层次资本市场。厦门市的上市企业板块具备良好基础和较大潜力,应该在企业上市方面找准自身优势,与北上广深等一线城市进行差异化竞争,推动更多企业通过资本市场实现做大做强。一方面"往前走一步",深入挖掘厦门在"专精特新"企业数量和质量的优势,发挥各证券交易所厦门服务基地功能,提高企业上市协同服务和培育效率,引导具备上市潜力的企业找准上市赛道、提早谋划上市进程,加快上市速度。另一方面"往后走一步",既要关注增量,也要关注存量的基本盘,引导已上市企业聚焦主业,提高资本运作水平,加快提增市值规模和辐射带动产业链上下游整体发展能力。

3.抓住基金优势产业。基金是厦门市具有优势的金融细分产业,应继续坚持和发展,构建培育与城市产业发展需求相匹配的基金行业图谱,发展大中小不同类型基金,加强对城市产业组合投资赋能的能力。加强政府产业引导基金与基金合作,鼓励投早、投小,激发社会投资热度。积极推动创业投资、风险投资基金、产业并购基金、新兴业态基金、二手份额基金(S基金)、特殊机会投资基金、跨境投资基金等发展,积极争取基金跨境投资政策试点,将厦门市打造成为基金创新发展的前沿城市。

4.紧盯金融招商主线。围绕厦门市"4+4+6"现代产业体系建设,加强金融招商与其他产业招商联动,推动上市主体、员工持股平台、资金结算中心等一揽子综合招商。发挥政策导向作用,利用高层次金融人才、基金管理人资源,为金融招商乃至全市产业招商服务。

5.守住金融风险底线。不断完善常态化金融风险防控机制,加强中央金融监管部门和地方金融监管部门联动,增强应对"黑天鹅""灰犀牛"等各类金融风险、稳妥有序处置金融风险和突发事件的能力。持续推进地方金融监管一体化平台建设,依托信息化手段,增强金融风险监测预警能力。加大防范非法金融活动宣传教育力度,提升投资者教育和风险防范意识。

6.优化金融营商环境建设。坚持法治政府建设,持续提升和完善地方金融法治能力和法治水平,优化金融营商环境建设。定期开展地方金融政策成效评估,及时开展政策修订工作,保持政策精准度和时效性,保持厦门市金融政策综合支持力度优势,更好地服务全市金融业发展。

厦门市地方金融监督管理局行业发展处　黄毓鹏

厦门市工业经济运行情况分析及建议

2022 年,面对复杂严峻的国内外环境和诸多风险挑战,厦门市统筹推进疫情防控和经济社会发展工作,坚持稳中求进工作总基调,制定实施先进制造业倍增计划,围绕"工业经济平稳增长"年度主线,加强工业经济运行调度,工业结构进一步优化升级,产业链供应链韧性和竞争力得到提升,"益企服务"和中小企业纾困支持力度加大,制造业数字化绿色化发展等取得积极进展,工业经济总体运行平稳。

一、2022 年厦门工业经济运行总体情况

2022 年以来,国内多点散发疫情对旅游、住宿、餐饮等服务业的冲击影响相对较大和持续时间较长,工业作为厦门稳经济大盘"压舱石"的作用更加突显。

(一)工业经济平稳运行

1.工业生产平稳增长。面临国际上俄乌冲突、国内新冠肺炎疫情多点散发和反复等多重复杂环境,厦门强化工业经济运行调度,工业生产保持了平稳增长。1—9 月,实现规模以上工业增加值 1879.35 亿元,同比增长 6.6%,增速位居全省第四位;实现规模以上工业总产值 6868.74 亿元,同比增长 10.1%。分月度看,在 4—5 月上海疫情冲击造成的产业供应链受阻和短期需求、订单收缩的影响下,4 月、5 月厦门工业增速呈现较为明显的下滑态势。随着稳住经济一揽子政策措施和促进工业经济平稳增长等各项政策措施出台及逐步显效,6 月工业增速有所回升,但 7 月又出现回落,8 月回升,9 月出现加速回升的态势,当月同比增速达到 20.8%,较 8 月回升 15.2 个百分点。分季度看,第一季度规模以上工业增加值同比增长 9.3%,第二季度同比增长 1.7%,第三季度同比增长 9.0%。详见表 1。

表 1　2022 年 1—9 月厦门规模以上工业增加值增速

指　　标	1—2 月	1—3 月	1—4 月	1—5 月	1—6 月	1—7 月	1—8 月	1—9 月
规模以上工业增加值增速/%	9.0	9.3	5.3	4.8	5.4	4.8	4.9	6.6

资料来源:厦门市统计局。

分区域看,1—9月,思明区、湖里区分别实现规模以上工业增加值增速13.7%和6.3%,海沧区、集美区、同安区、翔安区分别实现规模以上工业增加值增速6.3%、4.7%、6.9%和8.0%;火炬高新区实现规模以上工业总产值2769.3亿元,同比增长8.3%,工业总产值占全市的40.3%。详见表2。

表2　2022年1—9月厦门分区域规模以上工业增加值增速

指　标	思明	湖里	海沧	集美	同安	翔安	火炬高新区
规模以上工业增加值增速/%	13.7	6.3	6.3	4.7	6.9	8.0	8.3

资料来源:厦门市统计局。

2.工业投资力度加大。1—9月,完成工业投资443.22亿元,同比增长24.2%,增速全省排名第四位,占全市固定资产投资比重的19.1%。其中,1—9月高技术制造业完成投资292.31亿元,占全部工业投资的65.95%,同比增长32.1%,较工业投资增速高出6.9个百分点,对拉动工业投资增长形成较大支撑。

3.工业出口有所下滑。1—9月,累计实现出口交货值2139.96亿元,同比下降0.5%,出口交货值率为31.2%。从企业数量看,出口交货值下降的企业占全部出口企业的39.9%,下降面比上半年扩大1.3个百分点。

(二)重点行业保持增长态势

1.支柱产业保持增长。1—9月,35个工业大类行业中,26个行业工业总产值保持增长,行业增长面为74.2%。从大类行业看,机械、电子两大行业合计工业总产值同比增长9.0%。2022年以来,锂离子电池产量成倍增长,对电气机械和器材制造业增长的贡献较大,同时拉动机械行业较快增长,机械行业工业总产值同比增长15.5%。机械行业细分领域的电气机械和器材制造业增加值增长18.9%,拉动规模以上工业增加值增长1.2个百分点。

2.新能源产业拉动增长。1—9月,锂离子电池、新能源汽车分别同比增长2.9倍和25.2%。中创新航2020年投产,2021年开始产量上升,2022年以来锂离子电池产量快速增长。海辰新能源为2021年新增"规下转规上"工业企业,2022年以来产量也快速增长。目前,中创新航、厦钨新能源、璟鹭新能源、海辰新能源为代表的新能源企业订单充足,增长前景较为明确。

(三)工业结构进一步优化升级

1.高技术制造业内部结构优化。1—9月,高技术制造业增加值同比增长2.9%,占规模以上工业增加值的42.8%,若扣除宝太生物去年较高基数影响则增加值同比增长9.4%。计算机、通信和其他电子设备制造业增加值增长

6.8％,拉动规模以上工业增加值增长 2.2 个百分点。医药制造业同比增长 0.9％,受 2021 年宝太生物较高基数影响,对工业增长的拉动力仍然较弱。

2.制造业数字化转型步伐加快。依托华为云厦门创新中心,厦门持续深化企业上云行动。截至 2022 年 7 月,已推动全市 673 家企业深度上云,在卫厨、模具、注塑、纺织、机器人、运动器材等工业行业领域树立了一批上云应用标杆企业。推动完善厦门工业互联网公共服务平台建设,丰富数字化服务内容,平台已上线注册企业用户 2757 家,其中备案云服务商 50 家,上线 52 类 95 项产品,涵盖工业软件系统以及信息系统建设和服务能力评估体系、信息技术服务标准、数字化技术应用与创新能力评价等数字化体系服务。推动建设制造业数字化产教融合平台,提供在线课程学习、产学需求与能力对接等功能。此外,火炬高新区还遴选 30 家园区工业企业开展智能制造诊断服务,加快推动园区工业企业数字化转型。

（四）工业企业韧性和活力显现

1."专精特新"企业培育步伐加快。积极通过"认定奖励＋其他财政资金补助"给予中小企业支持。国家级、省级、市级专精特新中小企业培育数量创历年新高。2022 年 8 月,在第四批国家级专精特新"小巨人"企业名单中,厦门有 65 家企业上榜,数量位居全省首位。截至 2022 年 8 月,厦门累计培育国家级专精特新重点"小巨人"企业 31 家,占全省 47％;专精特新"小巨人"企业 144 家,占全省 50％;市级专精特新中小企业 1027 家。上榜国家级专精特新企业主要聚焦工业"六基"领域(核心基础零部件、核心基础元器件、关键软件、先进基础工艺、关键基础材料、产业技术基础),致力在产业链关键环节和领域实现"补短板""填空白"。

2.制定出台工业发展支持政策。3 月,制定实施《厦门市先进制造业倍增计划实施方案(2022—2026 年)》,从促进企业创新发展、助推企业做大做强、强化资源要素支撑、优化人才保障等方面出台推动制造业高质量发展的政策举措。6 月,加大工业投资支持力度,出台《推进工业企业增资扩产提速增效的若干措施》,从提升审批效能、加大土地和厂房保障、加大资金扶持力度、优化企业服务等方面出台支持措施。6 月和 9 月,积极贯彻落实国务院扎实稳住经济一揽子政策措施、接续政策措施以及省市有关决策部署,加大企业纾困政策力度,分别出台《厦门市进一步促进工业经济稳定增长的若干措施》、《厦门市进一步促进工业经济稳定运行的若干措施》,围绕工业企业增产增效、产业链供应链协同、健全疫情防控机制体系、降低中小微企业融资成本等出台精准支持举措,激发工业企业发展活力。

二、面临的困难、风险和 2023 年形势展望

当前,国内疫情多地散发,消费投资需求不振,大宗原材料价格仍处于高位,产业链供应链稳定性仍面临较大挑战。国际上,俄乌冲突等地缘政治冲突,全球新冠肺炎疫情反复等各种外部不确定因素仍然较多,厦门工业经济运行面临的外部环境依然严峻,困难与风险依然较多,实现平稳增长的目标仍需努力。

(一)面临的困难与风险

1.宏观外部环境风险因素增多。 俄乌冲突带来主要国家经济通胀、能源粮食危机和经济波动加剧,全球新冠肺炎疫情反复多变等因素增加全球经济不确定性,全球经济可能陷入"滞涨"的风险。受高通胀因素影响,美联储进入加息周期,货币政策转向外溢风险和中长期经济衰退的风险进一步上升。国际货币基金组织(IMF)10 月发布最新一期《世界经济展望报告》,预计 2022 年全球经济将增长 3.2%,与 7 月预测值持平;2023 年全球经济增速将进一步放缓至 2.7%,较 7 月预测值下调 0.2 个百分点。

2.需求不足制约经济增长动力。 国家统计局数据显示,1—9 月,社会消费品零售总额 32.0 万亿元,同比仅增长 0.7%。成本上升、需求不足也制约工业企业投资意愿,工业投资同比增长 11.1%。1—9 月,进出口总值 31.1 万亿元,同比增长 9.9%。其中,出口 17.7 万亿元,增长 13.8%;进口 13.4 万亿元,增长 5.2%。出口虽较快增长,但大宗商品价格高企、原材料成本上涨和国际产业链供应链阻断等问题加重外贸企业负担。发达国家主要经济体疫情管控全面放开,产业链供应链逐步恢复,订单转移效应可能减弱,2023 年出口增速可能回落。9 月,制造业采购经理指数为 50.1%,升至临界点以上,制造业景气水平有所回升,但回升基础仍然较弱,从市场需求看,新订单指数为 49.8%,继续位于收缩区间,表明制造业市场需求仍显不振。

3.工业稳增长压力仍然较大。 2022 年以来,原材料价格上涨、产业链供应链不畅交织叠加给厦门工业经济平稳运行带来较大挑战。产业链重要环节的芯片短缺问题虽有好转,但高端芯片"卡脖子"问题仍然严峻,对汽车、机械、电子等行业生产造成较大影响。平板显示行业面临市场需求收缩、产品价格下降等不利因素,龙头企业产值出现下滑,给支柱产业电子信息产业稳增长带来较大压力。企业生产经营仍面临不少困难。1—9 月,全国工业生产者出厂价格比上年同期上涨 5.9%,工业生产者购进价格上涨 8.3%。1—6 月,全市工业生产者出厂价格(PPI)指数为 104.66,钢铁、有色、化工等主要大宗原材料价格仍处于高位,加重工业企业成本负担。疫情反复、成本高企、供给冲击和需求下滑等因素影响工业企业增资扩产意愿,加剧中小企业生产经营困难,

上中下游行业、大中小企业发展分化态势依然延续。1—9月,1342家规模以上工业企业停产减产,工业企业减停产面为46.5%,合计减产583.31亿元。

（二）2023年形势展望

虽然面临上述困难与挑战,但我国工业经济长期向好的基本面不会改变,保持工业经济平稳增长仍具备一定基础和条件。

宏观政策环境方面,随着稳经济一揽子政策持续发挥效能,我国经济总体延续恢复发展的良好态势;我国统筹疫情防控和经济社会发展经验不断积累,逆周期、跨周期调节政策持续发力,已出台的各项稳定工业经济运行、促进工业经济平稳增长的政策措施效果不断显现,对2023年工业经济平稳运行提供了有力支撑。2022年10月,党的二十大召开,全国上下向心力和凝聚力进一步增强,我国进入全面建设社会主义现代化国家新征程,干事创业的精气神将进一步提振。

产业发展趋势方面,制造业数字化转型为经济发展注入新动能。以大数据、人工智能、区块链、云计算为代表的新一代信息技术加快向产业和制造业各行业渗透;绿色发展成为新一轮经济全球化和产业升级的重要方向,"碳达峰碳中和"背景下能源转型及新能源发展步伐加快,光伏、风能、新能源汽车、环境治理基建等行业将拥有较快增长机会,也给制造业带来更多发展机遇;我国具备完整的产业体系和强大配套能力,构建新发展格局也将促进超大规模市场潜力不断释放和经济循环畅通,对工业和制造业发展形成强大拉动和支撑效应。

三、对策与建议

深入贯彻落实党的二十大精神,完整、准确、全面贯彻新发展理念,把工业稳增长摆在最重要的位置,围绕供给侧结构性改革主线,统筹推进内需外需、强链补链、质量效益、市场主体、数字化绿色化发展,促进工业经济平稳运行和提质升级。

（一）提升工业运行监测和要素保障水平

1.加强工业经济运行监测。加强工业行业领域动态监测,稳住工业基本盘。重点关注工业企业所需原材料价格,畅通产业链供应链循环流转,推动产业链供应链上下游企业稳定合作。加强本地工业企业运行监测,关注重点工业行业、重点工业企业生产经营情况,及时掌握工业企业发展过程中出现的新情况、新问题和新动向,提前做好分析研判和有效调度。深化"益企服务"行动,加大对工业企业的针对性扶持,重点关注减产企业和亏损企业,客观准确分析原因,积极探索解决措施,多方位提振企业信心。支持工业企业改善经营管理水平,创新管理模式,提高资源利用效率,提升企业盈利能力和水平。加大工业投资、招商力度,加快推动形成新的投资增量、招商项目增量。

2.优化工业发展要素环境。 综合施策降低涉企相关收费,清理规范行政事业性收费,落实各项降本减负政策。降低电网环节收费,保障列入先进制造业倍增计划企业生产用电用能需求。实施差别化水电费收缴方式,针对厂区生产、生活用水用电分别进行计价。对于先进制造业或高新技术产业领域内的本地根植型龙头企业,支持其在符合规定的面积标准范围内,利用自有工业用地等建设人才公寓等办公生活配套设施,降低制造业企业职工住宿成本。加强工业用地保障,强化重大工业项目土地供给。推动新材料、电子元器件等特色优势行业专属产业园区建设。提高工业用地节约集约利用水平,稳定工业用房价格,探索"工业上楼",加快老旧工业区体制机制创新,推动低效工业用地盘活利用,提升低成本工业用地用房保障水平。多渠道降低制造业企业融资成本,加大制造业中长期贷款融资支持。加大工业企业技术改造支持,强化技术改造要素保障。

(二)提高产业链供应链韧性和安全

1.推动产业链供应链质量效率提升。 锻造传统产业链长板,改造提升水暖厨卫、食品制造、纺织服装、运动器材等传统特色产业,加大企业设备更新和技术改造力度,推动产业品牌化和质量效益提升。围绕战略性新兴产业和未来产业,合理布局区域内产业链上下游环节,加大跨区域产业链协作和关联配套。大力推动数字技术、人工智能、绿色低碳技术在产业链供应链环节的推广和应用,全面提升产业链供应链的质量、效率和服务水平。引导优势产业链上下游企业开放数据、加强合作,共建安全可信的工业数据空间,大力发展数据驱动的制造新模式新业态。实施重点产业链"链长制",开展产业链精准招商,加强对引进项目与在厦现有企业和产业链潜在关联配套研判。

2.增强产业链供应链自主可控能力。 实施关键核心技术攻关工程和产业基础再造工程,聚焦"四基"领域持续推进工业强基,推进工程化产业化突破。在装备、材料、工业软件等重点领域争取布局建设一批国家级、省级制造业创新中心和共性技术平台。完善激励和风险补偿机制,推动首台(套)装备、首批次材料、首版次软件示范应用。清单式管理高风险零部件和"卡脖子"技术,加强国内国际产业安全合作,推动产业链供应链多元化。优化供应链管理,推动设计、采购、制造、销售、消费信息交互和流程再造,形成高效协同、弹性安全、绿色可持续的智慧供应链网络。加快建设专业化应急运输转运设施,发展多节点、多通道、网络化应急物流。持续推动本地产业链供应链配套,引导企业接入福建省工业企业供需对接平台,开展线上线下对接活动,助力企业对接本地上下游合作伙伴,促进大中小企业协同融通发展。

（三）培育壮大优势企业群体

1.培育壮大一批"链主"企业。 聚焦生物医药、新型功能材料国家级战略性新兴产业集群，以及新能源、新材料等战略性新兴产业集群，出台鼓励龙头企业创新发展政策，培育集聚一批核心技术能力突出、引领产业发展、具有较强国际竞争力的产业链"链主"企业。支持龙头企业瞄准产业链关键环节和核心技术，面向海内外通过扩能改造、项目开发、兼并重组等方式延伸产业链布局，提升供应链自主可控水平，成为国际"链主"企业。支持组建先进制造业发展等基金，助力先进制造业倍增计划企业强链补链。

2.培育接续发展的企业梯队。 大力造就一批创新型企业家和国际化职业经理人队伍，努力培养世界一流创新型企业。支持壮大先进制造业总部经济规模。加强"滴灌式"全周期扶持培育，完善"科技型中小微企业—市级高新技术企业—国家高新技术企业—科技小巨人领军企业"的梯次培育体系，分级分类、精准施策开展高技术企业梯队培育。支持中小企业做大做强，建立中小企业梯次培育库，建立健全创新型中小企业、专精特新中小企业、专精特新"小巨人"企业等优质企业的梯度培育体系。

（四）推动数字化绿色化转型升级

1.分类推进数字化改造升级。 加快发展工业互联网和智能制造技术。加强 5G、云计算、大数据、物联网在先进制造业中的推广应用，分行业培育一批"互联网＋先进制造"试点示范企业。通过技改贷款贴息、搬迁补助、职工安置补助、加速折旧、产业引导基金投资等方式支持制造业企业数字化转型升级。通过政府购买服务等方式鼓励中小企业与服务平台合作，引导中小企业通过"上云"提升数字化水平。强化智能制造示范带动，通过试点示范大力培育工业互联网平台，鼓励、支持优势企业提高工业互联网应用水平，推广网络化协同制造、服务型制造、大规模个性化定制等新模式新业态。

2.推动制造业绿色低碳发展。 支持企业绿色循环发展，全面推进绿色制造体系建设。加强整治能耗高、污染重、固废排放量大、效能低的产业链环节。鼓励制造业企业改造现有原辅材料、生产工艺、污染处理等环节，向生产绿色化、清洁化、高效化方向升级。支持制造业企业、环保企业联合高校院所，建立市场化运行的绿色技术创新联合体。以循环经济园区为载体，积极推动工业园区建立资源循环网络，实现工业节能、工业资源循环再利用。鼓励国内国际知名制造企业与本地汽车及零部件、工程机械、航空工业、船舶工业等企业合作，联合开展零部件维修、翻新、认证等再制造项目。培育和引进一批绿色制造服务机构。

厦门市发展研究中心　林　智

厦门市海洋产业发展情况分析及建议

2021年以来,厦门市紧紧围绕海洋经济高质量发展中心工作,促进海洋新兴产业链延伸和产业配套能力提升,积极推动海洋经济发展示范区建设和海洋高新产业园区规划;大力培育海洋战略性新兴产业;继续做好现代海洋渔业招商引资;多举措加快提升海洋科技创新能力,不断优化产业结构、调整产业布局,推动厦门海洋产业全面、创新、集聚发展。

一、厦门市海洋产业发展总体情况

(一)2021年厦门海洋产业发展回顾

渔业产值8.25亿元,下降4.5%,水产品产量6.96万吨,下降8.3%。厦门港集装箱吞吐量完成1204.64万标箱,同比增长5.62%,占全省比重近70%,首次超越欧洲第二大港比利时的安特卫普港。厦门港拥有生产性泊位182个(含漳州),万吨级以上泊位79个;全年港口货物吞吐量2.28亿吨,增长5.6%;厦门港集装箱班轮航线达159条,通达52个国家和地区的141个港口,"一带一路"航线75条,途径23个沿线国家的53座港口。厦门港56条"丝路海运"命名航线完成集装箱吞吐量258.68万标箱,增长12.82%。船舶运力规模首次突破400万载重吨,增长11.57%。生物医药与健康产业产值增长17.9%,全力培育特色鲜明的国家级生物医药产业集群,努力打造中国生命科技之城。海洋工程装备制造业在国内竞争力不断提高,海洋高端装备制造业的发展带动海洋防腐、特种涂层材料、海工装备制造等产业的迅速崛起。

海洋旅游业迎来较大程度上的恢复,全年全市接待国内外游客8940万人次,增长34.7%,旅游总收入1301亿元,增长34.5%。接待入境游客30.44万人次,下降68.4%,旅游创汇2.34亿美元,下降75.4%。接待国内游客8909.56万人次,增长36.2%,接待国内过夜游客3269.35万人次,增长29.4%,国内旅游收入1285.92亿元,增长42.7%。至2021年年末,全市共有旅游住宿单位2553家。其中,星级饭店48家,五星级饭店19家。继续推进邮轮游艇产业建设与运营,加快国际邮轮母港建设,拓展邮轮游艇产业链,巩固拓展日本、东南亚航线,打造福建海洋文化主题航线。

(二)2022 年 1—9 月发展基本情况

1.渔业产业数字化转型。渔业产值增长 2.7%,水产品总产量 4.89 万吨,增长 2.5%。为加快水产养殖业数字化升级、促进水产品消费,厦门完成建设"海洋创业创新管理服务信息中心",初步搭建起厦门海洋数据汇聚平台框架,实现海洋渔业、海洋经济、海洋执法等数据的采集、存储、汇聚,为海洋产业、渔业等领域提供数据支撑服务。

2.港口物流业服务升级。厦门港集装箱吞吐量达到 910.01 万标箱,同比增长 1.11%,外贸集装箱同比增长 4.52%,吞吐量达 696.10 万标箱。截至 2022 年 9 月底,厦门港集装箱航线总数达 167 条,外贸航线 127 条,通达 54 个国家和地区的 146 个港口。"一带一路"和 RCEP 航线、"丝路海运"航线稳中有进,创新开辟首条"丝路海运"电商快线,对外开放水平稳步上升。厦门港积极构建中西部腹地物流大通道,推广多式联运"一单制"和"散改集"业务,海铁联运完成 4.76 万标箱,同比增长 76.64%。厦门对港口码头进行智慧升级,建成全国首个传统集装箱码头全流程智能化改造项目——海润码头全智能化项目,并在厦门港启用智慧疏浚系统,实现"实时采集、即时回放、适时分析、全时管控",为航道维护疏浚装上"智慧大脑",提升"智慧航道"保障能力,推动港口营商环境继续保持领先地位。

政策持续发力,出台《厦门港集装箱发展扶持政策(2022—2024 年)》及相关实施细则,围绕外贸集装箱、陆地港箱量、国际中转集拼业务等予以扶持,进一步发挥财政政策效应强循环、强拓展、强发展。全国首创厦门港航企业专属金融产品"港航信易贷"再度升级为"2.0"版本,成功为 28 家中小航运企业融资授信近 4.5 亿元。

3.海洋战略性新兴产业集聚发展。厦门生物医药港北片区项目启动,进一步加速生物医药产业优势集聚,为生物医药产业链稳步发展提供有力支撑。厦门生物医药港在"中国生物技术创新大会"发布的《2021 年国家生物医药产业园区排行榜》综合竞争力榜单中位列第 10 名,较上一年度上升 5 位,首度进入全国前十的行列;在合作竞争力单项榜单中位列第 4;在人才竞争力单项榜单位列第 10;在差异化特色化发展方面,被列为三家医疗器械具有特色的园区之一。厦门海洋高新产业园区已完成空间规划、产业定位,重点布局以海洋生物医药与制品、海洋高端装备与新材料、海洋信息与数字产业、蓝碳及海水综合利用等产业为主导,以海洋研发创新、海洋总部经济为支撑的具有较高展示度的海洋经济示范片区。

4.海洋旅游业提质增效。随着跨岛发展的纵深推进,厦门海上旅游客运市场有了更大发展潜力与空间,为满足更多游客需求,厦门新建、改造以及航道疏通共 9 个旅游客运码头,鼓浪屿三丘田码头、嵩屿码头的改造提升已完成立项,于 2022 年 6 月开工;改造提升高崎渔港客运码头、新建美峰体育公园客运码头、新建翔安区一场两馆客运码头等项目的前期工作正在进行,厦门已有客运航线 14 条,上述码头完工投用后,全市航线预计增加 15 条。厦门积极推动智慧客运建设,海上客运平台已上线运行,各海上旅游客运企业原有的营销渠道统一到平台上,通过统一管理,实现统一排班、统一售票、统一服务;运用大数据管理精准引导乘客流和运力流,实现"一部手机畅游厦门湾"。厦门海上旅游产品不断推陈出新,在保持"海上看金门""鹭江夜游"等原有产品基础上,陆续推出餐饮主题航线、婚庆主题航线、海上看焰火、海上赏灯光秀等产品,包括"学习号""图强号"党史学习教育主题船等;积极整合港、航、旅三方力量,争取首艘中国籍奢华游轮"招商伊敦号"来厦运营,探索与深圳港互为母港的国内双母港游轮航线运营模式,重新激活厦门港邮轮(游轮)产业,盘活城市旅游资源,打造"邮轮+"福建全域旅游特色品牌,实现游轮经济的杠杆效应。

二、厦门市海洋产业发展存在的问题

1.海洋产业竞争力不强,陆海统筹发展能力有待加强。海洋经济发展示范区是承担海洋经济体制机制创新、海洋产业集聚、陆海统筹发展、海洋生态文明建设、海洋权益保护等重大任务的区域性海洋功能平台。厦门新兴产业虽然增速较快,但是全国影响力的龙头企业和拳头产业相对较少。当前海洋开发利用层次水平总体不高,虽然厦门在调整海洋经济结构上做出了卓有成效的努力,但是战略性新兴产业占比仍然不高。临港工业、港口物流业等传统支柱产业发展空间受限,对江西、湖南等内陆省份的辐射能力不足,内陆省份货源大多被广州港、深圳港、上海港、宁波-舟山港所虹吸。海洋生物医药、海水利用等战略性新兴产业面临发展瓶颈,原料药居多,成品药少;保健品、食品添加剂等生物制品居多,真正获得药字号的产品少;对资源、能源等生产要素依赖较多,对尖端科技依赖较少,不利于保持竞争优势。海洋金融服务、海洋信息服务等高端海洋服务业尚处于进一步培育阶段。滨海旅游业虽借助地理优势,打造出了若干个国内闻名的滨海旅游项目,但热门景点大多集中在岛内,游客承载能力有限,旅游旺季人员密集,影响游客体验,不利于旅游业的进一步做大做强,并且产业化程度不高,产业规模扩张缓慢。

厦门陆海统筹发展水平较低,陆海空间功能布局、资源配置等协调不足。同时厦门仍没有摆脱海洋经济开发的同质化现象,即海洋相关产业发展过程中与其他海洋强市的发展路径较为相似,未能通过自身的独特资源禀赋形成厦门海洋经济产业特色。海洋产业集聚效应仍需提高,涉海企业、项目布局分散于生物医药港、轻工食品工业区、翔安火炬高新区等一些综合园区,缺乏统一的新园区对企业和项目进行重新整合。海洋金融对产业的扶持力度有限,民间投资人、合伙人参与不足,多元化融资机制有待完善。

2.科技优势势能需要进一步释放。虽然厦门拥有自然资源部第三海洋研究所、厦门大学等海洋科技基地,是国家海洋高技术产业基地试点城市之一,但是在科技创新能力与科技成果转化水平上相比其他海洋经济发展试点地区尚有较大差距。创新能力与成果转化能力乃相互依存,但厦门未能形成两者之间互相推动的良好循环,两者的发展与协调仍以政府引导为主,未能形成涉海企业为主体的科技优势地位。

3.海洋资源环境承载压力较高。厦门人均岸线占有率在全省中处于较低水平,因此自身海洋环境承载压力较大。同时九龙江作为福建第二大河流,厦门地处九龙江入海口,受上游九龙江影响,陆源入海垃圾、无机氮和活性磷酸盐等污染物总量控制任务艰巨,海洋环境质量提升空间受限。海洋生态环境保护与修复压力较大,受损的海洋重要生态系统需要进一步恢复与重建。厦门城市建设起步早,人口增长速度快,临海产业体量大,海岸带和近海开发强度高,对海洋生态形成较大的压力。特别是厦门作为航运枢纽和旅游城市,是福建对外展示形象的窗口,对生态保护的要求应该比其他地市更高。

三、厦门市海洋产业发展环境与预测

(一)有利的因素

在国际上,全球经济形势严峻,产业分工格局面临变化,谋求向海经济成为国际上推动经济发展的新趋势。同时,全球经济中心转向东南亚为亚太沿海地区带来新的发展机遇。大数据、区块链、人工智能等新技术赋能也为海洋生物科技、海洋工程装备制造、可再生能源、海洋生态治理、滨海旅游等产业带来融合发展的契机,为中国海洋经济高质量发展注入了新动力。

在国内,我国政府对建设海洋强国做出了一系列新部署,对海域使用与开发、统筹推进海岸带和海岛开发建设、统筹近海与远海开发利用的海洋格局提出了新要求。同时,对涉海战略性新兴产业、中心渔港建设、开发性金融扶持、科技创新等方面提出了新举措,为促进厦门市海洋经济高质量发展提供了政策保障。

厦门拥有经济特区、自贸区、自创区、海丝核心区、综改试验区等多区叠加的政策优势;同时海洋生物科技、港口物流、海洋电子信息、水产种苗、滨海旅游为主要支撑的海洋产业实力雄厚;拥有厦门大学、集美大学等18所高校,540家各类研发机构,1600多家国家高新技术企业,具有较强的科技创新能力;厦门营商环境位居全国前列,为推动厦门海洋经济高质量发展奠定了基础。

（二）不利的因素

我国经济正处在转变发展方式、优化经济结构、转换增长动力的攻坚期，面临着结构性、体制性、周期性问题相互交织所带来的困难和挑战，加上新冠肺炎疫情冲击，经济运行面临较大压力。

同时，厦门的海洋经济发展的法律制度、海域海岛二级市场培育、投融资政策、生态修复配套政策制定相对滞后；作为涉海创新主体的企业面临资金短缺、激励保障措施不足、相关配套政策制度缺乏针对性等困难；适应海洋经济发展迫切需求的高层次人才与高水平科研团队存在缺口，沿海各地制定的吸引顶尖人才与创新团队的激励措施也进一步制约了厦门海洋人才队伍的建设；厦门海洋经济发展还面临着同周边城市、省外其他沿海城市在政策制度、科技创新、重大项目等方面的竞争。

（三）发展预测

根据厦门市"十四五"规划，未来厦门会加快海洋经济各产业深化发展，力争到 2025 年，海洋生产总值占比提高 2.5 个百分点。预计 2022 年，海洋生产总值增长 9.53%，海洋新兴产业增长 11.93%，滨海旅游业增加值增长 12.09%，海洋交通运输业增加值增长 12.03%。最后实现海洋经济发展布局进一步优化，海洋经济辐射带动和区域协同发展能力显著提升。

四、促进厦门海洋产业发展的对策和建议

1.建设示范区。利用现有的"三园""两港一区"的产业基础，进一步调整产业布局和生产要素，发挥各示范区的独特优势，打造现代海洋产业体系，引领未来五年海洋经济协调发展。

2.科技创新。整合厦门市内涉海院校，筹办高水平、有特色的区域性海洋大学；依托自然资源部的海洋相关平台，建设深海生物资源信息开发利用与共享平台；深入推进智慧海洋建设，为厦门海洋经济高质量发展服务；加强对重点领域的技术攻关，解决"卡脖子"技术难题；争取国家在厦门再集群化布局一批涉海创新实验室、新型研发机构、技术创新中心等。

3.招商引资。厦门将进一步优化营商环境，推动各类相关政策措施落地见效；用心服务海洋企业，进一步跟进海洋发展大会招商项目；健全招商机制，提高招商质量和数量，按照"成熟一批推进签约一批"的原则，实行专人专项推进项目招商；提升招商效率，协调全市各相关部门、各区和指挥部齐心协力，为招商引资扫平障碍。

4.金融助力。推动海洋创投基金和海洋助保贷等金融服务业发展，加强与海洋创投引导基金受托管理机构及子基金管理机构的动态互动，加快对海

洋战略性新兴产业项目的投资。利用市级专项资金的政策扶持作用,立项一批新项目。

5.发展现代都市渔业。推进渔业发展方式转变,促进渔业一二三产深度融合;提升改造高崎中心渔港,打造欧厝中心渔港,发展渔港休闲经济;继续开展渔民转产就业技能培训,提升对渔民的关心、服务水平,实现转产就业增加收入。

6.建设一流港口。以智慧港口工程为示范引领,加快建设"智慧港区",打造"智慧物流",实现"智慧航运",加快绿色智慧港口前进步伐。不断推进厦门国际航运中心建设,打造国家枢纽港,优化空间功能布局,破解发展瓶颈,着力将厦门港建设成世界一流港口,

7.深化海洋交流合作。对内加快海洋区域合作,实施以厦门为核心的现代化湾区战略、闽西南区域发展战略,推动产城融合发展,并发挥对台合作优势,深化厦金区域和产业优势互补、共赢互利。对外紧抓 RCEP 协议签订和金砖国家新工业革命伙伴关系创新基地的建设契机,提升厦门国际海洋周品牌影响力,推进与国际组织和周边国家的海洋项目实施;发挥厦门金砖国家新工业革命伙伴关系创新基地、APEC 海洋可持续发展中心、中国-东盟海洋合作中心、PNLG 等国际平台的作用,深化国际和区域性海洋交流合作,服务 21世纪海上丝绸之路建设;谋划推进中国与东盟国家、"海丝"沿线国家在海洋文化、海洋产业等领域的合作交流,打造"海丝文化"中心,充分挖掘海洋文化、华侨文化的特色优势,占领海洋文化新高地;积极参与全球海洋治理,提升在国际海洋事务中的影响力。

集美大学财经学院　　陈　蕾

厦门市推进现代产业招商工作
情况分析及建议

一、厦门市推进现代产业招商工作情况

(一)2021年招商引资工作情况回顾

2021年,厦门市各级各部门贯彻落实市委、市政府"毫不动摇抓招商促发展"的要求,着力打造专业化招商机构,推进产业链精准招商。全市全年共引进高能级项目338个,总投资1809亿元,注册资本1360亿元。百亿级的厦门时代新型动力电池项目落地,字节跳动落户滨北超级总部基地,中航锂电、士兰集科、玉晶光电等龙头企业增资扩产,新能源、半导体与集成电路、文化创意等产业呈现蓄势待发的态势。

(二)2022年以来厦门市推进现代产业招商工作情况

2022年,厦门市围绕产业高质量发展,全力推动"大招商、招大商、大员招商",着力构建"4+4+6"(四大支柱产业集群、四个战略性新兴产业、六个未来产业)现代产业体系,强化"链主招商"推进强链补链延链,启动"益企服务"促进企业增资扩产,招商引资取得显著成效。2022年1—9月,全市新增签约项目728个,三年计划投资额1426.8亿元,注册资本总额1281.4亿元;新增落地项目691个,三年计划投资额1177.8亿元,实际到资347.6亿元。主要呈现以下特点:

1.先进制造业获得重大突破。 出台《厦门市先进制造业倍增计划实施方案(2022—2026年)》,制定5年内实现倍增的目标,集中力量重点发力,招大引强一批高能级制造业项目,推动先进制造业实现跨越式发展。1—9月,全市共有118个制造业签约项目,占全部签约项目数的16.2%;三年计划投资额924.28亿元,占全部项目投资额的64.8%,制造业项目数及投资额占比均有大幅提升。天马8.6代、宁德时代、中创新航三期等100亿元以上签约项目3个,三年计划投资额468亿元;安捷利美维、海辰新能源等50亿~100亿元签约项目3个,三年计划投资额165亿元;恩捷锂电池隔膜生产基地项目、华夏电力项目、厦钨新能源项目等10亿~50亿元项目7个,三年计划投资额

117.98亿元。抢抓新一轮技术革命带来的投资热潮,战略性新兴产业特别是锂电池产业异军突起,共引进锂电池及配套项目9个,三年计划投资额452亿元,占制造业签约项目投资额的半壁江山。

2.战略性新兴产业成为招商重点。 构建特色突出、结构合理、动能持续、梯次发展的"4＋4＋6"现代产业体系,加大战略性新兴产业招商力度,前瞻布局推进未来技术突破与产业化项目。除锂电产业迅速形成产业链群聚集效应外,生物医药、集成电路与半导体等产业获得长足进展。据不完全统计,2022年1—9月,引进大博医疗、宇稀生物科技、宝太生物、力品药业、万泰沧海等生物医药和健康项目38个,三年计划投资额75.5亿元;引进安捷利美维、吉顺芯等半导体和集成电路项目11个,三年计划投资额104.4亿元。通过招商引资、招才引智推动一批新型研发中心落户,引进天马新型显示技术研究院项目、美亚柏科信息安全研究所等研发中心项目约20家,三年计划投资额约20亿元。

3.存量企业增资成为重要增长极。 全市实施增量与存量双轮驱动,完善服务企业长效机制,开展"益企服务"专项行动,引导企业创新技术、优化管理、转型升级,推进一批本地企业做大做强做优。强化用地要素保障、推动增资扩产流程"减并提速",积极推动存量企业增资扩产。1—9月,全市增资扩产项目297个,占全市合同签约项目数39.4%;三年计划投资额551.5亿元,占全市合同签约金额的38.8%,其中已有196个项目当年实现落地,三年计划投资额452.3亿元,当年落地率达66.0%。

4.招商统筹调度机制不断完善。 出台《厦门市重大招商项目评审及决策办法(试行)》,通过市招商办主任会议项目审议机制,组织评审和协调推进重大招商项目,2022年1—9月共审议推动25个重大项目,投资额超1200亿元。建立全市重大招商项目联合推进机制,切实抓好项目前期谋划、签约预审和落地推进,全市共有52省级重大招商项目,累计开工41个,开工率78.9%,完成投资247.8亿元,央企、外企年度投资计划完成率均居全省第三位。强化招商引资联动机制,由市发改委、科技局、工信局、商务局、金融监管局等组建12支产业招商小分队,发挥行业优势,1—9月共访商邀商1286家,提供投资信息线索1169条,促成198个项目签约。

5.强化项目落地形成鲜明导向。 强化"晒、比、问"机制,落实"快、优、实"要求,坚持以项目动工为关键环节,改革招商引资实绩竞赛机制,不再将商事登记而是紧盯项目动工关键环节作为项目落地标志,对项目落地率、投资完成率、省级重大签约项目推进情况、外资到资情况等指标进行月度通报和季度晾晒,推动各单位加快推进项目实质落地。截至2022年9月底,全市累计落地项目1212个,应落地项目累计落地率(以开工或实际运营为标准)由去年底的

39.8％上升至68.7％,提升了28.9个百分点。

6.招商方式方法探索创新求变。 面对复杂多变的国际形势和城市间激烈的招商竞争,不断探索创新招商引资方式方法。召开校友经济发展大会,启动"大厦栋梁"计划和厦门校友经济联盟,出台《厦门市支持校友经济发展若干措施》,为校友在厦投资兴业提供全要素、全流程、全方位的保障服务和扶持激励,打造校友经济发展的良好平台。建立招商引资与金融投资对接工作机制,2022年以来全市共批设49只基金,规模213.76亿元,与中金资本等头部基金建立经常性项目交流渠道,新增6只QFLP基金,规模10.6亿美元。

二、厦门市现代产业招商工作面临的问题与挑战

"4＋4＋6"现代产业体系是一个把握发展趋势、兼顾当前未来、有序梯次推进的系统工程,对厦门市招商引资工作提出了更高的要求,主要有:

1.重大项目策划水平有待提高。 一是对"4＋4＋6"现代产业的招商研究不够深入,特别是对新业态新技术新领域研究相对滞后,对招商实践指导不足。二是项目策划储备不足。随着前期百亿项目陆续签约落地,在谈项目平均规模减小。全市目前策划和在谈的50亿元以上的实业项目较少,项目接续和储备面临较大压力。

2.招商引资统筹机制有待优化。 一是市区之间招商协同不够深入,市、区两级招商队伍分别存在着缺乏项目落地实践、缺少产业深刻理解的短板。二是招商综合评价体系还局限于投资金额等传统要素指标,对重大技术项目和轻资产的现代服务业缺乏考量和引导。三是各区招商产业导向还不够明晰,存在同质化竞争甚至争抢项目的情况。

3.招商引资要素保障有待加强。 一是资金统筹调度面临较大压力,需要在更多领域加快引入社会资本,集中力量加大对产业项目的投入,加强市场化力度提供资本支持,撬动更多重大项目在厦落地;二是低效用地处置进度偏慢,批而未供用地处置率较低,影响对新项目土地供给。三是高层次人才较为紧缺,招商引资与招才引智"双招双引"工作需要进一步加强协同。

4.利用外资方式渠道有待拓展。 一是实际使用外资在高基数的情况下出现下跌,反映出引进外资、吸收利用国际创新资源的方法手段不足。二是近几年受新冠肺炎疫情影响,对外经贸交流和沟通明显减少,对利用外资带来较大负面影响,长此以往将削弱厦门发展外向型经济的竞争优势。

5.专业化招商队伍有待培育。 一是缺乏招商意识,一些行业部门在主动提供招商资源、开放应用场景、数据资源支持上主动性不足。二是缺乏专业知识,专业团队力量配备还较薄弱,部分项目决策时间较长。三是缺乏常态化专业化系统培训,对重点产业和招商目标的深入调研偏少。

三、厦门现代产业招商工作预测与展望

2023 年是厦门市贯彻落实党的二十大精神、加快推进"十四五"规划的中坚之年。尽管由于国际局势动荡、中美经贸摩擦，美元加息、资本市场估值水平下降，产业投资总体难言乐观，但厦门市将在前期招商取得重大成果、重点项目逐步进入产出回报期的基础上，发挥在产业链、供应链、金融、国企等方面综合优势，把握机遇、乘胜追击，集中发力引进产业链龙头项目，大力开展科学精准招商，有序加快对外双向投资交流，探索创新招商引资方式。预计厦门市招商引资仍将持续实现较快增长，产业层次有望再上台阶。

四、推进厦门现代产业招商工作的建议

1. 强化重大项目策划推进机制。 一是主动策划重大项目。利用投洽会、闽商大会、数字中国峰会、金鸡电影节等省、市重大经贸活动等平台，瞄准重点行业重点企业，策划生成一批重大项目。二是完善《厦门市重大招商项目评审及决策办法》，加大政策扶持、要素保障及基金支持力度，引导各招商单位更好运用市区叠加和"一企一策"政策，推进重大优质项目的招引工作。

2. 强化招商引资统筹协调机制。 一是市、区联合开展精准招商和一条龙服务，加强市级部门与载体园区的招商协同，加大对北京、上海、深圳等地的产业招商推介力度。二是优化招商引资实绩竞赛规则，探索研究出台以人才引进和科技贡献替代落地或到资指标的相关规则。三是根据各区优势，制定各区重点发展的细分产业，鼓励差异化发展。完善"1＋1"招商机制，对跨区经营项目合理分配招商成绩，鼓励各区发挥各自优势，合力引进重大项目。

3. 强化招商要素保障服务机制。 一是加快 PPP 项目推进，拓宽渠道引进更多社会资本，适当提高投资杠杆率，把有限资金资源投入重大产业项目上。二是加快批而未供用地处置，研究出台推动原业主转型升级、重组置换等政策措施，发展特色楼宇经济，提高存量用地用房的使用效率。三是建立人才部门与招商部门联合开展"双招双引"的工作机制，发挥产业校友经济联盟的作用，加快引进校友重大项目。

4. 强化扩大开放促进外资机制。 一是创新利用外资方式，关注返程投资、外资并购、央企海外返投、房地产项目利用外资等方式，加强 QFLP、VIE、WOFE 的招引工作，拓展外资招商渠道，深挖客商和项目资源。二是适时启动境外招商，完善海内外常态化商务交流合作机制，在境外增设海外投资贸易联络点，打造科技孵化和投融资双向平台。

5. 强化专业化招商队伍培养机制。 一是加强对"4＋4＋6"现代产业体系

的学习研究,跟踪行业动态,开展相关产业调研和目标企业梳理等工作,梳理完善《厦门市现代产业体系招商指南》。二是探索创新招商方式,研究推行校友招商、以商引商、基金招商、中介招商、云上招商、人才招商等方式,形成典型案例并进行经验推广。三是加强日常学习,组织开展"投资讲堂"等活动和线上学习,建立全市投资促进机构联席会议机制分享交流招商经验,培养专业、敬业、精业、乐业的招商队伍。

厦门市商务局、厦门市招商办 陈见锦

厦门市推进金砖创新基地建设情况分析及建议

2020 年 11 月 17 日,习近平主席在金砖国家领导人第十二次会晤上宣布"我们将在福建省厦门市建立金砖国家新工业革命伙伴关系创新基地,开展政策协调、人才培养、项目开发等领域合作,欢迎金砖国家积极参与"。2021 年 9 月 9 日,习近平主席在金砖国家领导人第十三次会晤表示"金砖国家新工业革命伙伴关系厦门创新基地已经正式启用"。2022 年 6 月 23 日,在金砖国家领导人第十四次会晤上习近平主席提出"加快金砖国家新工业革命伙伴关系厦门创新基地建设"。从宣布建立到正式启用,再到加快建设,这既是对金砖国家新工业革命伙伴关系创新基地(以下简称金砖创新基地)工作的肯定,更为金砖基地建设进一步走深走实指明了方向,提供了根本遵循。

一、金砖创新基地建设总体情况

金砖创新基地启动建设以来,加快建立工作机制,聚焦三大重点领域,发布 100 项重点任务清单,组建智库和培训基地联盟,开展 31 期金砖人才培训活动,覆盖 44 个国家超 86 万人次,建成一批新型基础设施和 8 个新工业革命领域赋能平台,推出 104 个金砖示范项目,签约 69 个金砖合作项目,成功举办了金砖国家政党、智库和民间社会组织论坛,工业互联网与数字制造发展论坛等一系列金砖国家交流活动,取得阶段性成果。

(一)政策协调合作领域

1.举办金砖活动。积极承接、举办金砖国家相关会议、论坛等活动,一年多来共举办金砖活动 29 场,吸引包括金砖国家代表在内的全球 300 万人次线上线下参与和关注,广泛增信释疑,争取形成共同声音。主要有:中联部主办的金砖国家政党、智库和民间社会组织论坛在厦设立连线会场,习近平主席向论坛致贺信,10 个国家的 130 余名政党领导人等代表线上参会;金砖国家工业互联网与数字制造发展论坛,国务委员王勇出席论坛开幕式并致辞;举办第六届金砖国家工业部长会议;连续三年在厦主办金砖国家新工业革命伙伴关系论坛,吸引近千名金砖及其他国家政府、商协会、知名企业以及国际组织代表参会;科技部、厦门市和厦门大学共同主办第七届金砖国家青年科学家论坛,邀请金砖五国青年科学家、企业家等近200名代表线上线下进行交流和研讨;在工信部和中联部支持下,金砖国家新工业革命伙伴关系论坛永久落户基地,金砖国家智库国际研讨会由基地长期承办。

2.开展智库合作。加快编制《金砖创新基地发展规划》。厦门市金砖办牵头组建厦门金砖创新基地智库合作联盟,邀请22家国内知名高校和智库加入,为基地发展建言献策。联合华侨大学、福建师大开展"金砖创新基地内涵、模式及建设路径研究"等11项专项课题研究,推出13期研究专报和动态资讯,发布《金砖创新基地发展报告(2021)》和《金砖国家国别研究报告》等智库研究成果。

3.促进政策交流。厦门市工信局对接中国电子技术标准化研究院,编制《金砖国家新工业革命标准体系研究报告》;依托工信部人才交流中心和教育考试中心联合推动开展面向金砖国家的培训和资格互认。厦门海关与南非德班海关开展通关便利化、智慧海关等政策交流,开展与俄罗斯"经认证经营者(AEO)"互认课题研究。

(二)人才培养合作领域

1.开展培训活动。厦门市金砖办牵头组建金砖新工业能力提升培训基地联盟,已授牌厦门大学、盈趣科技等16家院校和企业,共同开发智慧产业、智慧城市、智能制造、工业互联网等13个领域34个培训项目,推出培训课程680门,遴选17个精品现场教学点。围绕金砖国家及受邀国需求,联合金砖国家使领馆、工商理事会、国际友城、商协会等机构,举办31期线上线下人才培训和交流活动,覆盖金砖五国及阿根廷、墨西哥、阿联酋等44个国家,参训学员超86万人次。

2.创新培训模式。厦门市金砖办牵头对接金砖国家工商理事会中方理事会技能工作组,落地厦门市金砖未来技能发展与技术创新研究院。联合工信部、教育部、人社部、金砖国家工商理事会等举办了3届金砖国家工业创新大赛、2022金砖国家职业技能大赛启动赛、2021金砖国家技能发展与技术创新大赛及"鹭创未来"海外创新大赛等,吸引5000多支国内外队伍参赛,签署3份职业教育领域合作文件,募集106个金砖人才项目,推动以赛促训、以赛引才。

3.促进人文交流。厦门市外办拓展与巴西福塔莱萨、南非德班、俄罗斯喀山等城市的友好交流,厦门市与巴西福塔莱萨、智利首都大区圣地亚哥结为友好交流城市。厦门市科技局联合相关部门建立全国首个外国人才服务站与出入境事务服务站联动平台,举办活动50余场,为金砖及其他国家人才提供便利化服务。完善并加快推广外籍人才专业技术、技能评价机制,针对金砖及其他国家、重点产业领域开展试点,助力重点企业引进 20 位外籍人才。

（三）项目开发合作领域

1.推动科技创新合作。加强与金砖国家孵化器、科技园区和高校院所的交流,促进金砖国家间技术项目对接和转移转化。厦门火炬集团与深圳北理莫斯科大学签署战略框架协议,厦门火炬高新区开展与俄罗斯、巴西产业科技园区交流,与巴西马托格罗索州建立常态化联络机制,落地俄罗斯斯科尔科沃创新中心厦门交流中心、巴西马托格罗索州科技园厦门合作中心,金砖未来创新园已签约进驻时代电服、壹普智慧等 33 个项目,企业入驻率 95％。厦门市科技局联合厦门大学、集美区,建设嘉庚高新技术研究院,中俄数字机械工程中心等 12 个创新项目签约入驻。厦门大学附属心血管病医院发起成立金砖心血管健康创新中心。

2.推动工业化、数字化合作。以数字经济为驱动,以工业创新发展为主线,聚焦新一代电子信息、高端装备、生物医药、新材料、新能源等重点产业,厦门市金砖办会同各副主任单位制定并出台《关于加快金砖创新基地建设的若干措施》,推出 104 个金砖创新基地示范单位(项目),涉及工业智造、绿色健康等 4 个领域,充分展示创新基地与金砖国家各领域合作成果。签约 69 个金砖重点合作项目,总投资额达 315 亿元,落地中俄数字经济研究中心、铁建重工海外区域总部等项目。厦门市工信局对接工信部部属机构,引进中国信通院、国合中心、工信部产业促进中心、中国电子标准化研究院等 4 家部属单位来厦设立分支机构,共同建设金砖创新基地工业能力共享平台、产业链供应链协同创新平台等 8 个新工业革命领域赋能平台,建成国际互联网专用通道、工业互联网标识解析二级节点,有效推动创新基地立足厦门、协同全国、助力金砖国家间数字产业互联互通,为金砖国家提供高质量的新工业革命全链条转型升级服务。在工信部、财政部、外交部的指导下,金砖创新基地与新开发银行签署合作谅解备忘录,双方优先在金砖国家间新一代信息通信技术、人工智能、工业互联网等领域开展合作。厦门市金融局会同一行四局出台专项政策,凝聚厦门市金融系统合力支持基地建设,推动设立金砖产业基金。

3.推动经贸往来合作。商务部在厦主办"买在金砖"活动,厦门跨境电商产业园区设立"金砖国家精品馆",落地亚马逊、阿里速卖通等跨境电商平台,线上线下促进金砖国家优质产品对接中国市场。厦门自贸委、商务局积极推进金砖国家间产业链供应链合作和互联互通。做大与金砖国家原油进口业务,国贸石化从俄罗斯累计进口原油 211 万桶,货值 1.55 亿美元。2021 年厦门市国有企业建发集团、国贸集团、象屿集团与金砖国家进出口贸易额达624.6 亿元,推动北京云泰、商舟物流开展金砖国家航空货运业务,推动中欧(厦门)班列稳定运行。厦门海丝中央法务区设立"金砖法务特色专区",出台专项措施,推广面向金砖国家法律服务机制,推出首批 8 家专业法务机构对接服务金砖国家,为金砖创新基地建设营造一流国际化、法治化营商环境。2021年,厦门与金砖国家进出口总额达 737.76 亿元,同比增长 20.67%,其中出口225.74 亿元,同比增长 32.45%,进口 512.02 亿元,同比增长 16.12%;涉外收支总额同比增长 35.66%;集装箱吞吐量同比增长 46.19%,中欧(厦门)班列中俄线发运 68 列、6824 标箱。

二、问题与挑战

金砖创新基地是一项全新的、开创性的工作,各重点领域工作开展尚处于边探索、边总结、边推进阶段。基础、开局工作虽取得了一定成效,但受全球疫情和乌克兰危机等叠加影响,整体建设效果尚不明显,影响力有待进一步提高。

1.项目合作的广度和深度需要加强。金砖创新基地启动建设以来,签约引进了一批项目,但项目的数量和质量还需要提高,项目合作广度和深度亟须加强,具有全局性、根本性影响的重大项目、创新项目和科技成果落地速度还比较慢。

2.专业研究能力有待提高。虽然成立了智库联盟,组建战略咨询委员会,但仍处于运行初期,机制尚不健全,对金砖及"金砖+"国家产业政策、合作需求、法律制度等领域的研究还不够深入,企业"走出去"信息保障服务能力有待提高。

3.高端专业人才支撑仍显不足。尽管针对金砖及"金砖+"国家关注的议题已开展多期线上线下人才培训和技能比赛等活动,受到广泛欢迎,但适应新工业革命需求的创新型、复合型、实用技能型人才不多,实体机构运行推进较慢。

三、对策与建议

党的二十大报告指出,"推动构建新型国际关系,深化拓展平等、开放、合作的全球伙伴关系,致力于扩大同各国利益的汇合点"。金砖创新基地将深入贯彻习近平新时代中国特色社会主义思想,全面贯彻落实党的二十大精神,在相关国家部委的指导支持下,在福建省委省政府及厦门市委市政府的领导下,围绕国家所需、福建厦门所能、金砖国家所愿,按照"先易后难、以双边促多边、以民间促官方"的原则,不断深化三大重点领域合作,拓展"金砖+"合作,加快形成更多务实合作成果,为建设金砖国家新工业革命伙伴关系提供有力支撑,更好地服务国家战略。

（一）立足"深"，加强政策协调交流

1.办好国际交流活动。 重点办好金砖国家新工业革命伙伴关系论坛、金砖国家智库国际研讨会等活动，持续争取金砖国家重要国际交流合作活动和项目落地，并结合"金砖＋"合作争取承接全球发展倡议相关论坛研讨活动，深入推进各领域交流。

2.深化智库合作。 发挥金砖创新基地战略咨询委员会及智库合作联盟作用，联合巴西圣保罗州立大学、俄罗斯圣彼得堡国立大学、印度尼赫鲁大学以及南非约翰内斯堡大学等金砖国家智库，开展供应链产业链安全、制造业数字化转型、低碳减排研究；依托中国互联网协会、中国服务贸易协会、中国中小企业协会等重点行业协会，推动金砖国家间的产业政策沟通，达成共识，签订一批战略合作框架协议；联合赛迪研究院、中国信通院等部属单位持续推出一批研究专报、国别报告、动态咨询等研究成果，加快建设金砖创新基地政策分享平台，推动研究成果转化落地。

3.促进标准互认。 技术方面：对接中国电子技术标准化研究院，推动成立金砖国家国际标准化联盟等国际组织，服务金砖国家间技术交流、创新成果转化及数字领域各行业标准互联互通互认。人才方面：联合厦门市金砖未来技能发展与技术创新研究院，启动相关团体标准制订，探索金砖国家职业技能护照及技术技能标准互认、职业技能等级和职称匹配认证等工作。积极探索优化外籍人才在厦执业、技术移民、免签停留等更加开放的金砖国家人才管理机制，促进金砖国家人才汇聚厦门。

（二）立足"专"，打造人才培养体系

1.发布计划。 联合部属单位、高校、智库机构、企业等，面向金砖国家和受邀国发起人才培养计划，建立金砖国家人才培养专家资源库及创新创业合作人才库，打造多元主体参与的金砖新工业革命领域人才培养资源供应链系统。

2.扩大规模。 结合基地重点发展产业，在平板显示、生物医药与健康、新材料、软件和信息服务等领域，扩大厦门金砖新工业能力提升培训基地联盟规模，持续开展线上线下人才培训活动，办好金砖国家技能发展与技术创新大赛等。

3.开发课程。 在工信部国际司指导下，聚焦工业互联网、区块链、人工智能、大数据等金砖国家重点关注领域，开发多语种线上线下培训课程，持续打造金砖示范性专业培训项目。

（三）立足"实"，加强项目开发合作

1.搭建一批创新载体。 推动运行金砖国家新工业革命产业创新联盟，策划设立金砖国家科技创新孵化中心，搭建金砖国家工业创新技术转移平台和企业孵化中心。推动工信部部属高校来厦建设工程实验室、新型研发机构等，推动科研成果转化，开展产学研项目合作，为基地导入更多产业化资源。

2.打造一批赋能平台。整合各级资源，充分发挥8个新工业革命领域赋能平台功能作用，提升智能制造系统集成、知识产权保护维权、标准化产业升级以及创新成果转化能力，吸引金砖国家共同参与，助力金砖国家产业转型升级。

3.创建一批新工业革命试点示范。在工信部支持下，依托金砖创新基地，加快创建工业互联网创新应用示范区、元宇宙先导区和智能制造先行区，打造一批国家级新工业革命领域标杆示范企业和项目。

4.建设一批新型基础设施。会同中国信通院建成星火·链网（厦门）超级节点，每年新增接入企业数不少于100家，新增创新基地及金砖国家上链数据5000万条。加快推进国际互联网专用通道应用，积极探索建设国际数据枢纽港，打造离岸数据中心，加快金砖国家数据产业生态集聚。

5.落地一批重点合作项目。对接金砖国家工商理事会中方理事会等，策划生成一批标志性平台和旗舰型项目。当前重点加快推进中国通用金砖基地、赛迪研究院分支机构等落地，积极接洽合力泰、汉航集团等领军企业，争取落户金砖贸易区域总部。

6.促成一批供应链合作成果。深挖金砖国家能源、农产品等大宗商品市场潜能，支持供应链核心企业加大在金砖国家产业链供应链布局，做大与金砖国家原油进口、农产品等供应链贸易业务。

厦门市金砖办政策协调组　　黄玉玲　杨　帆　黄　英

曹　丽　何玉龙

厦门市建设国际消费中心城市分析建议

2022 年 2 月,厦门市出台了《培育创建区域性国际消费中心城市行动方案》(厦府办〔2022〕18 号),提出力争到 2025 年,全市消费规模稳步提升,消费品质日益升级,消费模式创新发展,消费环境显著改善,基本建成引领全省、辐射东南亚、具有厦门特色的区域性国际消费中心城市。

一、厦门近年来消费发展情况分析

有研究表明,在人均收入进入 4000～20000 美元时,居民的消费层次就发生显著变化,逐步由生存型向发展型消费转变,由物质型向服务型消费转变,由传统型向新型消费转变。2021 年,厦门全体居民人均可支配收入已达64362 元,按同期汇率换算已接近 1 万美元,居民消费加快提质扩容,已从量变向质变跃升。

1.实物性消费增速趋缓。《厦门经济特区年鉴(2022)》显示,按可比口径计算,2000—2010 年 10 年间,厦门社会消费品零售总额从 158.47 亿元攀升至821.78 亿元,年均增长 17.9%;而 2010—2020 年 10 年间,厦门社会消费品零售总额从 821.78 亿元增长至 2293.87 亿元,年均增长 10.8%。进一步细分来看,2010—2015 年厦门社会消费品零售总额年均增速为 12.4%,2015—2020年年均增速为 9.2%。详见图 1。统计数据显示,实物性消费增速呈现趋缓态势。

2.服务性消费快速增长。 由于目前我国尚未有统一的服务消费统计,在此引用市税务局有关数据进行分析。据市税务局数据,2017—2021 年,全市消费相关行业①实现增值税开票销售增加额约 700 亿元,年均增长 19.5%,其中实物消费、服务消费开票分别年均增长 11.5%、22%,服务消费增速远高于

---

① 由于目前暂无消费行业国家统计分类,本文根据国家统计局发布的《2021 年居民收入和消费支出情况》报告中的指标解释,全国居民人均消费支出包括 8 大类:食品烟酒、衣着、居住、生活用品及服务、交通通信、教育文化娱乐、医疗保健、其他用品及服务。结合税收行业分类实际,最终确定本文中与消费相关的行业分析范围包括零售业、住宿业、餐饮业等 14 个行业大类,具体涉及食品、饮料及烟草制品专门零售、铁路旅客运输等 59 个行业中类(市税务局提供)。

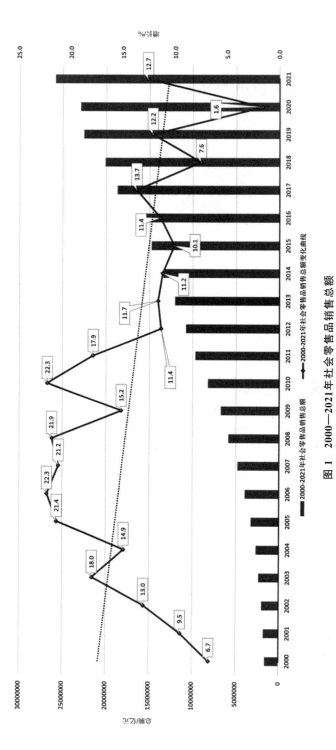

图 1　2000—2021年社会零售销售总额

实物消费。2021 年年底,消费相关行业开票销售 1503 亿元,占全市 32.7%。其中,服务消费占比较 2017 年提高了 5.3 个百分点,达 20.8%;实物消费则相反,占比回落至 79.2%。

3.消费新业态加速发展。伴随着新一代信息技术和人工智能的快速发展,尤其是近几年疫情对消费市场、消费行为的影响,厦门新型消费业态模式加速涌现,其中互联网零售近三年增值税开票销售保持年均 16% 左右的增长水平,快递服务、餐饮配送服务在网购、就餐习惯重塑的影响下,分别年均增长 21.2%、22.1%;限额以上企业通过互联网实现零售额从 2017 年的 245.8 亿元迅速攀升至 2021 年的 592 亿元,年均增长 24.6%,而同期全市社会消费零售总额年均增幅仅为 8.4%。

4.消费品质不断提升。厦门市税务局近三年厦门零售市场增值税发票数据显示,全市日常消费占比下降了 3.3 个百分点,改善型消费占比提高了 2.4 个百分点,奢侈品消费占比提高了 0.9 个百分点。其中绿色健康、智能时尚以及高品质奢侈品等消费品越来越受青睐,相关消费品增速均超过了厦门消费相关行业总体年均增速 19.1% 和厦门人均生活消费支出增速 6.4%。

二、厦门消费市场运行态势

新冠肺炎疫情发生以来,全球产业链供应链出现了重大调整,会展旅游、住宿餐饮等行业受到了严重冲击,消费品市场进入了一个新阶段,新零售成为消费品市场的主角。得益于新零售的率先发展,安踏系、京东系持续发力,朴朴等生鲜电商、瑞幸咖啡等餐饮企业异军突起,厦门消费品市场进入了一个快速增长期。2019—2021 年,厦门社会消费品零售总额增速连续三年居全省首位,2019 年、2020 年连续两年居 15 个副省级城市首位,2021 年居第 4 位。

（一）2021 年厦门消费品市场运行情况

2021 年全市累计实现社会消费品零售总额 2584.1 亿元,比上年增长 12.7%,高于全省 3.3 个百分点(全省 9.4%),全年各月度累计增速均位居全省第一,高于全国 0.2 个百分点(全国 12.5%)。主要特点:

1.限上限下均衡发展。限额以上企业实现零售额 1570.2 亿元,增长 13.8%;限额以下企业实现零售额 1013.9 亿元,增长 11%,两者发展较为均衡。

2.汽车销售稳中向好。全年限额以上汽车类商品累积实现零售额 383.1 亿元,增长 6.6%,其中新能源汽车实现零售额 48.3 亿元,增长 95.7%。

3.餐饮业率先恢复。餐饮业受疫情影响突出,但恢复迅速,全年餐饮业实现营业收入 270.5 亿元,增长 18.6%,瑞幸咖啡、海底捞、金拱门、肯德基、八十五度等亿元以上餐饮企业贡献突出。

4.升级类产品快速增长。化妆品类、体育娱乐用品类等升级类产品实现快速增长,其中限额以上化妆品类零售额增长 92.8%,限额以上体育娱乐用品类零售额增长 50.5%。

5.网络零售贡献突出。全年限额以上企业通过互联网实现零售额 592.0亿元,增长 19.6%,拉动全市限额以上零售额增长 7 个百分点,占全市社会消费品零售总额比重 22.9%,较上年提高 1.8 个百分点。

(二)2022 年 1—9 月消费品市场运行分析

2022 年前三季度,全市实现社会消费品零售总额 2043.3 亿元,比上年同期增长 4.4%,高于全国、全省平均水平 3.7 个、0.3 个百分点。其中,限额以上企业实现零售额 1263.3 亿元,增长 9.4%;限额以下企业实现零售额 780.1 亿元,下降 2.8%。主要特点:

1.从运行趋势看:消费品市场回暖向好。上半年受疫情影响,加之上年度同期基数较高的因素(上年同期增长 48.5%),消费品市场持续低迷,一季度仅增长 3.8%,上半年回落至 0.3%,增幅在全省排名均靠后,低于全省平均水平,但保持领先全国平均水平;随着疫情的缓解,加上上年基数走低的因素,自 6月份起,厦门消费市场逐步回暖,7、8、9 月当月增幅连续排名全省首位,前三季度增幅实现了对全省的反超;预计四季度将进一步向好,增幅在 5% 左右。详见图 2。

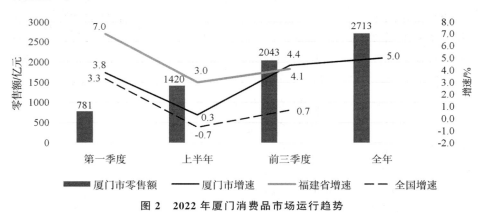

图 2 2022 年厦门消费品市场运行趋势

2.从商品类别看:生活必需品仍唱主角。一是"衣食住行用"保持较快增长。除粮油食品类因疫情影响餐饮消费不足,零售额下降 0.4 外,其他生活必需品均保持较快增长,其中:限额以上服装鞋帽针纺织品类零售额 321.2 亿元,增长 8%,拉动限额以上社会零售增长 2.1 个百分点;限额以上日用品类零售额 97.2 亿元,增长 33.3%,拉动限额以上社会零售增长 2.1 个百分点;限额以上石油及其制品类零售额 70.5 亿元,增长 26.5%,拉动限额以上社会零售增长 2.1 个百分点;限额以上烟酒类零售额 45.8 亿元,增长 50.7%,拉动限额以上社会零售增长 1.3 个百分点;限额以上建筑及装潢类零售额 2.5 亿元,增长 40.8%。二是大宗消费持续好转。限额以上汽车类零售额 294.7 亿元,增长 3.6%,拉动限额以上零售额增长 0.9 个百分点,其中新能源汽车零售额 52.9 亿元,增长 59.5%;限额以上家电音像类净增值 12.2 亿元,增长 18.8%,拉动限额以上社会零售增长 1.1 个百分点。三是升级类商品消费低迷。受疫情反复影响,居民消费信心下降,升级类商品消费减少,其中限额以上通信器材类零售额下降 12.7%,限额以上金银珠宝类零售额下降 10.4%。

3.从消费业态形态看:网络零售持续发力。限额以上企业通过互联网实现零售额 509.8 亿元,增长 21.0%,拉动限额以上社会零售额增长 8.2 个百分点,对限额以上社会零售额增长贡献率达 85.3%;商品零售额 1833.0 亿元,增长 4.4%;餐饮收入 210.4 亿元,增长 4.4%,占社会零售额比重为 10.3%,较上年度回落 0.2 个百分点。

4.从重点零售企业看:头部企业贡献突出。安踏系、京东东和等零售总部型企业贡献突出,分别增长 15.5% 和 17.6%;10 家重点社会零售企业合计增长 14.7%,拉动限额以上社会零售增长 4.6 个百分点;1 亿以上零售企业合计增长 13.6%,拉动限额以上社会零售增长 10.3 个百分点;新增零售企业 126 家,合计零售额 51.2 亿元,增长 200.6%,拉动限额以上社会零售增长 3 个百分点。

三、培育创建区域性国际消费中心城市值得关注的问题

2019 年,商务部等 14 部门联合印发《关于培育建设国际消费中心城市的指导意见》,提出要用五年时间培育建设一批国际消费中心城市,首批有上海、北京、广州、天津、重庆五个城市入选。与国内先进城市相比,厦门主要存在消费规模不大、区域辐射力不足、新型消费载体不多、政策吸引力不强等多方面差距。

1.消费品市场规模不大。从总规模看,2021 年厦门社会消费品零售总额 2584.1 亿元,占全省比重仅为 12.7%,低于同期 GDP 占比 1.7 个百分点,在全省九地市中列第 3 位,仅为第 1 位泉州的 44.4%、第 2 位福州的 56.8%;在 15 个副省级城市中,厦门位列第 12,仅高于大连、长春、哈尔滨,仅为第 1 位广州的 25.5%;2022 年 1—9 月,厦门社会消费品零售总额规模在全省、15 个副省级城市排位没变,占全省比重提升至 13.1%。从人均数看,2021 年厦门人均社会消费品零售总额为 48941 元,在全省仅排第 5 位,既落后于泉州、福州,还

落后于莆田和龙岩,人均额仅为泉州的 74.4%;在 15 个副省级城市中,厦门排第 8 位,处于中游,但人均额仅为第 1 位南京的 58.4%;2022 年 1—9 月厦门人均社会消费品零售总额为 38699 元(常住人口按上年末数据),在全省超越龙岩位列第 4 位,在 15 个副省级城市超越武汉居第 7 位。详见表 1。

表 1 2021 年全省九地市人均社会消费品零售总额排名

排序	地市	社会消费品零售总额/亿元	常住人口/万人	人均社会消费品零售总额/元
1	泉州	5819.72	885	65760
2	莆田	1745.75	322	54216
3	福州	4549.41	842	54031
4	龙岩	1376.53	273	50422
5	厦门	2584.07	528	48941
6	漳州	1804.57	507	35592
7	三明	851.87	248	34350
8	南平	761	267	28502
9	宁德	880.17	315	27942
—	福建省	20373.11	4187	48658

2.区域辐射能力不足。目前我国社会消费品零售总额是从供给端统计,对全国而言,由于接受者都是国内的消费者,因此基本能够反映实物性消费的情况;而对于地方,由于当地提供者面向的不仅限于本地消费者,所以地方社会消费品零售总额体现的是一个地方零售主体的"销售能力",而不是本地消费者的"消费能力"。厦门社会消费品零售总额规模偏小,从供给端看,反映的是厦门零售主体"销售能力"不强,辐射能力不足,这主要是由于厦门市总部型主体数量不够多、体量不够大等;从需求端看,反映的是厦门市挖掘居民消费潜力和吸引外来消费方面的不足,这主要是由于厦门市商业集聚效应不强、旅游吸引力弱化等。

3.新型消费载体不多。近年来厦门城市商圈加速发展,岛内有中山路商圈、火车站商圈、江头商圈三足鼎立,万象城成为新一代福建商业"销售王",新开业的海上世界是福建省规模最大的滨海综合体;岛外的杏林湾路商圈、翔安商圈、海沧南部新城商圈等加快聚集,形成区域消费新增长极。但是,厦门城市商圈特色不够明显、同质化问题突出,缺乏具有城市知名度的高能级、高质量、多功能、有特色的核心地标商圈;同时新型消费应用场景开发不够,缺乏沉浸式、互动体验项目,缺乏艺术人文与商业融合创新的新型消费载体,缺乏响亮的夜间经济品牌。

4.政策吸引力不强。从 2022 年 3 月份厦门市商务局和厦门市财政局联合印发的《厦门市商贸流通与生活服务业专项资金管理办法》看,主要存在几方面不足:一是扶持力度不大,市级财政扶持资金总盘不足 1 亿元,与国内先进城市差距巨大;二是与消费升级不匹配,支持政策侧重增量奖励,缺少对升级类商品消费、消费品牌创建、业态创新等的支持,缺乏对首店经济、夜间经济等消费场景营造的支持;三是支持方式创新不足,缺乏利用财政资金撬动社会资本促消费政策,缺乏支持适应新消费的金融产品和金融服务的支持政策。

四、培育和创建区域性国际消费中心城市的建议

消费需求是带动国内国际双循环相互促进的关键环节。党的二十大报告强调要"增强消费对经济发展的基础性作用"。在当前背景下,充分释放 14 亿多人口的巨大消费潜力,将给我国经济发展带来巨大的市场空间。厦门与上海、北京、广州、天津、重庆等首批国际消费中心城市相比,存在区位条件、城市体量等瓶颈,应立足厦门实际,紧扣"消费",聚焦"国际",突出"中心",打造具有区域特色的国际消费中心城市。

(一)提升消费宏观引导能力

1.完善商业网点规划。支持各区优化提升核心商圈功能与布局,突出特色,错位发展,同时加快打造集美新城、环东海域新城、马銮湾新城等岛外新城商业新商圈,建设多层次特色化区域商圈,形成区域消费发展新增长极;同时加快便民商业网点设施建设,打造一刻钟便民生活圈,提升便民消费。

2.创新消费支持方式。利用财政资金的引导作用,引导社会资本投资到新消费关键领域、重点区域、薄弱环节和应用示范项目,形成多元化投入机制;调整政策导向,综合运用财政奖励、消费融资、消费保险、消费基金等方式,撬动各方力量合力支持消费提质扩容;着眼长远发展,财政政策从侧重增量奖励的短期刺激调整为支持创建品牌、发展总部、创新业态等长远发展转向,增强消费发展的可持续能力。

3.完善消费促进机制。建立消费促进常态化工作机制,加强部门协调、市区联动,统筹规划和协调推进区域性国际消费中心城市建设工作;强化市区联动完善促消费常态化机制,支持各区、行业协会、主流媒体围绕重点商品、重大时间节点为组织开展各类消费促进活动。

4.营造良好消费环境。探索创新监管模式,完善审慎包容的监管机制和容错机制,尤其是对新业态新模式的监管;加强消费诚信体系建设,推进跨地

区、跨部门信用奖惩联动,建立统一、便民、高效的消费申诉和联动处理机制;强化城市整体营销,打造一批具有影响力的消费节会项目,营造浓厚消费氛围。

(二)提升城市国际化供给能力

厦门是国家最早开放的四个经济特区之一,外向型经济高度发展,已和全球 220 多个国家和地区建立贸易往来关系,已有 120 多个国家和地区的外商来厦投资兴业,已在全球 70 多个国家和地区投资布局中。国际物流通道畅通,集装箱班轮航线已达 167 条、通达 54 个国家和地区的 146 个港口,集装箱吞吐量位居全国第 7、全球第 13;空港航线 158 条,其中国际及地区航线 19 条,通达 17 个城市。供应链发展水平全国一流,全球资源配置能力较强,国内 4 大供应链企业核心集团厦门占据 3 席(建发、国贸、象屿),在钢铁、煤炭、纺织品、橡胶、粮食等大宗商品供应链领域,已经成为全国的"领头雁"。厦门要充分发挥对外开放优势,提升城市国际化水平,广泛聚集全球优质市场主体和优质商品、服务,提升国际化产品和服务的供给能力以及对国际消费者的吸引力,努力构建融合全球消费资源的聚集地;要充分发挥经济特区、自贸试验区、海丝核心区、金砖创新基地等多区叠加优势,统筹国内国际两个市场、两种资源,建立多层次、立体化的产业链、供应链体系,不断提升对外开放水平,增强对国际技术、资金、人才、商品、服务等要素资金的吸引力,提升国际化供给能力;要支持扩大优质消费品进口,打造酒类、乳制品、燕窝等一批优质进口消费品集散中心。

(三)提升消费集聚和辐射能力

1.培育壮大零售企业。积极引进大型零售企业在厦设立区域总部、业务总部、结算总部;支持企业通过直营联营、统一结算等方式扩大在厦零售业务规模;加大电商基地建设支持力度,集聚一批电商服务企业、中小电商企业;支持餐饮企业开展连锁经营、品牌经营。

2.加快消费场景营造。聘请知名策划机构围绕"场景营城"的核心理念,充分挖掘闽南文化、饮食、风俗等特色文旅元素,系统规划营造一批时尚潮流、特色街区、休闲旅游、体育竞技、会议展览、未来科技等应用场景,促进消费供给创新,提升消费集聚和实现能力。

3.大力培育引进消费品牌。打造"全球名品"橱窗,推动建设具有厦门特色的市内免税店,引导境外消费回流;集结国潮新势力,从满足消费市场新需求出发,培育孵化符合本土需求的新消费主体与品牌,引导和扶持本土老品牌转型升级,重新定位产品,精准占领市场;打造首店集聚地,出台首店支持政策,吸引品牌首店、旗舰店、创新概念店进驻,吸引国际品牌、本土品牌和潮牌来厦开展新品首发、首秀、首展。

4.繁荣发展会展消费。结合厦门优势产业,推进一产业一展会,做大做强石材展、佛事展、茶叶展等现有品牌展会,培育壮大运动时尚展等消费品展会。强化展、会、商、消联动,推动展览、会议、节庆、演艺、赛事协同发展,加强会展与文化、旅游、体育等产业融合发展。

厦门市商务局发展规划处　陈慧坚

厦门市优化营商环境情况分析与建议

良好的营商环境是激发市场活力、增强发展动力的制度保障,也是国家治理现代化的重要体现。据世界银行发布报告,良好的营商环境促使投资率增长 0.3%,GDP 增长率增加 0.36%。党中央、国务院高度重视优化营商环境,习近平总书记指出"要加快转变政府职能,培育市场化法治化国际化营商环境"。党的二十大报告再次提出,要营造市场化、法治化、国际化一流营商环境。

一、厦门市优化营商环境情况分析

(一)厦门营商环境改革发展概况

作为改革开放的"排头兵""试验田",厦门率先于 2015 年参照世行标准推进营商环境改革,先后经历了"参照世行评价标准,全国率先优化提升"的 1.0 阶段、"紧盯国家评价体系,争取国家标杆城市"的 2.0 阶段、"精准服务产业需求,打造招商金字招牌"的 3.0 阶段、"聚焦包容普惠创新,提升宜居宜业品质"的 4.0 阶段,进入"智慧赋能营商环境,数字驱动迭代升级"的 5.0 阶段。经过改革的迭代升级,厦门营商环境的市场化、法治化、国际化、便利化水平得到了较大提升。

1.市场化:便利市场主体登记,促进市场公平交易,减轻企业经营负担。一是提升商事登记效率,推行"一业一证"审批模式改革,打造商事登记全生命周期全程电子化服务模式,实现 31 个主项 154 个末级事项"一网通办、掌上可办、自助 E 办",企业开办网办率全省第一。二是构建公平竞争市场秩序,推进公共资源交易平台建设,基本实现公共资源"一网交易";完善电子投标保函平台,电子投标保函使用率超过 98%。三是出台多项减税降费措施,规范涉企收费,降低企业生产经营成本,2022 年预计可为市场主体减负超 450 亿元。

2.法治化:构建营商法规体系,提升司法效率,优化司法服务。一是构建营商环境法规体系。颁布实施《厦门经济特区优化营商环境条例》,出台全国首部"多规合一"的地方性法规,配套建立 500 多项规章制度,推动《厦门经济特区数据条例》《知识产权促进和保护条例》等法规制(修)订工作。二是积极提升司法效率。推进智慧法院建设,打造金融司法立审执全流程无纸化办案平台;建立多元解纷体系,加强商事纠纷处理能力。三是优化司法服务。建设海丝中央法务区,打造集法律服务、法治宣传、智慧法务、法制教育、涉外法务等功能于一体的法务运营平台,提供高效多元的司法服务。

3.国际化:推进与国际经贸规则对接,便利跨境贸易,提升涉外服务水平。一是推进与国际经贸规则对接。在全国率先建成国际贸易"单一窗口"系统创新平台,推动国际商事争端和仲裁机构在厦落地。二是便利跨境贸易。实施全程多式联运"一单制"等多项便利通关的创新举措,建成国内首个5G信号全覆盖的自动化码头。2021年口岸进出口整体通关时间较2017年降低压缩了74.05％和93.17％,连续三年获评全国沿海十大集装箱口岸营商环境第一名。三是优化涉外服务。设立"外国人才服务站"和"移民事务服务站"联动平台,建立留学人员创业基地,并给予创业专项资助。

4.便利化:提升行政审批效能,优化互联网＋政务服务,构建亲清政商关系。一是提升行政审批效能。全市审批服务事项承诺时限压缩至法定时限9％以内,97％审批服务事项实现"一趟不用跑",推出"一件事"服务338个。全国首创"E政务"自助服务,已覆盖9省37地市1500余项政务服务事项。二是优化互联网＋政务服务。审批服务事项网上可办率达100％,全程网办率达90％。建成"免申即享"惠企政策兑现平台,解决政策落地最后一公里问题。截至2022年9月,惠及4025家企业,兑现7.85亿元。三是构建亲清政企关系。全市设立217个营商环境监督联系点,开展营商环境体验活动,畅通政企沟通渠道。

(二)厦门营商环境改革成效

在持续的改革推进下,厦门营商环境建设成效显著。2018—2020年[①],厦门连续三年在国家发改委组织的全国营商环境评价中获评标杆城市。如表1所示,在最新发布的2020年全国营商环境评价中,厦门18个一级指标全部获评"全国标杆",14个指标进入全国前十。在福建省"九市一区"营商环境评价中,厦门连年保持全省第一。

良好的营商环境有效地激发了市场主体的活力。2022年1—9月,厦门新增市场主体13.2万户,净增7.9万户,实有市场主体同比增长10.57％;天马显示、士兰12寸、电气硝子三期等项目竣工投产,厦门时代、天马8.6代线、中创新航三期等一批百亿项目开工建设。

---

① 2021年起因新冠肺炎疫情影响未进行评选。

表1　2020年厦门营商环境各指标全国排名

序号	指标名称	全国排名前五城市	厦门名次
1	开办企业	衢州、广州、深圳、杭州、苏州	第8
2	办理建筑许可	北京、上海、广州、成都、厦门	第5
3	登记财产	广州、深圳、北京、南宁、济南	第6
4	纳税	宁波、北京、厦门、上海、杭州	第3
5	跨境贸易	上海、广州、深圳、厦门、天津	第4
6	获得用水用气	深圳、杭州、北京、上海、大同	第9
7	获得电力	深圳、上海、广州、杭州、北京	第8
8	招标投标	深圳、北京、苏州、广州、青岛	第13
9	政府采购	深圳、北京、杭州、成都、广州	第9
10	获得信贷	北京、广州、上海、苏州、深圳	第8
11	保护中小投资者	上海、北京、深圳、厦门、苏州	第4
12	执行合同	北京、广州、上海、厦门、苏州	第4
13	办理破产	广州、上海、苏州、深圳、北京	第16
14	劳动力市场监管	北京、广州、杭州、上海、苏州	第9
15	政务服务	深圳、广州、北京、上海、天津	第15
16	知识产权创造保护和运用	深圳、苏州、上海、广州、杭州	第12
17	市场监管	杭州、深圳、广州、成都、北京	第8
18	包容普惠创新	深圳、上海、北京、杭州、广州	第9

资料来源：根据国家发展和改革委员会数据编制。

二、厦门营商环境存在的问题

厦门营商环境改革虽然处于全国领先水平，但仍存在一些问题，如办理破产、政务服务、招标投标和知识产权创造、保护与运用等指标未进入全国前十，与先进城市尚有差距。基于此，下文从市场主体和营商环境改革部门不同视角，全面探究我市优化营商环境存在问题。

（一）市场主体视角下的问题

"营商环境好不好，市场主体说了算"。为此，厦门市营商环境研究中心开展了企业满意度调查及企业座谈等调研活动。调研活动收集了3169份有效问卷，中小微企业占98%，覆盖了批发零售业、制造业、租赁和商务服务业、信息软件业等多种产业类型。调查结果显示市场主体对厦门营商环境的满意程度较高，整体满意度达4.8分（满分5分）。其中，政务服务效率、减税降费，获得企业最多的肯定。但在融资支持、监管方式、基础设施改善、公平便利市场环境等方面,企业满意度偏低。调研反馈的主要问题如下:

1.市场化方面。一是小微企业融资难融资贵问题仍存在。调研数据显示,融资便利度是企业满意度最低项目,不少企业反馈希望获得更多的融资便利及减税减费的支持。二是企业所需高端人才引不进、留不住。调研中,专精特新企业对于人才的诉求较多,主要聚焦于人才流动、人才激励、住房保障、落户和子女入学问题。三是中介市场尚不成熟。同安、翔安等区域在知识产权保护、纳税、司法纠纷处理等方面缺乏专业的中介队伍,无法满足企业技术创新需求。

2.法治化方面。一是旧的规范性文件清理不及时,清理力度不够,影响营商环境改革政策落实。二是营商环境创新举措常受制于"无法可依",影响实施。三是涉及多部门联合办理的营商环境事项,往往出现办事流程不衔接甚至"政策打架"的情况。

3.国际化方面。一是通关便利化与国际自由港的通关环境对标仍存在差距。二是与国际通行规则衔接有待研究优化。在知识产权保护、保护生态环境、税收、外商投资并购等规则衔接方面存在不足。三是外资管理和服务水平优势不足,对外资的精准服务待优化。

4.便利化方面。一是行政审批流程有待进一步优化,审批环节、办理时限、办理材料仍需进一步精简。二是部门信息互联互认程度仍需提升,"信息壁垒"和"信息孤岛"现象仍存在。三是部分惠企政策针对性不够、落地效果不佳。存在出台政策多、跟踪服务少,申报流程复杂,政策悬空等问题。

（二）改革部门自评视角下的不足

在市发改委指导和支持下,设计了《厦门市优化营商环境专题调查问卷》,并向营商环境相关政府部门发放问卷,收回有效问卷 639 份。受访者认为厦门优化营商环境改革成效明显,但仍存在不足:

1.信息化、数字化支撑作用不强。全市政务网络环境、基础底层、数据库构架,无法满足营商环境建设要求,改进提升工作涉及的业务系统流程再造和后台数据共享已明显受制于上级部门。调查结果显示（见图1）,受访部门认为全市营商环境数字化保障机制存在的主要问题为信息化项目运营机制不够灵活（82.89％）、审批手续复杂（46.78％）以及审批时间长（35.64％）。受访者还反映数据库提取、保存、整理不完善,硬件支撑能力不足;多点开花,导致建设跟不上进度;大数据共享、分类应用机制尚未建立。

2.改革创新动能不足。当前营商环境改革已步入深水区,进一步压减流程越来越受制于国家层面和条管部门制约,厦门营商环境改革创新动能日益不足。调研发现政府部门缺乏创新的原因在于,部门协同机制不够健全

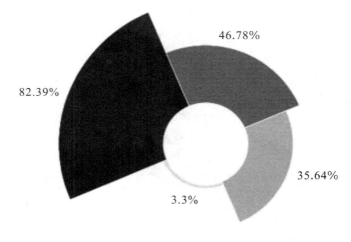

●信息化项目运营机制不够灵活 ●审批手续复杂 ●审批时间长 ●其他

图1 厦门营商环境数字化保障机制存在的主要问题

(68.29%)、免责容错机制不够完善(66.88%)和奖惩机制不够完善(54.79%),详见图2所示。另外,单位人员基础能力的缺乏、政策法规模以上的制约也是导致政府部门创新不足的原因。

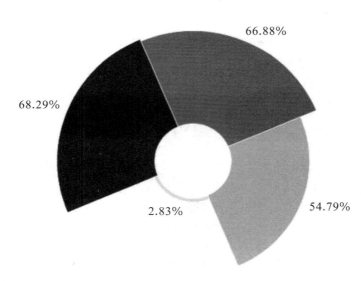

●部门协同机制不够健全 ●免责容错机制不够完善 ●奖惩机制不够完善 ●其他

图2 厦门营商环境创新动能不足诱因

三、营商环境优化发展的预测分析

未来厦门营商环境的优化发展将受到以下重要因素影响,形成一些新的改革方向与举措:

1.党的二十大对营商环境建设提出新要求。党的二十大报告在两个方面对营商环境建设提出了具体要求:首先是完善产权保护、市场准入、公平竞争、社会信用等市场经济基础制度,优化营商环境。其次是合理缩减外资准入负面清单,依法保护外商投资权益,营造市场化、法治化、国际化一流营商环境。这两方面要求将构成未来我国打造一流营商环境的基本导向。

2.世界银行评估体系变化对营商环境改革产生影响。2022 年世界银行发布了宜商环境(business enabling environment,BEE)评估体系说明,标志着全球商业环境的评估进入了新的阶段。与原有评价体系相比,BEE 更加注重评估各指标的监管制度、公共服务和整体效率;更加注重改革协同性与可持续发展;更加注重政务服务的数字化和透明度。由于我国建立营商环境评价体系的原则之一就是"对标世行,国际可比",因此,国家评价体系也将产生相应变化。

85

四、优化建议

(一)持续降低市场主体制度性交易成本,提升市场服务水平

1.持续降低市场准入成本。健全市场准入管理制度,严格执行市场准入负面清单,落实"非禁即入"。开展市场准入效能评估,畅通市场主体对隐性壁垒的投诉及处理机制。

2.保障市场公平竞争。完善公共资源交易平台,加强招投标全链条监管,推动企业生产经营高频办理的许可证件、资质资格等跨区域互认通用。

3.提升人才、资本、中介的市场服务能力。聚焦产业链打造多层次人才梯队,优化人才引进的配套措施,加强人才政策落地。完善中小微企业融资担保体系,拓展融资服务场景,提升企业信贷服务效率,推广"信易贷"平台。培育发展优质中介机构,激发中介服务市场活力,推进中介服务跨区域联动机制。

(二)完善营商法规,创新监管模式,强化司法保护与服务效能

1.完善营商环境法规体系。成立专项监督领导小组贯彻落实《厦门经济特区优化营商环境条例》,做好立法后评估及修法。定期开展法规、规章和规范性文件立改废工作,将相关工作列入全市立法计划的正式项目。

2.创新监管模式。健全事前事中事后全链条全流程监管机制,强化以信用为基础的分级分类监管及包容审慎监管。开展综合监管"一件事"改革试

点,探索运用信息技术实施非现场监管。

3.强化产权司法保护,特别是对知识产权的保护。 严格知识产权管理,健全新领域、新业态知识产权保护制度,加强对企业海外知识产权纠纷应对指导。

4.提升司法服务效能。 发挥海丝中央法务区引领示范作用,在市场准入、知识产权、市场监管、劳动争议等领域创新法律服务。

(三)提升跨境贸易服务水平,推进制度型开放

1.进一步优化跨境贸易服务。 全面深化"单一窗口"功能,向国际贸易管理全链条延伸,推动口岸通关全程无纸化、智能化。

2.高标准对接 RCEP 等国际经贸规则。 加快构建对接的制度体系和监管模式,如推进海关特殊监管区域建设,开展本外币合一银行账户体系试点,建立国际互联网数据专用通道,打造若干与国际规则等高度衔接的开放平台。深化在厦服务职业资格、服务标准、主证认可、检验检测、行业管理等领域规则对接。

3.建立适应开放型经济体制的管理服务体系,优化国际循环效能。 全面实施准入前国民待遇＋负面清单管理制度,健全外资企业一站式服务体系,完善外商投诉机制,持续优化外籍人才管理服务,加强涉外商事法律服务。

(四)优化政务服务,强化数字赋能,提升企业满意度

1.持续优化政务服务。 建立市场主体全生命周期服务体系,持续提升"一窗综办"和"一网通办"水平,提高"一件事"线上可办率,在全市试点"一业一证"改革。

2.强化数字赋能。 完善电子证照、税务、医社保等主题数据库建设,打破市、区级间的"信息孤岛",实现政务数据应汇尽汇。强化电子证照应用,推动在所有申请事项办事全流程应用。构建精准主动企业服务体系,建设企业专属网页和市民主页,推行涉企政策"免申即享""即申即享"。

3.常态化推进市场主体满意度调查。 参照 BEE 评价的调研方法与标准,定期开展分产业、分区域、分企业满意度调查,以及政策落地成效评估,探索建立涉企政策企业参与机制。

(五)加强改革创新动力,打造特色化营商环境品牌

1.加强营商环境的改革创新动力。 健全容错免责机制,细化容错免责适用情形和工作机制,拓宽容错申请渠道,充分调动创新改革的工作热情。健全部门协同机制与奖惩机制,鼓励改革创新。

2.发挥改革创新优势。 充分发挥好区级层面的营商环境改革创新优势,特别是自贸试验区和火炬高新区"试验田"作用,打造区域先行先试机制。

3.结合改革创新,打造地方特色营商品牌。各区围绕全市"4＋4＋6"产业布局,梳理本区主导产业在市场准入与退出、人才供给、金融服务、市场监管、产城融合等方面问题,设计制定贴合产业发展的政务服务模式和垂直化的产业政策建议,并转换成为本区特色化的产业营商环境任务清单,打造营商环境特色品牌。

集美大学工商管理学院　　汤　韵　卢小静　黄晓波
厦门市营商环境研究中心
厦门市发展和改革委员会　　闫智君

厦门市实施乡村振兴战略
情况分析及建议

党的十九大提出实施乡村振兴战略,党的二十大提出"全面推进乡村振兴",这是以习近平同志为核心的党中央统筹国内国际两个大局,坚持以中国式现代化全面推进中华民族伟大复兴,对正确处理好工农城乡关系做出的一项重大战略部署。实施乡村振兴战略,是关系全面建设社会主义现代化国家的全局性、历史性任务。大力实施乡村振兴战略,加快推进农业农村现代化,是厦门深入贯彻落实党的二十大精神和习近平总书记致厦门经济特区建设40周年贺信精神,努力率先实现社会主义现代化的一项重要工作。本文试就厦门实施乡村振兴战略情况作分析,并提出相关对策建议。

一、实施乡村振兴战略的重大意义

从经济角度衡量,厦门"三农"的份额似无足轻重(GDP占比不及0.5%),但从全局的高度看,厦门"三农"地位特殊、作用重要、影响重大,直接关乎城市的整体形象。20世纪八九十年代厦门"一边是发达的岛内特区城市,一边是落后的岛外农村地区"的现象绝不能再出现。实施乡村振兴战略,开启城乡融合发展和现代化建设新局面的意义不言而喻。

1.是努力率先实现社会主义现代化的必然要求。习近平总书记在致厦门经济特区建设40周年贺信中,从党和国家事业发展全局的高度出发,希望厦门勇立潮头、勇毅前行,努力率先实现社会主义现代化。我们要努力率先实现的社会主义现代化,必须是城乡一体化发展、实现共同富裕的现代化。换言之,没有农业农村的现代化,就没有整个厦门的现代化。当前,岛内地区、岛外主城区的城市化和公共服务建设均已达到较高水平,而广阔农村地区经济和社会建设发展水平总体仍偏低。厦门努力率先实现社会主义现代化,短板在"三农",重点难点也在"三农",实施乡村振兴战略,加快推进农业农村现代化已是当务之急。

2.是纵深推进跨岛发展的重要抓手。2002年,时任福建省委副书记、省长的习近平在厦门调研时提出"跨岛发展"战略和"四个结合",即"提升本岛与拓展海湾相结合,城市转型与经济转型相结合,农村工业化与城市化相结合,突显城市特色与保护海湾生态相结合"的重要要求。实施乡村振兴战略,特别是以产业兴旺、生态宜居、生活富裕为指引,加快推进产业发展、基础设施、社会事业等项目实施,促进城乡公共资源均衡配置,对推进城市格局跨岛拓展、产业结构跨岛优化、公共服务跨岛覆盖、人文内涵跨岛提升、生态文明跨岛建设,纵深推进城乡融合和岛内外一体化,必将发挥强有力的推动作用。

3.是加快提升厦门城市整体竞争力的有力手段。城市间的竞争最终是整体竞争力强弱的反映,厦门的整体竞争力不单来自岛内成熟度高的城市,也来自岛外新城和广阔的农村地区。当前紧要的是致力加快提升农村地区的发展水平,绝不能让农村农业拖了城市发展的后腿。实施乡村振兴战略,通过发展都市现代农业千亿产业链,实施乡村振兴千亿投资工程,推进乡村产业融合发展,打造新的经济增长极,加快推动经济发展壮大;通过高质量推进乡村建设行动,提升农村建设品质,改善农村人居环境,促进城乡公共服务普惠共享,加强和改进乡村治理,大力改变"发达的城市、落后的农村"的旧格局,加快提升城市整体形象。经济的发展壮大和城市整体形象的显著提升,必将大幅增进厦门的整体竞争力。

二、全面推进乡村振兴情况分析

2018年以来,厦门以习近平新时代中国特色社会主义思想为指导,全面贯彻党的十九大、十九届历次全会和二十大精神,坚持农业农村优先发展,按照"产业兴旺、生态宜居、乡风文明、治理有效、生活富裕"20字总要求,大力实施乡村振兴战略,统筹推进69个省市试点示范村建设,在全省率先实施打造18条示范动线,串点连线成片,加快推进农业农村现代化。

(一)主要举措和成效

1.抓经济支撑,产业兴旺提质效。统筹做好疫情防控与稳产保供工作,全力确保蔬菜、畜禽等主要农富产品供应充足。持续推进现代农业招商,成立现代农业招商办,制定投资手册和招商地图,建立"6+3+3"机制(6个行政区+象屿、夏商、金圆等3个集团+市农业农村局、市海洋发展局、市市政园林局等3个市直部门),推动签约项目尽快落地动工,开工项目尽快建成投产。加快推进种业创新发展,规划建设闽台农业融合发展(种子种苗)产业园、两岸种子种苗业创新中心、厦门现代水产种业园,引进培育一批种子种苗企业。做优做强现代种养业,鼓励支持粮食、蔬菜、茶叶、食用菌、花木种养,推广龙眼、荔枝、蜜柚等水果高接换种,新建、改扩建生猪养殖场。做大做强农产品加工业,扶持壮大农业产业化龙头企业,鼓励农副产品加工企业增资扩产。深入推进乡村产业融合发展,推动农村电商建设和农业物联网发展,促进农产品流通服务业转型升级。大力发展乡村旅游,精心打造休闲观光农业,推动"农业＋文化＋旅游"相融合。几年来,产业兴旺充分展现,现代农业持续提质增效,产业规模持续壮大,2021年厦门现代农业产业集群跻身千亿产业链群,产值达到1100亿元。

2.抓绿化美化,生态宜居展新貌。高质量推进宜居乡村建设,实施村容村貌提升行动,积极开展村庄清洁行动、洁净家园活动和爱国卫生运动。推进"绿盈乡村"创建,积极开展造林绿化、森林抚育,营造乡村生态景观林。实施农房"平改坡"整治行动,推进村庄规划评估修编,引导村民合理有序建房,突出公共空间和庭院环境整治,消除私搭乱建、乱堆乱放,加强村庄建筑风貌管控。推进"四好农村路"建设("四好"系指把农村公路建设好、管好、护好、运营好),加强铁路、高速公路沿线环境综合整治,深入实施垃圾分类和"厕所革命",推进农村雨污分流和生活污水治理。2021年,厦门村庄规划工作走在全省前列,已实现城镇开发边界外92个村庄规划全覆盖;基本实现农村水、电、路、通信、有线电视等基础设施全覆盖,农村公路养护达到"六标准"(系指路面完好、路缘清晰、标识醒目、设施完善、排水通畅、路域洁美);在全省率先实现所有村庄开展垃圾分类,生活垃圾有效治理全覆盖,农村生活污水治理村庄覆盖率超过85％;小流域治理成效显著,国省控断面达标率达100％;创建市级美丽庭院示范户1250户、省级示范户210户,创建"绿盈乡村"28个,营造乡村生态景观林448亩,完成植树造林2860亩、森林抚育10000亩。

3.抓文明建设,乡风文明播新风。深入推进农村精神文明建设,组织乡村讲师团、宣讲队进田间地头、村居庭院开展常态化理论宣传教育,持续开展文明村镇、文明家庭、星级文明户等创建活动,文明乡风、良好家风、淳朴民风得到良好培育和广泛传播。发挥"三下乡"等品牌示范带动作用,积极开展农村志愿服务,广泛开展"我为群众办实事"活动,选树德高望重、造福桑梓的"新乡贤"等活动,倡导当好乡村文明实践的"引领者",农民精神风貌持续改善。推进新时代文明实践中心建设,打造社区书院"升级版",凝聚群众、引导群众,以文化人、成风化俗。广泛开展移风易俗、爱心帮扶活动,寻找最美乡村教师、医生、家庭等,发掘推广"诚实守信好人""孝老爱亲好人"等身边善行义举,社会文明程度不断提高。加强传统村落文物保护,建设一批村史示范馆,完成同安孔庙、海沧莲塘别墅和瑞青宫、集美马銮杜氏家庙等一批乡村文物保护修缮工程,举办海沧保生慈济文化节、同安苏颂文化节等民间信俗节会,积极开展中国和马来西亚联合申报"送王船"人类非物质文化遗产,闽南乡村文化得到传承保护和繁荣发展。完善农村公共文化服务,实施文化出城进村、文化惠民工程,组织市属文艺院团深入乡村开展文化惠民演出,全面完成镇(街)文化站、村(社区)文化中心提升达标建设,同安田洋村、翔安许厝村作为省乡村文化振兴典型案例在全省推广。指导修订村规民约,同安东宅村、翔安澳头社区村规民约入选省级优秀村规民约。

4.抓乡村善治,治理有效获提升。创新乡村治理机制,建立完善党组织领导的自治、法治、德治相结合的乡村治理体系。以党建为引领,抓实村级党组织换届选举,高标准选好村级组织新班子。探索"村村联建""村企联建""村居联建",高标准打造"马塘精神"主题馆、新圩"初心馆"等18个特色鲜明党员教育基地。选派优秀干部到乡村振兴一线挂职锻炼,实现60个省级乡村振兴试点村全覆盖。深化结对帮扶机制,持续推动上百家市直单位挂钩帮扶100多个村级集体经济收入相对薄弱村;组织7800多名党员干部和3900多个基层党支部与困难户开展"一对一"结对帮扶。以自治为基础,全面推行"四议两公开"机制("四议"系指村党支部会提议、村"两委"会商议、党员大会审议、村民代表会议或村民会议决议;"两公开"系指决议公开、实施结果公开),落实党组织领导下的村级民主协商议事制度,拓宽村民参与乡村治理渠道。以法治为保障,深化"法律进乡村"活动,实现"一村一法律顾问"全覆盖。推进平安乡村建设,严打农村涉黑涉恶犯罪团伙,查办农村涉黑涉恶案件,持续推进法治文化广场、法治长廊等农村法治文化阵地建设,集美田头村、同安军营村获评"全国民主法治示范村"。以德治为支撑,以近邻敬老、医疗、关爱等为主要内容,在城乡社区推行近邻服务,被确定为全省城乡社区近邻服务唯一省级试点市。

5.抓民生保障,生活富裕上层楼。加强农村水、电、路、通信设施建设,推动乡村基础设施提档升级,加快推进"数字乡村"建设,加快岛外区域5G无线网络配套建设进度。推进城乡基本公共服务一体化,持续推进名校、优质医疗资源、养老设施建设跨岛落地,双十中学翔安校区初中部、实验小学翔安校区和外国语学校集美校区等建成投用。稳步提升公共卫生服务能力,马銮湾医院、环东海域医院、川大华西厦门医院等建设项目有序推进。完善城乡基本医疗保险制度一体化建设,推进医保实现"村村通",基本医疗保险、大病保险、医疗救助一站式即时结算。建设镇(街)居家社区养老服务照料中心,实施农村幸福院改造提升。民生保障持续加强,2021年,农村居民人均可支配收入达到29894元,位居全省前列;建制村通硬化路率、通客车率均达100%,农村自来水普及率达97.8%,农村用户普及百兆宽带、4G网络实现全覆盖;乡村振兴教育项目建设持续推进,完成29个项目建设,新增2.87万个学位,在全省率先实现市域范围内的义务教育基本均衡发展;全市34个农村幸福院全部建成,镇卫生院、村卫生所医疗卫生服务实现全覆盖。

(二)存在的问题与不足

1.产业发展有待加强。厦门市产业结构有待进一步优化,优质绿色农产品生产不足,农产品加工、冷链物流短板较突出,龙头企业、农民合作社、家庭农场等新型经营主体发展程度不够高,规模不够大,带动力不够强。村级集体经济优质项目较少,项目建设总体进展偏慢,村财稳定增收缺乏有效支撑和保障。农村一、二、三产业融合发展深度不够,农业高质量发展格局尚待进一步提升。农业生产设施和装备条件仍较薄弱,科技研发能力有待加强,科技推广应用拓展不足,机械化现代化水平不高,农业应对各种自然灾害风险能力不强。农村存量的农业发展用地供给不足,土地流转存在诸多障碍,乡村产业发展用地受限。

2.乡村建设有待提升。 农村水电路等基础设施和文教医卫、社会保障等公共服务与城市差距仍然较大,提档升级有待加速。村庄因地制宜实施规划建设不够,同质化现象仍较明显,乡村特色仍显不足。村民对村级事务管理的参与度有待提升,村容村貌整洁长效治理维护机制尚待健全。乡村生态环境建设有待进一步加强,农业发展与生态保护的矛盾依然突出,小流域治理、厕所革命仍待深化。乡村综合性文化服务中心建设进度滞后,农民业余文化活动总体较为匮乏。

3.农民素质有待提高。 新型职业农民、高素质农民偏少,农业产业发展人才短缺。引导各类人才到乡村创新创业的机制仍不健全,农村人才难以留住,一线农技人员知识老化,服务手段、方式、内容难以适应现代农业发展需要。农民对乡村振兴战略系列的强农惠农政策大多只知道大概政策精神,对具体项目安排内容和要求不了解、不清楚,甚至不知道,更谈不上操作。农村青壮年劳力外流严重,农业劳力主要是老人和妇女,农业从业人员老化弱化问题突出,农村人气不旺,活力不足。适应乡村振兴需要,规范提升新型经营主体,造就高素质新型农民、现代小农户的教育培训体制和力量亟待健全和强化。

三、全面推进乡村振兴更上层楼

党的二十大对全面推进乡村振兴作出总体部署,为新时代新征程全面推进乡村振兴、加快农业农村现代化指明了前进方向。要从政治高度和全局高度,抓好贯彻落实,充分认识做好"三农"工作的重要性紧迫性,举全市之力全面推进乡村振兴,促进农业高质高效、乡村宜居宜业、农民富裕富足,加快城乡融合发展,为厦门更高水平建设高素质高颜值现代化国际化城市,努力率先实现社会主义现代化打下坚实基础。

1.推进乡村产业发展,持续促进产业兴旺。 以产业兴旺筑牢乡村振兴基石,优化乡村产业结构,大力推动乡村产业发展壮大,加快提升都市型现代农业高质量发展格局。做大做强农产品加工业,积极发展休闲即食食品、预制菜、冷冻保鲜食品等农产品加工业,培育一批农产品加工龙头企业。加快推进农产品商贸物流服务,紧扣厦门国际航运中心、国际贸易中心城市发展定位,积极打造国际特色农副产品贸易中心。加强农业品牌建设,大力发展特色优势产业,以适应市场多样化、优质化需求为导向,围绕粮食、水果、蔬菜等全产业链,创建优势特色产业集群,建设一批"一村一品"专业村。实施种业振兴行动,大力推进蔬菜种苗"繁育推"一体化,积极推动同安闽台农业融合发展(种子种苗)产业园建设,推动厦门现代水产种业园建设,培育一批种子种苗龙头企业,建立种业科技创新平台,不断提升种子种苗业竞争力和品牌影响力。强化农业科技支撑,加强温室大棚等农业生产设施和农业物联网应用基地建设,加大农业科技和现代信息技术的推广应用,提升农业应对自然灾害风险能力和生产经营信息化智能化水平。推动一、二、三产业融合发展,加快发展乡村旅游、休闲农业、文化体验、健康养老、电子商务等新产业新业态,延长产业链,提升价值链。健全和完善市区两级四方挂钩帮扶机制,因地制宜实施"一村一策",推动农村集体经济发展壮大。深化农村改革,有效破解发展瓶颈制约,从用地、税收、金融等方面加大对乡村产业发展的政策支持。

2.推进生态文明建设,持续促进生态宜居。以生态宜居提高乡村振兴品质,加强农村生态环境建设,实施溪流综合整治工程,落实河湖长制,推进农村生态水系综合治理,加强水资源环境保护。实施绿色山体建设工程,开展山体修复、山体绿化,塑造生机盎然的山体景观。实施森林生态修复工程,加快植树造林,推进林相改造。实施海域综合整治工程,强化海陆一体的海岸带综合治理,保护和维护海岸生态环境和海洋生物多样性。加快转变农业生产方式,大力发展节水农业、循环农业、绿色水产养殖等生产模式,加快建设现代农业示范园,试验示范新品种,推动农业科技创新,加强农业绿色技术应用,强化病虫害监测和重大有害生物防控,加强产地环境监测,推进受污染土地安全利用,推进绿色低碳循环农业发展。加强农业面源污染治理,实施农药、化肥减量增效行动,抓好白色污染治理,建立秸秆、农膜、农药包装等农业生产废弃物回收激励机制,深化畜禽粪污资源化利用行动,加强土壤污染、地下水超采、水土流失等治理和修复。推进绿盈乡村创建活动,梯次推进富有"绿化、绿韵、绿态、绿魂"的生态乡村建设,让乡村更有绿意、更富生机。推进人居环境整治提升,加强乡村建设规划,深入推进农房整治,加强生活垃圾分类转运和处理,深化农村厕所革命,深入推进雨污分流,提升生活污水无害化处理水平,加强村庄风貌指导,立足乡土特征、地域特点,持续提升村容村貌。加强生态文明制度建设和执行,制定和完善农村污染治理的实施细则和办法,探索建立政府、村集体、村民共同参与的环境治理机制,推进农村环境治理走向法制化、标准化、长效化。加大生态文明教育和宣传,深入贯彻"绿水青山就是金山银山"的理念,提升农民的生态文化意识,倡导绿色生产和生活方式。

3.推进精神文明建设,持续促进乡风文明。以乡风文明优化乡村建设灵魂,大力推进农村精神文明建设,推动形成文明乡风、良好家风、淳朴民风。加强农村思想道德建设,大力弘扬和践行社会主义核心价值观,积极推动实践创新,以农民群众喜闻乐见的形式推进农村思想政治工作。深化和拓展新时代文明实践中心建设,全面建成乡镇实践所、村级实践站,常态化开展理论宣传教育和文明实践活动,不断丰富实践内容,拓宽服务半径,完善运行机制,积极凝聚群众,引导群众,传播新风。深化文明村镇、最美家庭、书香家庭创建活动,积极发挥文明村镇、文明家庭在乡风文明建设中的示范引领作用。持续开展寻找最美乡村教师、医生、新乡贤、调解员,选树好媳妇、好儿女、好公婆,开展身边优秀党员、好人好事、道德模范、美德青少年评选等活动,大力宣传先进事迹,强化道德模范的教化示范作用。大力弘扬乡村优秀传统文化,挖掘和保护乡村历史文脉、文化遗产,支持有条件的村建立村史馆,成立乡村民间图书馆,积极兴办读书社、书画社、戏曲团队等文艺社团,让"乡愁"更加入脑入心,让群众文化生活更加丰富多彩。持续推动移风易俗,反对封建迷信,有效遏制和革除大操大办、铺张浪费、天价彩礼、厚葬薄养、人情攀比等陈规陋习。提升农村养老服务,积极推广"近邻+爱心"敬老模式,链接各类助老敬老服务资源。有效发挥村规民约、家教家风的积极作用,充分吸收农村传统道德中符合社会主义核心价值观的积极内容,赋予村规民约、家教家风新时代的新内涵,积极引导群众遵规守矩、敦亲睦邻、向上向善。注重农村青少年教育引导,广泛宣传美德青少年先进事迹,有序推进乡村"复兴少年宫"建设,不断提高农村青少年的思想道德修养水平,鼓励农村青年在乡村建功立业,造福桑梓。

4.推进乡村治理提升,持续促进治理有效。以治理有效巩固乡村善治核心,以保障和改善农村民生为优先方向,树立系统治理、依法治理、综合治理、源头治理的理念,不断提高乡村治理体系和治理能力现代化。着力加强农村基层社会治理和服务体系建设,积极探索乡村治理新模式,完善农村社区服务体系,优化网格化管理和服务,健全和完善组织引领有力、社会服务健全、群众民主参与,自治、法治、德治相结合的乡村治理体系,不断提升群众获得感、幸福感、安全感。加强平安乡村法治乡村建设,深入推进区、镇(街)、村(居)平安建设三级联创工作,常态化开展扫黑除恶斗争,严厉打击把持乡村基层政权、操纵破坏选举、侵吞集体资产等违法犯罪活动,依法制止干预农村公共事务,加强村务决策公开、村级财产管理、工程项目建设等重要事项和关键环节监督。坚持和发展新时代"枫桥经验",健全乡村公共法律服务体系,开展好"一村一法律顾问"服务,完善村级议事协商制度,壮大农村民间纠纷调解力量,健全农村社会矛盾纠纷多元化预防调处化解综合机制,畅通和规范群众诉求表达、利益协调、权益保障通道,健全领导干部接访下访包案化解信访矛盾制度,努力将矛盾化解在农村基层。不断推进社会治安防控体系建设,着力提高预测预警预防各类风险能力,提高社会治安立体化法治化专业化智能化水平,用好现代信息技术,提高"大数据＋网格化"治理水平,增强社会治安防控的整体性、协同性、精准性。

5.推进城乡融合发展,持续促进生活富裕。以生活富裕强壮乡村振兴根本,纵深推进跨岛发展战略,按照"高起点、高标准、高层次、高水平"的要求,加快推进岛内外规划一体化、基础设施建设一体化、基本公共服务一体化,持续推动以工促农、以城带乡、城乡融合、共同富裕。大力推进乡村建设,加强镇村规划引导,加快城乡产业融合发展、基础设施互联互通、公共服务共建共享;加快补齐农村基础设施和公共服务短板,推进水、电、气、路、通信等农村基础设施和教育、医疗、养老等基本公共服务提档升级;加快农村信息化建设,推动数字乡村标准化建设,开展数字乡村建设试点。深化农村重点领域和关键环节改革,推进农村产权制度改革,推动农村集体经营性建设用地进入市场,建立土地集中连片流转激励机制,完善"三农"投入机制、挂钩帮扶机制,调整完善土地出让收入使用范围,稳步提高土地出让收益用于农业农村比例,拓宽实施乡村振兴战略的资金来源,建立健全城乡融合发展体制机制,促进城乡要素平等交换、双向流动,激发农村资源要素活力。加快培育新型农民,实施"新型职业农民工程""农民素质提升工程",围绕都市现代农业和农村一、二、三产业融合需要,以提升生产技能和经营水平为主线,大力开展农民职业技能和新型农业经营主体带头人等专题培训,培养壮大有文化、懂技术、善经营、会管理的高素质农民队伍和新型职业农民。加快建立健全城乡融合发展体制机制和政策体系,多措并举促进农民增收,推进产业融合,推动农户参与全产业链发展,加强农民就业服务,推动农民转移就业,扶持困难群体就业,支持农民创新创业,强化政策的宣讲和落实,推动农民共同富裕。

6.推进党建引领提升,持续促进组织振兴。以组织振兴加强乡村振兴保障,坚持党建引领,加强和改善党对"三农"工作的领导,健全和完善市、区、镇(街)、村四级联动的组织体系、制度体系、工作机制,持续促进组织振兴,为全面推进乡村振兴提供坚强有力的组织保障。强化五级书记抓乡村振兴,完善区委书记负责制,压实各级书记主体责任,强化政治责任担当,严实监督考评,确保乡村振兴各项具体工作落实到位。稳步推进干部队伍建设,建立"三农"工作干部队伍培养、配备、管理、使用机制,着力建设一支政治过硬、本领过硬、作风过硬,懂农业、爱农村、爱农民的"三农"工作干部队伍,完善常态化驻村工作机制,派强用好驻村工作队,充分发挥其在乡村振兴中的作用。强化农村基层组织建设,坚持政治素质高、综合能力强、思想品德好的选人用人标准,选优配强村(居)"两委"成员,特别是"一把手";加强换届后村"两委"班子,特别是"一把手"队伍的培训和监督管理,全面提升村(居)班子整体素质和履职能力;

健全"整镇(街)推进、整区提升"机制,常态化整顿软弱涣散村(居)党组织。加强农村党员队伍建设,加强教育培养和实践锻炼,密切党员与群众的联系,引导群众积极投入乡村振兴各项活动。加强农村挂钩帮扶,优化市直部门挂钩帮扶集体经济薄弱村工作机制,加大市、区国企对集体经济薄弱村的帮扶力度。强化乡村振兴人才支撑,充分发挥科技特派员、致富能手、种养大户、乡贤、选调生村官等人才作用,发展壮大"三农"专业队伍,引进和安排涉农高校大学毕业生到农村任职,建立健全人才回流农村的良好机制,吸引各类人才在乡村振兴中建功立业。

中共厦门市委政研室　钟锐辉

社会篇

厦门市人才发展情况分析及建议

一、厦门市人才发展基本情况

近年来,厦门深入贯彻习近平总书记关于做好新时代人才工作的重要思想,全面落实中央和省委人才工作会议精神,深入实施新时代人才强市战略,持续深化人才发展体制机制改革,全方位培养、引进、用好人才,全力构筑富有独特吸引力的人才高地,获评"中国最佳引才城市""海创人才吸引力城市"。

（一）主动融入人才强国战略布局

中央人才工作会议对深入实施人才强国战略作出战略布局和科学部署,提出在北京、上海、粤港澳大湾区建设高水平人才高地,在一些高层次人才集中的中心城市建设吸引和集聚人才的平台,这是新时代厦门人才事业发展的重要机遇。2022 年 3 月,厦门召开市委人才工作会议,对加快推进新时代人才强市战略作出安排,制定实施《关于实施新时代人才强市战略的意见》,提出到 2025 年基本形成人才引领现代化经济体系和高质量发展的新格局;到 2030 年基本率先形成适应高质量发展的人才制度体系,基本建成高素质创新名城;到 2035 年建成更具全球竞争力区域人才中心和创新高地。同时,厦门立足对台特殊优势,提出争创"吸引和集聚海峡两岸创新创业领军人才平台"目标,将从打造区域创新中心、建立高质量发展人才矩阵等方面精准施策,力争率先跻身人才强国战略支点和雁阵格局。

（二）抓实抓细国际人才双招双引

厦门坚持以人才国际化引领推动城市国际化,成立国际化引才工作专班,定期研究推动全市国际化引才工作,先后引进新加坡工程院院士洪明辉等一批高层次国际人才。成功举办第五届海外创业大赛,首次在俄罗斯、新加坡设立赛区,遴选 39 个人才项目入选"双百计划"考察名单。举办"金砖＋"留学人才项目对接洽谈会,人工智能、集成电路、生物医药等领域 5 个留学人员项目入选 2022 年度中国留学人员回国创业支持计划,入选数量再创新高。举办清华校友三创大赛新能源与新材料全球总决赛,吸引近 10 个海内外人才(项目)落地厦门。持续优化外籍人才服务能力水平,开展外籍人才薪酬购付汇便利化试点,设立全省首个社区外国人才服务分站,探索建立与国际接轨的人才认定机制,建立国际职业资格认可目录,推进国际职业资格比照认定职称,畅通海外人才在厦发展路径。2022年,全市新引进留学人员1721人、同比增长10%,留学人才总量达3.5万人。

(三)加速推进重大人才引育工程

厦门聚焦"4+4+6"现代产业体系,持续推进"双百计划""群鹭兴厦"等重大人才工程,积极促进产业链、创新链、人才链融合发展,引才聚才效应加快释放,人才规模与质量实现双提升。积极推荐优秀人才申报省级以上人才计划,2022年5人入选国家级人才计划,新认定福建省高层次人才205人,省级以上人才数量保持全省首位;完成第十五批"双百计划"评审,一批获得千万级市场融资、营收超千万的人才项目入选,"双百计划"自实施以来,项目落地率、创业成功率双双突破80%,每万人有效发明专利拥有量约为765.7件,达到全市平均水平约20倍。目前,全市人才资源总量达147万人,每十万人中大学受教育人数居全省第一、全国前列。

(四)探索两岸人才融合发展新路

厦门持续发挥对台优势,创新思路吸引台胞来厦创新创业,两岸人才交流向更大范围、更宽领域、更深层次发展。累计完成8批台湾特聘专家评审,引进台湾高端人才540人;连续举办17届台湾人才厦门对接会,吸引近6000名台湾专业人才来厦对接。组建全国首个"台籍专家顾问团",高位嫁接台湾技术资源。在全省首创成立"两岸融合发展中心",推动两岸融合人才力量、措施服务和效果系统集成。创新设立"两岸人才共同记忆馆"等特色服务载体,打造两岸青年人才融合发展共同体。累计设立22家省级以上台湾青年就业创业基地,位居大陆城市前列。2021年12月出台《厦门市打造台胞台企登陆第一家园"第一站"若干措施》,推出促进台企融资、直接采认台湾人才职业资格、支持台湾青年就业、台湾农技等领域高端人才个税补贴等8条举措,政策力度全国领先。

(五)持续深化人才体制机制改革

厦门牢牢把握深化人才发展体制机制改革这个重要保障,以改革激发活力,不断释放人才发展红利。持续深化人才职称评审试点改革,2022年新增集成电路专业职称改革试点,目前已累计评出高、中、初级工程师超3000人。率先全国启动外籍人才专业技术、技能评价试点工作,首批16位金砖国家外籍人才通过专业技术技能认定。改革人才使用激励机制,以企业重大技术需求为导向,实行"揭榜挂帅"机制,2022年在集成电路、生物医药等领域初步征集6个"卡脖子"技术难题,面向全球人才征集解决方案,给予最高1000万元扶持。修订完善《厦门市高层人才评价认定标准》,新增国家级"专精特新"小巨人企业核心技术高管、A+类学科博士等项目,2022年认定市高层次人才1800余人,较2021年增长近200%。

(六)着力打造一流人才发展生态

厦门着力强化人才生态环境营造,人才服务保障水平迈上新台阶。2021年出台"留厦六条"硬核措施,全面提升人才医疗保健、子女入学、配偶安置等六大方面保障水平,新引进毕业生生活补贴标准提高到博士8万元、硕士5万元、"双一流"本科3万元、其他本科1万元;高层次人才和博士来厦配偶可随迁安置,优惠力度保持全国同类城市领先。2022年发布"群鹭兴厦"人才十大礼包,给予留厦博士后30万元生活补贴;按照"人才优先、岛外放宽、逐步放开"的思路,制定实施《关于深化户籍制度改革完善户口迁移政策的通知》,降低各类人员落户和配偶、未成年子女随迁条件;启用厦门高新学校,为人才子女就学提供优质保障。目前,已为611名高层次人才办理医疗保健、兑现毕业生一次性生活补贴2.59亿元,超过2.36万名大学生申请"五年五折租房"。连续举办三届"厦门人才服务月"活动,开通"12345"留厦人才服务专线,打造城市留才爱才新品牌。

二、制约厦门人才发展的主要问题

(一)产业规模效应不明显导致吸引人才有限

良好的产业基础既能更好地吸引、集聚更多人才,也能为人才创新创业提供更宽阔的发展空间。当前,厦门产业发展仍然面临规模不够大、结构不够优等短板。从总量上来看,2021年厦门规模以上工业总产值刚刚突破8000亿元,而同期深圳和苏州均首次突破4万亿大关(深圳41341.32亿元,苏州41308.1亿元);2022年前三季度,全市实现GDP 5687亿元,同比增长5.9%,总量位于副省级城市第12位,约为深圳的1/4,只有宁波的1/2。

从产业结构看,在厦门"4+4+6"现代产业体系中,电子信息、生物医药、新材料、新能源等先进制造业还处于发展初期,尚未形成规模集聚效应。2021年厦门半导体和集成电路产业规模仅有481亿元,而上海达到2500亿元,约占全国25%,集聚重点企业超1000家,吸引了全国40%的集成电路人才;2021年厦门生物医药与健康产业规模915亿元,其中制造业产值409亿元,而上海生物医药产业规模达到7000亿元,其中制造业产值1700亿元,创新药占全国1/4。详见图1。由于厦门产业体量小、同类企业少、龙头企业缺乏,人才容易面临"换岗即换城"的尴尬处境。

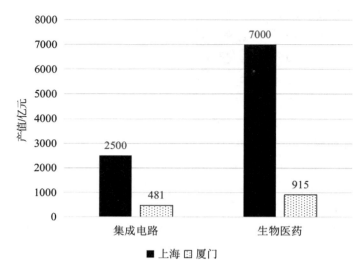

图1　2021年厦门与上海新兴产业规模对比图

（二）本地高校院所缺乏带来人才自主培育体系不足

当前,厦门加快构建"4＋4＋6"现代产业体系,实施先进制造业倍增计划,提出按照每年15％左右的增速,力争到2026年年末实现先进制造业规模倍增。随着宁德时代、中创新航、海辰储能、士兰微、安捷利美维、天马6代和8.6代等一批重大制造业项目落地建设,产业对理工类毕业生的需求快速增长。然而,厦门缺少优秀的高水平理工类大学,企业的人才需求无法在厦门得到高质量供给。

目前,厦门拥有高等学校16所,其中,普通本科学校7所,专科院校9所,相较北京、上海、杭州,在数量和质量上都有较大差距(见表1)。在专业设置上,厦门本地高校与产业需求契合度不够高,如作为厦门唯一一所985、"双一流"高校,厦门大学现有的海洋科学、化学、应用经济学、统计学、工商管理、法学、生物学等7个A类学科,在厦门"4＋4＋6"现代产业体系的支柱产业、战略性新兴产业中仅与生物医药产业直接贴合。近年来,厦门生物医药产业爆发式增长,2021年制造业产值同比增长196％,但厦门大学一年培养的生物医药硕博毕业生有限,本地企业之间相互挖人情况比较突出。

表1 厦门与"北上杭深"高等学校对比表

城市	高校数量/所	在校生数量/万人	"985"等名校
北京	92	100.9	清华大学、北京大学、中国人民大学、北京航空航天大学、北京师范大学、北京理工大学、中国农业大学、中央民族大学
上海	64	54.9	复旦大学、上海交通大学、同济大学、华东师范大学
杭州	47	58.5	浙江大学
深圳	9	14.5	哈尔滨工业大学(深圳)、中山大学深圳校区、香港中文大学(深圳)、深圳北理莫斯科大学、清华大学深圳研究生院、北京大学深圳研究生院、天津大学佐治亚理工深圳学院
厦门	16	20.0	厦门大学

（三）创业资本规模不大不利于人才成长

金融是实体经济的血脉。对于人才创新创业而言,一方面由于其技术创新容易吸引大量投资,另一方面由于一轮又一轮的融资使其得以迅速膨胀,急速壮大。而厦门资本市场规模不大,投资活跃度不高,不利于人才企业特别是初创型企业的快速成长壮大。由财联社、科创板日报等联合发布的《2021 中国创投机构城市榜》显示,北京、上海、深圳、广州、杭州、南京、苏州、长沙、佛山、天津位列创投机构 TOP10,厦门未能进入前十榜单。从投资完成情况看,2021 年厦门的投资案例数为 134 起,投资金额为 82.36 亿元,与北京、上海、深圳等城市相比存在明显差距(详见图 2)。同时,厦门多数创投机构自身缺少相关产业领域专业评估能力,投资活力和投资主动性不足。

此外,平台企业、龙头企业往往是人才创新创业投资的重要来源,如根据长城战略咨询发布的《中国独角兽企业研究报告 2021》,在 2020 年全国 251家独角兽企业中,腾讯、阿里巴巴、美团等平台企业投资孵化企业占比 54%,而厦门也缺少具有再投资能力和意愿的平台企业、龙头企业。

（四）人才服务市场化、专业化水平还有待提升

人才的创新创业离不开专业化机构服务,例如,企业孵化器能够提供物理空间和基础设施,提供人员培训、政策辅导、市场营销、知识产权等专业服务,可降低人才的创业风险和创业成本;而科技成果转移转化是企业实现技术创新、增强核心竞争力的关键环节,是释放科技人才创新创业创造活力的重要抓手。截至 2021 年,国家级科技企业孵化器共 1287 家,其中北京 66 家、上海61 家、杭州 57 家、深圳 39 家,厦门仅 10 家;国家技术转移示范机构共 455

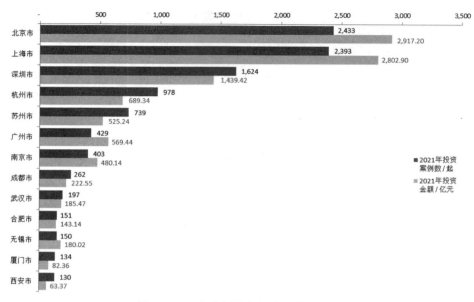

图 2　2021 年中国股权投资城市排名表

数据来源:清科研究中心发布的《2021 年中国股权投资城市排名》。

家,其中北京 57 家、上海 25 家、杭州 8 家、深圳 11 家,厦门仅 3 家(详见图 3)。综合来看,厦门目前的研究开发、技术转移、检验检测认证、创业孵化、知识产权、科技咨询等科技服务机构数量不足、质量不高,未能形成规模效应。

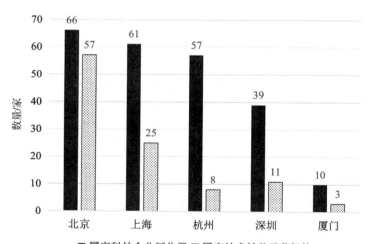

图 3　厦门与北京、上海、杭州、深圳专业服务机构数量对比图

三、2023年发展预测及展望

(一)技能人才需求更加突出

近年来,厦门深入贯彻新发展理念,加快推动产业转型升级,围绕补链强链延链成功引进一批高能级制造业项目,产业总量快速壮大,对技能人才特别是高技能人才的需求日益旺盛,"用工难"现象常有发生。2023年,随着中创新航、海辰储能、宁德时代、士兰微、天马6代等项目产能持续提升,对技能人才的需求将进一步释放,技能人才结构性矛盾仍将持续困扰厦门制造业发展。

(二)岛外人才需求更加旺盛

随着跨岛发展的纵深推进,岛外新城近年来加速崛起,成为厦门战略性新兴产业集群发展的主阵地。2022年前三季度,岛外四区GDP占全市比重近五成,固定资产投资岛外占比超七成,高新技术企业岛外占比近六成,川大华西厦门医院、双十中学翔安校区等一批社会事业项目建成投用,岛外的持续"大发展"进一步带动岛外人才"大需求"。

(三)创新人才需求更加紧迫

2022年厦门市深入实施科技创新引领工程,高标准推进厦门科学城建设,加快建设嘉庚创新实验室、翔安创新实验室,积极筹建海洋创新实验室,厦门大学启动实施"海洋负排放"国际大科学计划,一流创新平台加快集聚,亟须培养引进更多国际化领军人才和基础性原创性科技人才。

四、进一步强化现代化建设人才支撑的相关建议

党的二十大报告就"实施科教兴国战略,强化现代化建设人才支撑"进行专章部署,强调必须坚持人才是第一资源,并就深入实施人才强国战略作出详细部署,极大凸显了人才工作在第二个百年奋斗目标新征程中的地位和作用。为深入贯彻落实党的二十大精神,坚持人才引领驱动,强化率先实现社会主义现代化的人才支撑,我们提出以下建议。

(一)夯实人才事业发展产业基础

准确把握具有爆发潜力的行业趋势。厦门近几年在软件信息、集成电路、新材料、新能源、生物医药等方面初步形成发展优势,应聚焦此类重点领域,培育和吸引高能级创新主体,加快构建"4+4+6"现代产业体系。实施招大引强工程,积极引进一批投资规模大、行业带动能力强、产业链配套好、人才密度高的重大企业项目,改变以往只关注产值、税收的招商思维,将项目在厦研发投入、技术骨干、创新平台等作为招商洽谈重要指标,通过龙头企业带动科技型

中小企业共同发展,形成协同创新生态。迭代实施先进制造业倍增计划,加快实施战略性新兴产业集群培育工程,抢抓数字技术产业变革机遇,以产业数字化和数字产业化为主攻方向,促进先进制造业与现代服务业深度融合。目前,腾讯、阿里、美团、字节跳动等企业已经形成较高的行业壁垒,很难在较短时间内跨过壁垒形成平台型企业,但厦门可以利用自身优势,以制造业为基础,与互联网企业合作,打造"互联网+制造"的更多可能。

(二)引育并举构筑人才集聚高地

全面提高人才自主培养质量,积极争取台湾一流大学来厦办学,吸引理工类国际知名大学在厦开展合作办学,支持厦门大学建设世界一流大学和更多一流学科,发挥大院大所示范引领作用,提升高端人才、知识创新与核心技术供给能力。鼓励支持用人单位与本地院校开展"订单式"合作,联合培养创新型、应用型、技能型人才。升级完善"双百计划+群鹭兴厦"政策体系,补齐对新材料、新能源、法务和技术转移服务等新兴产业人才的支持,打造全球创新创业赛事品牌,提升引才精准度和产业适配度。持续推进人才发展体制机制系统化改革,促进人才评价标准更加阶梯化,更加突出市场导向;争取先行先试更加开放便利的境外和台籍人才引进、执业和出入境管理制度,畅通海外人才来华工作通道。把建设重大创新平台作为引导高端人才和创新要素加速集聚的重要突破口,加快推动嘉庚、翔安创新实验室建设,高位创建海洋省创新实验室,力争进入国家实验室体系。以厦门科学城为主体布局建设一批重大科技基础设施,积极争取各门类国家级、部委级基地平台落户厦门。鼓励企业与高校院所建立联合实验室或研究院,打造国家技术创新中心、国家工程研究中心等,大力发展新型研发机构。

(三)升级完善人才发展金融服务体系

完善优化国有资本投资和退出机制,推动厦门创投、火炬产投等国有创投机构市场化改革,树立人才投资就是风险投资的理念,允许一定失败比例,更好地服务支持人才项目发展。学习借鉴深圳天使投资引导基金最高承担子基金投资项目40%风险等做法,探索"投早投小"项目资产评估豁免机制,加强对种子期、初创期中小微科创企业的支持,提升市科技创新创业引导基金等对社会资本的导向作用。推进厦门科学城基金湾区、两岸区域金融中心等科技金融集聚区建设,大力优化私募基金、创业投资等市场准入和政策环境,积极引进专业投资咨询机构,大力招引头部、专业创投与科技金融机构入驻,建立覆盖天使投资、风险投资、股权投资、并购投资等在内的完整科技金融服务体系。继续完善财政资金投融资补偿机制,建立科技信贷、科技保险补偿机制和创业投资风险补偿机制,吸引银行、风投、创投等多种社会资本参与人才创新创业。引导金融机构创新人才金融产品,围绕人才创业启动资金、信贷、上市、保险等全周期金融需求,深入推进人才贷、人才投、人才保、人才险等工作,提供全方位、立体化、闭环式金融服务。

(四)打造完整人才事业成长配套体系

"在深圳如果有一个创作理念,你能在不超过一公里的范围内找到实现这个想法的任何想要的原材料,只需要不到一周的时间就能完成产品原型—产品—小批量生产的整个过程。"要对标深圳,全力构建"设计—孵化—生产—运营"的一站式创新链条,为人才创新创业提供低门槛的研发平台、强大的生产能力、丰富的技术人才与高效的物流体系,形成互相学习、紧密合作、快速转化的强大科技创新生态系统。要学习借鉴江苏的园区经济模式,进一步提升软件园一期、二期、三期,以及厦门生物医药港、同翔高新城、集成电路产业园等重点园区,积极引入具有园区运营管理经验的知名平台企业,导入国际创新资源,吸引产业人才向园区集聚。依托市级人力资源服务产业园、海丝中央法务区等平台,积极引入高端猎头、科技金融、技术咨询与转移、知识产权、检验检测认证等专业机构,培育现代人力资源服务产业的创新和服务新动能。

中共厦门市委组织部　张晓勇

厦门市创新生态建设情况分析与预测

创新是引领发展的第一动力。2021年习近平总书记来闽考察时强调,要坚持创新在现代化建设全局中的核心地位,把创新作为一项国策,积极鼓励支持创新。党的二十大报告提出,要坚持创新在我国现代化建设全局中的核心地位,统筹推进国际科技创新中心、区域科技创新中心建设,加强科技基础能力建设,形成具有全球竞争力的开放创新生态。

一、总体情况分析

2021年,厦门科技创新综合实力实现系统性跃升,福厦泉国家自主创新示范区考核评估厦门片区连续四年居全省第一。全市 R&D 经费投入强度达到 3.15%,年技术合同交易额超过 127 亿元,资格有效国家高新技术企业突破 2800 家,2 项科技成果获国家科学技术奖;加快能源材料、生物制品省创新实验室建设,引进落地国家新能源汽车技术创新中心厦门分中心、中科院西安光机所厦门星座卫星应用研究院等高能级创新平台,新增 16 家新型研发机构、技术创新中心及细胞治疗研究中心。厦门创新能力指数居全国 78 个国家创新型城市第 12 位。

2022年前三季度,厦门科技创新综合实力日益强劲,福厦泉国家自主创新示范区厦门片区加快建设,科学城建设有序推进,高能级创新平台加快布局,未来产业培育工程加速推进,高新技术企业培育体系不断完善,科技体制机制创新不断深化,创新创业环境不断优化,依托产业链部署创新链、围绕创新链布局产业链,从原始创新到产业化全过程的创新生态日益完善。

(一)科技创新综合实力实现新提升

培育发展战略性新兴产业、促进工业稳增长和转型升级、火炬高新区推动"双创"发展等方面工作再次获得国务院办公厅督查激励。市委成立科技创新委员会,部署实施科技创新引领工程,统筹推进厦门自创区、创新型城市、高素质创新名城等建设,构建形成厦门科学城、火炬高新区、海洋高新区(筹)、厦门生物医药港四大科技创新"引擎"并进驱动城市创新发展的生动局面。全市 R&D 经费投入强度预计超过 3.2%,有效发明专利拥有量增长 20%。厦门城市创新能力指数居全国 72 个国家创新型城市第 12 位。世界知识产权组织最新发布的《全球创新指数(GII)2022》显示,厦门入围全球百强科技集群。

（二）厦门科学城建设引领新发展

出台《关于加快推进厦门科学城建设的若干措施》(厦府规〔2022〕5 号),建立科学城项目储备库并入库项目 100 多项,引进厦门生物医药创新研究院等一批院士领衔的新型研究院,总投资 60 亿元的厦门数字工业计算中心项目落地,加快建设科学城 I 号孵化器、中关村大学科技园联盟成果转化基地等创新创业赋能平台,启动建设全市首个未来产业园(先进制造园),启用首个"创新飞地"厦门科学城(北京)创新成果培育基地,初步构建形成"新型研发机构＋孵化器＋创新飞地＋专业园区"的核心孵化培育体系。

（三）高能级创新平台建设跃上新台阶

能源材料省创新实验室攻克碱性电解水制氢等 20 项关键技术,与宁德时代共建厦门时代新能源研究院,自主孵化 10 家高新技术企业,正争创国家能源实验室福建基地。生物制品省创新实验室已构建全世界品种最齐全的新冠病毒系列检测试剂,鼻喷流感病毒载体新冠肺炎疫苗即将完成国际三期临床试验,九价宫颈癌疫苗正在开展国内三期临床试验。海洋省创新实验室加快筹建,正同步争创国家海洋实验室福建基地。"海洋负排放"(ONCE)国际大科学计划已于 2022 年 10 月启动前期工作。前瞻策划重大科技基础设施。

（四）高新技术企业发展跑出新速度

扎实落实科技政策,引导 4983 家企业申报研发费用税前加计扣除,涉及研发费用 251.55 亿元,减免税额 55.98 亿元,同比分别增长 15.13％、24.24％、49.33％。辅导 1600 多家企业申报国家级高新技术企业认定,预计全年净增超过 700 家,再创纪录。新培育省级科技小巨人企业 254 家,总数达到 490 家。1—9 月,国家级高新技术企业实现工业产值 2330.25 亿元,同比增长 4.14％,其中 572 家企业增长超过 50％。

（五）未来产业培育开辟新图景

深入实施未来产业培育工程,新落地腾讯优图 AI 创新中心、天马新型显示技术研究院等 6 家新型研究院,重组建设"高端电子化学品国家工程研究中心",筹建城市代谢等国家重点实验室,组织实施 32 项重大技术攻关和成果产业化项目,新培育 107 家未来产业骨干企业。近年来,累计引进国家新能源汽车技术创新中心、华为等 20 家国字号科研机构和头部企业研究院项目,组织实施 100 余项重大科技项目,招引产业化项目 149 项,培育 176 家未来产业骨干企业、60 家省市级新型研发机构,初步构建未来产业创新体集群。

建设生物安全三级实验室,培育 5 家国家级临床医学研究中心福建分中心、12家市级临床医学研究中心,支持152个临床研究及产业化等项目,1—9月,生物医药与健康产业预计实现产值679亿元。我市培育发展生物医药战略性新兴产业工作连续第三年获国务院办公厅督查激励。

（六）科技成果转化释放新动能

支持企业实施高新技术成果转化项目471项,同比增长44.5%,预计2022年可为企业带来销售收入590.4亿元。遴选厦门理工学院、厦门医学院、福建省亚热带植物研究所、厦门市医药研究所等4家市属高校院所开展科技成果转化综合试点。新增70项科技成果获省科技奖,占全省1/3。鼓励技术交易,1—9月实现技术合同成交额112.3亿元,同比增长19.74%。与绵阳市建立科技创新战略合作并签约若干项目。

（七）科技创新创业展现新生态

健全科技创新治理体系,围绕科技项目、科技经费、科技伦理、监督评价等出台系列管理办法。设立厦门市自然科学基金,支持基础和应用基础研究,共有582个项目进入评审环节。强化科技与金融结合,1—9月新增发放科技信用贷款、科技担保贷款等科技贷款21.93亿元;设立总规模30亿元科技创新创业引导基金,采取"子基金＋直接投资"相结合方式引导社会资本投早投小投创新。完善科技创新决策咨询机制,聘请30位国内外顶尖专家为厦门市科技顾问。外籍人才服务管理便利化做法入选科技部科技体制改革典型案例。

二、问题与挑战

（一）国际科技发展生态环境恶化

以美国为首的西方发达国家逐步加大了对我国科技发展的战略遏制、技术脱钩和规则打压。重点围绕影响新一轮科技革命的重点战略方向,包括5G/6G、人工智能、量子、半导体、卫星互联网、生物技术,意图打造排除中国的科技生态体系。美国拜登继8月份签署《芯片法案》《通货膨胀削减法案》(IRA)之后,9月又启动了《国家生物技术和生物制造计划》。2022年厦门市集成电路公共服务平台已无法购买部分美国芯片设计测试软件。

（二）国内跨区域创新布局正在加快推进

京津冀协同创新共同体、长三角科技创新共同体和G60科创走廊、粤港澳大湾区国家科技创新中心建设都在加快推进中。北京、上海、合肥、深圳、西安、成都、武汉、杭州等科技创新中心建设如火如荼。与此同时,闽南城市群缺乏有效协同联动,在区域竞争中处于不利地位。厦门相较福州发展腹地小、城市张力不足,未来两地竞争将进一步加剧。同时,泉州、漳州主导产业以纺织、食品加工、化工、装备制造等传统产业为主,难与厦门形成有效的协同创新效应。

(三)在厦高校、大院大所较少,高能级创新平台数量较少

厦门市高能级创新平台数量不足,与全国 20 个重点城市相比,仅有 1 所"双一流"高校厦门大学,且工科较为薄弱;拥有国家重点实验室数量、双一流大学数量的排名均为第 16 名。尚未布局国家大科学装置,应用型研发机构的数量和质量也不足,科技成果源头供给能力较弱。全市孵化器、加速器面积约 200 万平方米,与青岛 1200 多万平方米、武汉 1000 多万平方米等相比差距大。目前在建的厦门科学城总体规划面积 34.12 平方公里(合肥 491 平方公里、成都 378.8 平方公里),是国内现有规划面积最小的科学城。对科学家、顶尖创业人才、产业领军人才等高层次人才吸引力不足,厦门高校毕业生留厦工作比例较低,厦大毕业生 2021 年留厦比例为 23.8%。

(四)企业创新主体地位还不显

企业创新投入不足,规模以上企业超过一半无研发活动,上市公司研发支出不到百亿。在厦外企台企和市属国企的科研投入低,市属国企的科研投入不足营业收入的 0.04%。全市国家级高新技术企业只有 2800 多家,尚无千亿级本土科创领军企业,也无本土企业入选中国百强科技企业榜单,缺乏高能级科技领军企业。

(五)尽职免责机制还不够完善,先行先试的创新意识还不强

科技创新具有高风险特性。我市对科技创新没有合适的免责机制,科技投入倾向于"锦上添花"支持低风险的大企业产业化项目,难以"雪中送炭"去扶持幼苗阶段的科技中小企业,也难以类似合肥逆周期引进困难时期的京东方、蔚来等科技先导企业。

厦门是国务院批准的国家自主创新示范区,拥有中央赋予的先行先试政策,近年来在推进改革创新上取得了一定成效。但整体上先行先试的魄力还不够,在推进改革创新过程中顾虑较多,工作过程中首先想到的是审计、巡察"怎么办",倾向于"循先例",重大改革创新举措落地较为困难,创新步子迈得不够大,城市创新创业活力还未充分激发。

三、预测与展望

(一)国际科技竞争趋势

当前世界正经历百年未有之大变局,新一轮科技和产业变革加速推动全球经济、科技、文化、安全、政治等格局发生深刻的变化和调整。俄乌战争中星链、无人机、网络攻防等数字技术应用改变了战争进程,军用和民用技术更难

区分,大国竞争的核心不仅是军备力量和国内生产总值的竞争,更是新兴技术和高新产业之间的较量。

"对中美来说,科技是最大的战场"。2023年,美国可能更为激进地在高科技领域遏制中国发展,尤其在半导体制造方面将面临更多的禁售。更多中国人工智能、量子技术、半导体、5G等未来科技领头企业将受到美国各种黑名单的定点打击。

(二)科技发展趋势

新一年全球科技创新将加速发展,基础研究、数字信息、生物工程、新能源、新材料等领域创新技术成果不断涌现,为恢复经济、推动社会发展提供新动能。产业变革方兴未艾。以人工智能为引领的数字技术加速经济社会向数字化、智能化转型;元宇宙作为虚拟现实、物联网、云计算等技术融合的载体,将推动相关产业进入爆发式增长期;各国纷纷提速对数字货币的研发;卫星互联网热度高涨,太空领域展开新一轮竞逐;mRNA技术在研发新冠疫苗中获得突破性进展,将掀起一场医学革命;合成生物学技术进一步发展;"双碳"目标倒逼能源革命,风电、光电、储能、新能源汽车进入发展快车道。

(三)厦门科技创新发展预测

新的一年,厦门将在党的二十大报告的指引下,坚持创新在厦门现代化建设全局中的核心地位,进一步推动新型科研机构、高水平研究型大学等高能创新平台的发展,优化配置创新资源,加快推进区域科技创新中心建设;进一步扩大国际科技交流合作,形成面向全球的开放创新生态,力争成为对台、东南亚以及"金砖+"科技合作的首发站。

2023年,厦门科学城建设将取得突破性进展,按照"强科学、育产业、优服务、建新城"的基本原则和"国际化、智慧化、集约化、专业化、特色化"思路,集聚省创新实验室、新型研发机构、大型企业研发总部等高能级创新平台,依托国家自主创新示范区,系统化、集成化推进关键领域重大改革创新。

以数字技术和生物医药产业为代表的未来产业加快发展。人工智能在智能制造、无人驾驶、社会管理等方面得到更广泛应用;第三代半导体、集成电路、柔性电子、新型显示等微纳电子制造加快发展,推动厦门数字经济快速发展。生命健康产业在疫情防控的大背景下,将继续高速发展,更多新的诊断试剂和疫苗进入临床试验或面市。

四、对策与建议

(一)加快建设厦门科学城

1.健全科学城管理运营机制。 推动组建厦门科学城管委会,成立片区开发建设专班,统筹推进翔安莲河片区开发与同集片区优化提升。

2.加快布局高端创新资源。重点支持建设能源材料、生物制品省创新实验室,筹建海洋省创新实验室,策划化学储能等大科学装置,争创国家实验室福建基地。规划"苏颂"系列研究院和联合实验室。

3.打造标杆孵化器和专业科技园。加快科学城Ⅰ号孵化器、未来产业园(先进制造园)等园区载体建设,策划科学城Ⅱ号、Ⅲ号孵化器以及未来产业生物医药园、新能源新材料园,争取纳入国家未来产业科技园试点。

(二)加大未来产业培育力度

1.推动核心关键技术创新。以省创新实验室建设为抓手,全面整合研发力量,储备一批技术成果和人才。加快重组高端电子化学品国家工程研究中心,推动固体表面化学国家重点实验室建设,支持筹建海洋生物遗传资源等国家重点实验室。加快厦门生物医药创新研究院等已落地新型研究院建设,建设提升生物安全三级实验室,推动国家高性能医疗器械创新中心、医疗器械检测中心等在谈或在策划项目尽快落地。支持行业领军企业或重点研发机构牵头组建创新联合体,以"揭榜挂帅"组织攻克一批关键核心技术。

2.促进科技成果转移转化。推进国家新能源汽车技术创新中心厦门分中心、天马新型显示技术研究院等已落地新型研究院建设,支持建设概念验证中心、中试测试基地,推动中科院理化所、武汉大学、天津大学等来厦设立新型研究院,引导一大批先进成果、技术在厦落地生成新企业。

3.实施企业技术创新能力提升行动。优化科技投入机制,强化科技金融扶持,引导企业建设重点实验室、企业技术中心等创新平台,转化应用一批高质量科技成果,支持加快成长为国家级高新技术企业。

4.聚力高质量科技招商。组建未来产业发展专班,发挥省创新实验室的产业发展"内核"作用,全面提升产业吸附力与集聚力。启动"技术源头掘金"行动,挖掘遴选国内外一流高校院所、科技领军企业成果,形成重大科技成果清单,服务精准项目招引。

(三)营造一流创新创业生态

1.深化科技体制机制改革。加强政策先行先试探索力度,赋予能源材料、生物制品等省创新实验室更大的自主权和探索权。探索科研事业单位服务产业发展新机制,支持厦门产业技术研究院发起设立不纳入机构编制管理的事业单位、代持财政性资金参股建设新型研发机构。推进科技成果转移转化综合试点。全面实施"揭榜挂帅"等制度,探索"科学家+企业家+投资人"的新型研发形态。

2.健全容错机制。提高对创新失败的容忍度和创新探索的宽容度,对政府部门、高校院所、国有企业等在推动创新和成果转化中出现失误或影响任期目标实现的,按照"三个区分开来"的原则予以容错,营造鼓励创新、包容失败、干事担当的良好生态。健全科技容错机制,鼓励经过科学严谨调研,敢于推出厦门创新的科技政策,敢于投入未来高风险高收益的产业或项目。

3.加强应用场景供给。实施"场景鹭岛"行动,挖掘高价值场景资源,编制发布场景"机会清单"和"能力清单"。搭建"场景创新实验室",组织实施科技成果应用场景示范项目,布局打造云上科学城、厦门创新馆等一批应用场景。

4.开拓国际科技合作新路径。支持厦门大学牵头实施"海洋负排放"(ONCE)国际大科学计划。策划建设金砖国家科技创新孵化中心,探索并支持在"一带一路"沿线国家建设科技成果创新转化孵化中心。实施更加开放的人才政策,加快建设国际留学人员创业就业基地,探索更加便利的外国专业人才执业、人才永居等制度。推动在上海、武汉、绵阳、新加坡等国内外创新资源最聚集区域布局"创新飞地",举办"苏颂杯"系列创新创业赛事,引导国内外硬科技项目来厦落地。

厦门市科技信息研究院　彭顺昌

厦门市就业形势分析及预测

一、厦门市就业总体情况分析

(一)2021年厦门市就业情况回顾

2021年厦门市地区生产总值7033.89亿元,比上年增长8.1%。全体居民人均可支配收入64362元,比上年增长10.7%。经济增长克服了新冠肺炎疫情影响,厦门市总体的就业形势良好。

1.在职职工情况。 2021年年底厦门市登记用工企业22.05万家,登记在职职工265.51万人。与去年同期相比,登记用工企业增加2.55万家(增幅13.07%),登记在职职工增加16.8万人(增幅6.75%)。厦门市用工人数稳定增长。

2.重点企业用工需求结构。 在512家用工100人及以上重点企业中,用工需求量较大的行业分别是制造业,科学研究、技术服务和地质勘查业,交通运输、仓储和邮政业,住宿和餐饮业,批发和零售业等。详见表1。

表1　2021年厦门市重点企业各行业用工需求情况表

序号	所属行业	企业家数/家	在职职工数/人	用工需求企业家数/家	用工需求人数/人	用工需求率/%
1	制造业	303	176528	276	14268	7.48
2	科学研究、技术服务和地质勘查业	44	23360	37	2196	8.59
3	交通运输、仓储和邮政业	14	14560	11	1386	8.69
4	住宿和餐饮业	21	6216	19	1050	14.45
5	批发和零售业	40	12919	34	887	6.42
6	租赁和商务服务业	16	11436	11	818	6.68
7	房地产业	26	12455	24	772	5.84
8	信息传输、计算机服务和软件业	15	7146	12	479	6.28

续表

序号	所属行业	企业家数/家	在职职工数/人	用工需求企业家数/家	用工需求人数/人	用工需求率/%
9	居民服务和其他服务业	8	3935	7	366	8.51
10	农、林、牧、渔业	2	247	1	200	44.74
11	建筑业	10	3606	5	118	3.17
12	文化、体育和娱乐业	2	425	2	53	11.09
13	金融业	1	491	1	50	9.24
14	水利、环境和公共设施管理业	4	983	1	30	2.96
15	教育	1	143	1	20	12.27
16	电力、燃气及水的生产和供应业	2	665	1	10	1.48
17	卫生、社会保障和社会福利业	2	2022	2	6	0.3
18	公共管理和社会组织	1	159	0	0	0
	合计	512	277296	445	22709	7.57

3.外来务工人员比重较高。 2021年年末本市户籍登记在职人数为78.17万人,占全市登记在职职工总数的29.17%,非本市户籍登记在职人数为189.78万人,占全市登记在职职工总数的70.83%。外省各地户籍务工人数统计如表2所示。

表2 2021年年末厦门市外省各地户籍务工人数统计

排名	户籍地	人数/万人
1	江西	18.78
2	河南	10.31
3	四川	10.24
4	贵州	8.29
5	湖北	6.07
6	山东	4.98

续表

排名	户籍地	人数/万人
7	湖南	4.78
8	安徽	4.63
9	云南	4.52
10	重庆	3.74

（二）2022 年 1—9 月厦门市就业情况分析

2022 年 1—9 月厦门市实现地区生产总值 5686.72 亿元，比上年同期增长 5.9%，前三季度厦门市居民人均可支配收入 53846 元，增长 6.2%。主要经济指标保持平稳增长态势，经济运行稳中加固。厦门市的就业形势克服疫情不利影响，稳中向好。具体情况分析如下：

1.企业在职人数稳定增长。 2022 年 1—9 月厦门市城镇新增就业 15.98 万人。根据厦门市就业管理信息系统数据统计，截至 2022 年 9 月 30 日，全市登记用工企业 23.73 万家，登记在职职工 276.72 万人。与上年同期相比，登记用工企业增加 2.18 万家（增幅 10.1%），登记在职职工增加 13.17 万人（增幅 5%）；与 2021 年年末相比，登记用工企业增加 1.68 万家（增幅 7.61%），登记在职职工增加 9.19 万人（增幅 3.43%）。

2.制造业在职人数在厦门市仍然居第一。 按登记用工企业产业分布分析，截至 2022 年 9 月 20 日，厦门市登记在职职工中，第一产业 0.49 万人（占比 0.18%），第二产业 5.07 万人（占比 30.57%），第三产业 192.69 万人（占比 69.25%）。登记在职职工人数排名前 6 位的行业依次是制造业，租赁和商务服务业，批发和零售业，科学研究、技术服务和地质勘查业，建筑业，信息传输、计算机服务和软件业（详见图 1），这 6 个行业登记在职职工 222.54 万人，占全市的 79.98%。其中制造业登记在职职工占比为 24%，与上年同期的 29% 相比有所下降，但在各行业仍然位居第一。

3.厦门市劳动力市场需求较为旺盛。 2022 年 1—9 月厦门市受理用人登记岗位 24.11 万个次，求职人数 14.72 万人次，求人倍率[①]为 1.64。可见厦门市劳动力市场需求较为旺盛。详见表 3。

---

① 求人倍率是劳动力市场上需求人数与求职人数的比率，求人倍率越高，表示劳动力需求越旺。

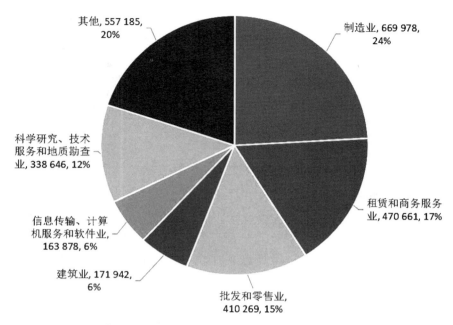

图1　2022年9月登记在职职工行业分布情况图

表3　2022年1—9月厦门市需求大于求职缺口最大的前二十个职业

项　目	需求大于求职缺口最大的前二十个职业			
	需求人数/人	求职人数/人	缺口数/人	求人倍率/倍
家政服务员	8850	6	8844	1475.00
道路客运汽车驾驶员 L	5165	325	4840	15.89
保安员	2542	825	1717	3.08
电工	1098	29	1069	37.86
餐厅服务员	941	51	890	18.45
缝纫工	1036	251	785	4.13
保洁员 L	624	79	545	7.90
高频电感器制造工	900	570	330	1.58
液晶显示器件制造工	510	233	277	2.19
园林绿化工 L	296	30	266	9.87
前厅服务员	300	34	266	8.82
商品营业员	213	35	178	6.09
客房服务员	202	27	175	7.48

续表

项　目	需求大于求职缺口最大的前二十个职业			
	需求人数/人	求职人数/人	缺口数/人	求人倍率/倍
橡胶制品生产工	602	429	173	1.40
道路货运汽车驾驶员 L	204	39	165	5.23
焊工	248	94	154	2.64
塑料制品成型制作工	153	2	151	76.50
通信工程技术人员	150	5	145	30.00
质检员	263	127	136	2.07
糕点装饰师	140	15	125	9.33

从表3情况看,家政服务员、客车驾驶员、电工、餐厅服务员的求人倍率较高,需求量较大。

表4　2022年1—9月厦门市按文化程度分组的供求人数

分　组	劳动力供求人数比较				
	需求人数/人	需求比重/%	求职人数/人	求职比重/%	求人倍率/倍
初中及以下	119707	49.64	94934	64.50	1.26
高中	114913	47.66	35959	24.43	3.20
其中:职高、技校、中专	18134	7.52	11002	7.47	1.65
大专	4824	2.00	9180	6.24	0.53
大学	1653	0.69	6634	4.51	0.25
硕士以上	32	0.01	485	0.33	0.07
无要求	0	—	—	—	—
合　　计	241129	100	147192	100	—

从表4情况看,高中学历的用工需求最大,大学及研究生等高学历已经供过于求。

4.重点企业用工需求旺盛。截至2022年9月30日,厦门市共有429家用工100人及以上的企业登录市人社局相关系统填报用工情况,登记在职职工19.08万人,其中:用工500人及以上企业92家,登记在职职工11.76万人。在填报用工情况的429家用工100人及以上的企业中,有231家企业登记用工需求0.71万人,需求率为3.59%,用工需求量较大的行业分别是:制造业,科学研究、技术服务和地质勘查业,交通运输、仓储和邮政业,租赁和商务服务业,住宿和餐饮业等。

表5　2022年1—9月厦门市重点企业各行业用工需求情况表

序号	所属行业	企业家数/家	在职职工数/人	用工需求企业家数/家	用工需求人数/人	用工需求率/%
1	制造业	226	107813	143	3819	3.42
2	科学研究、技术服务和地质勘查业	69	29101	31	1156	3.82
3	交通运输、仓储和邮政业	27	13016	9	881	6.34
4	租赁和商务服务业	25	14279	7	463	3.14
5	住宿和餐饮业	9	2526	8	221	8.05
6	批发和零售业	26	7245	15	196	2.63
7	建筑业	13	4478	5	160	3.45
8	信息传输、计算机服务和软件业	14	3314	4	89	2.62
9	房地产业	7	3605	4	73	1.98
10	文化、体育和娱乐业	2	448	1	10	2.18
11	电力、燃气及水的生产和供应业	3	804	1	10	1.23
12	居民服务和其他服务业	3	1754	1	10	0.57
13	水利、环境和公共设施管理业	4	970	1	5	0.51
14	卫生、社会保障和社会福利业	1	1465	1	5	0.34
	合　　计	429	190818	231	7098	3.59

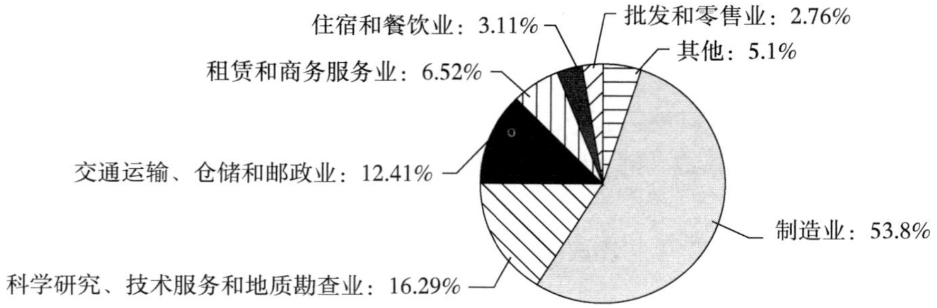

图2　2022年1—9月厦门市重点企业行业分布情况图

可见,制造业仍然是厦门市用工需求最大的行业。

5.外来务工人员占厦门市在职人数达71.07%。按登记在职职工户籍分析,截至 2022 年 9 月 20 日,在厦门市登记在职职工 278.26 万人中,本市户籍登记在职人数为 80.5 万人,占 28.93%;非本市户籍登记在职人数(即来厦务工人员)为 197.75 万人,占 71.07%。外来务工人员占厦门市用工总数比重与上年基本持平。在来厦务工人员 197.75 万人中,省内来厦务工人员 95.84 万人,占来厦务工人员总数的 48.46%;省外来厦务工人员 101.92 万人,占来厦务工总数的 51.54%。详见表 6。

表 6　2022 年 9 月外省来厦务工最多人数前十名省份

排序	户籍地	人数/万人
1	江西	19.03
2	河南	10.56
3	四川	10.52
4	贵州	9.12
5	山东	6.60
6	湖北	6.07
7	云南	5.02
8	湖南	4.99
9	安徽	4.73
10	重庆	4.52

可见厦门市还是劳动力输入型城市,外来劳动力主要来自江西、河南、四川、贵州。

6.中美贸易摩擦和新冠肺炎疫情影响厦门市工业企业用工。 根据厦门市工信局提供的受中美贸易摩擦影响企业名单,厦门市受影响规模以上工业企业共 514 家,2022 年 9 月共有 504 家办理就业登记,登记在职职工 22.49 万人,与 2021 年年底登记在职职工 22.91 万人相比,减少 0.42 万人,减幅 1.83%。按照产业链(群)划分,从受影响规模以上企业数量看,新材料产业、机械装备产业、计算机与通信设备产业等产业链(群)受影响企业较多,分别有 104 家、80 家、40 家企业;从登记在职职工减少数量看,新材料产业、旅游会展、计算机与通信设备产业等产业链(群)受影响较大,登记在职职工数量分别减少了 0.68 万人、0.1 万人、0.09 万人。其中旅游会展业主要还是受疫情的影响。企业 12 条千亿产业链(群)规模以上企业用工情况如表 7 所示。

表7 2022年9月厦门市12条千亿产业链(群)受影响企业用工情况表

产业链(群)名称	受影响企业数/家	2022年09月20日登记在职职工人数/万人	2021年09月20日登记在职职工人数/万人	登记在职职工增减人数/万人	登记在职职工增减幅度/%
新材料产业	104	5.49	6.17	−0.68	−11.02
机械装备产业	80	5.06	5.1	−0.04	−0.78
计算机与通信设备产业	40	1.86	1.95	−0.09	−4.62
生物医药与健康产业	29	1.45	1.24	0.21	16.94
平板显示与光电产业	27	4.42	4.44	−0.02	−0.45
旅游会展	17	0.54	0.64	−0.1	−15.63
金融商务服务业	7	0.08	0.07	0.01	14.29
软件和信息服务产业	7	0.48	0.43	0.05	11.63
文化创意产业	5	0.1	0.1	0	0
半导体和集成电路产业	3	0.28	0.27	0.01	3.7
现代都市农业	2	0.05	0.06	−0.01	−16.67
现代物流产业	1	0.01	0.01	0	0

7.重点企业缺工情况改善。截至2022年9月20日,厦门市共93家用工500人及以上的重点用工企业登录系统填报,登记在职职工11.92万人,其中缺工企业54家,登记缺工0.41万人,登记缺工率3.35%。

厦门市2022年缺工最严重的是在2、3月份,比以往年份更为突出。针对就业及企业用工面临的新形势,厦门市在来厦务工人员相对集中、劳务资源较充裕、对口帮扶地区建立劳务输入基地。总体上企业缺工情况进一步缓解,逐步趋向供求平衡。

二、2022年厦门市就业形势问题分析

1.招工难和就业难并存,就业市场的结构性矛盾依然存在。当前厦门市人力资源市场方面就业人口最多的三个行业是制造业、租赁和商务服务业、批

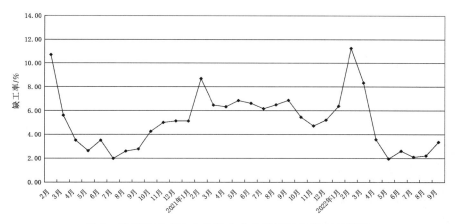

图 3　登记用工 500 人及以上企业登记缺工率变化情况

发和零售业,主要集中分布于劳动密集型产业;招聘市场主要仍以技术工人、普工和商业从业人员为企业主要需求工种。厦门市制造业用工需求居各行业之首,但制造业用工需求季节性波动较大,当制造业用工需求增加时,许多企业出现短暂的缺工现象。一方面,企业用工问题尤其是季节性缺工仍将长期存在。另一方面,随着大学毕业生人数高峰时期到来,大学生就业难的问题仍然突出。

2.新冠肺炎疫情对就业的影响不容忽视。在 2022 年,新冠肺炎疫情仍然在全国各地发生,对就业市场形成冲击。疫情流行时,因为劳动力流动受到限制,企业可能出现短暂的缺工现象。政府部门积极采取措施,协助企业招工,解决因为疫情而出现的种种防疫难题。因为疫情,国内经济也出现下滑,厦门市许多企业受到疫情影响,效益下降,经营困难。在经济不景气的冲击下,部分企业裁员压力增大。2022 年因为上海等地疫情严重,导致劳动力流动转向其他地区,厦门市的劳动力供给相对充足。但是也说明疫情造成了劳动力市场很大的不确定性,劳动力市场供求波动加大。

3.企业员工的流动性较大。根据厦门市就业管理信息系统数据统计,2022 年 1—9 月,全市用工企业办理就业登记 1304410 人次,办理解除劳动关系 1187531 人次,就业登记净增加 116879 人次,全市企业员工流动率为42.91%,其中 429 家填报企业办理就业登记 93221 人次,办理解除劳动关系90148 人次,企业员工流动率 47.24%,比全市企业员工流动率高 4.33 个百分点。详见表 8。

123

表8　2022年1—9月厦门市登记用工企业员工流动情况表

企　业		办理就业登记人次/人	办理解除劳动关系人次/人次	净增减/次	累计流动率/％
全市用工企业		1304410	1187531	116879	42.91
100人以上企业	429家填报企业	93221	90148	3073	47.24
	其中:登记用工需求企业	61472	56486	4986	51.21

可见厦门市整体的就业质量还不高,企业员工的稳定性不够。

4.外来员工的就业环境有待改善。从上文数据可知,厦门市外来务工人员比重达70%左右,是劳动力输入型城市。但是外来员工的就业环境仍然不理想:一是房价高,二是薪酬偏低(与国内发达地区比较),三是子女就学困难。因此厦门市外来员工的就业环境有待改善,才能吸引劳动力的输入。

三、2023年厦门市就业形势预测

在党的二十大之后,厦门市经济发展面临新的机遇。根据国内外经济形势的动态,以及新冠肺炎疫情的发展变化,2023年就业市场存在许多复杂因素。对厦门市2023年的就业市场预测如下:

1.招工难的现象仍然存在。在劳动力供给方面,我国新增劳动力总量已经开始出现负增长趋势;劳动力向我国中西部回流,厦门市作为劳动力输入型城市,劳动力的供应量将减少;厦门市的就业环境不理想,工资低、物价高,加上新冠肺炎疫情会影响劳动力的流动,"宅经济""云经济"崛起,拉升第三产业就业吸纳能力,因此部分企业招工难的现象在2023年还会出现。某些行业和某类技术人员的用工难会比较突出。

2.产业结构的转型升级可能造成服务业人才需求上升。厦门市正在加速产业结构的转型升级,总体趋势是服务业上升,尤其是旅游会展业、软件信息业、文化产业以及教育卫生养老事业会有较大增长。因此可能造成服务业人才需求上升,高学历技术人才需求也会增加。

3.新冠肺炎疫情的影响进一步降低,后疫情时期就业市场供求进一步增长。新冠肺炎疫情对厦门市就业市场的影响在2023年还不会完全消除,但会进入后疫情时期。总体就业市场可能供求两旺,尤其是受疫情影响较大的行业,如旅游会展等,劳动力的需求会有较大增长。

4.厦门市劳动力就业将进一步向岛外转移。由于岛内外人口密度差距太大,劳动力向岛外转移是必然趋势。岛外人口增长远远高于岛内,岛内人口已经达到饱和状态,集美区已经成为全市常住人口最多的行政区。岛外的交通、居住、商业环境正在迅速改善,地铁开通使岛内外交通更加方便。随着岛内产业迅速向岛外转移,岛外劳动力就业将迅速增长。

四、促进厦门市就业工作的对策与建议

1.**改善就业环境**。对于外来务工人员面临的住房难和子女就学难问题,要加强厦门市保障性住房和公租房建设,进一步扩建厦门市的基础教育设施。进一步放宽户籍政策,出台有竞争力的"抢人"政策。目前岛外的生活环境和岛内还有较大差距,要加强岛外的商业与文化设施建设和公共交通建设,尤其要加大住房租金补贴的力度。

2.**提供应对新冠肺炎疫情影响和经济环境不确定因素的就业政策**。要总结三年来抗击疫情在就业工作方面的经验,防疫措施不可松懈,才能保障员工健康,保障就业的正常秩序。政府部门要对受到疫情影响的企业加大扶持力度,进一步在税收和社会保险缴费等方面给予具体优惠和补贴,在企业留人和招工方面也加强补贴,努力减轻疫情对就业的影响。

3.**解决重要节点的企业招工难和就业难问题**。政府要与专家学者合作,加强就业市场的研究与预测。通过劳务协作奖励金政策和一系列就业服务如专场招聘会等,增强厦门市对外来务工人员的吸引力。对紧缺工种的招聘给予补贴和支持。做好东西部劳务协作。引导企业充分利用好用工调剂网络平台,促成企业间实现淡旺季用工调剂。通过社会保险补贴、补差及岗位补贴等政策,推进本市就业困难人员、农村劳动力和高校毕业生实现就业。

4.**发挥民营经济和新产业新业态的拉动作用**。大力发展服务业,着重发展新兴产业,如文化产业、高科技产业、环保产业、养老产业等,吸引就业人口向新兴产业转移。合理的产业结构才能克服结构性失业问题。

5.**改善员工的劳动报酬**。厦门市的工资水平偏低,物价偏高,提高劳动者收入也有利于扩大内需。要提高厦门市的最低工资标准,达到珠三角和长三角的水平。要大幅度改善企业退休待遇,吸引和留住人才。

6.**提高就业质量,加强就业咨询和就业指导**。目前许多职工的就业质量不高,专业不对口、学非所用的现象严重。企业人员的流动率高,不少职工处于脆弱就业的状态。要促进职工的就业咨询和职业指导,加大劳动保障监察执法力度。建议在企业设置劳动关系调解员,构建和谐稳定的劳动关系,构建留得住人才的企业环境。

厦门华厦学院　黄业峰

厦门市城乡居民收入情况分析与预测

2022年以来,厦门市委市政府深入贯彻落实习近平总书记来闽考察重要讲话和致厦门经济特区建设40周年贺信重要精神,坚持稳字当头、稳中求进,全力做好"两稳一保一防"工作,经济社会保持平稳健康发展,城乡居民收入实现持续增长。

一、厦门城乡居民收入情况

(一)2021年厦门城乡居民收入情况回顾

2021年,厦门全体居民人均可支配收入64362元,比上年同期增长10.7%,增幅稳居全省榜首,分别比全国、全省高出1.6个和1.4个百分点;比2019年增长15.2%,两年平均增长7.3%。分城乡看,城镇居民人均可支配收入67197元,增长9.6%,增幅分别比全国、全省高出1.4个和1.2个百分点,居全省首位;农村居民人均可支配收入29894元,增长12.3%,增幅分别比全国、全省高出1.8个和1.1个百分点,居全省第二位。

受上年同期基数"前低后高"影响及2021年9月疫情冲击的影响,2021年厦门居民收入增幅呈逐季收窄、前高后低态势。分城乡看,2021年厦门城镇居民收入增长9.6%,增幅较一季度、上半年和前三季度分别回落3.5个、3.9个和2.0个百分点;农村居民收入全年增长12.3%,增速较一季度、上半年和前三季度分别回落7.0个、6.3个和2.6个百分点。

(二)2022年前三季度厦门城乡居民收入情况

抽样调查资料显示,2022年前三季度厦门全体居民人均可支配收入53846元,增长6.2%,扣除价格因素,实际增长4.4%。

分城乡看,前三季度厦门城镇居民人均可支配收入55461元,增长5.5%,扣除价格因素,实际增长3.7%。其中,思明区65543元,增长5.4%;海沧区51782元,增长5.5%;湖里区53900元,增长5.2%;集美区52375元,增长5.6%;同安区47513元,增长5.5%;翔安区42031元,增长5.9%。

前三季度厦门农村居民人均可支配收入26875元,增长7.3%,扣除价格因素,实际增长5.5%。其中,海沧区33038元,增长7.6%;集美区32115元,增长 7.4％；同安区 25261 元，增长 6.9％；翔安区 24081 元，增长 7.4％。

二、厦门城乡居民收入的主要特征

（一）收入水平持续靠前，增速有所放缓

前三季度，厦门全体居民人均可支配收入 53846 元，比全省平均水平高 20139 元，是全国平均水平的 1.9 倍；同比增长 6.2％，分别比全国及全省高出 0.9 个和 0.1 个百分点，居全省第 4 位。其中，城镇居民人均可支配收入 55461 元，分别比全国、全省平均水平高 17979 元和 12733 元；同比增长 5.5％，分别 比全国、全省高出 1.2 个和 0.2 个百分点。农村居民人均可支配收入 26875 元，分别比全国、全省平均水平高 12275 元和 8432 元；同比增长 7.3％，比全国 高 0.9 个百分点，比全省低 0.1 个百分点。

与 2021 年相比，受全国疫情多点散发、大宗商品价格波动大以及上年同 期基数升高等因素影响，厦门居民可支配收入增速有所放缓，逐步回到疫情前 正常水平。分季度看，居民可支配收入增幅从一季度的 7.2％回落至上半年的 5.4％，前三季度居民可支配收入增幅回升至 6.2％。

（二）四项收入稳步齐增，来源更加多元

从收入构成来看，前三季度厦门居民人均可支配收入的四项收入构成稳 步齐增，共同推动城乡居民收入提升（具体见表 1）。其中，工资性收入依旧是 居民增收的主要支撑，前三季度厦门全体居民人均工资性收入 37993 元，增长 6.0％，所占比重为 70.6％。此外，受益于房租、利息以及红利收入的增长，前 三季度厦门全体居民人均财产净收入 7520 元，增长 10.0％，增幅为四项收入 最高。

表 1　2022 年前三季度厦门居民收入构成情况

指　标	全体居民			城镇居民			农村居民		
	收入/元	增幅/％	占比/％	收入/元	增幅/％	占比/％	收入/元	增幅/％	占比/％
可支配收入	53846	6.2		55461	5.5		26875	7.3	
（一）工资性收入	37993	6.0	70.6	39262	5.2	70.8	16794	6.6	62.5
（二）经营净收入	4291	4.7	8.0	4172	5.5	7.5	6274	4.0	23.3
（三）财产净收入	7520	10.0	14.0	7889	8.8	14.2	1365	4.6	5.1
（四）转移净收入	4042	3.3	7.5	4137	2.0	7.5	2443	25.0	9.1

（三）农村居民收入增速持续高于城镇

近年来，厦门认真贯彻落实一系列关于"三农"工作的各项决策部署，以促进农民持续增收为核心,深入实施乡村振兴战略,农民收入实现较快增长。2021年厦门农村居民人均可支配收入29894元,比2012年增长1.3倍,年均递增9.6%,比城镇同期高出1.5个百分点,城乡收入倍差从2012年的2.5缩小至2021年的2.2(以农村居民收入为1)。

2022年以来,厦门农村居民人均可支配收入继续保持增长优势,一季度、上半年及前三季度分别增长7.1%、6.7%和7.3%,增幅分别比城镇高出0.4个、2.2个和1.8个百分点。

三、厦门居民收入增长主要支撑因素

(一)地区经济健康发展,居民增收得到有力支撑

2022年以来,面对国际形势复杂多变、国内疫情多点散发、"三重压力"持续加大等超预期因素叠加影响,厦门市高效统筹疫情防控和经济发展,全面抓好稳增长、稳市场主体、保就业、防风险等各项工作,主要经济指标保持平稳增长,经济增长新动能支撑有力,经济运行呈现稳中加固的良好态势。前三季度GDP增长5.9%,比全国、全省高2.9个和0.7个百分点;工业生产企稳回升,规模以上工业增加值增长6.6%;限额以上批发业、限额以上零售业销售额分别增长26.5%和13.8%;固定资产投资累计完成2315.71亿元,增长9.8%,其中全市计划总投资超亿元项目771个,完成投资1353.05亿元,占项目投资92.7%;消费品市场有序复苏,前三季度全市实现社会消费品零售总额2043.33亿元,增长4.4%,比上半年提高4.1个百分点。平稳健康发展的地区经济,为居民持续增收提供了强有力的支撑。

(二)就业形势平稳,工资收入继续发挥"压舱石"作用

厦门市人力资源和社会保障局资料显示,截至8月底,全市登记用工单位23.55万家,同比增加10.4%;全市就业登记在岗职工276.92万人,同比增加5.1%;新增城镇就业13.36万人,帮助失业人员实现再就业2.55万人、城镇就业困难对象实现就业0.88万人,接受院校毕业生入厦5.24万人。

就业形势的总体平稳,为居民增收奠定了重要基础。2022年前三季度厦门全体居民人均工资性收入37993元,增长6.0%,所占比重为70.6%,对收入增长的贡献率为68.2%,拉动居民收入增长4.2个百分点,是可支配收入增长的主要动力。分城乡看,城镇居民人均工资性收入39262元,增长5.2%,占比70.8%,对收入增长的贡献率为67.5%,拉动城镇居民收入增长3.7个百分点;农村居民人均工资性收入16794元,增长6.6%,占比62.5%,对收入增长的贡献率为57.0%,拉动农村居民收入增长4.2个百分点。

（三）拆迁改造力度加大，财产收入成为增收"新引擎"

随着"岛内大提升、岛外大发展"的全面推进，一方面被拆迁的居民利用征拆赔偿款进行投资理财，获取稳定的利息或分红；另一方面，拆迁改造区域由于出租房源减少，周边区域房租大幅提高，同时许多租客流向岛外或岛内尚未被拆除的城中村，推升了居民房屋租金收入。调研中发现，许多岛外交通较为便利的村居，房屋出租率及租金都有明显提升，直接拉动居民财产净收入的增长。

前三季度，厦门全体居民人均财产净收入7520元，同比增长10.0%，占可支配收入的比重为14.0%，对收入增长的贡献率达21.6%。财产净收入已经成为居民可支配收入的第二大主要来源，增幅为四项收入之最。

（四）乡村振兴战略有力，农民收入增速持续高于城镇

党的十八大尤其是"十三五"以来，厦门大力发展都市现代化农业，农业供给侧结构性改革全面推进，优势特色农业加快发展，不断推动农民持续增产增收。2021年，全市农林牧渔业总产值62.01亿元，新培育市级农业产业化龙头企业17家、省级2家；有实际经营的农民专业合作社787家，比2018年增长30.8%。2021年城乡建设品质提升工作年度考核全省第二，都市现代农业产业集群年销售收入突破1100亿元，乡村振兴千亿投资工程完成投资超330亿元。2022年厦门发布"实施乡村振兴战略十大行动2022年重点任务"，在现代农业高质量发展、乡村生态保护等十个方面，着力推进94项重点任务，进一步加快农业农村现代化步伐。有力有效的乡村振兴战略是农村居民持续增收的重要支撑。

四、厦门城乡居民持续增收值得关注的问题

（一）外部环境不确定因素增多

一方面，国内疫情呈现零星散发和局部聚集性疫情交织并存状态，疫情防控和经济增长面临压力。作为热门旅游城市的厦门，个体经营户多分布于批零、餐饮、运输业，抗风险能力不强，受疫情冲击尤为明显；另一方面，全球疫情、俄乌冲突使得世界经济复苏脚步放缓，美国霸权主义对我国持续全面遏制，诸多因素所带来的海外市场需求减少、原材料短供、价格居高不下等，使得厦门实体经济面临较大困难，企业经营成本攀升、利润空间持续受挤压。统计数据显示，2022年1—7月，全市规模以上工业营业收入增速放缓，经营成本费用增加，每百元营业收入中的费用为10.07元，比全省多3.87元，利润总额下降14.4%。总体来看，厦门经济外向度高，国际经贸往来密切，容易受到外部不确定不稳定因素所带来的冲击，这些都将直接影响居民收入的增长。

（二）收入持续较快增长难度加大

1.高基数下的高增长难度加大。 近几年厦门城乡居民收入均保持较快增长，收入水平多年居全省第一、全国前列，基数水平较高，后续维持高速增长面临一定压力。以最近五年城镇居民人均可支配收入水平为例，2018年厦门城镇居民人均可支配收入54401元，比上年增长8.8%，增量为4382元。而2022年若要维持同样的增速，则需要达到5913元的增量。可见，在基数不断增高的情况下，保持居民收入持续快速增长的压力不断加大。

2.收入渠道有待挖掘。 2022年前三季度厦门全体居民人均工资性收入占可支配收入的比重为70.6%，非工资性收入的占比仅为29.4%。居民收入过度依赖工资，来源单一，不利于居民长期增收。尤其当前公共财政财力紧张、企事业单位经营环境受到外部约束、就业结构性矛盾等不利因素依然存在，如若工资性收入动力不足，居民可支配收入的增长将受到直接冲击。

（三）社会保障的兜底压力加大

随着各项相关配套政策的陆续出台，社会保障体系在惠民生、解民忧、保稳定、促和谐等方面作出了突出贡献，有效保障了部分群体的基本生活。但近年来，兜底保障压力持续加大，转移净收入增长潜力有限。

1.养老金离退休金难以持续较快增长。 随着人口老龄化的加速，以及2020年起厦门纳入养老保险省级统筹，市级不再制定退休人员基本养老金调整方案，直接按省调整方案执行，可以预见未来随着政府财政负担的加重，养老基金支付压力将日益增大。具体来看，近年来厦门退休人员基本养老金虽持续连涨，但总调整比例由2016年的7.0%逐年回落至2021年的4.5%，而2022年调整比例继续下滑至4%，涨幅呈明显收窄。

2.政策增收的边际效应递减。 随着社会保障体系的完善，各项惠民政策效用趋于稳定，很多保障基本实现全覆盖，同时每年标准提高幅度有所减弱，政策增收的边际效应将逐渐收窄，转移性收入的增长潜力有限。

五、促进厦门城乡居民稳步增收的几点建议

（一）持续推进经济高质量发展促居民增收

经济增长是居民收入增长的基础和前提条件，居民收入水平的高低与一个地区经济发展的速度与实力密切相关。应继续高效统筹疫情防控和经济社会发展，落实各项稳增长和助企纾困政策，做好稳增长、稳就业主体、保就业、防风险等各项工作，巩固经济回升向好态势，保持经济运行在合理区间，为居民增收打好基础。

（二）积极拓宽居民增收渠道

一是通过招商促发展、构建现代产业体系,进一步培育和做大做强产业链群,增强新经济发展动能,提高厦门人才磁吸力,提升居民就业质量,保持工资收入稳步增长;二是高质量推动营商环境优化升级,鼓励居民积极创新、创业,提升居民就业的多样化和灵活性;三是增强居民理财、投资意识,提高居民资产管理和理财能力,通过建立多样化的理财和金融产品,推动居民理财收入增加;四是切实保障和改善民生,多渠道提升居民转移净收入。

（三）全面实施乡村振兴战略,增加农民收入

一是加快岛外新城建设,通过加快地铁建设畅通岛内外连接;二是积极引进优秀企业入乡,不断建立健全农村产业发展平台,优化农民就业环境;三是制订切实可行的新型职业农民发展规划和有针对性的培育计划,切实提升农民职业素质和技能,增强就业竞争力;四是继续做精做优都市现代农业,让农民更多分享农业增值的效益。

六、2023年厦门城乡居民收入展望

党的十八大以来,厦门坚持以人民为中心的发展思想,贯彻新发展理念,推动经济高质量发展,近十年来,经济社会保持健康稳定发展,城乡居民收入稳步提升。但也应看到,当前日趋复杂的国内外发展环境和日益激烈的城市竞争态势,给厦门未来发展带来不小的挑战。下阶段,全市将继续按照党中央"疫情要防住、经济要稳住、发展要安全"重要要求,深入贯彻落实党中央国务院决策部署和省委省政府的工作要求,扎实做好改革发展稳定各项工作。预计,2023年厦门城乡居民收入将保持稳定的增长态势。

国家统计局厦门调查队住户调查处　黄雅颖

厦门市推进跨岛发展战略
情况分析及建议

一、总体情况

(一)发展历程

2002年6月,时任福建省省长习近平来厦调研时创造性提出"提升本岛、跨岛发展"的重大战略,精辟论述了"四个结合"的战略思路——"提升本岛与拓展海湾结合、城市转型与经济转型结合、农村工业化与城市化结合、凸显城市特色与保护海湾生态结合"。习近平同志提出的"跨岛发展战略"为厦门发展指明了前进方向,提供了科学指南。

2010年,市委、市政府提出岛内外一体化发展战略。岛内要"两保持、两降低、两提升",即保持闽南风貌、保持海湾特色,降低开发强度、降低建设密度,提升环境品质、提升城市功能;岛外按照高起点、高标准、高层次、高水平"四高"标准精心规划建设四大新城组团。同年9月6日,习近平同志在视察集美新城时,对厦门推进岛内外一体化建设的发展战略给予肯定。

2014年1月,市十四届人大三次会议审议通过《美丽厦门战略规划》,明确厦门市以跨岛发展战略为核心,向"一岛一带多中心"展开。

2016年,厦门城市总体规划进行新一轮修订,提出了构建"一岛一带多中心"组团式海湾城市的城市发展新格局,规划融入"多规合一"理念,走在全国前列。

2019年,加快实施"岛内大提升、岛外大发展",成为厦门经济社会发展"中长跑竞赛"的能量蓄积器。厦门市委、市政府发出岛内大提升纵深推进冲锋令,再造发展空间,提升产业能级,强化生态保护和文化传承。两年间陆续成立了11个市级片区指挥部,重点攻坚、快速推进旧城旧村改造。

2020年,厦门市委、市政府审时度势,先后召开"岛内大提升,岛外大发展"推进会和加快建设高颜值厦门大会。

(二)2021年跨岛发展推进情况

2022年6月,中共厦门市委政策研究室在厦门日报上发表的《奋力开辟跨岛发展新天地》指出,在跨岛发展战略的指导下,厦门将岛内外一起统筹规划,推动城市格局拓展、布局优化、功能提升。

1.跨岛发展拓宽了城市框架。岛内湖滨片区改造等重大项目加快推进、岛外新城建设初具规模;全市超过七成的规模以上工业增加值、固定资产投资来自岛外;城市建成区面积从2002年的94平方公里扩大到2021年的405平方公里,岛外占比达到七成、新增面积占比八成以上。跨岛发展拉近了空间距离。进出岛的通道由2002年的"一堤两桥"增加到"四桥三地铁两隧道一海堤",全市公路里程从2002年的1456公里发展到2021年的2148公里。

2.跨岛发展提升了城市竞争力。全市高新技术企业从2002年的189家增加到2021年的2801家,其中岛外占比58.3%;2021年形成10条千亿产业链群,数字经济规模超4000亿元。重点打造的12条千亿产业链中,平板显示、半导体和集成电路等7条产业链重点布局在岛外,5条产业链岛内外互促发展。随着岛外新城初步形成集聚态势,先进制造业和大数据、云计算、5G等新技术新业态新模式有了蓬勃发展的"土壤",建成工业用地面积占全市92%以上,吸引集聚了联芯、天马微、万泰沧海、中创新航等一批超百亿产值的龙头企业,加速"以产促城、产城融合"。

3.跨岛发展改善了民生福祉。2021年,厦门岛外常住人口达到319.3万人,占全市比重从2002年的46.6%提升至60.5%;2021年岛外实有投用医疗床位数是2002年的近5倍,川大华西厦门医院、环东海域医院等优质医疗资源布局岛外;全市已建65个保障性住房项目,提供房源约14.5万套,其中岛外房源占比81.4%。

(三)2022年1—10月跨岛发展推进情况

据厦门市政府公开信息,2022年1—10月,全市计划投资1217.6亿元,实际完成投资1996.1,完成年度计划130.2%,其中:产业类项目142个,完成投资456.69亿元,超计划投资136.44亿元,完成率142.61%;社会事业类项目161个,完成投资434.58亿元,超计划投资203.75亿元,完成率188.27%;城乡基础设施类项目156个,完成投资750.05亿元,超计划投资321.14亿元,完成率174.87%;新城配套项目11个,完成投资354.73亿元,超计划投资117.14亿元,完成率149.30%。

重点项目建设完成情况,2022年前三季度,全市244个重点在建项目(9月份新增补项目7个)中,岛外重点在建项目达167个,占比为68%。这167个岛外重点在建项目,2022年前三季度完成投资584亿元,完成年度计划87%,超序时进度12个百分点。

重大片区方面,厦门新机场于日前通过国家发改委、自然资源部用海审批;东部体育会展新城、嘉园安置房等项目建设如火如荼。

省重点在建项目情况:厦门市 125 个省重点在建项目已提前完成年度投资计划。1—10 月,厦门市 125 个省重点在建项目计划投资 614.76 亿元,实际完成投资 769.93 亿元,完成同期投资计划的 125.24%,超同期计划投资 155.17 亿元,完成年度计划投资的 105.22%。

产业项目方面,2022 年 1—10 月,厦门市省重点产业类项目实际完成投资 300.05 亿元,完成同期投资计划的 134.32%,超同期投资计划 76.65 亿元,完成年度计划投资的 103.60%。天马第六代柔性 AM-OLED 生产线、中航锂电一期等一批龙头项目即将投产,位于翔安的厦门延江新材料项目主体结构完工;平板显示、半导体和集成电路等重点产业链群持续做强做大;以健康医疗大数据为核心的数字经济加速发展,引进了钟南山院士团队、张文宏教授领衔的一批优质生物医药企业。

民生项目方面,岛外 2022 年 1—9 月完成投资 192 亿元,完成年度计划 87%。岛外 24 个社会事业项目 1—9 月完成投资 20 亿元,完成年度计划 90%,其中:海沧生物医药产业园二期大博医疗、艾德生物、蓝湾生物、正屋电子等项目加快推进,厦门理工学院东区学生宿舍(二期)、文科楼已完成工程竣工预验收,正在进行室外工程施工;海沧医院二期扩建主楼主体结构已封顶;岛外 47 个城乡基础实施项目 1—9 月完成投资 335 亿元,完成年度计划的 84%,海沧隧道海沧端接线工程马青路上跨桥实现通车。教育"补短扩容"加大力度,厦门双十中学、实验小学翔安校区等"名校跨岛"项目建成开学;轨道 3 号线建成运营,轨道 4 号线、翔安大桥等重大设施加快建设。

二、问题与挑战

20 年实践充分证明,跨岛发展战略是厦门破解发展瓶颈、加快统筹发展、拓展发展空间与保护生态环境相兼顾的正确道路。

(一)资源分配不均衡

岛内外的资源分配仍有许多不合理的地方,主要体现在两个方面。一是岛内岛外资源分配不合理。2021 年,厦门岛外常住人口达 319.3 万人,占比达到 60.5%,但岛内各种资源更加集中,如果按人口数量进行平均,则每个岛外居民所享有公共资源远低于岛内居民。二是岛外四区之间资源分配不合理,海沧和集美的发展要快于同安和翔安,相对应的,资源分配也是更倾向于海沧和集美。

(二)区域功能不匹配

每个区的优势和劣势各不相同,区域功能依旧有不匹配的情况存在。岛内的优势是经济发展较好,公共设施完备,人口流动量大;劣势是土地资源匮乏,生产成本高,人口拥挤和交通拥堵;而岛外土地租金低,生产成本低,但发展程度低,生活质量不如岛内。区域功能不匹配的情况使得各区无法充分发挥自身的优势。

(三)发展出现同质化

在跨岛发展中,获取的经验是无比宝贵的,但不能生搬硬套。在厦门跨到发展过程中,部分区域没有结合自身特色和产业特征,在政策扶持和产业规划中做法出现同质化发展的现象。

三、预期与展望

(一)区域协同发展

厦门的跨岛发展,是从海岛型城市向海湾型城市迈进的。跨岛发展是区域协同发展的一个典型范例,为城市协同发展提供了一个借鉴,同时也可以从区域协同发展的角度,为厦门更深入的跨岛发展寻找新突破。结合区域协同发展理论,厦门可以发展成为国际化港湾城市,不仅拥有国际化视野、网络化的基础设施体系,还拥有统一的区域治理机制,注重基础设施衔接、产业结构差异互补、公共服务均衡化。

(二)基础设施一体化

自跨岛发展战略提出后,厦门在进出岛通道建设上始终保持"加速度",先后建成两桥四隧,跨岛车道数量从 12 个增加至 32 个,高质量跨岛通道体系不断完善,翔安新机场、海沧新港区建设更是为城市发展提供新动能。迅速缩短了岛内外的地理距离,极大促进人流、商流、资金流、信息流畅通流动,岛内优质的产业、良好的公共服务和优秀的人才才得以真正外溢到岛外。

(三)坚持产城人融合

厦门过去的城镇化建设主要集中在本岛,岛内过度负荷与岛外相对落后的情况并存,极大制约厦门城市空间拓展与竞争力提升。跨岛发展战略推进实施的过程,也是厦门新型城镇化建设摸索和实践的过程,坚持以城、产、人的有机融合做实新型城镇化,通过"多规合一"统筹生产、生活、生态布局,形成战略规划"一个文本"和空间结构"一张蓝图"。

(四)聚集高素质的产业链群

通过实施跨岛发展,厦门经济发展腹地迅速扩大、产业布局有了更大的施展拳脚的空间,先进制造业和现代服务业双轮驱动,培育出了 12 条千亿产业链(群)产业集群效应不断凸显,岛内企业总部加速聚集,岛外产业不断做实做强。

（五）高水平的公共服务配套

在推进跨岛发展战略过程中,全市始终致力于公共服务均等化,适度超前布局配套设施。教育方面,教育均衡是岛内外一体化的重要保障,通过标准化建设、名校跨岛、教师派驻等方式,推动标准、投入、师资、生源、质量的岛内外均衡:厦门一中、双十中学、外国语中学、科技中学、实验小学等名校分校及厦大新校区、厦门理工学院、厦门医学院等一批高校落户岛外。医疗方面,马銮湾医院、集美新城医院、环东海域医院、翔安医院等相继建成。文化方面,嘉庚体育馆、诚毅科技探索中心、嘉庚剧院等一批标志性文体设施极大丰富居民生活。社会保障方面,建立了城乡一体的医疗保险制度、基本养老保险制度,对水、电、气、公交、有线电视在内的所有准公益产品实现同城同价。

四、对策与建议

当前,厦门跨岛发展站上新的时代方位,对照厦门市"十四五"规划和2035年远景目标,为更深层次推进跨岛发展,我们提出以下建议。

（一）加大岛外资源投入,实现资源共享

跨岛发展战略实质是区域协调发展,需要增加对岛外的公共资源投入,增加岛外的吸引力。按照岛外各区的区位条件,更加细化合理分配到公共资源,同时也要加强岛外四区之间的联系。在实行资源共享的同时,还需要加快交通设施建设,拉近岛外四区之间的联系,更好地实现岛外资源共享。

（二）明确区域优势特点,实现功能互补

岛外与大陆连接,土地资源丰富,发展空间大,劳动力资源丰富,而岛内基础设施完善,现代化程度高,高端服务业发达。各区互相配合,发挥各自优势特点,最终实现共赢的局面。企业的生产厂房可以迁至集美区和翔安区,这里有着良好的制造业基础,而且可以享受相应的政策优惠;原材料采购基地可以选择在同安区,同安区交通便捷,并且与其他城市相邻便于原材料采购;进出口贸易业务可以设在海沧区,利用其物流港口的优势;而企业总部可以选择在思明区和湖里区,这里商务运营环境良好,并且有着高端服务业资源。

（三）坚持系统谋划,探索特色发展之路

厦门是最早的四个经济特区之一,又是闽台交流的桥头堡,具备区位优势和发展优势。因此,要立足经济特区改革开放最大优势,发挥对台工作最大特色,用好港口底层优势,做好跨岛发展系统规划,以厦门湾区衔接区域、联通世界。首先,跨出厦门岛,促进资源共享。积极促进岛内岛外均衡发展,落实《厦门市国土空间总体规划（2020—2035年）》,持续构建"一岛一湾"的城市空间结构,推动环厦门湾城市发展重点地区的功能和品质双提升。一方面,要狠下功夫提升本岛,加快推进城市功能调整,积极疏解非核心功能,着力提升产业能级;另一方面,要大力推进岛外建设,坚持以城促乡、融合发展,大力推进教育、医疗、交通、社会保障等资源,岛内岛外共享、均衡发展。其次,跨出厦门市,融入闽西南。在区域合作山海协作和厦漳泉区域合作基础上,在统筹协调机制、区域规划对接、基础设施互联互通、产业分工协作等领域,进一步完善厦漳泉都市圈发展规划,推动促进厦门与省内各市开展双边、多边、多层次、多形式的区域合作,加快打造集成电路、新材料、生物医药、石油化工、机械装备等若干个重点产业集群,协同推动数字经济、海洋经济、绿色经济和文旅经济加快发展。再次,跨出福建,融入国内循环。推动厦门跨岛发展要有更高站位、厦门作为外贸型海港城市,不仅可以面向台湾,连接东亚、东南亚,还可以背靠江西、湖北、湖南等经济腹地,与沿海口岸城市在对台合作、海洋经济、绿色产业等领域错位发展,同时主动嫁接引入内陆优质资源,促进人才、技术等要素流入,重视民间资本优势,携手加入"一带一路"建设,主动融入国内经济发展内循环。要做大做强海洋经济。以国家海洋经济发展示范区建设为抓手,做强海洋高端装备设备与材料业,发展海洋信息产业与智慧海洋新经济。提升改造高崎渔港、欧厝综合渔港,推进海洋高新产业园规划建设,加强与"海丝"沿线国家和地区的海洋交流合作。最后,立足台海,放眼世界。注重发挥"侨"的优势,高标准建设海上合作战略支点城市,用好投洽会等各类开放平台,进一步提升自贸试验区开放发展层级,深化与"一带一路"沿线国家、RCEP 国家经贸合作,提高国际贸易和投资水平。

（四）加快产业结构调整,分区实现错位发展

在厦门落实"岛内大提升、岛外大发展"重大战略中,必须聚焦高能级产业,布局新经济、新模式、新业态,实现产业的转型升级,围绕提升产业能级,岛内大提升,着力从"三高"产业切入,推进现代服务业提质增效,以科创、金融产业和总部经济为重点,构建高能级都市核心产业体系。加快推进岛内老旧厂房改造,盘活闲置工业厂房,促进业态提升;外推进高端化产业发展,谋划重点项目、亮点产业发展规划,在明确各产业载体产业重点的基础上,聚焦产业前沿,持续提升平板显示、计算机与通信设备、集成电路、生物医药、新材料等产业集群现代化水平,瞄准大数据、云计算、区块链等打造新经济发展高地。此外,需要进一步发挥厦门的生态环境、营商环境优势,打造国际一流营商环境;加快聚集创新要素、汇聚创新人才,打造最具活力的创新型城市。优势资源向岛外倾斜,实施跨岛发展战略。把教育、卫生、服务业等优势资源适度向岛外发展,补齐岛外在相关领域短板,提高岛外发展吸引力和竞争力,形成岛外多点支撑、多业并举、多元发展的产业发展格局,凸显厦门经济特区整体引领作

用、龙头牵引作用。

（五）坚持均衡普惠，保障优质资源共享

在纵深推进跨岛发展中，必须坚持以人为本、民生优先，有效弥合岛内外公共服务和民生保障存在的差距。要聚焦解决百姓"急难愁盼"问题，持续加速住房、教育、医疗、交通、市政等优质资源跨岛布局、补齐短板，切实促进岛内外公共服务朝着更高水平发展，让城市更有温度、让幸福更有质感。

集美大学诚毅学院中软国际互联网学院　张　景

厦门市卫生健康事业发展
情况分析及建议

　　2022 年,厦门市高效统筹新冠肺炎疫情防控与经济社会发展,以建设高水平健康之城为目标,用心用情用力办好卫生健康民生实事,优质医疗资源建设量增质优,公共卫生体系能力进一步提升,基层卫生服务进一步加强,深化医改持续深入,老年健康服务提能增效,妇幼健康和托育服务供给持续增加,健康厦门建设稳步推进,人民群众健康获得感进一步增强。

一、2022 年厦门市卫生健康事业发展概况

(一)人口主要健康指标与发展指标稳中有升

　　2021 年厦门市居民平均期望寿命 81.04 岁,孕产妇死亡率 3.65/10 万,婴儿死亡率 1.9‰,5 岁以下儿童死亡率 2.89‰。全年总出生人数 5.2 万人。

　　2022 年 1—9 月,厦门市人口主要健康评价指标保持在发达国家和地区较好水平。根据快报测算,居民平均期望寿命 81.1 岁,高于全国和全省平均水平(78.2 岁和 78.85 岁)。孕产妇死亡率为 0,婴儿死亡率、5 岁以下儿童死亡率分别为 1.65‰、2.83‰,12 项涉及妇幼健康指标优于全国和全省平均水平。2022 年截至第三季度末出生 3.2 万人,预计全年出生人数在 5 万人以内。居民健康素养水平达 32.9%,高出全省平均水平 6.1 个百分点,高出全国平均水平 7.5 个百分点。健康厦门 2022 年主要目标提前实现。

(二)医疗卫生重点项目建设有序推进

　　厦门医疗卫生机构已拥有建成床位 25642 张,千人均建成床位 4.97 张。2022 年新增建成床位 2800 张。五缘湾医疗园区基本成型。岛外各新城均至少有 1 家三级医院。四川大学华西厦门医院 6 月启动试运营,整体项目 2022 年底可竣工验收。复旦中山厦门医院国家区域医疗中心一期项目和科教楼项目、北中医东直门医院厦门医院二期康复楼项目有序推进。复旦儿科厦门医院增设翔安院区。厦大附属心血管病医院扩建项目、厦门市第三医院科教综合楼暨院区提升改造工程正在推进前期工作。

(三)坚持"动态清零",统筹疫情防控与经济社会发展

厦门市坚决贯彻落实党中央决策部署,坚持人民至上、生命至上,落实"外防输入、内防反弹"总策略,贯彻"动态清零"总方针,按照疫情要防住、经济要稳住、发展要安全的要求,高效统筹疫情防控和经济社会发展,全面强化常态化防控,科学精准调整优化厦门市防控措施,不断提升疫情快速处置能力,精准高效处置突发疫情,以快制快有力控制多起外地输入病例传播,以最小代价实现了最大的防控效果。

建成投用高崎健康驿站,完成疫情防控措施优化国家试点研究任务。推进厦门市核酸检测基地建设,目前厦门市日均单管检测能力达 36 万管。启动 800 张床位的市传染病医院建设。截至 2022 年 9 月底定点医院收治新冠患者 1623 例(含境外输入性确诊病例)。全年累计调派医护人员支持市级核酸采样超 11 万人次。厦门市累计接种 1297.68 万剂次新冠病毒疫苗,超额完成未成年人预期接种计划,18 岁以上人群接种覆盖率达 97.93%。60 岁以上人群接种覆盖率 86.16%。圆满完成 79 场次重大活动、重要会议的疫情防控和保健任务,较好保障经济发展。

(四)突出高质量发展,医学整体水平进一步提升

厦门市政府成立国家区域医疗中心建设工作专班,推进复旦中山厦门医院、复旦儿科厦门医院(市儿童医院)、四川大学华西厦门医院和北京中医药大学东直门医院厦门医院(市中医院)等 4 个国家区域医疗中心试点建设。其中,北京中医药大学东直门医院厦门医院为福建省首家中医类国家区域医疗中心。推进市校合作共建复旦肿瘤厦门医院、哈尔滨医科大学厦门环东海域医院。厦大附属第一医院位居中国医院竞争力顶级医院百强榜第 85 名。厦大附属中山医院位居中国医院竞争力顶级医院百强榜第 98 名。厦大附属心血管病医院成为国家心血管疾病临床医学研究中心分中心。厦大附属第一医院、厦大附属中山医院获得 2021 年度国家三级公立医院绩效考核综合医院 A +等级。全市已累计开设 46 个名医工作室,引进名医及其团队人才超 300 人。

2022 年新获批 28 个省级临床重点专科建设项目立项,获批 5 个国家临床医学研究中心福建省分中心,3 个省级临床医学研究中心和 3 家省级重点实验室。2022 年厦门市医疗卫生系统共获国家自然科学基金立项 55 项,其中厦大附属第一医院获得 22 项,均创历史新高。7 家医院共 15 个学科进入 2021 年度中国医院学科科技量值(STEM)全国百强榜单;6 家医院 17 个学科进入五年总科技量值(ASTEM)全国百强榜单,其中 6 个学科位列福建省第一。北中医东直门医院厦门医院获批国家第二批特色(中医药)服务出口基地

和厦门市金砖示范基地。批准设置 10 家互联网医院。厦大附属心血管病医院成为福建省首家推行全院"无陪护管理"医院。复旦中山厦门医院和北中医东直门医院厦门医院开设特需医疗部,满足群众多层次医疗服务需求。

(五)提升基层能力,落实乡村医生待遇保障

15 家岛内社区卫生服务中心由市管划归区管,补齐基层公共卫生短板。开展专病分级诊疗工作,联合钟南山院士团队开展厦门市慢阻肺早期干预及规范化管理,5 家三级医院成为"国家呼吸医学中心协同医院"。在 18 家基层医疗机构试点建设智慧药房,为社区居民提供全天候自助取药服务。新增海沧区嵩屿街道社区卫生服务中心沧江分中心,加快推进岛外 8 家社区卫生服务中心建设,推动同安区五显卫生院迁建、莲花卫生院新址、集美区灌口医院新址等提升改造。厦门市出台《充实基层卫生力量稳定乡村医生队伍的若干措施》,落实了乡医"五险一金"等养老保障措施,稳定队伍,提升能力,织牢"网底"。

(六)突出预防为主,公共卫生体系能力显著提升

厦门市实施《厦门市公共卫生补短板行动计划》。加快疾控机构改革,创新建立疾控机构增量绩效激励机制,市、区两级疾控中心增编 302 人。优化完善医疗急救体系建设,新增岛外四个区急救站点,新建市急救中心南山路急救分中心,启动市急救中心整体迁建选址。构建"医防融合,防治一体"的慢性病防治体系,厦门市慢性病综合防控示范区建设保持全国领先。启动厦门市适龄妇女免费"两癌"筛查项目,在宫颈癌防治的基础上申报"乳腺癌综合防治"纳入"健康中国行动创新模式"试点。厦大附属第一医院建设职业病诊断机构及尘肺病康复医院。深入开展爱国卫生运动,大力开展控烟行动,基本实现市、区两级无烟党政机关全覆盖。连续 26 年通过国家卫生城市复审。首部有关医疗卫生人员职业暴露防护管理的地方性法规《厦门经济特区医疗卫生人员职业暴露防护若干规定》将于 2022 年 12 月 1 日实施。

(七)推进"一老一小"健康服务,构建生育友好型和老年友好型社会

积极发展老年健康服务。制定《厦门市贯彻〈中共中央、国务院关于加强新时代老龄工作的意见〉实施方案》和《厦门市"十四五"老龄事业发展和养老服务体系规划》。推动综合性医院、康复医院、护理院、基层医疗机构创建老年友善医疗机构。新增 5 家综合性医院设置老年医学科,厦门市共 17 家综合性医院设置老年医学科。厦门市已有医养结合机构 38 家,医疗机构与养老服务机构签约合作 145 对,共有老年人心理关爱点 7 个,有效增强了老龄健康服务能力。

实施三孩生育政策及配套支持措施,推动婴幼儿照护服务发展,开展"医

育结合"发展试点,创建全国首批婴幼儿照护服务示范城市。每千人拥有 3 岁以下婴幼儿托位数达 2.8 个,提前完成福建省下达的 2.5 个的年度指标,超过全国 2.03 个托位的平均水平。建成 30 家普惠性托育园,可提供 2346 个普惠性托位。2022 年年底,厦门市将拥有 4000 多个普惠性托位,占全部托位的 1/4,普惠托育机构数量居福建省前列。

二、问题与挑战

经济全球化、规模人口迁徙、气候变化和环境退化等多种因素,使全球疾病谱发生较大改变,新的健康问题不断涌现,城市治理面临多种传染病威胁并存、多种健康影响因素交织的复杂挑战。人口高度密集、人员流动频繁,增加了突发公共卫生事件的风险,迫切需要提升公共卫生安全防控能力。尤其是 2020 年年初突发的全球新冠肺炎疫情,对公共卫生安全体系带来严峻挑战,也对卫生健康事业建设提出了更高要求。随着新时代我国社会主要矛盾转化为人民日益增长的美好生活需要和发展的不平衡不充分之间的矛盾,人民群众对高品质健康服务需求大幅增长,供需不匹配矛盾日益凸显,对全方位全周期健康服务提出了更高期待。区域协同发展和医疗保险统筹层次提高,共享服务区域人口与保障本地居民就医的问题进一步凸显。全市出生人口数量呈逐年减少态势,要求加快构建生育友好型社会,促进人口长期均衡发展。随着我市人口导入逐年增长,卫生健康需求呈持续增长趋势。改革开放以来,特别是党的十八大以来,经过艰苦努力,厦门市卫生健康事业实现了量的突破性扩增和质的标志性提升,但是与人民群众对高质量卫生健康服务需求和期待还有一定差距,还存在一些明显的不足和短板,卫生健康事业发展不平衡不充分问题仍然比较突出。特别是受新冠肺炎疫情影响,卫生健康事业发展面临的复杂性和挑战增多。主要表现在:

(一)解决群众看病就医问题仍需努力

总体上医疗资源总量仍然不足,千人均床位数低于全国和福建省平均水平,中医、精神卫生等部分专科床位数尚有一定缺口;优质医疗资源建设尚处于爬坡阶段,高层次医疗卫生人才不足,儿科和全科医生缺口较大,医疗技术整体水平还不够高,实现"大病不出市"还有待提升;医疗资源的结构性矛盾依然突出,岛内外医疗服务供给水平还存在较大差异,基层服务能力有待系统性提升,"大病进医院、小病在社区"的分级诊疗服务还未实现制度定型,"小病在基层"还需要进一步加大制度化约束。

(二)公共卫生安全体系化应对能力有待加强

卫生健康服务体系整合、协同不够,推进医防融合需要深化体系改革和制度构建,公共卫生体系能力建设仍有待提升,在应对区域性、规模性疫情时还存在短板弱项。

（三）公立医院高质量发展还有许多卡点瓶颈

医保、医疗、医药协同发展和治理制度机制有待完善。以公益性为导向的公立医院改革需要进一步深化。现代医院管理制度还不够完善。临床医学科研创新能力还不够强、水平还不够高。特别是由于受新冠疫情影响,公立医院普遍面临较大财务压力,近年来总体运行与发展预期存在不少差距。

（四）生育支持政策体系亟待完善

作为支持生育政策重要举措的婴幼儿照护服务发展长效保障政策机制亟待完善。托育机构运营困难,面临场地租金贵、人工成本高、收费标准低三重压力,运营持续亏本,难以良性运转,急需制定普惠托育机构建设及运营补助政策。托幼一体化机制尚未理顺。

三、2023 年卫生健康事业发展预测与展望

（一）卫生健康事业发展迎来新时代重要战略发展机遇期

党的二十大擘画了全面建成社会主义现代化强国、实现第二个百年奋斗目标,以中国式现代化全面推进中华民族伟大复兴的宏伟蓝图,提出了"两步走"的战略安排。党的二十大报告提出,把保障人民健康放在优先发展的战略位置,完善人民健康促进政策。突出健康优先,为办好人民满意的卫生健康事业提供了根本遵循,注入了强大动力。高质量发展将成为厦门市卫生健康事业的首要任务和主旋律,落实到卫生健康工作的各个方面,市民群众享有更加优质卫生健康服务的获得感、幸福感和安全感将更加充实、更有保障、更可持续。

（二）公共卫生体系与能力建设加快提升

经历百年未遇的新冠肺炎疫情严峻挑战,厦门市卫生健康事业发展将进一步高度重视公共卫生与应急救治体系建设,加快疾控体系改革,进一步优化厦门市优质医疗资源扩容和区域均衡布局,发展壮大医疗卫生队伍,推进把工作重点放在农村和社区,促进健康与经济社会协调发展。与此同时,肿瘤、高血压、糖尿病等慢病已成为危害居民健康的头号公共卫生问题。创新防治机制模式,深化医防融合,促进预防、治疗、康复、健康促进统筹推进,加强慢病防控成为厦门市公共卫生和医疗健康工作重点。

（三）卫生健康事业跨岛发展战略形成新格局

随着四川大学华西厦门医院,以及与哈尔滨医科大学合作共建的厦门市

环东海域医院、与复旦大学附属肿瘤医院合作共建的厦门市马銮湾医院,市妇幼保健院集美院区等一批重点卫生健康建设项目竣工投入使用,复旦大学附属儿科医院厦门医院翔安院区等一批国家区域医疗中心配套项目开建,将形成厦门市优质医疗资源扩容和岛内外均衡布局的新格局,岛内外医疗服务供给的均衡化和可及性将极大改善。

四、对策与建议

(一)继续高效统筹疫情防控和经济社会发展

全面贯彻落实党的二十大精神,把保障人民健康放在优先发展的战略位置。坚决贯彻习近平总书记"疫情要防住、经济要稳住、发展要安全"的重要指示要求,坚持"人民至上、生命至上"理念、坚持"外防输入,内防反弹"总策略和"动态清零"总方针不动摇,完整、准确、全面贯彻党中央和省、市党委政府决策部署,落地落细落实进一步优化防控工作的二十条措施,坚决守住不发生规模性疫情的底线。加强公共卫生体系建设,加快复合型公共卫生人才培养,健全公共卫生体系,提高重大疫情早发现能力,加强重大疫情防控救治体系和应急能力建设,创新医防协同、医防融合机制,坚持防治结合、平战结合,提升应急医疗救治能力,有效遏制重大传染性疾病传播,筑牢公共卫生安全防线。重点提升厦门市新冠病毒核酸检测能力。进一步推进新冠病毒疫苗接种,重点提升 60 岁以上老年人新冠病毒疫苗接种覆盖率。坚持预防为主,加强基层传染病早发现能力建设和重大慢性病健康管理,提高基层防病治病和健康管理能力。

(二)进一步明确卫生健康事业区域定位,积极打造区域医学高地

围绕建设高水平健康之城的目标,以国家区域医疗中心试点建设为抓手,深化改革创新,集中要素资源,加大支持力度,打造区域医学高地,带动厦门全市整体医疗服务水平提升。进一步调整和完善市级公立医院财政补助机制,实施差异化分类财政补助办法,把支持建设高水平医院作为推进卫生健康现代化的重要策略,聚焦公立医院高质量发展,多措并举补齐医疗人才、临床学科、医疗科研等短板弱项,深化价格、编制、人事、薪酬等改革,强化创新驱动,加快智慧医院建设,引导各级公立医院不断做精做优做强。着力加强医院党的建设,深化以公益性为导向的公立医院改革,完善公立医院党委领导下的院长负责制,完善现代医院管理制度。夯实基层网底,加快基层卫生服务体系建设,依托城市社区卫生服务中心全面推进社区医院建设,重点完善临床、公共卫生、医技等科室设置,完善管理制度。全面提升乡镇卫生院(社区卫生服务中心)医疗服务能力,到 2023 年年底,推动 60% 以上的村卫生室达到基本标

准,其中10％达到推荐标准。加快构建整合型医疗卫生服务新体系,创新具有厦门特色的分级诊疗制度机制,进一步解决好群众看病就医难题。

（三）探索具有厦门特色的医保、医疗、医药协同发展和治理新模式

保持深化医改排头兵的站位,擦亮医改厦门名片,加强深化医改顶层设计,进一步强化部门协同,深化医药卫生体制改革,促进医保、医疗、医药协同发展和治理,构建医保、医疗、医药改革导向统一、改革规划统筹、政策制度衔接、资源要素共享、系统运行高效的深化医改工作格局,推动以治病为中心向以健康为中心转变,走出一条具有时代特征、中国特色、厦门特点可复制、可推广的医保、医疗、医药协同发展和治理新路子,扩大厦门医改福建辨识度和全国影响力,继续打造全国深化医改示范样板。

（四）落实国家生育政策,促进人口长期均衡发展

重点完善婴幼儿照护服务发展多部门协同工作机制,抓紧制定普惠托育机构建设及运营补助政策,理顺托幼一体化管理运行机制。随着幼儿园生源的下降及幼儿园学位的增加,民办幼儿园园位空置率越来越高,建议鼓励幼儿园拓展托育服务,明确统一普惠收费标准,提升幼儿园托育服务能力。建设婴幼儿照护服务基础平台,促进婴幼儿照护服务发展,创建国家婴幼儿照护示范城市。继续推动普惠托育项目建设,扩大托位供给。2023年至少新建托位3000个。

（五）打造健康中国现代化先行示范城市

贯彻落实党的二十大"把保障人民健康放在优先发展的战略位置,完善人民健康促进政策"的部署,加强健康领域发展与经济社会高质量发展的协调性,强化跨部门协同,推动将健康融入所有政策,推进建立和完善保障健康优先发展制度体系。聚焦建设高水平健康之城的目标,倡导和构建有利于健康的生活方式、生产方式、经济社会发展模式和治理模式,推动爱国卫生运动从环境卫生治理向全面社会健康管理转变。促进全民健身和全民健康持续融合,重视心理健康和精神卫生,让广大市民拥有健康的体魄、健康的心态、健康的生命。

厦门市卫生健康委员会办公室　　吕惠栋　张逍宇

厦门市教育事业发展情况分析及预测

教育是一个国家的百年大计。教育不仅关系到全社会每个人的素质,还关系到国家的前途和命运。办好人民满意的教育,是实现教育现代化的首要目标。当前和今后一个时期,是厦门市率先实现社会主义现代化的重要时期,更需要发挥教育的基础性、先导性、全局性作用,为厦门市经济社会发展提供强有力的人才支撑和智力支持。

一、2022年厦门市教育事业发展总体情况

2022年,全市教育系统统筹推进教育改革各项工作,教育发展主要指标稳中有升,教育综合实力在全国形成一定影响力,在推进建设现代化教育强市方面取得了一系列新进展和新成效。

(一)加快学校规划建设,优化教育资源配置

2022年,全市建成76个中小学幼儿园项目,新增学位8万个,其中,8个市重点项目在开工、竣工和投资等核心指标上100%完成,另有17所普通高中、5所职业学校和1个实践基地正在建设中。

与此同时,全市优质教育资源的均衡分布得到进一步优化。双十中学翔安校区高中部、厦门二中集美校区、厦门六中同安校区建设有序推进,集美中学、实验中学新校区顺利开工,并培育了22所岛外福建省义务教育教改示范校。此外,双十中学翔安校区初中部、实验小学翔安校区、外国语学校集美校区和同安一中滨海校区高中部已于2021年9月开始招生。在引进优质教育资料方面,市政府与上海音乐学院签订战略合作框架协议,共建了鼓浪屿音乐研究中心,并新办了长菁外籍人员子女学校。

(二)全面落实立德树人,扎实推进"双减"工作

2022年,全市教育系统积极推进五育并举,强化大中小幼一体化德育体系建设,加强学生德育常规管理。全市中小学生体质健康合格率达90%以上。市教育局出台了关于加强劳动教育、艺术教育、心理健康教育等方面的多份重要文件。同时,全市扎实推进"双减"工作,课后服务全市全覆盖,共有345所中小学校为29万名学生提供在校午餐午休服务,加强中小学生作业、

睡眠、手机、读物、体质等五项管理。小学、初中、高中学段近视率分别降低 3 个、0.7 个、0.6 个百分点。我市"双减"工作得到教育部督导组的充分肯定。

（三）坚持普惠均衡优质，推动各学段协调发展

基础教育阶段，坚持普惠、均衡与优质发展路线。厦门市教育局与中国教育学会开展"1＋5＋N"合作，启动基础教育新课程改革实验区工作。学前教育实施"十四五"学前教育发展提升行动计划，进一步提高公办园幼儿在园比例，推进"幼小衔接"改革实验。义务教育阶段，实施优质均衡发展规划，推进思明区、湖里区先行创建"全国义务教育优质均衡发展区"。实施紧密型教育共同体改革行动，形成 6 个以上示范性教育共同体。规范民办义务教育发展。深化多校划片改革，普高持续推进特色多样化发展。加强新高考研究，落实新课程改革实验区年度项目。

2022 年，职业教育发展建设迈上新台阶。4 月，国家职业教育创新高地建设厦门试点项目启动建设，之后，全市贯彻落实"高地建设方案"，实施中职、高职办学条件达标工程，推动省级高水平职业院校和专业群建设，推进优质中职学校试办五年制高职教育，探索高职院校与应用型本科"3＋2"贯通培养。

高等教育阶段，"双一流"建设取得新成效。厦门大学新增教育学进入国家重点建设一流学科。华侨大学 18 个专业入选国家级一流本科专业建设点。集美大学植物学与动物学学科进入 ESI 全球排名前 1%，11 个专业入选国家级一流本科专业建设点。积极引进境内外高等教育资源合作办学，推动南京理工大学、中央音乐学院等合作项目落地。

（四）深化教师校长队伍建设，打造高素质专业化教师队伍

2022 年，全市教育系统进一步完善了高质量的教师培育体系。首先，加强了师德师风建设，如加大师德违规查处和曝光力度等，持续推进名师培养工程，加大岛外名师培养，并大力引进教育人才；其次，深化了职称委托评审改革，加强厦门市教师发展示范学校主体建设和教师研修平台建设，并建立了教师培训标准和培训学分管理机制。与此同时，推动名师出岛，实施名师跨区域带教、岛内名师送培（教）下乡、跨区校际交流，定点帮扶农村校等项目，并实施岛外小学"学科融合"教师培育项目。在校长队伍建设方面，积极修订完善校长管理办法，推进名校长培养工程，评选首批市级名校长，筹备新一轮校长职级评定工作，并建立干部管理信息系统，探索干部信息智能管理。

（五）健全现代化治理体系，激发教育发展内生动力

全市教育系统积极推进新时代教育评价改革，贯彻落实《〈深化新时代教育评价改革总体方案〉工作任务分解方案》。在推进教育信息化方面，全市积极实施教育数字化战略行动，完成了全市中小学教师信息技术应用能力提升

工程2.0全员培训任务,并建设、完善了"i教育"开放平台和运营体系。在境内外教育交流方面,持续推动厦台教育融合,继续推动海峡两岸百名中小学校长论坛等品牌交流活动。在依法治教方面,市教育局修订了《厦门市捐资兴学奖励办法》,完成了《厦门经济特区校企合作促进条例》《厦门市学前教育管理办法》立法调研和草案编制。

二、厦门市教育事业发展问题分析

在实现社会主义现代化的道路上,教育的基础性、先导性作用将更加凸显,同时也面临着一系列挑战。当前,我市教育事业发展的现代化程度还不能完全适应城市现代化发展的需要,主要表现在:

(一)学位供不应求矛盾依然存在

近年来,适龄儿童高位增长,学位缺口较大。目前全市义务教育阶段随迁子女占在校生的50%左右,大量的随迁子女给我市义务教育带来严峻的挑战,同时本市适龄儿童也在增长。幼儿园阶段,原有的公办园少,普惠性幼儿园覆盖面不够,群众有意见。而全市学校布局规划建设相对滞后,新增学位布局与实际需求也存在矛盾,这些都造成了学位缺口依然存在,急需加快学校和学位资源扩容建设。

(二)义务教育均衡发展水平有待提升

推进义务教育均衡发展,是社会公正和教育公平最直接、最重要的体现。全市随迁子女和户籍适龄入学人数持续增加,再加上经济社会的发展,人民对就近"上好学"的愿望日益激烈,在乡镇就读的希望能享受到和城市质量相当的教育,在民办普惠性义务教育学校就学的,希望能享受到与公办学校接近的教育等,学生家长迫切希望政府能深入推进义务教育均衡发展,缩小校际、区域、城乡之间的教育差距,保证学生接受教育过程的公平性。

(三)职业教育服务产业的能力不够强

职业教育肩负着为社会培养大量实用性技能人才的重任,对于新型工业化的发展意义重大,但数据显示,当前我市的高技能人才缺口很大,职业院校师生的职业技能水平急需提升,服务产业发展的能力、产教融合的深度等还有很大的提升空间。

除此之外,当前厦门市的教育投入体制也有待完善,教育经费在不同教育层次之间的分配还不尽合理,财政性教育经费占GDP比例、一般公共预算教育经费占一般公共预算支出比例仍然偏低,制约教育事业发展规模。中小学幼儿园专任教师中本科以上学历比例还不高,教师综合素质、培养培训和编制管理专业化水平还要进一步提升。

三、厦门市教育事业发展预测

预计未来2~3年内,厦门市普惠性幼儿园的覆盖率将达到95%以上,其中,公办幼儿园在园幼儿人数比例将达到55%以上,基本实现学前教育公共服务全覆盖。幼儿园保教质量不断提高,示范性幼儿园比例将达到65%左右。义务教育阶段,学位问题将得到大幅度改善,随迁子女在公办校就读的比例将保持在90%以上。同时,市域均衡发展水平得到较大提升,预计将有四个区达到"全国义务教育优质均衡发展县"主要指标。残疾儿童少年义务教育入学率保持在99%以上。

高中教育阶段,录取率将达到100%。教育教学质量不断提升,高考本科录取率将达到85%以上。信息化建设方面,中小学校智慧校园占比将达到40%左右。职业教育稳步壮大、发展,集美区、海沧区、同安区、翔安区将新建或扩建4~5所中等职业学校职业院校,教师职业技能不断提升,"双师型"教师比例将达到55%。

高等教育方面,到2025年,高等院校省级以上一流学科数将达到55个左右,每十万人口中在校大学生达到4400人以上。劳动者素质方面,社会新增劳动力受过高中阶段及以上教育的比例将达到99.99%,主要劳动年龄人口平均受教育年限将达到13.5年以上。

四、新时期厦门市推进教育发展的战略举措

(一)强化部门统筹联动机制

各级党委和政府要强化优先发展教育的责任,将教育发展与社会发展一起谋划,构建全方位协同推进教育现代化发展的有效机制。与此同时,要健全党委统一领导、党政齐抓共管、部门各负其责的教育领导体制,健全跨部门协调联动机制,依靠部门大协同、片区大协作,共同研究解决教育改革发展的重大项目和问题。

(二)完善投入保障支撑机制

教育投入是实现教育高质量发展的基本保障。市委、市政府要把教育投入作为基础性、战略性投入,健全保证财政教育投入持续稳定增长的长效机制,确保一般公共预算教育支出逐年只增不减,确保按在校学生人数平均的一般公共预算教育支出逐年只增不减,与此同时,健全以生均培养成本和教育质量为标准的教育经费拨款方式,进一步提高各类教育生均拨款水平,使之达到国内先进水平。

（三）推动各级各类教育高质量发展

1.办好优质普惠的学前教育。科学规划幼儿园资源布局,平均每一万常住人口配备一所幼儿园。强化科学保教理念,尊重幼儿学习方式与特点,全面实施快乐启蒙教育,推进儿童体质提升监测和多元智能开发。提升幼儿园人工智能辅助教育设备配备水平。定期公布各级各类幼儿园的保教质量监控情况报告。

2.发展优质均衡的义务教育。全面提升基本公共服务水平,统筹推进市域义务教育均衡发展。首先,按国内发达城市标准建立具有厦门特点的高质量义务教育学校建设和管理标准,办好每一所家门口的学校,逐步减少班级学生数达到先进地区水平。其次,建立与常住人口增长趋势和空间布局相适应的城乡义务教育学校布局体系,依法保障随迁子女平等享受基本公共教育服务,使市域义务教育优质均衡发展水平、义务教育巩固水平、学生学业质量、学生综合素养发展水平均进入全国前列。再次,全面深化教育教学改革,加强优秀教育成果培育推广,推进基于课程标准的教学与评价,深化实施义务教育质量绿色评价体系。最后,积极提升学生的体育和美育素养,保障学生每天校内、校外各 1 个小时体育活动时间,并指导学生在义务教育阶段掌握至少 2 项运动技能和 1 项艺术技能。

3.打造多元卓越的普通高中教育。全面开展高中育人方式改革,推动基于中国学生核心素养的育人模式变革,高质量深化高中新课程改革,探索个性化的人才培育途径。全面参照福建省示范性高中标准建设高中学校。探索多样化、多元创新型人才培养路径,为不同潜质学生提供更多发展通道。推动高中与高等院校、科研院所等联合培养人才。开展高中阶段学校的学分互认体系建设,深入推进普职融通改革。

4.完善产教融合的现代职教体系。新建扩建一批中职院校,基本满足我市学位需求。推动 7～10 所优质职业院校列入省级以上高水平职业院校建设计划,19～25 个专业群列入省级以上高水平专业群建设项目。加快健全"中职—职业专科—职业本科"一体化的职业学校体系,推进五年一贯制等培养模式。推动一批优质中职学校试办中高五年贯通学制,探索中高课程一体化。推动符合条件的高职院校举办一批本科层次的职业教育。深入推进"三教"改革,开展"书证融通"人才培养模式改革,及时将新技术、新工艺、新规范、新要求融入人才培养过程。推动建设产教融合实训基地、产业学院,深化产教融合、校企合作。

5.深化高等教育内涵式发展。持续支持和推动厦门大学建设成为世界一流大学,推动华侨大学、集美大学建设成为全国"双一流"高校,推动厦门理工学院建成为全国知名的高水平应用型本科大学。围绕产业布局对人才的需求,做大做强高等工科教育,壮大紧缺骨干人才队伍,储备优质的创新创业人才。力争引进10所境内外一流高校到厦门联合或独立开办与厦门产业发展高度相关的应用型学科院所,建成一批服务国家和省市发展战略的创新基地和新型智库。

（四）建设高素质专业化的教师队伍

常态化长效化建设师德师风,实行师德师风"一票否决"制度。构建充满活力的教师队伍管理体制,建立编制动态调整机制,优先保障中小学用编需求和幼儿园备案名额管理需求。适当提高高中师生比,满足高中新课程改革需要。深入推进教师"区管校聘"管理改革,深化教师职称制度改革,适当提高中级、高级岗位结构比例。推进教师队伍建设与人工智能的全面融合。优化"新教师—骨干教师—学科带头人—专家型教师—卓越教师"的"金字塔"式的教师专业发展体系。适当提高教师的学历水平。健全职业院校与企业行业联合培养"双师型"教师机制。大力提高教师待遇和地位,确保中小学教师平均工资收入水平不低于或高于我市公务员平均工资收入水平。

（五）开创教育数字化转型发展新局面

优化数字教育基础环境。大力推进教育新基建,深度拓展5G、人工智能、大数据、区块链等新技术在教育领域的应用,推动构建网络化、数字化、个性化、终身化教育体系,优化信息化育人环境。深化教育数字化融合创新。应用"互联网+"和大数据思维提升教育数字化服务体系,加强智能技术的应用,强化优质教育资源共建共享,从资源服务向学习服务转变,满足学习者个性化、智能化、终身化学习需求。提升师生信息素养。实施"人工智能+教师教育"计划,以人工智能等新技术助推教师队伍建设。人工智能教育在全市中小学校基本普及。实现师生信息化应用水平和信息素养普遍提高。

（六）构建现代化教育综合治理体系

构建体系化的教育法治生态。稳步推进教育立法,健全有利于加快推进厦门教育现代化的地方教育法规规章。提供优质化的政府管理服务。落实现代服务理念,构建网络化的服务平台。全面落实学校办学自主权,提高学校自主管理能力,推动现代学校制度改革创新。加快建设现代学校公共安全综合治理体系。全面建立健全民办教育机构办学风险预警防范和应急处置机制。推动民办教育分类管理。大胆探索混合所有制办学模式,支持和吸引企业等社会力量举办职业教育。打造多元化的教育治理模式。健全社会民众、专家学者、人大代表、政协委员等参与教育决策制度,提高教育决策科学水平。

厦门市教育科学研究院　刘丽建

厦门市法治厦门建设情况分析及建议

一、法治厦门建设基本情况

(一)法治厦门建设的基本意涵和顶层设计

法治厦门建设是一项系统性工程,主要包括立法、执法、司法、守法四大模块。前三个模块分别针对国家立法、行政和司法机关的权力运行,而最后一个模块主要围绕社会层面展开,需要公民、社会组织以及国家机关的共同参与。从本质上看,法治厦门建设既要约束国家机关的行为保证其在法治轨道上开展各项工作,也要提升公民法治意识使得法治内化成为全体社会成员的精神和行动指引。按照当前厦门市的部署,法治厦门建设的总目标是建设"法治中国典范城市",这不仅意味着厦门在完成法治建设各项工作过程中要做的比其他地区要好,而且要求厦门在法治领域实现创新,推出更多全省首创乃至全国首创的做法并成为表率。同时,厦门若想成为"典范",也应当在法治建设上具有区别于其他地区的鲜明品格,立足于地方实际,展现地方特色。

2021年9月,厦门市委印发《法治厦门建设规划(2021—2025年)》和《厦门市法治社会建设实施方案(2021—2025年)》,就推进法治厦门和法治社会建设进行了总体部署和任务安排。2022年4月,厦门市委印发《厦门市法治政府建设实施方案(2021—2025年)》,就推进法治政府建设进行了总体部署和任务安排。其中,《厦门市法治政府建设实施方案(2021—2025年)》围绕总体要求、机构职能、依法行政、行政决策、行政执法、突发事件应对、社会矛盾纠纷行政预防、行政权力制约监督、法治政府建设科技保障、加强党的领导等十个方面展开,共包含三十三条内容,对"十四五"时期厦门市法治政府建设展开全面具体的统筹安排。《厦门市法治政府建设实施方案(2021—2025年)》同《法治厦门建设规划(2021—2025年)》和《厦门市法治社会建设实施方案(2021—2025年)》一道构成了"十四五"时期法治厦门建设完整的顶层设计。

(二)法治厦门建设主要成效

2021年以来,厦门市委、市政府全面贯彻落实习近平法治思想和习近平总书记在福建考察时的重要讲话精神、习近平总书记致厦门经济特区建设40周年贺信重要精神,围绕建设法治中国典范城市的总目标,全面统筹法治厦门建设各领域工作,推动法治厦门建设各项工作取得一系列成就、实现一系列突破。

1.地方立法水平稳步提升。厦门市积极运用双重立法权优势,充分发挥特区立法"试验田"作用,坚持立法上先行先试,2021 年 10 月—2022 年 10 月制定了《厦门经济特区优化营商条例》等 7 部经济特区法规,修订了《厦门经济特区生态文明建设条例》等法规,立法范围涵盖经济、科技、社会、生态以及行政管理、组织建设等诸多领域。其中,《厦门经济特区医疗卫生人员职业暴露防护若干规定》为全国首部医疗卫生人员职业暴露防护的专项立法。整体来看,这两年来厦门市地方立法在数量上和质量上有了较为明显的提升,从立法领域和立法技术而言均展现出了符合治理能力现代化要求的进步,在地方经济建设和社会发展上也作出了立法应有的贡献。

2.政府治理能力持续增强。法治政府建设不仅是全面依法治市主体工程,也是长期以来推动法治厦门不断取得成绩的主要动力。自 2020 年厦门获评"全国法治政府建设示范市"称号以来,厦门近两年的法治政府建设工作已经逐渐朝着发挥引领示范作用转变。2022 年 6 月,根据《厦门市法治政府建设实施方案(2021—2025 年)》的有关要求,厦门市政府成立厦门市法治政府建设工作领导小组,由黄文辉市长任组长,负责统筹规划法治政府建设。为了统筹疫情防控和经济社会发展,厦门市先后制定《关于为依法防控疫情促进经济社会发展提供法律服务和法治保障的意见》《关于律师助力企业纾困五条服务措施》等规定,应对突发疫情和保障安全发展的能力显著提升。2021 年全年厦门市政府组织法律顾问为重大事务提出法律意见、开展法律论证 59 件次,对 5 项重大行政决策进行合法性审查,同时厦门市、区两级党政机关共聘请 23 名法学专家、463 名律师担任政府法律顾问,行政决策和行政执法的合法性、合理性得到有效的专业保障。

3.司法领域改革不断深化。厦门市两级司法机关充分发挥自身优势,积极推进司法体制综合配套改革,在司法活动中推出了一系列全国首创的先进做法。其中,民事诉讼程序繁简分流改革创新做法被最高法院写入试点报告,刑事案件阶梯式认罪认罚从宽、诉讼与公证协同创新、"四类案件"监管、执行事务社会化改革等 23 项经验在全国复制推广,设立全国首个维护国家安全工作协作平台。近两年来,厦门市司法机关特别是审判机关在司法改革中仍然保持着良好的创新势头,在全省乃至全国范围内展现出了较为典型的示范作用。

4.法治社会建设全面展开。厦门市聚焦建设最具安全感城市目标,努力建设更高水平平安厦门,获评"平安中国建设示范市"。2022 年上半年,厦门全市检察机关共批准和决定逮捕涉黑恶犯罪 23 人,决定起诉 87 人;对黑恶势力"保护伞"起诉 3 人,扫黑除恶常态化斗争取得积极成效。2021 年 11 月,厦门市成立海丝中央法务区,并先后出台《支持海丝中央法务区建设的若干措施》等政策,在打造国际法律服务矩阵、构建全链条国际商事海事纠纷解决体系、推动法务科技产业集聚发展等方面进行了积极探索,海丝中央法务区已经成为法治厦门建设的新品牌。厦门市法治社会建设展现出了较为明显的成效,无论从平安建设或是社会治理方面来看均处于全国领先水平。这一方面得益于厦门在法治社会建设领域推出的一系列创新举措,另一方面同厦门较好的文明氛围也紧密相关。

二、法治厦门建设存在的主要问题

过去一年厦门市在推进科学立法、严格执法、公正司法、全面守法中取得了积极成效,法治厦门建设局面总体呈现良好态势。同时,由于政策、历史等原因,相较于国内先进地区的法治实践,法治厦门建设也存在一些短板。

在立法层面,厦门市人大及其常委会在运用经济特区立法权与地方性立法权中尚不能有效对两者的权限范围作明确区分,特别是立法中倾向于对经济特区立法权作扩张性解释,较易出现以经济特区立法取代地方性立法权限范围内事项的情形。具体而言,2021年10月—2022年10月厦门市人大常委会所制订的7部法规均为经济特区法规,内容却涵盖城乡建设管理、生态环境保护等事项。例如,《厦门经济特区养犬管理办法》等法规已经超越经济特区立法权限,应当采取地方立法权进行立法较为适宜。

在执法层面,基层法治政府建设仍然有待加强,权力下放与基层政府法治化水平之间的矛盾较为突出,尤其是基层在执法人员配备、制度体系完善等方面存在明显短板;推进包容审慎监管执法制度落地取得一定成效,但是在具体操作上缺乏更为细致且有效的制度保障,执法部门在不予处罚清单的制定和动态调整、教育相对人方式的采用等方面举措的规范与否仍然有待观察;信息化行政水平仍然有待提升,各区各部门政务服务系统之间相对独立,政务数据开放共享制度尚未建立,数据价值难以有效发挥,距离《国务院关于加强数字政府建设的指导意见》中所提出的"以数字政府建设全面引领驱动数字化发展"仍有不少差距。

在司法层面,厦门市检察机关在发挥法律监督职能特别是行政检察职能上仍然有待提升。2022年1—9月,厦门全市检察机关对行政审判活动违法行为提出检察建议6件,对行政执行活动违法行为提出检察建议8件,开展行政争议实质性化解3件,整体数量偏少。以行政争议实质性化解案件数量为例,同期福建全省检察机关共开展行政争议实质性化解350件,而省内其他城市诸如福州市、宁德市检察机关开展行政争议实质性化解案件数量分别为42件和23件,远高于厦门市。

在守法层面,法治社会建设实践中的突破多为相关实施主体进行手段创新而产生,缺乏完备的规范体系和统一部署。除了《厦门经济特区公共法律服务条例》以外,平安建设、法治宣传、法治文化建设等领域缺乏相应法规规范的支撑或更高层面的统筹部署,难以为法治社会建设提供有力的规范支撑。

三、2023 年厦门市法治建设展望

2023 年是《法治厦门建设规划(2021—2025 年)》《厦门市法治政府建设实施方案(2021—2025 年)》《厦门市法治社会建设实施方案(2021—2025 年)》《关于在全市开展法治宣传教育的第八个五年规划(2021—2025 年)》全面实施的中期之年,也是承前启后的关键之年。2023 年法治厦门建设各项任务的推进情况直接关系到法治厦门系列规划、方案能否如期顺利完成。当前,聚焦加快建设"法治中国典范城市"目标,厦门市正积极贯彻落实习近平法治思想,在法治轨道上全面推进高质量发展,努力建设更高水平的法治厦门。

在新冠肺炎疫情常态化防控背景之下,坚持依法治市、依法执政、依法行政共同推进,坚持法治厦门、法治政府、法治社会一体建设,推进城市治理体系和治理能力现代化,仍然存在着诸多挑战。随着法治水平的不断提高,法治在经济社会发展中的作用愈发突出,已经成为高质量发展的核心竞争力。在法治厦门建设取得积极突出成就,特别是获评"全国法治政府建设示范市""平安中国建设示范市"等荣誉以后,海丝中央法务区建设、行政执法工作改革、司法体制综合配套改革、智慧政法建设等工作面临着由量的积累到质的飞跃的转变。因此着眼建设高素质高颜值现代化国际化城市和努力率先实现社会主义现代化大局,2023 年厦门市法治厦门建设应当坚持全面贯彻习近平新时代中国特色社会主义思想,把党的二十大精神落实到法治厦门建设的全过程,深入学习贯彻习近平法治思想,抓住一系列政策机遇,积极迎接一系列风险挑战,始终把法治思维和法治方式融入国家机关的日常工作和人民群众的日常生活中,不断开创法治厦门建设新局面。

四、推进法治厦门建设的对策与建议

(一)加强和改进地方立法

1.充分运用双重立法权优势。 根据全国人大及其常委会的授权,经济特区立法权应当限于推进经济发展和对外开放需要;而根据《中华人民共和国立法法》对地方性立法的规定,其立法范围限于城乡建设与管理、环境保护、历史文化保护等方面。作为经济特区的厦门,双重立法权的运用既要充分发挥先行先试优势,也应当严格遵守上述立法权限范围,特别是应当注意防止经济特

区立法权扩大化,避免使用经济特区立法名义对城乡建设与管理、环境保护、历史文化保护等事项进行立法。

2.建立健全重大事项、重大决策草案的合法性审查制度。重大事项、重大决策草案的合法性审查区分不同主体有不同规范重点:对于立法机关决定的重大事项、重大决策,应当通过完善讨论决定的具体办法保证内部合法性审查的有效性;对于行政机关作出的重大决策,应当依法向同级人大常委会报告,由人大常委会进行合法性审查并作出决定。由于立法机关和行政机关在实践中的不同分工,行政机关,而立法机关的监督往往得不到充分重视,因此应当通过将审查主体、范围、程序、标准等要素以制度化形式确定下来,确保行政机关作出的重大决策草案均经过同级立法机关的合法性审查。

(二)加强政府治理体系建设

1.提升基层政府治理能力和治理水平。在行政执法权力下放的同时要不断提升镇(街)的治理能力和治理水平,统筹考虑权力下放和集中执法需要,对镇(街)政府的职责体系、组织结构和运行机制作出适当调整,通过完善基层政府人员编制、增强基层政府执法力量配备、加强基层执法人员法治教育等方式构建起与职责体系相适应的基层政府组织结构,并同时完善基层行政权力的运行机制。

2.继续推进包容审慎监管执法。在新兴行业不断涌现的背景下,行政执法应当遵循"先教育后处罚""先柔性后刚性"的原则,在探索制度创新上实现更大突破。考虑到新冠肺炎疫情对经济社会发展带来的影响,建议厦门市在推进包容审慎监管执法制度的进程中探索实施"观察期"制度,对于符合政策导向、具有发展前景的新业态新模式企业设立一定时间的"观察期",并在"观察期内"对其采取较为宽松和柔和的监管执法方式,在不严重危及社会公共利益保障这些企业的发展空间。

3.全面建设数字法治政府。建设数字法治政府是推进国家治理体系和治理能力现代化的重要组成部分,是数字时代技术创新与治理创新相结合的重大探索。因此厦门市应当充分认识到数字化建设对于法治政府的重要意义,加快完善数据资源开放共享制度体系建设,尽快推动政务数据在不同部门之间共享、对社会群体统一开放,不断释放数字政府建设推动数字经济发展的强大动力。

(三)推进司法公正高效权威

1.持续深化司法体制综合配套改革。当前司法体制综合配套改革的步伐已经由基础制度变革逐渐转向精细化、信息化水平的提升。因此,厦门市两级司法机关在进一步巩固和拓展自身在实践探索和制度创新上优势的同时,还应当注重司法细节的提升:提升审判和检察工作质量,例如推进审判和检察活动规范化建设、加强法律文书质量把关、严格控制案件办理法定期限等;加强智慧法院、智慧检察建设,推动司法信息化从被动应用数字技术于司法活动到主动运用数字技术服务社会大局转变,充分挖掘司法大数据的资源优势为经济发展和社会稳定等提供决策参考,创造更高水平的数字正义。

2.推动行政争议诉源治理工作。检察机关作为我国宪法确定的"法律监督机关",具有监督审判机关和行政机关的法律基础和现实必要,应当承担起实质化解行政争议的职责。因此,厦门市两级检察机关可以充分发挥作为法律监督机关的职责和优势,在行政争议实质化解过程中发挥更大作用,具体可以从以下方面展开:在行政公益诉讼的诉前阶段及时有效纠正违法行政行为,努力降低案件起诉率;在行政诉讼过程中监督审判机关依法裁判,防止衍生争议的产生;主动介入行政诉讼前的多元化解,督促行政机关依法履行法定职责;突出行政争议产生前的矛盾预防,对行政机关的日常执法行为实施有效监督,有效参与社会治理。

(四)加强法治社会建设

1.完善法治社会建设规范体系。健全完善的规范体系是推进法治社会建设的有力支撑。当前,正值厦门市推进市域社会治理现代化和平安厦门建设的重要时期,因而有必要推进平安建设、社会治理、法治宣传等领域地方法规制定,将实践中形成的先进经验以立法形式固定下来。同时建议出台加强社会主义法治文化建设的意见,统筹全市法治文化建设工作。

2.进一步完善海丝中央法务区建设。建议探索推动把海丝中央法务区建设纳入厦门地方立法计划,把海丝中央法务区各项制度创新以立法形式确定下来。同时,厦门海丝中央法务区在建设过程中还应当明确自身发展定位,注重同成都天府中央法务区、上海虹桥国际中央法务区、深圳前海深港国际法务区等国内其他法务区协同错位发展,一方面充分发挥厦门地区优势,在避免资源过度竞争的同时拓展自身发展空间;另一方面加强同国内其他法务区的交流合作,构建相应平台和机制实现各法务区优势互补、共同发展。

3.推动社会力量广泛参与社会治理。建议厦门市在充分发挥镇(街)和社区(村)职能和制度优势的基础上,推动社会组织积极参与社会治理,形成以政府为主导、其他社会广泛参与的社会治理格局。完善社会组织参与基层社会治理的工作机制,建立健全街(镇)购买社会服务机制,搭建社会组织参与治理的平台,特别是重点支持敬老、扶幼、济困、助残等与民生相关的公益性、服务性社会组织的发展壮大并在社会治理中发挥积极作用。

厦门大学法学院　孙丽岩

厦门市生态文明建设情况分析及建议

一、厦门市生态文明建设现状

(一)生态文明建设示范区实现市域全覆盖

"高素质高颜值"是习近平总书记对厦门建设发展特色的充分肯定,为新时代厦门生态文明建设指明了目标和方向。厦门在福建省2021年度党政领导生态环境保护目标责任书考评中蝉联第一,在福建省2021年度生态环境质量满意度测评中再度荣膺全省第一,实现了"十四五"生态环保工作良好开局。2021年12月,"生态文明制度创新的厦门实践"入选厦门经济特区建设40周年全面深化改革典型案例;同月,厦门市印发《厦门市"十四五"生态环境保护专项规划》。

2022年1—9月,厦门全市生态环境质量保持全国前列,空气质量综合指数2.59,同比改善1.5%,在全国168个重点城市中排名第八;集中式饮用水水源地、主要流域国省控断面水质达标率保持100%;2022年2月,厦门市政府办公厅印发《厦门市"十四五"生态文明建设规划》,以生态经济、生态环境、生态人文为"三条主线",系统推进生态文明高水平建设,全力支撑厦门建成全国生态文明典范城市。4月,厦门市人民政府出台《厦门市加快建立健全绿色低碳循环发展经济体系工作方案》,促进经济社会发展全面绿色转型提供指南。5月,厦门市发展和改革委员会印发《厦门市建立健全生态产品价值实现机制工作方案》,确定第一批共8个生态产品价值实现重点项目,着力推进生态"高颜值"和经济发展"高素质"的有机统一。10月,厦门市发展和改革委员会等六部门印发《厦门市促进绿色消费实施方案》,推进消费结构绿色转型升级,加快形成绿色低碳、文明健康的生活方式和消费模式。

2022年厦门市被生态环境部命名为第六批国家生态文明建设示范区,成为全国第二个获此殊荣的副省级城市。同时,同安区、翔安区双双获得第六批国家生态文明建设示范区荣誉称号,标志着厦门市在全省率先实现国家生态文明建设示范区全覆盖。

（二）碳达峰碳中和目标持续推进

2021 年 11 月，厦门市湖里区获得福建海峡资源环境交易中心颁发的"碳中和注销证书"、中环联合（北京）认证中心颁发的"碳中和认证证书"，成为福建省首个获得此项认证的政府机关。12 月，厦门举办了第 34 届中国金鸡百花电影节，以购买林业碳票的方式抵消本次电影节产生的碳排放，首次实现了中国金鸡百花电影节历史上的碳中和，成为中国电影行业绿色低碳发展、探索打造"零碳电影"的新起点。2022 年 1 月，厦门产权交易中心（厦门市碳和排污权交易中心）完成 15000 吨海水养殖渔业海洋碳汇交易项目，是全国首宗海洋渔业碳汇交易，标志着我国海洋渔业碳汇交易领域实现零的突破。4 月，厦门地铁碳积分体系上线，"厦门地铁"App 注册用户自动累计碳里程与碳币，通过碳普惠平台产生低碳效益。6 月，全国首场"农业碳汇交易助乡村，数字人民币万人购"大型活动启动仪式在厦门同安区莲花镇白交祠村举行，开启了全国首创的"农业碳汇＋数字人民币＋乡村振兴"新机制，是"绿水青山就是金山银山"在美丽厦门的又一次生动实践；同月，厦门市生态环境保护委员会办公室发布《厦门市零碳景区试点示范工程验收技术规范（试行）》，指导厦门市零碳景区试点示范工程的创建工作。7 月，全国首个农业碳汇大学堂在厦门同安区莲花镇开讲，以军营村恒利茶场基地为教学点，实现"送碳汇知识上山、送绿色交易下乡"。

（三）生态环境污染防治力度深入推进

厦门市坚持以改善生态环境质量为核心，深入打好污染防治攻坚战，包括同安埭头溪黑臭水体整治和海域养殖清退、千人以下农村分散式饮用水源地保护范围划定、新建改造污水管网、正本清源改造及污水处理能力提升等一系列工作。2022 年 1 月，厦门市生态环境保护委员会办公室印发《厦门市"十四五"土壤污染防治专项规划》；3 月，厦门市生态环境局、厦门市自然资源和规划局、厦门市水利局印发《厦门市"十四五"地下水污染防治专项规划》；同月，厦门市政集团成功发行绿色中期票据，募集到的资金主要用于生活垃圾焚烧发电、生物质垃圾综合利用及工业危险废物处置等多个固废处理项目，标志着厦门首单绿色债券正式落地；7 月，厦门市发布了《2022 年厦门第 1 号总河长令》，明确在全市开展巩固提升河湖水质、全面消除劣 V 类水体攻坚战；同月，厦门市生活垃圾分类工作领导小组办公室印发《2022 年厦门市生活垃圾分类工作要点》，进一步完善常态化监督机制，推进垃圾分类创新发展工作，实现城市环境治理新效能；10 月，厦门市委、厦门市人民政府印发《厦门市深入打好污染防治攻坚战工作方案》，以精准治污、科学治污、依法治污为工作方针，统筹污染治理、生态保护、应对气候变化，深入实施蓝天、碧水、碧海、净土四大工程,进一步加强生态环境保护。

（四）美丽海湾建设初见成效

厦门坚持生态优先、绿色发展的理念,形成了海洋综合管理的"厦门模式"。厦门市积极出台建设规划为美丽海湾建设保驾护航:2022年2月,厦门市自然资源与规划局联合自然资源部第三海洋研究所、厦门市海洋发展局等单位共同编制了《海滩养护与修复工程验收技术方法》(HY/T 0330—2022),该方法融合了近年来厦门市及其他省市海滩养护与修复工程实践经验,为今后相关省市开展海滩养护与修复工作提供了重要的技术支撑;3月,《厦门市"十四五"海洋生态环境保护规划》发布,旨在以更有力的举措建设"美丽海湾",实现海洋生态环境质量改善,实现海洋生态环境高水平保护;10月,《厦门市互花米草除治攻坚行动方案》发布,通过"处置—修复—提升—后期管护"的综合管治手段,维护滨海湿地生物多样性和生态系统安全,打造美丽生态岸线景观。

厦门市坚持高位推动机制,近岸海域污染防治治理成效显著,入海排污口整治基本完成,入海排放口治理形成"由口及里"全链条系统整治。2022年7月,厦门市在全省近岸海域污染防治专项整改工作推进会上作典型发言;10月,《福建省厦门市坚持陆海统筹,着力"三个坚持"推进入海排污口排查整治》成功被生态环境部作为地方典型案例推广。

二、厦门市生态文明建设中面临的挑战

（一）人与自然和谐共生的现代化程度有待提升

随着社会经济高速发展、城市化进程加快和人口集聚增长,厦门资源能源总量约束日益凸显,产业结构、能源结构亟待优化升级,绿色产业有待进一步培育,绿色产业生产效率效能、技术创新等方面核心竞争力仍需加强。绿色经济高质量发展与能源消耗、二氧化碳及污染排放增长解耦的程度进一步提升,成为厦门破解保护与发展突出矛盾的迫切需要,也是促进人与自然和谐共生的必然要求。当前,厦门市生态环境质量保持高位运行的压力较大,近岸海域水质受九龙江入海污染物传输影响,西海域水质需要持续改善,水环境提升治理难度大,亟待加强绿色治理,高质量构建生态保护修复体系。在实现中国式现代化的进程中,贯彻人与自然和谐共生的生态文明理念,两岸的发展和统一是中国式现代化的重要组成部分。厦门与金门一衣带水,金门是两岸交流的重要纽带,厦金海域面临着海漂垃圾、水质污染等生态环境问题,珍稀海洋生物保护尤为迫切,亟须进一步加强厦金合作交流,共创两岸生态文明领域融合发展新局面。

（二）可持续发展在厦门生态文明建设中需要进一步融合落地

多年来厦门坚持生态优先、绿色发展，打造了一批生态文明建设典型案例，为厦门成为生态文明建设"中国样本"和对标联合国可持续发展目标提供了有利条件。厦门市思明区于2012年入选国家可持续发展实验区，具有可持续发展的重要基础。"岛内大提升、岛外大发展"项目的推进，对厦门市总体生态环境、生态功能、生物多样性等可持续发展目标提出了新的要求；厦门可开展联合国可持续发展目标本土化评估实施机制的研究工作，提出具有长期气候适应、陆海统筹和全球共赢的厦门方案。综上，厦门亟须加强可持续发展在生态文明建设中的进一步融合落地，助力厦门实现更高水平建设高素质高颜值现代化国际化城市的目标。

（三）蓝绿生态系统碳汇协同发展的格局尚未形成

厦门作为改革开放的前沿阵地，具有经济特区、自由贸易试验区等多重战略区位优势，是创新探索开辟"双碳经济"新模式、打造低碳发展"试验田"的沃土。随着厦门经济建设加速发展对自然资源需求的不断增加，土地开发及用海强度持续扩大，蓝绿碳生态系统资源存在潜在风险，削弱了生态系统的碳储存、碳增汇功能。由于缺乏陆海统筹一体化蓝绿碳生态资源监测管理体系，蓝绿碳汇资源及其生态产品的本底数据尚未理清，蓝绿碳市场交易品类单一，"碳汇＋产业"的双碳经济发展模式动能不足。因此，亟须基于陆海统筹理念，构建陆海碳汇协同发展相互促进的双向循环格局，进一步协调管理蓝绿碳汇资源，拓宽生态经济发展路径，推动蓝绿碳经济体系协同发展，发挥碳中和的巨大潜力。

三、厦门市生态文明建设发展的建议

（一）优化人与自然和谐共生发展和绿色繁荣的顶层设计

建议以习近平生态文明思想为指引，全面建设人与自然和谐共生的现代化标杆城市。通过强化绿色转型，积极打造绿色低碳发展高地，推动绿色生活方式全民化。一是积极构建以可持续发展目标为导向的产业转型绿色发展体系，围绕"清洁能源""工业创新""永续供求""气候行动"等可持续发展理念和目标，打造绿色低碳现代化产业体系，重点发展先进环保装备制造、清洁能源、绿色服务等产业，以关键数字技术自主创新为核心驱动力，构筑新一代信息技术、生物医药与健康、新材料与新能源、数字创意和海洋高新技术等战略性新兴产业集群，促进产业高端化、智能化、绿色化转型升级。鼓励家庭与社区的绿色交流，依托绿色社区形成以绿色生活方式为主的交流群体，建立绿色生活群体规范，推动形成绿色的生活方式。二是持续加强重要生态系统保护与修复，结合世界自然保护联盟（IUCN）《基于自然的解决方案（NbS）》，加强推进重点流域、海洋生态系统保护修复等，建设"山海城"一体的绿色宜居环境，发挥以自然为中心的最大化效用实现山水林田湖草沙统筹治理，探索以气候韧性和蓝色碳汇提升为导向的海洋生态保护修复新模式。三是扩大生态文明领域的开放，加强厦金、两岸合作交流。加快建立厦金空气质量联防联控机制，实现厦金海漂物协同治理，切实解决厦金海域生态环境问题。共商厦金海洋保护区规划与建设，实现中华白海豚等珍稀海洋生物的保护，为解决两岸生态问题提供示范，持续推进海峡两岸生态文明建设的深度融合发展。

（二）加强生态文明建设与联合国可持续发展目标的融合对接

建议将联合国可持续发展目标与厦门本地实际及发展需求进行对接，特别是生态文明建设相关指标体系的融合，可依托的科研平台包括厦门大学国际可持续性科学研究院、厦门大学生态文明研究院、福建海洋可持续发展研究院（厦门大学）等。一是建立本土化可持续发展指标体系。以双碳目标为背景，结合《2030年可持续发展议程》和厦门市生态文明建设领域相关规划和指标体系，构建可持续发展的厦门本土化指标，从环境包容性、绿色生活生产方式、环保产业发展和生态修复成效等角度，考虑厦门市城市居民幸福度、水土流失率以及蓝绿色经济总量等特色指标，评估厦门市生态文明建设的可持续发展能力。二是搭建可持续发展目标综合监测平台，为可持续发展提供科技支撑。联合厦门市已有的数据监测及统计平台，运用集地球科学、信息科学和空间科技等技术交叉融合为一体的地球大数据技术，扩大各领域可持续发展目标数据的地理覆盖面，增强数据的及时性与准确性，建立健全厦门全域生态可持续发展的常态化监测评估体系。三是打造具有海洋特色的可持续发展议程创新示范区，联合台湾岛内相关城市构建可持续发展城市共同体。以科技创新为支撑，从政策先行先试、经验模式推广等方面支持建设两岸城市可持续发展示范区，从推动高校、科研院所联动出发，深化海峡两岸重要城市可持续发展目标的融合。

（三）构建蓝绿碳汇的陆海统筹创新发展格局

建议运用陆海统筹理念协调陆地碳汇和海洋碳汇的关系，在北部山区以及翔安下潭尾红树林湿地公园、大屿岛保护区、厦门岛西海域等蓝碳资源丰富的区域设计部署实时在线可视化监测系统，运用卫星遥感、生态系统模型、中宇宙实验设施、时间序列观测、物联网、区块链等现代技术与手段，建立全生命周期、立体模式的综合性温室气体监测站和海洋碳汇观测核心站，保护陆地和海洋碳封存环境。率先探索蓝绿碳增汇技术试点工程，抢占国际碳汇发展新高地，形成一套从陆到海、立体分层、综合效益显著的蓝绿碳汇增汇技术体系。

以打造"碳汇＋产业"的蓝绿碳汇生态经济体系,多渠道、多业态、多领域推进碳汇资源价值实现,促进蓝绿碳汇与交通运输、文娱旅游、养殖、工业等多产业融合,推动自然资源向具有碳汇附加值的新型自然资产转型,拓宽碳市场交易品类,提升厦门林农生态的绿色品质和海洋生态的蓝色品牌效应。

厦门大学环境与生态学院　李杨帆　严欣恬
李　彤　黄暄皓

厦门市保障性住房建设情况分析及建议

2022年厦门立足新发展阶段、贯彻新发展理念、构建新发展格局,坚持"房住不炒"定位,踔厉奋发、守正创新,积极探索多主体供应、多渠道保障、租购并举的住房保障制度,着力扩大住房保障覆盖面,不断推进住房保障工作高质量发展,为更高水平建设"两高两化"城市作出了积极的贡献。

一、厦门市保障性住房建设情况

2022年,厦门市加快推进"中央财政支持住房租赁市场发展"试点,加大保障性住房土地供应力度,加快保障性租赁住房建设,取得了较好的成效。

(一)2021年厦门保障性住房建设回顾①

2021年,厦门在全国率先形成发展保障性租赁住房"1+3+N"政策体系,12项政策内容列入全国可复制可推广清单。

1.保障性住房投资。2021年厦门市保障性住房计划完成投资28亿元,实际完成40.9亿元,完成计划投资的144.6%。计划竣工各类保障性住房10000套,实际竣工新店保障房地铁社区林前综合体、洋唐居住区三期一标段、新店保障房地铁社区二期、湖边公寓、雍厝公寓、仁和公寓等项目合计12883套。

2.安置型商品房建设。2021年厦门市新开工安置型商品房10个,实际已开工美峰花园、马銮湾新城集美西滨JB1-1地块、新浦嘉园、钟宅北苑安置房一期、金林湾花园安置房四期、坂美花园、高林安置型商品房二期、下湖安置型商品房一期、下湖安置型商品房二期、岭兜安置型商品房等10个项目,顺利完成新开工任务。

3.保障性租赁住房筹集。2021年,厦门密集出台系列配套文件,在"小户型、低租金"总体思路上,积极盘活存量、提升增量,探索存量非改租、企事业单位自有用地建设等7种房源供应渠道,扩大保障性租赁住房供给,精准保障新就业大学生、青年人等新市民的住房需求。厦门市累计筹集保障性租赁住房

---

① 本文数据资料如未特别说明,均来源于厦门市建设局、厦门市住房保障和房屋管理局、厦门市统计局官方文件和网站。

9.27 万套(间),投入使用 3.17 万套(间),有效解决了 8 万多新市民、青年人的住房困难。

4.人才住房配租配售。2021 年厦门累计向不同层次人才配租、配售保障性住房约 5.7 万套(间),分类保障高层次人才、骨干人才、"三高"企业骨干员工等各类人才住房需求。

5.新就业大学生住房保障。2021 年,厦门市推出"五年内五折租房"政策,通过"租金补贴＋实物配租"相结合的方式,加大对青年群体的住房保障,政策力度全国领先。这个针对新就业大学生量身定制的租赁住房保障政策,可解决他们首次来厦 5 年内的过渡性居住需求,最高可领取 4 万元租金补贴,2021 年为两批 1.76 万名新就业大学生等青年群体发放 6468 万元租金补贴。

截至 2021 年年底,全市住房总量达 130 万套,城镇居民人均住房面积 35.3 平方米。累计配租配售各类保障性住房 11.09 万套(间),租赁住房供给总量达 72.78 万多套、194 万多间,保障人数近 30 万。

(二)2022 年前三季度厦门市保障性住房建设情况

2022 年厦门市围绕各类保障性住房的建设工作,着力扩大住房保障覆盖面,统筹各类房源,分层次提供精准保障,较好地解决城市住房突出问题。

1.土地供应及开工建设。2022 年厦门市住宅用地计划供应 265.95 公顷,其中产权住宅用地 82.72 公顷,租赁住宅用地 28.06 公顷,其中包括保障性租赁住宅用地 21.69 公顷,市场化租赁住宅用地 6.37 公顷,其他住宅用地 155.17 公顷。2022 年厦门加大保障型住宅用地的供应,优先保障保障性住房、拆迁安置房用地、租赁住房用地需求,单列租赁住房用地供应计划,且占比不低于住宅用地供应计划规模的 10%。

2.保障性住房建设。截至 9 月底,市级项目保障房在建项目 11 个,计划推进竣工保障房房源 10000 套,已累计竣工 4902 套,浯家公寓保障性住房 4520 套年底进入竣工验收,全年累计预计竣工验收 9422 套。

3.住房租赁试点城市建设。厦门市作为首批住房租赁试点城市,以政府政策支持、市场主体运营方式,向无住房新就业大学生、青年人等新市民群体,提供"小户型、低租金"的市场化租赁住房。截至 9 月底已筹集项目 118 个、房源 8.67 万套(间),其中 3.17 万套(间)入市供应,有效解决 10 万多新市民住房困难问题。

4.保障性租赁住房房源筹集。厦门盘活存量、提升增量,多渠道筹集保障性租赁住房房源。截至 9 月底,利用国有土地划拨或出让大幅下降用地基准地价,已筹集 21 个项目 2.8 万套(间)房源;利用农村集体预留发展用地建设,已筹集 12 个项目 1.74 万套(间)房源。

5.新就业大学群体住房保障。厦门推出"5年5折租房"政策,为来厦门市就业创业的新就业大学生等青年群体提供住房保障,实时受理保障资格申请,每个季度设置批次,受理租金补贴申请。截至9月底,已完成4个批次,受理申请3.75万人次,发放租金补贴1.38亿元。

6."一库一系统多平台"建设。厦门构建"一库(数据中心)一系统(租赁系统)多平台"的信息化综合管理体系,实现企业登记、房源发布、合同管理、租金监测的信息化管理。截至9月底,房屋大数据中心已录入房源数据405万套;住房租赁系统注册个人用户7.51万名、企业201家、房源19.5万套(间),备案住房租赁合同7.37万份,系统点击量超过525万次,有效链接企业和租户。

7.中金厦门安居REIT项目上市。首批以保障性租赁住房中金厦门安居REIT项目为底层资产的公募REITs顺利上市,项目包含厦门市集美区的两个保障性租赁住房项目,建筑面积约19.86万平方米,有4665套房源可租,单个项目均为可提供超过2000套房源,属于中大型租赁社区。中金厦门安居REIT底层基础出租率高达99.5%,资产评估值约为12.14亿元。中金厦门安居REIT项目上市有利于拓宽融资渠道、盘活存量资产、完善投融资机制、推进保障性住房建设,标志着住房租赁产业"投—融—建—管—退"闭环正式合拢。

8.在建项目进度。2022年计划推进竣工房源10000套。截至9月底,已累计竣工4902套,已竣工的项目为同安祥平地铁社区二期项目。厦门在建市级项目11个,进度如下:

(1)集美区项目1个,项目名称为集美区洪茂居住区一期。

集美区洪茂居住区一期:项目位于集美区软件园三期,地铁4号线集美软件园站西侧,总用地面积6.79万平方米,总建筑面积31.2万平方米,建设保障性住房5744套,配套建设商业、公共社区用房等设施。截至9月底,项目正在进行地下室及上部主体结构施工。

(2)海沧区项目2个,项目名称为马銮湾地铁社区二期和新阳三期。

马銮湾地铁社区二期:项目位于海沧区孚莲路东侧,地铁社区一期工程西侧,A01-09地块总用地面积约13.34万平方米,总建筑面积约50.22万平方米,建设保障性住房4334套,配套建设幼儿园、小学、生鲜超市、商业等设施。截至9月底,项目A01-A07正在进行精装修和主体结构施工,A08-A09正在进行桩基施工。

新阳三期:项目位于厦门市海沧区孚安路以北、东孚西二路以南、东孚南路以西、孚中央东路以东。项目总用地面积约9.1万平方米,总建筑面积约38.88万平方米,建设保障性住房2900套。截至9月底,项目正在进行主体结构施工。

(3)同安区项目4个,项目名称为祥平地铁社区二期、龙秋公寓、龙泉公寓一期、同安城北小区A地块、祥平地铁社区三期。

龙秋公寓:项目位于同安区高新技术产业基地起步区中部,城中东路西侧,总用地面积约3.1万平方米,总建筑面积约15.2万平方米,建设保障性住房2700套,配套建设商业、社区服务等设施。截至9月底,项目正在进行装修施工。

龙泉公寓一期:项目位于同安同翔高新产业基地,城东中路东侧,郭山南路南侧,总用地面积约6.15万平方米,总建筑面积约24.1万平方米,建设保障房3252套,配套12班幼儿园、商业、公共社区用房等服务设施。截至9月底,项目正进行地下室及上部主体结构施工。

同安城北小区A地块:项目位于同安区朝洋路与新丰路交叉口西北侧,总建筑面积约18.5万平方米,建设保障性住房1690套,配套建设社区服务中心、老年人日间照料中心、幼儿园、生鲜超市等设施。截至9月底,项目正在主体结构及装修施工。

祥平地铁社区三期:项目位于同安区、西湖路以东,同丙路以西,卿朴中路以南,卿朴路以北。共4个地块,分别是D16、D17、D20、D23地块,总用地面积86557平方米,总建筑面积378198平方米。主要建设保障性住房3188套,一所12个班的幼儿园4500平方米,以及社区商业、生鲜超市、邮政中心、社区服务中心、物业等配套用房。截至9月底,D17、D20地块正在进行室内外装修施工。

(4)翔安区项目4个,项目名称为浯家公寓、洋唐居住区三期、珩边居住区、东园公寓一期。

浯家公寓:项目位于翔安西路以北,洪钟大道以东,总用地面积6.18万平方米,总建筑面积30.75万平方米,建设保障性住房4520套。配套建设幼儿园、生鲜超市、社区服务中心、商业等服务设施。截至9月底,项目正在组织竣工验收。

洋唐居住区三期:项目位于翔安区新店镇翔安南路与洪钟大道交叉处西南侧,总用地面积9.97万平方米,总建筑面积48.99万平方米,建设保障性住房4646套。配套建设幼儿园、社区商业、社区服务中心、物业等配套用房。截至9月底,项目一标段已完成竣工备案,二标段已竣工备案,三标段正在进行扫尾及预验收工作。

珩边居住区:项目位于翔安南路以南,城场路以北,项目总用地面积14.7万平方米,总建筑面积59.3万平方米,建设保障性住房约4888套,配套建设社区服务中心、老年人日间照料中心、幼儿园、生鲜超市、商业等设施。截至9

月底,项目正在进行室内精装修施工。

东园公寓一期:项目位于翔安东园村南侧填海区域,总用地面积约 1.8 万平方米,总建筑面积约 7.7 万平方米,建设保障房 544 套,配套建设商业配套等,截至 9 月底,项目正在主体结构施工。

截至 2022 年 9 月,厦门保障性住房在建项目为 11 个,与 2021 年 9 月 12个项目相比,无新增项目,减少 1 个项目。从房源位置看,厦门保障房分布地点虽都在岛外,但大多毗邻地铁站点,交通方便。

二、厦门保障性住房建设存在的问题

厦门保障性住房建设取得了一定的成绩,但也存在着一些隐忧和突出的问题。

(一)共有产权住房制度设计缺失,住房保障体系不完善

共有产权房作为城市住房保障体系的重要组成部分,兼具保障民生和调控市场双重功能,通过产权共有的方式,完善保障房定价和利益分配机制,满足城市不同收入群体的住房需求。2017 年福建省出台《关于进一步加强房地产市场调控的八条措施》,明确要求厦门把共有产权住房用地纳入年度住宅用地供应计划,并明确规模比例,要求当年年底前启动一批共有产权住房建设。但 2021 年、2022 年厦门土地供应计划中,共有产权房土地供应部分均为零(见表 1、表 2)。目前厦门没有"共有产权住房"性质的保障性住房。

表 1 厦门市 2022 年住宅土地供应计划表

单位:万平方米

区	总量	产权住宅用地			租赁住宅用地			其他住宅用地
		商品住宅用地	共有产权住宅用地	小计	保障性租赁住宅用地	市场化租赁住宅用地	小计	
思明区	21.09	4.43	0	4.43	0.00	0.00	0.00	16.66
湖里区	52.88	7.59	0	7.59	3.00	2.70	5.70	39.59
集美区	66.32	25.53	0	25.53	0	0	0.00	40.79
海沧区	34.68	15.28	0	15.28	4.79	0	4.79	14.61
同安区	48.47	16.42	0	16.42	11.22	0	11.22	20.83
翔安区	42.51	13.47	0	13.47	2.68	3.66	6.34	22.69
合计	265.95	82.72	0	82.72	21.69	6.37	28.06	155.17

表 2 厦门市 2021 年住宅土地供应计划表

单位:万平方米

区	总量	产权住宅用地			租赁住宅用地			其他住宅用地
		商品住宅用地	共有产权住宅用地	小计	保障性租赁住宅用地	市场化租赁住宅用地	小计	
思明区	5.38	5.38	0	5.38	0	0	0	0
湖里区	40.92	5.31	0	5.31	0	10.27	10.27	25.34
集美区	42.49	14.65	0	14.65	4.44	0	4.44	23.4
海沧区	54.51	18.28	0	18.28	0	5.91	5.91	30.32
同安区	27.36	19.43	0	19.43	0	0.68	0.68	7.25
翔安区	24.41	12.41	0	12.41	0	0	0	12
合计	195.07	75.47	0	75.47	4.44	16.85	21.29	98.31

（二）岛内外发展不平衡,保障性住房覆盖率亟须提升

据厦门市统计局数据,2021 年厦门市常住人口 528 万人,除常住人口外,2017—2022 年,厦门每年新增就业人员数量逐年提高,16 所高等院校在读学生数量也呈逐年上升趋势。2022 年厦门市各区人口分布见表 3。预计"十四五"期间,厦门每年人口净流入约 10 万人。

表 3 2022 年厦门市各区人口分布

单位:人

区	人口
思明区	1073315
湖里区	1036974
集美区	1036987
海沧区	582519
同安区	855920
翔安区	578255

厦门市住房发展规划(2020—2035 年)显示,规划至 2035 年全市常住人口 730 万人,租赁住房套数占全市城市住房总套数的比例>50%,"十四五"期间厦门新增住房供应总量约 41 万套。

目前岛内人口密度高于岛外,岛内建成区人口密度约为 1.7 万人/平方公里,岛外为 0.6 万人/平方公里,约为岛内的 1/3。岛内外城镇化水平差距较大,岛外四区的发展也不均衡。与省内其他城市相比较高的住宅销售价格(见

169

图1)、持续的净人口流入,加剧了厦门市租赁住房市场的需求矛盾。

			环比增速/%
厦门市 1		52779元/平方米	-2.35
福州市 2		28163元/平方米	-3.52
泉州市 3		21827元/平方米	-0.75
宁德市 4		17255元/平方米	4.47
莆田市 5		15580元/平方米	1.39
漳州市 6		13259元/平方米	1.17
龙岩市 7		12363元/平方米	-2.09
三明市 8		10261元/平方米	-1.17
南平市 9		7872元/平方米	-0.01

图1　2022年9月福建省9地市市区房价(均价)

　　从厦门2022年11个在建保障性住房项目选址来看,全部集中在岛外,但学校、医疗、生活配套设施并未同步建设,建成后短时间无法入住。目前厦门许多政府部门、行政企事业单位办公场所在岛内、上班地点在岛内。保障性住房虽为地铁社区,但离地铁口、离办公地点、上班地点还是比较远。公交车跨越岛内外,班次偏少,上下班高峰期经常堵车,增加了交通压力和群众出行成本,不方便群众生产生活。

　　(三)智慧化一体化的住房信息管理系统亟待完善

　　厦门市现有住房租赁基础数据不完善,全市总体可租赁房源、个人及二房东运营管理的房源均无法准确定量。住房租赁市场供给的结构性问题依然存在,政府所有的闲置直管公房、安置房、存量非住宅等转化成租赁住房存在瓶颈,房源转化通道尚未完全打通。

　　(四)"租购同权"政策有待完善

　　保障性租赁住房住户在"租购同权"权益保障特别是落户、教育、医疗、养老等方面不能获得与买房居民一样的待遇,没有归属感、安全感、社区认同感。

三、2023年厦门住房市场发展展望

　　党的二十大报告中住房制度的提法与党的十九大报告一致。党的二十大报告从"增进民生福祉,提高人民生活品质"的角度阐述了房地产发展方向,即坚持房子是用来住的、不是用来炒的定位,加快建立多主体供给、多渠道保障、租购并举的住房制度,表明中央将继续发力完善住房供应端制度政策,并大力推动住房租赁市场发展,完善购+租、市场+保障的住房体系。

　　2023年,厦门市将继续贯彻房子是用来住的、不是用来炒的定位,加快建

立多主体供给、多渠道保障、租购并举的住房制度。2022年厦门在保租房公募REITs方面打通"投融管退"闭环,预计2023年,厦门在包括保障性租赁住房REITs产品在内的各类REITs市场将进一步提速发展,市场规模不断扩大,产品种类也将不断丰富。

四、促进厦门市保障性住房快速发展的建议

(一)加快推进共有产权房政策实施

2021年7月,住建部提出,要加快完善以公租房、保障性租赁住房和共有产权住房为主体的住房保障体系。2021年7月26日,厦门市政府办公厅发布《关于加快发展保障性租赁住房的意见》提出,扩大保障性租赁住房供给,满足新市民、青年人等住房困难群体的租房需求,加快构建以公租房、保障性租赁住房和共有产权住房为主体的住房保障体系。多年来,厦门住房保障体系中保障性商品房、租赁房、公租房占主体地位,而共有产权房缺失。加快共有产权房建设有助于解决不同收入群体住房需求。

(二)加大土地供应力度,实施多主体供应多渠道保障

加大居住用地保障力度,优化保障性力度,住房空间布局,在轨道枢纽、产业园区周边建设保障房,落实保障房项目和周边配套"同步规划、同步建设、同步交付"原则,提高保障房居住便利度。支持利用集体建设用地按照规划建设租赁住房,用地供给要适当集中连片,开发一片、成熟一片,通过时间和空间传导,将住房专项规划指标落实到近期建设规划和年度住房建设计划。从表4可以看出,厦门"十四五"期间在福州、厦门、泉州三市中保障性租赁住房建设任务最多。

表4 福建省三市"十四五"期间保障性租赁住房建设任务

地区	2021—2022年	2023年	2024年	2025年	小计
合计	139000	63000	69000	94000	365000
福州	60000	20000	20000	50000	150000
厦门	75000	40000	45000	40000	200000
泉州	4000	3000	4000	4000	15000

(三)推进住房数据信息集成,建立统一的住房管理信息平台

优化住房保障管理系统,推进数据深度融合。建立全市统一的住房管理信息平台,全面推进部门间数据信息融合共享,推进系统集成。增强保障性住房建设与管理信息公开的完整性、连续性和时效性。完善信息公开制度,加强

动态监测住房保障对象家庭人口、住房和经济状况变化情况。构建房屋管理信用体系,建立房屋管理信用信息数据库,支持信用体系建设。

(四)落实"租购并举"制度,推进"租购同权"政策实施

"租购同权"是践行党的二十大关于"租购并举"的住房制度。自 2017 年广州首次提出"租购同权"以来,探索租房人享受同等的社会公共服务权益,成为各地城市提升人口红利、平抑房价、促进消费的重要手段。进入 2022 年以后,"租购同权"被多次提起。7 月 12 日,国家发改委公布住房政策提到"逐步使租购住房在享受公共服务上具有同等权利";8 月,浙江温州出台新规,租房6 个月即可落户;8 月 1 日,《深圳经济特区社会建设条例》正式实施,其中提出,将推动租房居民在基本公共服务方面与购房居民享有同等待遇。这些举措都体现了租房者和购房者享有同等的公共资源,有利于租购并举格局的形成。建议厦门出台"租购同权"新规,在"租购同权"方面步子迈得更大一些。

(五)应对保障房建设提速,加快策划更多类似 REITs 项目落地

"中金厦门安居 REIT"项目是福建省首单公募基础设施 REIT,也是国内首批 3 只保障性租赁住房 REITs 之一,在全国具有首开先河的意义。该项目的上市,标志着厦门深化投融资体制改革迈出了重要一步。厦门确定了"十四五"期间新增 21 万套(间)的任务目标,保障性租赁住房从建设、改造到运营,需要大量的资金投入,且周期较长,仅靠租金收入短期内难以收回成本。巨量的供应规模倒逼保障性租赁住房向专业化、市场化转型,建议厦门加快谋划更多类似保障性租赁住房 REITs 项目落地。

集美大学法学院　李友华

厦门市推进两岸融合发展
情况分析及建议[*]

2021 年 12 月,习近平总书记在致厦门经济特区建设 40 周年贺信中强调,厦门要在促进两岸融合发展中发挥更大作用。2022 年 8 月,国务院台湾事务办公室、国务院新闻办公室发表大陆对台工作第三份白皮书,提出了新时代"努力推动两岸关系和平发展、融合发展"的新理念。2022 年 10 月,在中国共产党第二十次全国代表大会上,习近平总书记代表中共第十九届中央委员会向大会作报告,报告涉台内容重点表达了中国共产党实现祖国统一的坚定决心。厦门作为大陆对台工作前沿,肩负着服务祖国统一大业、深化两岸融合发展的重大使命。

一、厦门市两岸融合发展情况

我国已迈入社会主义现代化建设的新时期,在"双循环"新发展格局下,厦台两地各领域交流向纵深推进,2021 年厦门推动两岸交流合作综合配套改革重点项目 50 项,2021 年 12 月出台《厦门市打造台胞台企登录第一家园第一站的若干措施》。在推进"双循环"新发展和加快建设全国统一大市场的新格局下,厦门本土经济产业结构进一步升级优化,同时积极推进在厦台企融入大陆新发展格局。

(一)厦门市 2021 年两岸融合发展情况回顾

1.厦台经济产业领域融合发展

台湾是厦门第四大贸易伙伴、第三大进口来源地和第七大出口市场,厦门是全国台湾大米、水果、食品的主要进口口岸,推行"源头管理、口岸验放",采用快速通关模式的台湾商品扩至 198 种。2021 年厦台进出口贸易额为 77.8 亿美元,同比增长 33.9%,对台海运邮快件完成 3224 箱,同比增长 1.3%。在厦台企大部分是出口型企业,涵盖制造、光电、科技等 40 多种行业,台企工业

---

* 本文数据若没有特别标注,均来源于厦门市统计局《厦门经济特区年鉴(2022)》,https://tjj.xm.gov.cn/tjnj/2022/厦门经济特区年鉴—2022.htm。

产值占厦门规模以上工业总产值的 1/4。2021 年全市新批台资项目 688 个，同比增长 19.2％，合同使用台资 11.1 亿美元，实际使用台资 2 亿美元。

计算机、通信等电子设备制造业，金融业，橡胶和塑料制品业，化学原料和化学制品业，电气机械和器材制造业是台企对厦投资的主要产业。其中占比最大的是计算机、通信等电子设备制造业，该行业是厦门产业链最完善的支柱产业之一，有 7 家超百亿大型企业，其中 5 家是台资企业，厦门两岸集成电路产业园获评国家级科技企业孵化器。在金融产业方面，厦门成立全国首家两岸合资证券公司"金圆统一证券"，台企东亚机械在 A 股上市。

2.厦台社会文化交流融合发展

2021 年厦门持续深化厦台社会文化交流，落实落细台胞同等待遇。成功举办第十三届海峡论坛，以线上线下方式吸引超过 10 万台胞参与。保生慈济文化节、郑成功文化节、龙舟文化节、海图会、两岸学子论坛等两岸重要文化交流活动也以线上线下相结合的方式成功开展。在涉台非物质文化保护方面，5 名在厦台胞获评省级非物质文化代表性传承人。成立两岸青年创业联盟，进一步鼓励和支持台青来厦创业就业。云创智谷两岸青年创业基地入选国家小型微型企业创业创新示范基地。

3.推进厦金一体化融合发展

2021 年厦门侧厦金通电、通气、通桥项目建设进展顺利，建设厦金电力联网工程 220 千伏望嶝变电站、大嶝岛 LNG 气化站。金门"海外仓"完成 207 个集装箱中转海运快件业务。① 为实现厦金一体化融合发展，大嶝文化旅游综合体和翔安国际机场建设正逐步推进中。

（二）2022 年前三季度两岸融合发展情况

1.厦台产业合作纵深推进

截至 2022 年 8 月，全市累计批准台资项目 9519 个，台企工业产值约占厦门规模以上工业总产值 1/4，引进友达、宸鸿等 20 多家台湾百大企业。在厦门举办的第十四届"海峡金融论坛·台企发展峰会"上，金圆集团联合 10 家深耕大陆的台企，共同发起成立全国首个"台企金融服务联盟"。厦门现有 7 个国家级海峡两岸青年就业创业基地，厦门自贸片区累计注册台资企业近 1000家，设立助力台湾青年创业就业的政策扶持资金，最高给予 15 万创业启动扶持资金，台湾青年创业项目还可在自贸片区内享受为期 3 年租金补贴。

2.厦台社会融合、民间交流保持热络

成功举办第十五届保生慈济文化节、"龙腾虎跃"2022 两岸赛龙舟、纪念

---

① 环球周刊.厦门全市商务事业保持平稳健康发展 进出口增量贡献福建第一［EB/OL］.(2022-01-27)[2022-10-12].http://m.zhoukan.cc/jingji/2022/0127/51227.html.

郑成功收复台湾 360 周年系列活动、第十四届海峡论坛等两岸民间交流活动。每年在厦举办的海峡论坛是推进两岸民间交流的盛会,第十四届海峡论坛延续"扩大民间交流、深化融合发展"主题,采用线上线下结合的方式,分为青年交流、基层交流、文化交流、经济交流四大板块,共 43 场活动,约有 2000 名台湾嘉宾参与线下论坛。[①] 除了推进民间交流活动,厦门也一直致力提升涉台服务水平,提供优质的公共服务,集美区行政服务中心设立台胞警务服务站,海沧区开通大陆首条双语涉台检察服务专线,同安区开通大陆首条双语台胞台企税务专线。为吸引台湾人才来厦,让其更好融入厦门,首个台湾青年公寓——金圆·金融公寓 5 月正式交付使用,提供租赁住房 539 户[②],为在厦打拼的台湾青年打造温馨家园。

3.逐步打造厦金"一体化城市生活圈"

作为大陆联系台湾的"南向通道",厦门一直致力于推进厦金融合发展示范区建设,打造两岸海运最便捷通道,厦金航线定班包船项目于 5 月 31 日开始正式运营,出台厦金海运快件揽货政策。疫情防控当下,厦金海运快件业务逆势增长,2021 年 4 月—2022 年 4 月,厦台进出口快件 1570 个集装箱,同比增长 13 倍。[③] 厦金航线出入境旅客占两岸"小三通"的 90%,厦金"小三通"停航对两地交流交往造成阻碍,厦门在为两地复航做准备的同时,不断创新方式方法实实在在解决金门同胞的困难,比如解决因疫情防控金门台胞的台胞证到期、账户冻结问题,厦门银行与金门县政府通过跨领域合作,累计为 100 多名金门同胞办理银行卡到期展期业。

二、厦门市推进两岸融合发展所面临的问题

随着全球保守主义回潮,美国重返亚太,在最新版的《国家安全战略报告》中,美国把中国视为全球最主要的竞争对手。加之民进党当局长期施行"抗中"政策,"倚美谋独",对厦台两地人员往来和经贸合作交流都造成不利影响。

一是民进党当局施行"抗中"政策,岛内"主体"意识加剧,阻碍两岸交流。民进党加紧出台"抗中"法案,推动针对大陆的"反渗透法",推进修订"两岸人

---

① 台海网.隔海相望是现在 无限可能在未来——第十四届海峡论坛综述[EB/OL].(2022-07-15)[2022-10-12].http://m.zhoukan.cc/jingji/2022/0127/51227.html.

② 海峡导报.拎包入住! 厦门首批台胞入住台青金融公寓[EB/OL].(2022-05-31)[2022-10-12]. https://baijiahao. baidu. com/s? id = 1734340929029223770&wfr = spider&for=pc&searchword=.

③ 央广网.厦金航线海运快件业务量逆势增长[EB/OL].(2022-05-10)[2022-10-12].https://3g.163.com/dy/article/H70P2LBB0514R9NP.html? spss=adap_pc.

民关系条例",目的是限制两岸交流,严格管控台湾人赴大陆,并加紧打压与大陆关系紧密的媒体。这种高压氛围给两岸民间交流造成消极影响,尤其在两岸交流上给台湾民众造成无形的心理压力。中华民意研究协会2022年8月的民调显示,对于两岸交战有64.4%的民众没有信心台湾会取得胜利,但有74.4%的民众支持强化兵役制度。可以看出,台湾岛内对两岸局势的危机意识不强,"主体"意识加剧,这些因素皆不利于两年关系和平发展。

二是民进党当局"倚美谋独",推进台湾地区产业链与大陆"脱钩"。民进党除了推出一系列法案限制两岸交流,给予在陆台商压力外,近年也大力推进所谓的"新南向政策",鼓励台商台资回流台湾岛内。加之外部环境的影响,台湾在历史上一直在美国"反共"的"第一岛链"上,在中美贸易战的大背景下,美国国会正试图通过《台湾政策法案》,联手拉拢台湾加紧限制大陆高、精、尖端产业发展,暗中推进台湾参与区域性经济整合,对厦台两地产业研发合作,特别是对厦台两地合作参与区域性经济活动造成一定影响。

三是在厦台企转型困难,缺少龙头企业,产业链体系尚未完善成熟。产业链的形成需要"群聚"效应,近年来厦门市大力推进新兴产业和现代服务业,引进如联电、友达、宸鸿等多家台湾百大企业,建设两岸集成电路产业合作试验区、两岸数字经济融合发展示范区、厦门同安闽台农业融合发展产业园等两岸产业合作新平台。目前厦台两地在集成电路合作研发上已具有一定规模,实现全方位高质量发展超越。但是厦门依然缺少具有带动效应、高附加值的龙头企业。在厦台企以中小型规模和劳动密集型产业为主,厦门本土的人工、地价成本逐年攀高,也对中小企业融资以及转型造成影响,加上民进党推行对大陆的选择性脱钩政策,厦门吸引台资的优势有所下降。

四是受新冠肺炎疫情影响以及民进党当局阻挠,两岸人员往来成本增加。民进党借疫情停开厦金航线,对台湾民众来大陆加以重重限制。不管是时间上还是金钱上,两岸人员往来成本较之以往都大为增加,两岸相关交流活动无法正常开展。金门县政府已多次向民进党当局提出厦金"小三通"复航意愿,但一直没有得到民进党当局明确答复,厦金航线复航时间未定,严重制约了厦台两地人员往来。

三、厦门市推进两岸融合发展的预测与展望

(一)厦门市推进两岸融合发展的历史机遇

2022年1月,中央对台工作会议强调,要支持福建探索海峡两岸融合发展新路、建设海峡两岸融合发展示范区。2022年8月,国务院台湾事务办公室、国务院新闻办公室发布的《台湾问题与新时代中国统一事业》白皮书中提

出，要"突出以通促融、以惠促融、以情促融，勇于探索海峡两岸融合发展新路，率先在福建建设海峡两岸融合发展示范区"。厦门经济特区因"台"而设，要全面贯彻落实习近平总书记致厦门经济特区40周年贺信重要精神，抓住历史机遇，努力探索两岸融合发展新路，全力打造两岸融合发展示范区的核心区、引领区。

厦门是大陆连接台湾的南向要道，无论是历史或是现实，厦门与台湾都有着极为密切的关系，深化两岸融合发展对厦门经济社会发展具有重要意义。在双循环新发展格局下，《区域全面经济伙伴关系协定》（RCEP）全面生效后，大陆经济产业结构将进一步优化升级，厦门作为台商台企参与国家"一带一路"建设的关键枢纽，应着力推进台商台企融入大陆新发展格局，实实在在保障台湾同胞福祉。厦台两地已从经济融合，逐步迈向社会文化全面深度融合。通过厦金两地融合发展形成辐射效应，厦门将逐步建成两岸融合发展示范区。

（二）厦门市推进两岸融合发展的预测与展望

厦门要做好"通、惠、情"三篇文章。以通促融，推进厦金两地基础设施联通，打造厦金城市一体化生活圈；以惠促融，落实落细同等待遇政策，推进对台商台胞公共服务的均等化、普惠化、便捷化；以情促融，深化两岸民间交流特别是青年交流，推进实现两岸同胞心灵契合。

1.以通促融，打造厦金一体化城市生活圈。逐步打造厦金一小时生活圈，适时推动厦金"小三通"复航，推进厦金融合基础设施建设。实现厦金两地人员自由流动、资本自由流通、货币自由兑换，设专法保障金门同胞在厦投资、教育、医疗等权益。

2.以惠促融，落实落细同等待遇政策。落实落细台胞台企同等待遇政策，将在厦居住的台胞纳入厦门市公共服务的保障范围，在文教、医疗、购房、职业资格等方面对在厦台胞实施同等待遇。

3.以情促融，推动两岸社会文化交流。厦台两地各领域交流与合作逐步深化，闽南文化的传承与合作日益紧密，对台交流配套措施日益完善，海峡论坛、两岸企业家峰会年会、两岸学子论坛等涉及两岸交流的各方面活动，在推进两岸关系和平发展上的重要性日益显著。厦台两地人民在情感上、利益上的联结日益密切，形成命运共同体。

四、厦门市推进两岸融合发展的对策与建议

厦门因地理和历史原因，决定了它在对台工作中的独特地位是其他地区无法取代的。厦门正在努力推进率先实现社会主义现代化的道路上，建设独具特色的海峡两岸融合发展示范区，在高质量发展超越格局中贡献两岸统一的厦门经验。

（一）推进厦台产业融合与转型升级

两岸关系发展依然处在经济全球化、贸易自由化的时代浪潮中，厦门与台湾一样都属于外向型经济，为推进厦台融合，厦门必然要加大对外开放力度。厦台融合是第一步，未来打造"厦、漳、泉、台"区域融合是厦门推进两岸融合发展应然设定的目标。厦门可借鉴大湾区经验。知名学者郑永年认为大湾区融合发展需要三个条件：专业的风投系统，国际化的金融体系，一批能够将科研技术转化成应用成果的创新企业。

目前，在厦台企以劳动密集型产业为主，为了让在厦台企更好地嵌入厦门产业链，也为了厦门自身产业结构的优化，上、中、下游产业配套的完善，促进在厦台企转型升级显得尤为重要。（1）提升台企产业链、供应链、价值链的竞争力，提升产品的科技附加值，向中高端产业延伸发展，争取台湾集成电路、生物制药、平板显示等龙头企业来厦投资，拓宽新兴产业的融资渠道并给予政策支持。（2）厦门可推进"产学合作"模式，政府应支持大学和研究机构发展，为产业升级发展提供技术支撑，把科研成果应用到企业的生产发展中。（3）产业的转型升级需要良好的金融系统支持，应推进厦门两岸区域性金融中心建设，完善金融体系的风投系统。（4）台湾地区被排除在 RCEP 之外，将对台湾社会和经济发展造成影响，特别是对劳动密集型产业造成冲击。厦门可进一步加大台资企业引资力度，承接台湾的产业转移，完善本地产业链体系，特别是加大新兴产业的引资力度。厦门可参照广东、深圳对标香港澳门的模式，推进厦金两地区域经济整合，探索打造厦金自由贸易区，积极争取中央支持，出台制定关于厦金自由贸易区的专项政策。推进厦金两地实现人员、投资、市场、货币、货物自由流通。

（二）落实落细同等待遇政策

厦门作为对台工作前沿，长年在推进两岸社会各领域融合发展上做着不懈努力。2018 年率先推出"厦门 60 条"，2019 年出台关于探索两岸融合发展新路的若干措施 45 条，2021 年和 2022 年又相继出台《厦门市打造台胞台企登录第一家园第一站的若干措施》和《厦门市打造台胞台企登录第一家园第一站的若干措施》等实施细则。

有研究分析台胞在长三角、珠三角、福建的社会融入差异，研究显示台胞对长三角的城市认同度最高，其次是珠三角，而具有地缘亲缘优势的福建的认同度最低。这在一定程度上反映出对台工作需要进一步细致化的问题。惠台政策如何让台胞有感入心，是实现两岸融合的"最后一里"的关键：（1）拓展台胞社会参与形式，推进在厦台胞更好地融入当地生活。公共生活事务的参与是台胞了解、融入当地社会最直接且有效的方式，支持台胞参与社区治理，加强社区涉台服务水平,让社区成为厦门打造台胞台企登陆第一家园"第一站"的最基础单元,将社区纳入厦门涉台治理体系之中。(2)加强厦门涉台文物保护,推进涉台非物质文化遗产的传承发展,鼓励台胞参与涉台文物保护、涉台非物质文化遗产传承。深化推进两岸宗亲文化交流活动。(3)促进台湾青年来厦实习、创业、就业,为台湾青年来厦创业提供"一站式"服务,打造"众空间—孵化器—加速器—科技园区"全链条服务体系,推进民间资本参与两岸青创基地和交流基地建设。坚持"非禁即享"原则,扩大台湾职业资格认可范围。(4)做好厦门惠台政策信息的宣传工作,提高台胞对厦门惠台政策的知晓率。可专门设立厦门惠台政策网站或是公众号,将各单位、机构的涉台政策及时发布在网站或是公众号上,让台胞只需要通过一个窗口即能及时获取、掌握厦门发布的涉台政策。同时,台胞也可通过该渠道反映问题困难,各单位也可通过该媒介掌握台胞需求,跟踪反馈实实在在解决台胞困难,推进提升厦门涉台公共服务的有效性。

厦门市人民政府台港澳事务办公室   邓   婧

厦门市建设海丝中央法务区
情况分析及建议

一、总体情况

(一)建设启动与目标设定

海丝中央法务区是福建省委、省政府贯彻习近平法治思想,立足海上丝绸之路建设核心区区位优势倾力打造的现代化国际化法治服务新高地。率先建设、先行探路海丝中央法务区,是福建省委、省政府赋予厦门的一项重大改革创新任务。2021年11月4日,《海丝中央法务区总体建设方案》经审议通过。福建省委、省政府批准"海丝中央法务区"为福建省中央法务区建设的统一标准称谓,英译为"Maritime Silk Road Central Legal District",简称"MSRCLD"。11月5日,海丝中央法务区建设工作领导小组决定,明确厦门市为海丝中央法务区建设落地城市。

海丝中央法务区(厦门)片区以打造立足福建、辐射两岸、影响全国、面向世界的一流法治服务高地为目标定位,努力把海丝中央法务区建设成为福建改革发展先行区、对外开放试验田,构建具有国际影响力、世界知名度的法治创新平台,形成集多功能于一体的现代化法治创新区。按照"一岛两片区互补叠加、自贸片区先行先试、思明片区全面示范"的总体思路布局,其中自贸先行区打造知识产权、国际法务的聚集地,思明示范区则重点打造高能级法务机构、法务科技的承载地。

(二)积极进展与阶段成效

司法服务方面,经最高人民法院批复,厦门国际商事法庭、厦门涉外海事法庭先后成立。2022年10月,厦门金融司法协同中心入选《中国改革年鉴》典型案例。

涉外法务方面,2022年9月7日,国际商事争端预防与解决组织(ICD-PASO)在海丝中央法务区设立厦门代表处。厦门仲裁委纳入最高人民法院"一站式"国际商事纠纷多元化解决机制的国际商事仲裁机构。出台《关于建立海丝中央法务区面向金砖国家法律服务机制的若干措施》,创设"金砖法务特色专区"。

知识产权法务泛法务方面,在副省级城市中,首个以市政府名义印发实施《厦门市"十四五"知识产权事业发展规划》。2022年4月,开启运营"知识产权CBD"。共建全国首个知识产权司法协同中心。设立首个专业性知识产权调解机构"海丝中央法务区知识产权调解室"。健全海外知识产权保护"一书一库一办法一专栏"机制。[①]

涉台法务方面,厦门法院与海峡交流文化中心共建"海峡两岸青年学生知识产权法学教育实践基地"。2022年4月,厦门市检察机关针对守护厦台同源文化、优化海峡生态环境等提出7项新举措。

公共法务方面,首创由省市区三级联建的海丝中央法务区公共法律服务中心。2022年10月18日,福建省台湾公证文书比对验核中心成功办理揭牌以来"第一单"台湾公证文书比对验核业务。

智慧法务与法务科技方面,国家政法智能化技术创新中心东南分中心、"海丝中央法务区法务科技生态共同体"、海丝中央法务区首只法务科技产业基金"海丝法务科技壹号基金"等相继设立。

法务人才方面,中国-新加坡争端解决联合机制工作组专家团主要磋商地落在厦门。设立福建律师学院、全省首个法治人才实训基地、海丝中央法务区研究培训基地、海丝中央法务区涉外法务人才培训基地。中国-经济合作与发展组织(OECD)联合培养税务法学硕士项目开启。

一年来,海丝中央法务区(厦门)片区取得明显阶段性成果,入选"福建省首届十大法治事件""厦门经济特区建设40周年全面深化改革优秀案例"。

二、问题与挑战

海丝中央法务区(厦门)片区建设虽然取得了阶段性成效,但在培育产业发展、服务市场主体、深化改革创新、强化优势特色、涵养法治生态、促进法商融合等方面,尚需进一步提升法务高端化、专业化发展,增强法务科技与数字治理的创新度与应用性,进一步统筹协调,更加深入地与城市现代服务业和特色优势产业发展相对接。目前主要存在资源集聚度不高、产业交流不畅通、特色特质不鲜明、推进力度不平衡等问题,法务市场要素、法务与泛法务主体类型、法务产业不同层面资源集聚还不够系统、紧密,健全的法务生态氛围和活

---

① 此系厦门保障企业海外知识产权纠纷应对的特色化机制的简称。"一书"即《厦门市海外知识产权维权援助指南》,"一库"即海外知识产权维权援助专家库,"一办法"即《厦门市知识产权发展专项资金管理办法》,其中设立专门条款针对海外维权予以扶持,"一专栏"即在统一平台即厦门知识产权运营公共服务平台上开辟海外知识产权维权专栏。

跃的法务业内外交流还需要有力促进,涉外法务、知识产权保护、法律科技等重点项目建设还需持续推进,在更加管用实用、便利实惠的政策措施上进一步发力。

(一)遵循"市场化"运作

法务区"磁场效应"的根本,在于市场本身的吸引力,在于产业链条内在的有机性。在法治实施、法治保障过程中的法务需求及其满足的"拟制市场"中,在城市经济、空间经济、区域经济乃至"一带一路"的广域市场中,在国内法务与涉外法务对接和辐射的多圈层市场中审视海丝中央法务区的法务市场价值与定位、基础与前景,以有为政府着眼市场秩序、市场活力、市场发掘、市场生态的优化,尊重市场主体地位,健全市场机制,集聚市场要素,增进市场活力,尤其发挥市场主体共生效应、集聚效应和品牌效应,以及法务市场对科技创新、高端商务等的"反向"吸纳作用,以法务促商务,以法治环境提级商务环境,放大法务集聚区的市场优势,充分发挥"法治是最好的营商环境"这一牵引带动作用,吸引更多的商业机构、商业活动聚集。

(二)聚焦"国际化"特色

国际化是海丝中央法务区(厦门)片区的鲜明特色和突出面相,是其与生俱来的显性特征和聚力指向。充分运用国内国际两种资源、积极吸取域外法律服务发展有益经验,开拓国际法务领域,吸纳国际法务人才、机构等要素,加强国际法务合作,围绕推动"一带一路"成为法治保障、规则治理、法务支撑的制度型开放开展创新探索,为我国形成与国际相衔接的、便捷高效、能力卓越的法务体系贡献法治服务力量。国际化视域中,以涉外涉海、海事商事、知识产权国际合作等作为重点领域,运用国际化资源、立足国际化市场提供国际化服务,是海丝中央法务区地处海上丝绸之路核心区建设海上合作重要支点城市所应有的鲜明亮色和担当作为。国际化是海丝中央法务区建设中必须进一步推动的重要趋势和重要取向。

(三)锻造"智能化"优势

智慧法务或法务智能化,是法务泛法务在以互联网、大数据、区块链等现代科学技术条件下的新型业态。智慧法务与法务科技相辅相成、相互促进、不可分割,既应进一步注重法务商务相融,又应注重法律科技对接,聚力发展"法务科技产业",为法务产业跨越式发展提供有力支撑,并为法商结合、以法促商,聚集法务、税务、会计、知识产权、规划、评估、咨询等服务业态,促进城市产业结构调整和现代服务业发展形成厚实基础。

三、预测与展望

在未来的发展中,应当始终坚持清晰的海丝面向,持续促进国内法务和涉外法务的资源聚合、产业融合,在促进"海上丝绸之路"规则联通、法务保障和服务效能之上,以法治生态为基,以法律服务为核,以法商互促为媒,生成、积淀和扩展法务泛法务乃至于软件产业、信息科技等方面对"海丝法务"的认同度和共识度,不断加大法务资源导入与集聚力度,促使汇聚效应逐步拓展。坚持高端资源引进,在支持高端泛法律服务机构落户、开展国际合作交流等方面加大优惠扶持力度。坚持打通产业链条,推动公共平台、核心产业、关联服务等上中下游产业合理布局、融合发展,促进核心产业升级、关联产业互促共赢,"互联网数字技术+法律服务"等新兴产业进一步融合发展。

(一)国际商事海事争端解决优选地

第一,完善涉外纠纷多元化解机制,加快涉外民商事、海事纠纷解决机制一体化进程。第二,探索构建国际商事争端预防机制。第三,结合 RCEP 等积极推动涉外商事海事规则的论坛研讨、前瞻研究、交流探讨,推进制度型对外开放中的规则设计理念、思维与经验的深度交流。

(二)知识产权泛法务供应策源地

第一,以知识产权协同中心为载体,强化内涵建设,贯通知识产权公共服务与专业化服务,优化知识产权公共服务资源和网络。第二,发挥"知识产权CBD"要素集成和功能集成的平台效应,开展知识产权评估交易、专利导航、风险预警、海峡两岸知识产权交易等市场化服务。第三,促进知识产权法务深化、精细化、行业化发展,与厦门区域科创中心相适应,形成成熟、发达的知识产权服务法务泛法务体系。

(三)智慧法务、法务科技原发地

第一,推进公共法律服务数据化、智能化,实现"云平台"智慧法务公共服务数据集成和功能升级,建立健全法务大数据、法律文献特别是"一带一路"沿线国家和地区法律文本与案例判例资源中心。第二,深化云计算、大数据、人工智能、区块链等技术在法律服务领域的应用,鼓励法律科技企业参与智慧法务项目建设。第三,增强数字经济中的智慧法务供给,依托法务科技进行数字经济中各类权利主体的法益保护,为数字企业出海提供相关法律服务支持和风险管控。

(四)建设两岸融合发展法务示范地

第一,巩固深化律师业务合作,促进两岸联营律所多种形式规范运作,建设两岸法律交流协作组织、两岸律师合作联盟等。第二,积极推进两岸民商事多元纠纷解决模式。第三,推进两岸金融、知识产权法务合作和法治文化交流,增强融合发展及其法务保障力度。

四、对策与建议

(一)研究制定法务区建设促进的特区法规

第一,以特区法规的方式,把政策固化为法律,促进法务区与经济社会发展同向发力、率先助力,优化管理体制设计,明确海丝中央法务区统筹协调、服务保障职责和工作机制。第二,提高法治服务的供给能力、保障能力、统筹能力,强化内外法治协调,加强涉外法治工作,促进科技创新国际合作、防范化解国际金融风险等急需的涉外法治服务,完善涉外商事海事法律服务的预防与争端解决多样化供给,第三,加强高能级法务主体、人才的引进与培育的政策保障,强化政策引导和产业扶持,将《支持海丝中央法务区自贸先行区建设的若干措施》《厦门自贸片区促进私募股权投资母基金发展办法》等一系列措施,以及规划设置公共法务服务区、法务企业集聚区、行政法务机构办公区等有效举措予以制度化、规范化和法律化。

(二)强化用户中心地位,探索创新法律服务

第一,进一步增强统筹协调功能,创新工作机制,加强协同治理,与司法行政、律师行业、商务以及外事等部门通力配合,编制企业外贸合规指引、"一带一路"沿线国家和地区的贸易投资指南,推出更多企业合规指引文件、中英文法律共享数据库、国际制裁信息查询库等,为企业送上"合规宝典",提供更多一站式、全流程、综合性合规服务,帮助企业防范外贸合规风险,提升外贸合规能力。第二,运用RCEP公共服务平台、厦门境外投资服务平台,及时发布外贸风险预警。摸清各类企业的外贸合规需求和市场服务供给之间的差距,采取行政补贴、奖助或政府购买服务等方式,以数字化企业合规中心、域外法查明中心等民办非企业单位面向市场开展专业化、非营利性服务。第三,应对"信息化+后疫情"时代新形势变化,构建专业化、数字化相结合的企业外贸合规服务,运用智慧法务赋能企业发展,打造"智能企业合规"板块,突出数字化特色和智能化创新,在法律咨询服务、外贸合规产品设计等方面,利用AI和大数据聚类分析等信息化技术,帮助企业建立数字化合规管理机制,提升企业,特别是帮助中小微企业提升应对外贸合规风险的意识和持续发展能力。

(三)推进法务集聚,锚定需求耦合,强化协同治理

在"生态共生"中植根"发展共生",是海丝中央法务区富有生机和魅力的关键所在。强化科技支撑,加速提高法务智能化。以打造共建共享的法务科

技生态圈为基石,遵循市场规律、市场机制和市场取向,招强引优不断突破,推动法务科技产业链纵深拓展、法务科技产业孵化壮大和集聚发展。在海上丝绸之路核心区建设的视域中为市场主体呈现出国内法务与涉外法务的显在与潜在需求,进一步推动转化为目标耦合、动力耦合和行动耦合,一体协同铸就合力。推动搭建"一带一路"沿线国家和地区泛法务产业链,提升市场主体和人民群众的参与度和获得感,充分彰显法治化营商环境建设效应,再比如,自贸先行区应持续完善"海丝中央法务区国际法务运营平台"服务功能为重心,推动海上世界增强法务空间承载力和法务产业集聚度,向着集"国际仲裁服务中心""海丝国际法应用研究中心""海丝法务培训中心"等为一体的目标迈进。另有学者建议,争取新设针对海事海商纠纷的海事上诉法院、法庭(可以是巡回法庭性质的专门法庭)。海事上诉法院、法庭的设立,必将形成强有力的聚合效应,将所有与之相关的法律服务吸引到厦门。

党的二十大报告提出"坚持全面依法治国,推进法治中国建设",强调在新时代中国特色社会主义法治道路上,坚持统筹国内法治与涉外法治。以此为指针,海丝中央法务区(厦门)片区将以一周年为新起点,深入贯彻党的二十大精神,以习近平法治思想为指导,踔厉奋发,勇毅前行,为深化高水平对外开放、推动高质量发展提供优质法治服务,以法治力量护航经济社会高品质发展。

中共厦门市委党校法学部　石东坡

区域篇

思明区经济社会运行情况分析及预测

一、思明区经济社会发展总体情况

(一)2021年经济社会发展回顾

2021年是中国共产党成立100周年,也是厦门经济特区建设40周年和"十四五"开局之年。思明区在市委、市政府和区委的有力领导下,深刻领会习近平总书记致厦门经济特区成立40周年贺信精神,坚持以习近平新时代中国特色社会主义思想为指导,深入贯彻党的十九大及历次全会精神,坚持新发展理念,全方位推动高质量发展超越。面对反复的新冠肺炎疫情,思明区始终把人民群众生命安全和身体健康摆在第一位,统筹推进疫情防控和经济社会发展。坚持稳中求进工作总基调,构建新发展格局取得新进展,高质量发展展现新成效,实现"十四五"良好开局。全年思明区完成地区生产总值2258.08亿元,比上年增长8.2%。其中,第二产业增加值373.73亿元,比上年增长2.7%,第三产业增加值1881.08亿元,比上年增长9.3%,三次产业比例结构为0.1:16.6:83.3。

2021年全区工业实现增加值96.52亿元,比上年增长12.5%。规模以上工业完成产值452.63亿元,比上年增长20.4%,其中产值超亿元企业46家,产值合计439.76亿元,占全区规模以上工业的97.2%。全社会固定资产投资比上年增长2.7%。

全区社会消费品零售总额1007.07亿元,比上年增长22.3%。主要百货超市企业实现零售额94.58亿元,比上年增长4.2%。电子商务持续增长,全区限额以上批发零售企业共实现网络零售额247.32亿元,比上年增长43.3%。限额以上住宿餐饮企业共实现营业额102.68亿元,比上年增长27.0%。全年完成合同外资94.00亿元,实际利用外资52.29亿元,比上年增长73.6%。

全区实现财政总收入427.43亿元,比上年增长9.4%,连续6年居全省各县(市)区首位。其中,地方一般公共预算收入73.23亿元,完成预算的100.9%,比上年增长16.2%。地方一般公共预算支出109.30亿元,完成预算的98.3％,比上年下降0.4％。全年兑现科技创新、工业技改等各类政策资金约1.8亿元。累计培育国家高新技术企业613家、厦门市市级科技小巨人领军企业171家,数量居全市第一。同时加码升级惠企服务,出台《思明区助力企业应对疫情加快复苏若干措施》,帮扶资金超5000万元;兑现区级各类扶持政策资金6.6亿元;率先全市发放消费券500万元,新增减税降费12.5亿元。

2021年,思明区持续增进民生福祉,社会保障水平不断提升。全年教育、卫生等各类民生支出89.11亿元。构建嘉莲街道照料中心等七个"近邻党建＋养老"示范点,新增4家五星级照料中心,全区现有民办养老机构15家,其中10家五星级、4家四星级养老机构和照料中心,核定床位数3124张。拓展居家养老服务试点工作,已增加家庭养老床位195张。

(二)2022年1—9月份思明区经济社会运行概况

2022年是党的二十大召开之年,是"十四五"规划承上启下之年,也是我国进入全面建设社会主义现代化国家、向第二个百年奋斗目标进军的重要一年。根据中央《国民经济和社会发展第十四个五年规划和二〇三五年远景目标纲要》以及省委、市委的具体部署,思明区努力立足新发展阶段,贯彻新发展理念,构建新发展格局,以改革创新为根本动力,推动思明区高质量发展。1—9月主要经济指标完成情况如表1所示。

表1　2022年1—9月思明区主要经济指标完成情况

指　标	数值/亿元	增幅/％
地区生产总值(GDP)	1859.6	6.7
第一产业增加值	1.89	6.7
第二产业增加值	277.57	7.6
第三产业增加值	1580.15	6.5
规模以上工业企业总产值	—	13.7
高新技术企业	96.6	1.7
限额以上批发零售销售总额	8136.1	23.4
限额以上住宿餐饮业营业额	90.6	17.8
餐饮业营业额	63.5	28.4
住宿业营业额	27.1	1.1
财政总收入	333.1	—
区级财政收入	67.5	8.7
区级财政支出	79.9	7.7

数据来源:厦门市思明区政府。

总结 1—9 月思明区经济社会运行情况,主要呈现下列特点:

1.政策措施加力显效,经济运行稳中向好

思明区按照党中央"疫情要防住、经济要稳住、发展要安全"的重要要求,坚持疫情防控和社会经济发展"两手抓两手硬"。在做好疫情防控工作同时,为助企纾困,思明区全面落实国务院 33 条稳增长措施和省市配套政策,同时相继出台 7 项"减、免、缓、奖"政策,推出全省首笔数字人民币财政贴息业务,并为 1031 户中小微企业融资增信支持 24.6 亿元。2022 年 1—9 月累计兑现产业扶持与纾困资金 13.4 亿元,退税减税降费 16.7 亿元,惠及企业和个体工商户近 4.6 万家次。

思明区 2022 年 1—9 月累计实现地区生产总值 1859.6 亿元,增长 6.7%。全区规模以上工业增加值增长 13.7%。全区高新技术企业完成产值 96.6 亿元,同比增长 1.7%;限额以上批发零售业共实现销售额 8136.1 亿元,同比增长 23.4%;限额以上住宿餐饮业实现营业额 90.6 亿元,同比增长17.8%。全区实现财政总收入 333.1 亿元,完成年度计划数的 77.8%;实现区级财政收入 67.5 亿元,同比增长 8.7%;区级财政支出 79.9 亿元,增长 7.7%。

2.产业布局持续优化,创新动能不断涌现

思明区不断强化抓创新就是抓发展、谋创新就是谋未来的意识,从提升、发展软件信息业,巩固壮大现代服务业,加快布局前沿科技,全力以赴抓招商等多方面为产业转型升级注入更大动能。

2022 年,思明区推出《思明区软件和信息服务业发展三年行动方案》及配套政策《思明区加快推进软件和信息服务业发展若干措施》,从支持招强引优、增产增效、研发创新、引才留才等四个方面护航产业高质量发展,帮助企业强势崛起。

为加强招商引资,思明区根据产业发展重点,组建 8 支招商小分队;与厦门火炬高新区、自贸区联动签约 18 个项目,投资总额 20.1 亿元;实绩竞赛系统新增入库项目 458 个,投资总额 505.36 亿元;储备央企项目 7 个,投资总额超 28.6 亿元;"9·8"投洽会期间,成功签约 68 个项目,总投资 690 亿元。

3.城市基建大力推进,治理效能稳步提升

思明区主动融入国家、省、市发展战略,优化完善指挥部运行机制,加快推动各大片区建设,拓展高质量发展新天地。

海丝中央法务区建设乘势而上。观音山国际商务营运中心通过政策支持鼓励措施驱动引导,对符合条件的涉法单位给予多项优惠政策,为助推海丝中央法务区思明示范区形成集聚效应和品牌优势奠定基础。

建成后江小学周边规划道路一期工程等 5 条道路,新增 779 个停车泊位,改造提升文塔等 5 个农贸市场,在寿彭路等节点新建 5 个街心公园;同时组建了城市治理服务队伍,形成事件全流程闭环扁平化调度机制,在全区推广"一网通管";"智慧近邻"平台完成10个常用社区应用系统整合。

思明区城管局共处置"两违"449宗,处置面积226292.04平方米;拆除各类违规设置广告店招1104处,面积3966.77平方米。

4.社会事业蓬勃发展,民生福祉质量齐增

民生是人民幸福之基、社会和谐之本。思明区始终用心用情惠民生,推动教育、医疗、养老,托育服务、老旧小区物业管理、弱势群体帮扶等事业稳步发展。2022年1—8月,思明区共为2万人次低保对象和特困人员发放救助资金2090.11万元。近期,按每人50元的标准,发放2022年7月价格临时补贴13.02万元,惠及2604人;按每人200元的标准,于8月下旬为低保、特困人员发放困难群众一次性生活补贴50.74万元,惠及2537人。

思明区从多方面着手,不断加大财政投入力度,加强医养结合基础设施建设,逐步完善医养结合养老服务体系。现全区共有11家医养结合服务机构(其中公办公营1家、公建民营1家、民办民营9家),其中8家开设医保服务,机构床位数2735张;医疗卫生服务人员211人,养老服务人员391人。

普惠托育机构是"幼有善育"的重要载体,是党和政府推进民生实事项目的有力抓手。由财政支持的厦门萌托来托育服务有限公司、厦门市壹果托育服务有限公司、安居宝贝艾尼优加(万景园)3家普惠托育机构都是在2022年新装修、建设而成的;厦门市思明教育投资有限公司观音山园、厦门市思明教育投资有限公司前埔园、协桐(厦门)托育服务有限公司通过提交遴选申请,由普通的托育机构转为普惠托育机构。至此,思明区普惠托育机构达8家。

思明区积极探索引入市场主体参与老旧小区物业管理,采用"建管一体化"模式:一是引入专业化物业服务企业;二是探索"先尝后买"的方式为居民提供物业服务,逐步培养社区居民物业服务"付费使用"意识,促进市场化物业服务机制的可持续发展;三是街道强化对物业服务工作的考核、监管,将老旧小区物业管理纳入社区治理范畴,理顺后期管理养护机制,提升社区治理能力。

5.党建引领贯穿始终,政府职能加快转变

思明区政府坚持党的全面领导,扎实开展党史学习教育和"再学习、再调研、再落实"活动。扎实统筹推进疫情防控、招商引资、城区提升、民生改善等一系列工作,围绕群众最关心、最直接、最现实的问题,谋良策出实招,着力将提升群众满意度工作做实做细,切实增强群众的幸福感。作为"近邻"模式的发源地,思明区不断深耕细作,立足党建引领基层治理,通过治理下沉、资源下沉、服务下沉,构建了以"居民与居民之间近邻互助、居民与组织之间近邻守护、组织与组织之间近邻共建"为核心的共建、共治、共享格局,有效破解城市治理中组织碎片化、人际陌生化等难题。

二、思明区经济社会发展中存在的问题和挑战

（一）新冠肺炎疫情和外部环境仍存变数，经济社会发展面临考验

一方面，近期我国持续面临境外疫情输入和本土疫情传播扩散的双重风险，局部地区疫情出现反弹。疫情的不确定性，令以文旅产业和现代化服务业为代表的支柱产业面临更大的风险，使经济发展的不确定性增强。另一方面，美国持续对我国进行贸易战、科技战、金融战；美部分高官为达政治目的，悍然窜台，极大地损害了中美关系；俄乌冲突持续加剧了全球供应链危机，造成欧洲能源紧缺；美国国内通胀高企，美联储为应对国内通胀，持续大幅加息。这些事件沉重打击了全球产业链、供应链和价值链。面对新冠肺炎疫情和外部环境的双重影响，思明区势必难以独善其身，经济社会发展面临严峻考验。

（二）转型升级仍需提速，创新动能仍显不足

"十四五"时期，我国已转入高质量发展阶段，将在全面实现小康目标的基础上，开启全面建设社会主义现代化国家新征程。依托强大国内市场，我国加快构建以国内大循环为主，国内国际双循环相互促进的新发展格局。近年来，思明区作为厦门市中心城区，深耕总部经济，紧扣四大支柱产业，大力引进各类软件信息服务企业、先进制造企业、现代服务企业，助推产业转型升级。但高端企业和前沿企业数量和种类仍然不足，导致产业聚集不突出，产业联系不紧密，难以推动产业链延长和吸引外来投资，从而难以促进产业结构升级和形成较强的带动作用。此外，人才是创新的根基，是创新的核心要素，但高物价、高房价、低工资等原因，导致人才流失，区内创新动能不足。

（三）城市治理水平仍需提高，城区布局有待优化

思明区通过建立智慧思明运行管理中心、推广"近邻"模式等措施持续推进治理水平建设。但年内两次新冠肺炎疫情反复反映出基层治理仍然存在漏洞。同时仍有部分区域存在市容市貌脏乱差、基础设施老旧等问题，老旧小区、背街小巷存在较多问题，整改难度大。

（四）民生事业不够优质均衡，服务质量有待提高

思明区通过一系列措施抓教育，抓医疗，抓养老，抓就业，极大促进了民生福祉改善，但各项民生事业与群众期待存在差距。教育医疗资源不均等；养老服务最后一公里等问题亟待解决。

三、促进思明经济社会发展的对策与建议

（一）经济发展与疫情防控统筹兼顾，转变观念推动发展

近期我国持续面临境外疫情输入和本土疫情传播扩散的双重风险，局部地区疫情出现反弹，要完整、准确、全面贯彻党中央决策部署，坚决落实疫情要防住、经济要稳住、发展要安全的要求，高效统筹疫情防控和经济社会发展，深入推动学习宣传贯彻党的二十大精神。要坚定不移落实"外防输入、内防反弹"的总策略。要坚持科学精准防控，尽快遏制疫情扩散蔓延，尽快恢复正常生产生活秩序。

要做到疫情防控与经济社会发展"两手抓两促进"。坚持新发展理念，扭住供给侧结构性改革，注重需求侧管理，进一步转变经济发展方式，率先推动质量变革、效率变革、动力变革，提升经济体系整体效能。

（二）因地制宜推动创新，培育壮大发展动能

要深入实施创新驱动发展战略，营造有利于创新创业创造的良好氛围，打造国际一流创新型城区，打造高素质创新型城区。做实做强总部经济、数字经济、智能经济等三大经济，并以此为引领，一方面聚焦新科技、新领域的金融、软件信息、人工智能等战略新兴产业，另一方面大力推进旅游、会展、商贸等传统优势产业升级，并以影视文创、专业服务业、大健康养老等区域特色产业为补充，推动产业向高端化、智能化、集群化发展，构筑现代产业体系，从而加速新旧动能转换，形成多个强有力的增长极。

加大创新团队引进力度，创新应用型人才政策，加大公租房和人才公寓建设力度，为思明区经济社会发展提供全面的人才支撑。

（三）强化"岛内大提升"，优化产业空间布局

习近平总书记提出的"提升本岛、跨岛发展"重大战略、建设高素质高颜值现代化国际化城市、努力率先实现社会主义现代化的重要举措，是思明进一步拓展发展空间，加快城市转型、产业转型，实现长远发展的必然之举、必由之路。作为岛内大提升"主战场"，思明区要进一步加强统筹协调，从各片区产业规划、改造方式等不同角度对加快推进"岛内大提升"工作架构进行整合精简优化，突出以实绩实效为导向，集中力量、重点突破、务求实效，全力推动片区开发项目建设高品质、可持续、高效率。

（四）扎实推进服务型政府建设，切实增进民生福祉

进一步提升干部的服务意识、创新意识、担当意识，强化政府自身建设，持续深化"放管服"改革，强化政府服务理念，切实转变政府职能，增强公众民主

参与度。

全心全力办好民生实事,建设高质量教育体系,加快推进学前教育公益普惠、基础教育优质均衡、终身教育灵活开放的高质量、多层次教育发展,全力建设现代化教育强区。加强养老服务设施建设整合企业、政府和事业单位腾退的用地用房等,优先用于社区养老服务,健全居家养老服务网络,推进社区居家养老服务设施向嵌入式、小规模、综合性方向发展。坚持就业优先战略,稳定和扩大就业规模,优化就业机构,提升就业质量。建立与思明区相适应的全民健身发展新格局,全民健身公共服务体系更加完善,健身场地设施举步可就。

四、思明区经济社会发展预测与展望

目前全球新冠病例已经超过 6.3 亿例,国内多地疫情反弹。加之国际环境持续恶化,经济发展面临严峻挑战。2022 年 10 月国际货币基金组织(IMF)发布的《世界经济展望报告》强调,全球经济增长前景仍然具有高度不确定性,将主要取决于疫情发展及政策行动的效果,2022 年全球增速预测值会保持在 3.2% 左右,而中国的经济增速预期为 4.8% 左右。

2021 年 3 月,思明区政府公布了《思明区国民经济和社会发展第十四个五年规划和二〇三五年远景目标纲要》,到 2025 年,思明区地区生产总值(GDP)预计达到 3100 亿元,财政收入预计达到 480 亿元。社会消费品零售总额预计达到 1100 亿元,批发零售业销售额预计达 9000 亿元。文化产业预计实现总收入 650 亿元,年均增长约 10%。到 2025 年,全区将争取新增 9100 个学位,普惠性幼儿园覆盖率保持在 90% 以上,九年义务教育巩固率达99.5%以上,残疾儿童义务教育入学率达 98% 以上。

党的二十大胜利召开,新征程号角已经吹响,思明区要以更高的站位、更宽的视野、更大的决心、更深的情怀,埋头苦干、勇毅前行,建设智慧、年轻、幸福的高质量发展区。

厦门大学经济学院　李智　赵庆　叶行

湖里区经济社会运行情况分析及预测

2022年全球经济增长动能减弱,通胀高企,国际政经格局依然复杂,主要经济体加快收紧货币政策,金融市场动荡加剧。2022年1—9月,湖里区深入学习贯彻习总书记重要讲话精神,立足新发展阶段,坚持抓经济促全局,统筹发展和安全,坚持疫情要防住、经济要稳住、发展要安全的要求,持续高效统筹疫情防控和经济社会发展,把稳增长放在突出的位置,着力保市场主体保就业保民生,三季度全区经济运行明显好于二季度,呈现企稳回升持续向好态势。1—9月全区共实现地区生产总值1248.2亿元,同比增长5.9%,较上半年提高1.2个百分点,增速与全市相同,地区生产总值占全市总量的21.9%,经济总量排名全市第二。

一、湖里区经济社会发展情况回顾

(一)2021年第四季度经济运行情况

2021年第四季度湖里区实现地区生产总值378.86亿元,完成规模以上工业增加值114.24亿元,限额以上批发零售业商品销售额2940.85亿元,社会消费品零售总额118.33亿元,财政总收入372950万元,实际利用外资36826万元,城镇居民人均可支配收入66226元,城镇居民人均消费性支出40821元。

(二)2022年1—9月经济运行情况

1.经济运行持续向稳向好

在4月上海疫情和8月厦门市疫情等超预期因素冲击造成经济下行压力增大的背景下,全区努力做好企业服务,落实稳经济一揽子政策和接续政策措施,释放政策效能,推动全区经济进一步向稳向好。从表1、表2、表3的数据可见,1—9月全区GDP同比增长5.9%,较上半年提升1.2个百分点,由上半年落后全市平均水平0.7个百分点提升至与全市持平,第三季度单季同比增长7.9%,相较第二季度环比增长12.1%。

2.经济韧性和活力显现

1—9月生产、消费和投资领域不断回升回暖。生产方面,稳定产业链供应链政策效果明显,生产供给稳中有升,规模以上工业增加值同比增长6.3%,

较上半年提高1.3个百分点,在全市排名上升 1 个位次,服务业增加值同比增长5.3%,较上半年提高 0.5 个百分点。消费方面,促消费措施有力有效,消费潜力持续释放,社会消费品零售总额同比增长 1.6%,较上半年提高 0.4 个百分点,其中网上零售、住宿餐饮均实现两位数增长,消费规模进一步扩大。投资方面,有效投资持续扩大,投资增速加快回升,建安投资同比增长 21.3%,高出全市平均水平 5.5 个百分点,技改设备投资大幅增长 47%,投资结构更趋合理,固定资产投资总额同比下降4.1%,降幅较上半年大幅收窄,年内实现扭负为正基础稳固。

3.经济运行主要特点

(1)重点行业加快恢复。工业企业增产面达 70%,区属工业除航空维修外,其他行业增长 16.5%。批发零售业销售额在高基数基础上稳定增长。

(2)项目前期工作有序推进。顺利推动山海健康步道景观提升、亿联融合多模态信息全场景智能终端等 18 个项目开工,完成穆厝幼儿园、新翰崴运营中心等 10 个项目的竣工验收,厦门国际健康驿站、湖里公交生产生活基地等 4 个项目已具备开工条件。

(3)土地出让扎实推进。有序推动成片综合开发,高林金林和湿地公园TOD 两个成片综合开发项目已纳入全市第三批土地出让计划。加快推进民生项目用地出让,完成金林湾花园四期等 8 宗安置型商品房项目地块协议出让,有序推动钟宅北苑二期等剩余 5 宗安置型商品房项目和古地石、湖里创新园 2 个保障性租赁住房项目用地出让。

(4)发展后劲不断增强。1—9 月,东部新城建设加快,有序推动高金林片区、湿地公园 TOD 片区成片综合开发,集中开工 6 个安置房项目。启动 30个老旧小区改造,打通 8 条"断头路",建成 7 个"口袋公园"。基础设施类项目完成投资比增 71%。70 个省、市重点项目完成投资超序时进度 60.5 个百分点,新增落地高能级招商项目 52 个,总投资 698 亿元,占落地项目总投资额近1/3,固定资产投资延续良好态势。

(5)创新激发市场活力。2022 年 1—9 月,湖里区国家级高新技术企业增至 394 家,高技术产业增加值占规模以上工业增加值 77.9%,新增上市企业 4家,新增商事主体 1.96 万户。

(6)有效增进民生福祉。2022 年上半年湖里全区城镇居民人均可支配收入增长 14.1%,1—9 月全区城镇居民人均可支配收入增长 11.8%,为近三年较高水平。

表1 2022年1—6月湖里区主要经济指标

指标名称	累计完成	比增/%
生产总值/亿元	775.21	4.7
规模以上工业增加值/亿元	244.33	5.0
批发零售业商品销售额/亿元	6588.06	15.1
社会消费品零售总额/亿元	294.67	1.2
固定资产投资/亿元	209.56	−17.7
财政总收入/万元	1631256	12.0
区级财政收入/万元	361371	18.9
区级财政支出/万元	389381	1.8
城镇居民人均可支配收入/元	36757	4.2
城镇居民人均消费性支出/元	20475	3.0

数据来源:湖里区统计局。

表2 2022年1—9月湖里区主要经济指标

指标名称	累计完成	比增/%
生产总值/亿元	1248.18	5.9
规模以上工业增加值/亿元	376.1	6.3
批发零售业商品销售额/亿元	9694.68	13.4
社会消费品零售总额/亿元	414.57	1.6
固定资产投资/亿元	372.29	−4.1
实际利用外资/万元	70173	−54.4
财政总收入/万元	2389462	11.1
区级财政收入/万元	522828	13.6
区级财政支出/万元	600082	12.5
城镇居民人均可支配收入/元	53900	5.2
城镇居民人均消费性支出/元	31006	4.1

数据来源:湖里区统计局。

表3　2021年1—9月湖里区主要经济指标增速及各行业拉动GDP目标情况表

指标名称	1—9月		全 年	
	增速/%	拉动GDP/百分点	目标增速/%	目标拉动/百分点
规模以上工业	9.70		10	
区属工业	15.20	1.3	15	1.5
火炬(湖里)	8.90		9.50	
建筑业				
建筑业产值	8.50	1.5	12	1.1
建安投资	21.30		15	
限额以上批发和零售业	13.90	0.8	17	1.1
房地产业	102.30	1.5	50	0.7
限额以上住宿业	12.20	0.1	20	0.1
限额以上餐饮业	19.40		20	
其他营利性服务业	15.30	0.5	10	0.4
非营利性服务业	0	−0.1	0	−0.1
交通运输业		−0.3		−0.1
金融业		0.6		0.8
合　计		5.9		5.5

数据来源:湖里区统计局。

(三)2022年1—9月社会发展情况

1.教育优质均衡发展

1—9月,创建首批国家义务教育优质均衡发展区,推动各类教育创新优质发展。开工建设钟宅民族学校、乐安学校等4所校园;开办金尚学校、南山学校等8所校园,新增公办学位1.42万个。优化集团化办学模式,实施专家教师培养计划,打造优质师资队伍,提升教育品牌优势。推动民办校转型升级,加快构建以公办校为主体、存量民办校为补充的教育格局。全面落实"双减"政策,推动"三心"校园民生工程,稳步提高素质教育实施水平。

2.医疗多元便捷发展

2022年1—9月,国家区域医疗中心落户湖里,建设复旦中山厦门医院科研教学楼、儿童医院科教楼、中医院康复楼等项目,鼓励社会资本举办高水平医疗机构,吸引更多优质医疗资源集聚。提升公共卫生服务水平,巩固慢性病综合防控示范区建设成果。深化卫生应急体系建设,常态化做好传染病检测

199

和防控工作。实施健康养老和普惠托育专项行动,推动医养结合试点建设。

3.社会保障工作扎实开展

加大精准就业帮扶工作力度,促进充分就业。开展根治拖欠农民工工资行动,扎实推进和谐同行三年行动,促进劳动关系和谐稳定,实现"应保尽保、应救尽救、应兜尽兜"。

4.提升城区现代化管理水平

建设信息集约化、预警智能化、监测可视化的"城市大脑",强化专项执法和联合执法行动,推动实现城区常态化、长效化、精细化管理。严控新增"两违"。以围里社、湖里社等4个"城中村"为试点,推动"城中村"综合整治。探索建立垃圾分类智慧化体系,力推省级生活垃圾分类示范街道和市级垃圾分类样板社区创建。深化文明创建工作,为全市争创全国文明典范城市做出湖里贡献。

5.提升城市社会综合治理水平

加快社会治理综合网格"一网多用""多网合一"建设,优化拓展以网格化为基础的社会治理体系和治理能力。推进社区工作者职业化体系建设,打造更加专业敬业的基层服务队伍。推行社区近邻服务,打造一批近邻服务示范社区,提升城市治理现代化水平。

6.加强环境污染防治

紧盯"蓝天、碧水、碧海、净土"工程重点领域和关键环节,加大空气质量管控力度,改善空气质量综合指数。落实河湖长制,确保地表水水质达到环境功能区标准。推行陆海污染源管家制度,实现入海排口监测全覆盖,巩固入海排放口整治成效;建设低碳社区、低碳工业园区、近零碳排放示范景区试点,打造生态保护品牌。

二、存在问题

(一)主要行业受疫情冲击承压明显

疫情对湖里区外向型为主的经济结构造成了严重的冲击,尤其是对支柱行业工业和交通运输业造成致命打击,工业因供应链不畅、订单减少、成本上涨等因素影响,增加值增速由疫情前的长期领跑全市落至持续全市垫底(自2020年一季度至今),交通运输业受航班减少、人员流动性降低等因素影响贡献持续下滑,交通运输业仅勉强与上年同期持平,对经济的拉动作用较正常年份低了近2.5个百分点。从摸底情况看,工业增产面仅不足50%,交通运输业受航空运输影响未有起色,两个行业短期仍低位运行,无法对全区经济增长提供支撑。房地产业方面,四季度全区房地产销售面积的基数高达全年的

47.4％,若以第三季度完成数计算,全年房地产销售面积增速将下滑至25％左右,对全区经济增长的拉动作用微乎其微。建筑业方面,建筑业产值和建安投资尤其是建安投资支撑项目较少,增速出现回落。其他营利性服务业方面,行业受龙头企业福建人力宝影响增速持续下滑,虽然全区软件业快速增长,但受限于体量偏小,难以填补人力宝造成的缺口,行业下滑态势在年内预计仍难以有效扭转。批零业主要依靠象屿和建发两大国企带动,其余区属企业成长较慢,国贸系增长状况始终不如预期,其他企业难以填补其造成的缺口,全区批零业仍难以跟上全市步伐。房地产业虽实现高速增长,但其中83.5％为安置型商品房,行业实际表现不尽如人意。

（二）工业增长压力大,短板未得到有效改善

工业整体发展层次较低,上半年工业增加值率仅23.8％,低于全市平均水平3.4个百分点。火炬（湖里）部分受戴尔（中国）、浪潮等龙头企业影响,四季度产值可能继续下滑,影响全区工业增长水平。

（三）产业发展层次亟待提高

头部企业台松精密、贝莱胜等多数企业面临原材料涨价、物流费用提高等成本上涨压力,由于工业产业链水平较低,多处于产业链中下游,产品可替代性高,定价权不足,上涨成本难以向下游传导分摊或仅能部分转移,前三季度全区工业增加值增速首次低于工业产值增速。建筑业、批发零售业高度依赖头部企业,占行业总量多数的腰部企业增长乏力,影响全区产业发展。

（四）企业经营仍面临较大困难

1—9月,37.6％的辖区企业订单下滑,66.7％的企业面临成本上涨问题,34.3％的企业受疫情影响供应链仍未有效恢复,43.8％的企业用工成本上涨较大;67.7％的企业投资和扩大再生产意愿下降;价格指数上涨严重影响工业企业生产经营,上半年电子器件制造业龙头宸鸿的产品价格上涨基本抵消了产值增长,辖区上半年利润同比上涨的企业不足20％。

（五）固定资产投资低位运行

固定资产投资高度依赖房地产项目地价贡献的状况未得到有效改变。2022年以来,依据统计新规,房地产项目地价入统实行严格强制性审核管控,地价入统受限。虽然重点建设项目进度加快,推动建安投资走高,但仍然难以填补地价投资入统受阻形成的缺口,导致一季度固定资产投资出现负增长,并且全年固定资产投资完成情况都将持续受到严重影响。

（六）土地利用进度较慢

片区规划调整、征拆进度影响土地有效供地。五通三期旧改片区和马厝

莲山头旧改片区因控规处于优化调整阶段,片区内相关地块需待最新规划入库后才能推动供地。后埔片区用地未纳入征拆计划,暂时无法供地。经营性用地出让进度不及预期。钟宅经营性用地目前已基本形成净地,尚未完成土地出让前期研究。马莲经营性用地、五通一期出让用地等商办用地仍在进行招商谈判,未完成挂牌出让。

三、对策与建议

(一)推进高质量发展,加快构建新发展格局

坚持企业科技创新主体地位,培育专业化科技服务机构,促进各类创新要素向企业集聚,构建完整孵化链。鼓励企业加大科技研发、设备更新和技术改造投入,加快推进台松精密继电器车间技术改造、安保塑胶技改扩建等技改项目。加快推动"海上世界"、SM三期四期和闽南古镇万达广场建设,扶持特区1980湖里创意产业园、航空古地石广场等特色园区加快发展壮大,全面提升消费能级。升级"湖里魅力购"等消费活动,发展跨境电商、直播电商等消费业态,繁荣夜间经济,培育新型消费。

(二)建设现代化产业体系,推进产业结构优化升级

立足本区自身资源禀赋、功能定位、产业发展趋势,坚持"优二进三""二三产融合发展"的发展方向,重点发展商贸物流、金融服务、文化创意、机械装备(自贸)、电子信息(火炬)等重点产业,商贸物流重点聚焦大宗贸易、商圈体系、冷链物流等,金融服务重点聚焦供应链金融、金融科技等,文化创意重点聚焦影视与数字内容、旅游会展、时尚设计融合发展,机械制造聚焦发展航空零部件制造、汽车领域电子元器件、智能传感器,电子信息重点聚焦高性能计算机、触控模组、人工智能集成电路设计等领域,积极发挥引领示范和集聚效应,推动全区产业层次和经济结构升级发展。加快构建以电子信息、机械装备、商贸物流、金融服务为支撑的四大支柱产业集群,培育壮大生物医药、新材料、新能源、文化创意等四大战略性新兴产业,超前布局第三代半导体、未来网络、前沿战略材料、深海空天开发等一批未来产业,加快发展数字经济,以产业数字化推动产业现代化。

加强第二产业的发展,聚焦航空工业、平板显示等现有优势产业,鼓励重点企业加快数字化转型,抢占高端产业链,辐射带动上下游产业集群发展;依托建设行业协会,构建以大型施工总承包企业为核心的建安企业产业链,打造建安科技产业集聚区。第三产业发展要更优,抢抓发展机遇,提升商贸业能级,稳固贸易强区地位;以软件信息业、集成电路设计等专业服务行业为突破口,培育壮大科技服务业;依托五通金融核心区、古地石基金小镇等专业空间,

引进一批高能级基金项目；发挥环五缘湾医疗资源优势，积极发展高端医疗、医美美妆等泛医疗产业。加快推动东部系列科创园的落地生成，构筑新的增长极和动力源。整合提升中西部片区优质空间资源，加快推动湖里老工业区产业空间盘活，为优质存量企业增资扩产、产业链延伸提供充足空间。

（三）进一步扩大有效投资，加快重点项目建设

加快"十四五"规划项目落地建设，完善重点项目建设推进机制，深化"1＋5＋5"项目推进机制。力推西海湾邮轮城等31个项目有序建设，6个项目开工，12个项目竣工。深挖建安投资、技改投资和征拆投资潜力，持续扩大有效投资，加快补足固定资产投资缺口，策划生成230个总投资990亿元项目，加快项目前期工作，推动在建项目特别是省、市重点项目和国企代建项目加快建设进度。推动厦门医学院附属口腔医院科教综合用房项目等25个项目开工建设，金尚学校、烟草综合物资仓库3号楼建设工程等11个项目顺利竣工。

（四）打造一流营商环境

深化"放管服"改革，实现更多审批服务事项多点办、就近办、一次办、网上办、自助办，推动"证照通办"100％全覆盖。深度整合"企业大数据管理服务""数字湖里"等平台力量，完善涉企诉求"办督考"责任闭环。打击各类不正当竞争行为，建立投诉举报定期通报制度，保障市民消费权益。建立区级跨部门双随机联合检查协作机制，加强企业信用监管。深化区领导挂钩服务重点企业机制，落实定期走访企业制度，推行更多惠企政策"免申即享"。深化"智汇湖里"人才强区战略，聚焦人才关注的创业就业、住房保障、子女教育等突出问题，研究制定精准扶持政策，简化兑现流程，服务人才全面发展。

（五）加大招商引资力度

完善"1＋6＋7"招商引资机制，制定动态促对接、促落地、促运营三个方面的招商项目清单，坚持优化增量，突出战略性新兴产业、高端制造业和现代服务业发展导向，深化产业链招商，大力发展"研发＋总部＋委外制造"业态模式，加快推动一批科技含量高、带动性强的高能级企业落地投产，促进产业链补链、延链、强链。加强爱聊科技总部、米享科技产业园等在谈项目的梳理分析、评估决策和商务洽谈，跟进京东超体、象屿供应链、洲际酒店、中科芯源等项目落地，服务赛夫区域总部及生态基地、德信集团厦门总部、智联信通等项目启动运营。

（六）统筹疫情防控和经济社会发展，更好地服务企业

科学精准做好常态化疫情防控工作，为经济社会发展营造安全平稳的环境保障。开展"益企服务"专项行动，加快政策兑现进度，落实好国家、省、市稳增长政策，提升"湖里10条"等助企纾困政策组合效应。服务工业增资扩产，

大力推动建筑业企业高质量发展,引导龙头企业带动中小企业共同成长,提升综合竞争力。积极发挥中小企业服务中心线上线下平台作用,坚持问题导向,精准服务,切实解决市场主体诉求。

（七）推进高水平改革与对外开放

湖里区是厦门经济特区改革开放的发源地,要推进高水平改革与对外开放。充分发挥经济特区、自贸试验区、金砖国家新工业革命伙伴关系创新基地、海上合作支点城市等综合优势,加快完善以海港空港为基础的现代综合交通体系。积极实施进口贸易促进创新示范区三年发展行动计划,加快打造航空维修、融资租赁、跨境电商等重点平台,培育一批具备区域影响力的消费品进口平台、大宗商品进口供应链运营中心。主动融入金砖创新基地建设,加强工业创新、科技创新等领域交流合作。发挥"一带一路"支点城市的区位优势,构建"政府搭台、银企对接、市场整合、资金流通"的跨境业务服务框架,推动境外上市企业返程投资,外资签约项目尽快落地。探索实行"自由港＋科技创新"的发展模式,形成更高层次对外开放新格局。

（八）探索海峡两岸融合发展新路,打造厦金湾区科技创新走廊

坚持贯彻习近平总书记在党的二十大报告中提出的新时代党解决台湾问题的总体方略,坚定不移推进祖国统一大业。尊重、关爱、造福台湾同胞,促进两岸经济文化交流合作,突出"以通促融、以惠促融、以情促融",对台湾实施"通、惠、情"政策,探索海峡两岸融合发展新路,打造厦金湾区科技创新走廊,加大科技创新投入,建设具有全国影响力和竞争力的科技创新中心。服务祖国统一大业,建立现代科技创新产业体系,建设高质量发展引领示范区。

四、2023年经济发展预测与展望

2022年10月13日国际货币基金组织发布最新一期《世界经济展望》报告,预计2022年全球经济将增长3.2％,2023年全球经济增长预期收缩至2.7％,全球经济前景持续面临下行风险。

（一）2022年第四季度湖里区经济增长预测

第四季度,国内疫情影响仍持续存在,内需恢复有赖于稳增长政策持续发力以及防疫政策的持续优化。预计湖里区第四季度GDP增长5％左右,全年增长3.5％左右。

（二）对2023年湖里区经济增长的预测

展望2023年,全球经济依然面临诸多挑战:疫情短期内无法根除,脉冲式冲击、周期性往复的局面或将延续,健康风险无处不在,影响经济全面恢复正

常。预计 2023 年全球经济增速将明显放缓。预测 2023 年湖里区 GDP 的增长幅度为 3‰～6‰。

2023 年湖里区要认真落实市委、市政府的决策部署,提前谋划经济工作,剖析新形势下经济发展的新变化、新趋势,评估行业发展现状和中长期发展前景,认真梳理 2023 年增产减产大户、签约落地项目、开工竣工项目、投产达产项目等经济增长点、财税点、风险点,做到心中有数、应对有招,确保全年 GDP 增速高于全市平均水平,为全区经济高质量发展营造安全稳定的环境。

厦门市发展研究中心　龚小玮

集美区经济社会运行情况分析及预测

一、集美区经济社会运行情况

(一)2021年经济社会发展情况回顾

2021年集美区以习近平新时代中国特色社会主义思想为指导,按照区委区政府的决策部署,统筹疫情防控和经济社会发展,做好"六稳"工作,落实"六保"任务,经济总体呈现平稳增长态势。全年实现地区生产总值876.00亿元,比上年增长6.8%,其中:第一产业3.35亿元,增长4.6%;第二产业448.40亿元,增长8.3%;第三产业424.24亿元,增长5.3%。三次产业结构为0.4∶48.6∶51.0。实现工业总产值1290.31亿元,增长14.5%;规模以上工业企业全年实现增加值323.11亿元,比上年增长14.2%。全年固定资产投资(不含农户)比上年增长4.4%,其中第二产业投资增长18.8%,第三产业投资增长2.0%。实现社会消费品零售总额225.02亿元,比上年增长16.7%。实现公共财政预算总收入148.8亿元,同比增长2.6%,其中地方级财政收入47.5亿元,增长18.4%。2021年全体居民人均可支配收入58219元,比上年增长10.8%,其中:城镇居民人均可支配收入60252元,比上年增长9.6%;农村居民人均可支配收入36200元,比上年增长12.9%。

(二)2022年1—9月集美区经济社会概况

1.主要经济指标概况

1—9月份,全区实现生产总值663.97亿元,增长7.8%。其中:第一产业实现2.21亿元,同比增长4.3%;第二产业实现310.88亿元,同比增长11.7%;第三产业实现350.87亿元,增长4.4%。全区规模以上工业增加值230.97亿元,增长15.7%。固定资产投资同比增长22.5%。社会消费品零售总额169.11亿元,增长22.0%。全区一般公共预算总收入123.31亿元,增长13.6%;区级一般公共预算收入42.42亿元,增长33.8%。全体居民人均可支配收入49036元,同比增长12.7,其中,农民人均可支配收入29916元,增长15.5%,城镇居民人均可支配收入49610,增长11.3%。实际利用外资7.54亿元,增长31.0%。

2.社会运行概况

2022 年,集美区入选全国新型城镇化质量百强区、福建省城市发展"十优区"、全国生态文明建设示范区。

(1)推出新的核心商圈。集美新城实现"十年集聚成城"目标,初步建成集商务营运、信息服务、文化创意、教育科研、交通枢纽、生态旅游与生活居住于一体的"产城人融合发展"之城。2022 年集美新城又增加新的核心商圈,世茂广场和 IOIMALL 商业综合体相继开业,打造一站式+场景式的商业场景,为周边高品质社区人群和集美文教区年轻消费群体提供具有创意特色的消费服务。

(2)扩展公共服务资源。2022 年集美新城片区建成中小学、公办幼儿园学位 1.22 万余个,在建中小学、公办幼儿园学位 8490 个。9 月,位于集美新城核心区的厦门外国语学校集美校区举行开办仪式,首批 1200 多名厦外学子在集美校区开启学习和生活。同时还有华侨大学集美附属学校、坑内小学(新校区)、白石幼儿园等多所学校投用。位于集美新城核心区的四川大学华西厦门医院正紧张施工,这是一所国内一流的集医疗、教学和科研为一体的三级甲等综合性医院,对完善集美公共服务配套、优化医疗资源布局、满足人民日益增长的医疗卫生需求十分重要。同时厦门市妇幼保健院集美院区等医疗项目建设也在快速推进。

(3)为民办好更多实事。集美区开展"我有金点子·集美更美好"为民办实事活动,把"问题清单"变为政府"履职清单",逐步解决百姓关注的公交线路优化、停车难、养老难等问题,增强民众的获得感。全区 2022 年梳理为民办实事项目 931 个,其中重点民生项目 319 个,已办结 285 个,余下在年底全部办结,其他惠民项目 612 个已全部完成。

(4)传承保护文化历史。2022 年,省政府批复了集美学村历史文化街区保护规划,明确集美学村历史文化街区的保护范围总面积为 138.1 公顷,其中核心保护范围面积 73.6 公顷,建设控制地带面积 64.5 公顷。独具一格的集美铛铛车游览公交线是一个传承宣传集美优秀文化历史的承载体,2022 年对铛铛车线路进行调整优化,新线路串联集美热门景区、新晋商圈,衔接集美游客密集地铁交通站点,与厦门地铁 1 号线形成交通闭环,提高铛铛车运营效率,更好地满足市民游客旅游出行需求。

二、集美区 2022 年经济社会运行情况分析

(一)经济增长稳中有进

2022 年集美区把握跨岛发展的重大战略机遇,经济综合实力跃上新台阶,获评全国综合实力百强区、全国科技创新百强区,经济总量保持岛外前列,

人口集聚规模领跑岛外各区,居民收入增速高于经济增长。1—9月实现地区生产总值663.97亿元,增长7.8%,虽因疫情影响,增速排位全市各区之尾,但高于上年同期增速。第一产业、第二产业、第三产业各自的产值和增幅也均明显高于上年同期。如果说2021年集美经济是以复苏为基调,2022年就是以总体回稳、稳中有进为特点,基础更扎实。

(二)第二产业增长平稳

1.工业发展韧性增强

1—9月,工业对经济增长贡献率达76.9%,比上半年提高了29.3%。全区544家规模以上工业企业(不含火炬)累计完成产值854.35亿元,同比增长15.05%;实现规模以上工业增加值230.97亿元,同比增长15.7%,全市排名第三。工业用电量为24.15亿千瓦时,同比增长17.6%。全区544家规模以上工业企业中,405家产值增速为正增长,家数占比约74.45%,产值占全区约81.31%。这些数据说明,虽然不少工业企业受疫情冲击影响,但整体上工业在2021年开始复苏的基础上,发展的韧性增强。

2.主要支柱行业平稳增长

1—9月,全区计算机电子、橡胶和塑料制品业、金属制品、汽车制造业、电气机械、有色金属冶炼等六大支柱行业累计完成产值617.64亿元,占全区规模以上工业产值的72.29%,同比增长15.5%。其中计算机电子行业完成产值152.43亿元,同比增长15.0%;汽车制造业完成产值112.07亿元,同比增长0.5%;金属制品业完成产值101.61亿元,同比增长21.3%;电气机械行业完成产值94.04亿元,同比增长16.6%;橡胶和塑料制品业完成产值90.57亿元,同比增长28.4%;有色金属冶炼完成产值66.93亿元,同比增长20.1%。

3.高技术产业持续增长

高技术产业增势强劲,已成为支撑区经济增长的重要引擎。1—9月份,软件园三期新增注册企业134家,新增注册资本金7.25亿元。截至目前,软件园三期累计注册企业4737家,累计注册资本金3419.62亿元,入驻员工4.68万人。厦门首颗城市定制卫星"厦门科技壹号"正式发布,其研发公司也是落户于软件园三期。1—8月,全区高技术产业累计实现增加值52.82亿元,同比增长32.0%,全市各区排名第二。

(三)第三产业增长平缓

1.批零行业增长平稳

1—9月,区批发零售业销售额769.99亿元,同比增长47.6%,较全市增幅(49.1%)低1.5个百分点,限额以上批发零售业销售额638.05亿元,同比增长52.8%。社会消费品零售总额169.11亿元,同比增长22%。限额以上零售额

97.59 亿元,同比增长 32.45％。

2.新增批零企业增长强劲

限额以上批零企业销售额增长动力大部分来自新增限额以上批零企业。2022 年 1—9 月新增限额以上批零企业 90 家,实现销售额 148.63 亿元,增长 221.38％。排行前十的新增限额以上批零企业实现销售额 106.50 亿元,占 2022 年全区新增限额以上批零销售额增加值的 48.33％,显示出强劲发展动力。仅 9 月当月,新增限额以上批零企业销售额 40.48 亿元,同比增长 579.69％。

3.住宿餐饮业仍有增长

1—9 月,全区住宿业营业额 4.37 亿元,同比增长 28.9％;全区餐饮业营业额 16.71 亿元,同比增长 25.9,低于全市平均水平 3.3％。餐饮业虽仍呈上涨趋势,但受疫情冲击仍较大,9 月受本地疫情影响,餐饮门店取消堂食,全区共 9 家限额以上餐饮企业选择暂停营业,包括舒心酒家、艾莉塔餐饮、亚珠餐饮等,停业企业占全限额以上餐饮企业总数的 36％,9 月当月味友、舒心等餐饮企业的营业额同比降幅都比较大。

(四)持续加大招商引资力度

1.招商引资富有成效

2022 年第 21 届投洽会上,集美区招商成绩斐然,合作项目总投资额 761.45 亿元,其中合同利用外资 6.26 亿美元。市、区两级场内签约项目 33 个,总投资额 462.26 亿元,其中市级主会场签约 1 个,总投资 100 亿元;市级金砖会场签约 3 个,总投资 24 亿元。世界 500 强、大型央企、行业龙头、独角兽企业等,纷纷落子集美。同时积极参加福建省与央企项目合作座谈会、第四届数字峰会、厦大百年校庆全球校友招商大会、金砖国家华侨华人创新合作座谈会等省市重大签约项目会,现场签约项目总投资额 138.1 亿元,目前已落地宜车时代、新中苗木等 5 个重大项目。1—9 月,集美区实际利用外资 7.54 亿元人民币,同比增长 30.98％,增速高于全省平均增速(10.1％)和全市平均增速(18.3％)。

2.聚力突破重点项目

全区重点双促项目共 179 个,其中重点促落地项目 101 个,现已落地 74 个,完成 73.2％;重点促到资项目 78 个,现已到资项目 47 个,完成 60.2％。目前全区重点在谈招商项目 65 个,力促上海复星集团区域总部、中粮新零售产商融合聚集区、汽车城二期、斯巴特科技集团等项目有实质性进展。

三、集美区 2022 年经济运行中存在的困难和问题

(一)工业增长存在不确定因素

由于疫情影响和全球经济受阻,集美区工业增长存在一些不确定因素。

一是重点工业企业增长放缓,54家规模以上重点企业产值同比增长8.92%,增幅比全区规模以上工业企业产值低6.13个百分点。二是企业建设成本上升引致企业投资意愿降低,投资计划推迟或取消。三是企业经营成本增加可能导致用工减少。

（二）服务业增长短期内不容乐观

一是存量限额以上批零企业增速下降且近期较难提高,1—9月全区存量228家限额以上批零企业实现销售额488.77亿元,同比增长17.19%,远低于全市平均增速（52.5%）。二是从目前全国疫情现状及趋势看,至少年底前防控环境仍比较紧张,旅游业、餐饮业稳定恢复暂时还有难度。三是受汽车芯片不足和油价上涨影响,汽车销售量仍可能下降。四是教育"双减"、预期收入等因素,也会影响房产销售量。

（三）需关注老年人口生活质量的提升

优良的气候环境和人文环境,是集美区近年人口增长的重要原因,外来务工人员和青年学子留厦增加的同时,随着年轻人成长和家庭增加,老年人口也会随之增加。集美目前的养老设施还较滞后,全区养老总床位数2157张,其中养老机构床位数1396张,远远难以满足居住人口的需求,而且高端养老还是空白。街镇的照料中心虽都建成使用,但数量质量都需大力提高。尤其面临后疫情时期经济和社会发展,需更注重从社会层面关心老年人口,以保证年轻人一线打拼和增强城区吸引度。

四、对策与建议

（一）积极促进工业企业稳定发展

确保存量企业稳中有进,紧盯重点企业,主动靠前服务,进一步走访调研做好政策服务,帮助企业解决生产经营中的难题。鼓励企业加大投资购置设备,提升生产线智能化和自动化水平,优化生产线布置,提高产能和产品质量。加大软件园三期及各产业园区配套服务和政策支持,注重招大引强,培育新的龙头企业。继续发挥区内高校和科研机构人才优势,搭建校企合作平台,为企业提供科技服务和人才服务。鼓励工业企业办理改扩建手续,提供信息服务和政策引导服务,提高企业增加投资意愿。精准落实各项扶助支持企业的政策措施,帮助企业减少成本上升、产量和利润下降的困境。

（二）全力推动服务业尽快回暖

第四季度继续全力做好企业奖励政策及疫情纾困兑现工作,帮助企业用好政策用足政策,做到符合条件的一家不漏,助力企业尽快走出困境。继续加强政策宣传力度,鼓励企业积极拓展市场,归集区域外业务,扩大完成营业额。搭建营销平台,积极推动 2022 年年底和 2023 年年初的促消费活动,投放线上商场超市餐饮消费券、旅游券、购车补贴等,扩大旅游宣传和消费造势,促进消费市场回暖。

（三）加大关注老年人口生活质量提升

积极推进养老设施建设,鼓励民营资本兴办中高端养老机构,支持公办民营的养老机构运营模式,医疗机构增设便利老年人看病治疗的设施和老年人专病治疗区。配合老旧小区改造工作,主导加建电梯等改造工作,以便利老年人生活和家庭照顾。积极推进老年人口教育,满足老有所学、老有所乐的需求,区老年大学增设学习点和线上教育平台,各街道各社区结合实际定期开展老年人健康教育和文体活动,合理规划安排社区里老年人活动地点并做好防范噪音扰民等文明教育工作。

五、2023 经济社会运行的预测及展望

2023 年,集美区经济发展将有新提升。进一步优化营商环境,借助人才优势培育壮大创新企业群,促进企业营造创新生态,优化产业结构升级,形成具有集美特色的产业集群化发展。

2023 年,集美区城市格局将有新拓展。核心区集美新城在现有的"产城人融合发展"之城的基础上,开始向城市副中心迈进;起步不久的集美东部新城,是全市"两环八射"骨干交通路网的重要节点,将打造成国际化滨海人文新城;粗具建设规模的马銮湾新城,集美片区承载了四大产业带和传统产业升级区的重要组成部分。

2023 年,集美区社会管理将有新提质。将紧抓历史文化街区保护发展的新机遇,结合基层治理创新和社区自治,建设宜居和谐社区,让嘉庚故里焕发新生机。将提升"嘉庚书房"24 小时阅读空间和全省首个"5G＋AR"党史馆的吸引力,升级全市首个服务企业平台集美i企宝,优化"一站式"的全程网办平台等等,从丰富百姓文化生活到补齐民生短板,从进一步优化营商环境到持续推动经济发展,在各个方面都会有新的飞跃。

集美大学工商管理学院　蒋晓蕙

海沧区经济社会运行情况分析及预测

2022年是全面实施"十四五"规划、全面推进中国式现代化建设的重要一年,也是党的二十大召开之年。海沧区坚持以习近平新时代中国特色社会主义思想为指导,紧紧围绕全区经济社会发展大局,牢固树立新发展理念,认真贯彻中央、省、市、区经济工作会议精神,推进高质量发展落实赶超,经济社会发展取得了较好成效。

一、海沧区经济社会运行情况

(一)2021年海沧区经济社会发展状况

2021年,全区实现地区生产总值938.24亿元,比增11.9%。其中,第一产业增加值为1.64亿元,同比下降6.8%;第二产业增加值为565.1亿元,比增14.7%;第三产业增加值为371.5亿元,比增8.1%。三次产业增加值的比重为0.2∶60.2∶39.6。全区财政总收入237.26亿元,比增25.6%;区级财政收入40.14亿元,比增18.1%;区级财政支出70.86亿元,同比下降2.0%。全区实现工业增加值504.92亿元,比增17.4%。规模以上工业企业实现销售产值1776.32亿元,产销率为98.18%。规模以上生物医药企业完成工业总产值371.38亿元,占全区规模以上工业总产值的20.5%,比增81.6%。规模以上新材料企业完成工业总产值214.37亿元,占全区规模以上工业总产值的11.8%,比增52.7%规模以上工业企业实现利润总额248.51亿元,比增56.3%。规模以上交通运输业企业共有101家,比上一年增加9家,实现营业收入111.24亿元,比增38.76%。全区实现社会消费品零售总额300.97亿元,比增4.0%;批发零售业销售总额4458.34亿元,比增64.4%;住宿餐饮业营业额14.69亿元,同比下降17.7%。全区合同外资完成14.73亿元;实际到资17.34亿元,比增15.8%。2021年,面对复杂经济形势带来的下行压力和两轮新冠肺炎疫情的冲击,海沧区上下戮力同心,找准发展路径,壮大产业动能,强化队伍保障,经济社会发展总体形势呈现出稳中有进的良好局面,GDP、规模以上工业增加值连续四个季度增速全市第一。

（二）2022 年 1—9 月经济运行情况分析

2022 年是全面落实各级党代会决策部署的起步之年,也是海沧区奔跑冲刺,在更高起点上建设高素质高颜值国际一流湾区的关键时期。海沧区在疫情影响与经济下行双重压力下坚持稳中求进工作总基调,坚持创新驱动发展,推动高质量发展超越,加快打造跨岛发展标杆区,经济建设取得良好成效。

1—9 月主要经济指标完成情况如表 1 所示。

表 1　2022 年 1—9 月主要经济指标完成情况

指标类别	指　标	总额	增幅/%
工业生产	规模以上工业企业总产值/亿元	1572	16.1
	规模以上企业增加值/亿元	542.2	6.3
招商引资	实际利用外资/亿美元	1.4	—22.3
固定资产投资	固定资产投资(含铁路)/亿元	—	12.2
财政税收	财政总收入/亿元	190.31	—1.5
	财政收入/亿元	36	11.8
	税收收入/亿元	177.73	—8.0
	财政支出/亿元	47.35	8.7
商贸业	批发零售贸易业销售总额/亿元	4258.87	35.3
	社会消费品零售总额/亿元	243.06	8.8
居民收入	全体居民人均可支配收入/元	51884	6.2
	城镇居民人均可支配收入/元	51782	5.5
	农村居民人均可支配收入/元	33038	7.6
居民支出	全体居民人均消费性支出/元	30704	4.9
	城镇居民人均消费性支出/元	30515	4.3
	农村居民人均消费性支出/元	25281	6.9

分析 1—9 月海沧区经济运行情况,呈现以下几个特点。

1.经济运行稳定增长

2022 年前三个季度,海沧区各项经济指标基本保持稳定增长,实现地区生产总值 737.36 亿元,比增 4.8%。全区规模以上工业企业累计完成产值 1572 亿元,比增 16.1%;工业增加值 542.2 亿元,比增 6.3%。实际利用外资 1.4 亿美元,同比下降 22.3%。固定资产投资比增 12.2%。全区财政总收入 190.31 亿元,同比下降 1.5%;区级财政收入 36 亿元,比增 11.8%;区级财政支出 47.35 亿元,比增 8.7%。税收收入 177.73 亿元,同比下降 8.0%。批发零售贸易业销售额 4258.87 亿元,比增 35.3%。社会消费品零售总额 243.06 亿元,比增 8.8%。工业和商贸业增幅最大,其他产业增幅维持在 8% 左右。由于 2021 年招商引资增速过猛,导致 2022 年招商引资成效不够理想,但相较于 2020 年,仍然有不小的提升。2022 年财政总收入略有下降,其中财政收入和税收收入稳定增长,财政支出力度也在不断加大。

在居民收支方面,海沧区全体居民人均可支配收入 51884 元,比增 6.2%,其中:城镇居民人均可支配收入 51782 元,比增 5.5%;农村居民人均可支配收入 33038 元,比增 7.6%。全体居民人均消费性支出 30704 元,比增 4.9%,其中:城镇居民人均消费性支出 30515 元,比增 4.3%;农村居民人均消费性支出 25281 元,比增 6.9%。

2.产业体系不断完善

海沧区坚定不移走"产业立区"之路,构建了"3+1+1"的现代产业体系,以生物医药、集成电路、新材料为主导的战略性新兴产业集群成为重要支撑,三大主导产业强势增长。生物医药产业规模占全市半壁江山,企业数从 90 家增加至超 400 家,诞生了一批全国乃至全球领先的创新产品。现代制造业转型升级,集成电路产业保持三位数增长,士兰、通富等龙头项目相继投产,在特色工艺等产业链形成了国内竞争优势;新材料产业持续发力,拥有厦钨、长塑等一批有国际影响力的企业。累计培育境内外上市企业 16 家,其中 14 家境内上市企业数占全市比重 22%,总市值位居全市各区第一,占比超三成。经济发展提档升级,GDP 连续跨越 6 个百亿台阶,从 391 亿元增加到 938 亿元,年均增长 9.6%,总量位居岛外各区榜首,进入全省县(区)15 强;人均 GDP 从 11.6 万元提高到 15.6 万元。规模以上工业产值实现翻番,2021 年突破 1800 亿元,2022 年将再上一个千亿台阶,超过 2000 亿元。

3.服务业恢复向好

构建特色现代服务业产业体系,提升服务能级,重点发展商贸物流、金融服务、软件信息和科技服务、文旅创意等四大服务业领域。前三季度,海沧区服务业增幅巨大,增速明显。京东数字经济产业园项目在海沧区签约。这是海沧区培育壮大新兴产业新的增长点增长极、促进产业集聚、发挥规模效应和产业数字化展开的积极探索,将对海沧产业升级和数字经济高质量发展起到重要的推动作用。由厦门海沧区工业和信息化局、中国铁路南昌局集团有限公司漳州车务段主办,厦门海投供应链运营有限公司承办,厦门市海沧区商贸企业协会协办的 2022 年厦门首场"国铁商城"项目推介会在海沧自贸园创新社区服务中心成功举行。4 月,由海投文旅公司代建的海沧区旅游集散服务中心正式投入使用。5 月,专塑物流有限公司正式获得厦门市海沧区建设与交通局颁发的首张"网络货运运营"牌照;好运来(厦门)科技有限公司获颁"网络货运运营"牌照。

(三)2022年1—9月海沧区社会发展情况分析

从疫情防控到生态文明城区建设,从民生福祉到城市管理,海沧区政府把坚持和加强党的全面领导贯穿到政府工作各方面全过程,加强自身建设,不断取得新成果。

1.疫情防控有力有效

在海沧区2022年新年开门红重大项目集中开工活动上,养生堂厦门万泰诊断基地建设项目正式开工建设。项目建设完成后将实现年产5亿人份体外诊断试剂。汲取三年来的抗疫经验,得益于本土奥德生物、五赫兹等众多医药企业的助力,海沧区已经有了较为成熟的应对疫情的防控方案,8月中旬出现的疫情,海沧区政府及时开展多轮全员核酸检测,紧急圈出风险地区,防止疫情扩散的同时高效整治,仅用半个多月的时间就控制住了疫情,为开学复工和恢复正常生活清除了障碍。

2.民生福祉日益增强

一是落实购车补贴。海沧区开展2022年购车补贴活动,面向全市发放购车补贴500万元,运用银联"云闪付小程序"将购车补贴落到实处;同时,在政府购车补贴基础之上,车企共同发力,让利"950元新车交强险"。

二是加强法治教育。海沧区检察院同海沧区教育局联合举行中小学法治副校长集中聘任仪式,28名检察人员受聘成为海沧辖区36所中小学法治副校长,在实现全覆盖的同时,做到向偏远地区、农村地区学校和城市薄弱学校等重点倾斜。

三是开展文化活动。厦门市第二届海峡两岸青少年网球公开赛在海沧区石塘体育公园举办,共吸引238名运动小将参赛;海沧区老干部活动中心暨海沧街道文体活动中心顺利通过竣工验收。

四是改进社区医疗卫生设施。海沧街道社区卫生服务中心暨嵩屿街道社区卫生服务中心沧江新城分中心正式投用。

五是改善居民居住条件。位于海沧区马青路南侧、海新路西侧的临港新城二期保障性安居工程A地块完成竣工验收备案,共建成安置房1865套,主要用于温厝社区、囷瑶村、海沧社区、后井村、东屿村社区的征收安置。

3.乡村振兴卓有成效

围绕"产业兴旺、生态宜居、乡风文明、治理有效、生活富裕"总要求,海沧区全力保障粮食及重要农产品有效供给,努力推动农业农村产业高质高效。开展"头雁"项目,重点围绕乡村振兴试点示范村及动线建设,推动"连点成线,联线成面",发挥试点示范村带动作用,打造特色鲜明的主题片区。开展汤岸公园景观绿化工程等 13 个新策划乡村振兴项目,进一步提升农村人居环境宜居水平。深化推进全国乡村治理体系试点工作,推进党组织领导的农村治理体系和治理能力现代化,认真落实"四议两公开"议事决策机制和"六要"群众工作法,加快构建党组织领导的自治、法治、德治相结合的乡村治理格局。推广农村主题"夜话",完善农村基层治理建设绩效考评,深化"五社联动"机制,加快推进乡村治理体系现代化。

4.闽台交流日趋紧密

厦门市 2022 年"文化和自然遗产日"非遗宣传展示主会场暨闽台文化交流巡展·非遗购物节在海沧阿罗海城市广场举行。本次活动主会场分为互动展区、非遗购物节、闽台文化交流巡展三大板块,活动以"连接现代生活,绽放迷人光彩"为主题,在丰富居民生活的同时,为两岸交流搭建了桥梁。第十四届海峡论坛·第二届海峡两岸社会发展论坛在北京市和厦门市海沧区同时举办,由中国社会科学院社会学研究所、海沧台商投资区管委会共同主办。本届论坛以"乡村发展与治理:大陆与台湾的比较"为主题,来自海内外约 50 位专家学者通过视频连线的方式展开研讨和交流。

二、海沧区发展存在的问题与挑战

海沧区整体发展形势虽呈现出稳中有进的良好局面,但在营商环境、人才就业、实体经济发展和产城融合方面还存在一些问题和挑战。

1.营商环境有待优化

2022 年海沧区招商引资出现疲态,虽然吸引了大批国内产业落地,但对外商的吸引力有所欠缺。近年来,海沧区上下紧紧树立"抓招商增后劲、抓经济促全局"的意识,全面梳理产业链条,七支招商小分队主动出击,围绕三大主导战略性新兴产业、现代制造业、现代服务业等重点领域实行精准招商、专业招商,引进更多固链、补链、强链的优质项目,切实推动招商引资再提质,在厦门市招商引资平台共入库签约项目 141 个,取得了不错的成绩。但要打造国际一流营商环境,完善的产业生态才是关键。招商,是产业的支撑,投资的保障,发展的后劲。营商环境归根结底,要看能否让企业持续获得盈利和扩大发展的空间。要在持续做好市场环境、政务环境的基础上,通过强链补链延链、推动产城融合、深化公共服务等多种举措,努力构建良好的产业发展生态环境,为企业提供值得深耕的经营土壤。

2.人才少、就业难

发展高新技术产业,激发产业创新活力,需要引进大量高素质人才。目前海沧区乃至厦门市对人才的吸引力整体上较低,外地人才引不进,本地人才留不住,陷入两难境地。受疫情的影响,近年来民生就业问题日益严峻,本地缺少就业岗位,群众缺乏专业技能,急需寻求破解路径。

3.实体经济动能不足

2022年1—9月,海沧区工业产值虽有增长,但与服务业产值相距甚远,区域经济存在脱实向虚的隐忧。传统制造业和高新技术制造业受疫情冲击,生产和销售均有下降的趋势。

4.产城融合缓慢

产城融合是产业与城市融合发展,即以城市为基础,承载产业空间和发展产业经济,以产业为保障,驱动城市更新和完善服务配套,进一步提升土地价值,以实现产业、城市、人之间有活力、持续向上发展的模式。产业与城市要做到功能融合、空间整合,"以产促城,以城兴产,产城融合"。城市没有产业支撑,即便再漂亮,也只是"空城";产业没有城市依托,即便再高端,也只能"空转"。城市化与产业化要有对应的匹配度,不能一快一慢、脱节分离。海沧区产业发展速度快,但配套的基础设施还不完善,跟不上产业发展的脚步。

5.环保和生态建设尚有短板

推动节能减排,加强生态建设,助力"碳达峰"与"碳中和"目标早日达成,是海沧区发展的必由之路。2022年,局上工贸、市鑫万象工业、宝虹光学科技有限公司等诸多制造企业在节能减排方面未达标,生态文明建设和生态环境保护目标责任落实情况有待改进,海沧区在乡村生态振兴、低碳建设及扬尘治理等方面的工作仍需进一步加强。

三、促进海沧区经济社会发展的政策建议

1.优化营商环境

从提升行政服务、强化要素保障、推动项目提速等方面持续发力,要狠抓项目建设和招商引资,力促项目落地,优化投资结构,完善营商环境,加大招商力度,不断扩大有效投资。要致力全面深化改革开放,坚持以改革的思路和办法破解瓶颈难题,发挥自贸区、金砖创新基地、海丝中央法务区等平台作用,积极探索两岸融合发展新路,在勇担国家使命中不断创造发展机遇。

2.吸引人才,保障就业

借鉴周边地区的成功案例,结合海沧区实际情况,制定出适合本土的人才引进策略。从居住环境、家庭生活到个人的发展前景,加强教育、医疗、城市交通等公共服务项目建设,扩大优质公共服务资源,增强海沧区对人才落户的吸引力。同时要全力确保基本民生,优先保障就业,加快补齐民生短板,切实兜牢民生底线。政府要和企业合作,对待业人员进行专门的技术培训,完善群众的就业技能,培养出本地所需要的人才,在解决人才引进难的同时保障民生就业。

3.聚焦实体经济

做大做强主导产业。力促士兰 12 吋等项目正式量产,加快半导体产业基地发挥效益。推动大博二期等项目竣工投产,加快一批项目入驻厦门生物医药产业协同创新创业中心。推动厦钨新材料产业园、金鹭硬质合金等项目建设,支持厦顺、长塑等企业聚焦优势领域,延伸产业链条。

4.完善基础设施,加强生态建设

加快完善基础设施。完善道路交通体系,推动第二西通道建成通车,加快翁角路(孚莲路—厦漳界段)、马青路(石塘立交—翁厝立交)提升改造等项目建设。健全港口集疏运体系,紧密衔接重要枢纽节点,推动海沧南大道(马青路—沧江路段)提升改造等项目开工。推进正本清源改造,完成 26 平方公里改造任务。建成一批公园绿地,全面推进新城建设。加快马銮湾新城开发,持续完善公建配套,推动 SM、"三馆合一"等项目开工。完善东屿片区规划,推动海沧湾新城提升。推进临港新城等片区的配套项目建设。紧盯蓝色海湾生态修复目标,推动鳌冠新城规划建设。探索旧村改造新机制,加速城市更新进程。注重沧江古镇等闽南传统民居的保护性开发。另外,要坚持实干导向,强化争先意识,充分发挥全国首批生态文明示范区引领作用,深化改革创新,全力总结提炼海沧在生态文明建设和生态环保工作方面的好经验、好做法,边试点、边总结、边推广,助力高质量发展超越。

四、2023 年海沧区经济社会发展预测与展望

2022 年 9 月 27 日,世界银行公布最新的《东亚与太平洋(601099)地区经济半年报》。未来整个地区的经济表现可能会受到全球需求放缓、债务上升以及依赖短期经济修复措施来缓冲食品和燃料价格上涨的影响,因此报告将 2022 年该地区的经济增长预期下调。世界银行预测,2022 年中国 GDP 增速 2.8%,低于此前的预测值 5%,而 2023 年 GDP 增速预计为 4.5%。

结合海沧区前三个季度经济增长 4.8%的情况,我们对 2022 年年底海沧区主要经济指标完成情况做初步预测。预计 2022 年全年,全区完成生产总值 975.8 亿元,比增 4%;完成规模以上工业企业增加值 535.2 亿元,比增 6%;完成固定资产投资增长率 13%;完成财政总收入 235 亿元,与上年基本持平;完成批发零售贸易业销售总额 6152 亿元,比增 38%;完成社会消费品零售总额 330 亿元,比增 10%。

对 2023 年海沧区主要经济指标完成情况做出初步预测:预计 2023 年完成生产总值 1023 亿元,比增 5%;完成规模以上工业企业增加值 578 亿元,比增 8%;完成固定资产投资增长率 20%;完成财政总收入 247 亿元,比增 5%;完成批发零售贸易业销售总额 7997 亿元,比增 30%;完成社会消费品零售总

额 350 亿元,比增 7%;居民人均收入比增 10%。

潮起鹭江两岸阔,风劲扬帆正当时。2022 年是党的二十大的召开之年,也是习近平同志对厦门市提出"提升本岛,跨岛发展"战略二十周年。党的二十大提出教育、科技、人才是全面建设社会主义现代化国家的基础性、战略性支撑,必须坚持科技是第一生产力,人才是第一资源,创新是第一动力。海沧区要着重发展新兴战略产业,加强教育投入和人才培育、人才引进,用科技创新带动经济健康稳定增长。要始终坚持以人民为中心的发展思想,始终牢记执政为民、发展惠民的宗旨,奋力打造跨岛发展标杆区,加快建设高素质高颜值国际一流湾区,不断满足人民对美好生活的向往。统筹疫情防控和经济社会发展,统筹发展和安全,密集施策稳主体,强力出手稳信心,着眼长远抓改革,推动稳的基础更加巩固、进的态势得到强化、好的因素不断累积,为做好2023 年全年工作打下坚实基础,提供更强信心。

集美大学工商管理学院　雷　宏　薛成虎

同安区经济社会运行情况分析及预测

一、同安区经济社会运行概况

(一)2021年同安区经济社会运行情况

2021年同安区全区完成地区生产总值640.36亿元,同比增长6.8%。其中,第一产业实现增加值11.11亿元,同比增长7.2%;第二产业实现增加值340.62亿元,同比增长4.2%;第三产业实现增加值288.64亿元,同比增长10.1%。三次产业结构为1.7∶53.2∶45.1。实现规模以上工业增加值同比增长4.7%,高技术产业增加值完成50.65亿元,同比增长18.6%。固定资产投资同比增长13.1%。社会消费品零售总额完成394.84亿元,同比增长0.1%。全区全体居民人均可支配收入49606元,同比增长10.2%。其中,城镇居民人均可支配收入56461元,同比增长9.1%;农村居民人均可支配收入27564元,同比增长12.0%。

(二)2022年同安区经济社会运行概况

1.经济指标概况

2022年以来,同安区稳定经济各项政策逐步推进,政策效应进一步释放,经济社会发展成效持续显现,经济增长呈现稳定增长态势。

2022年1—9月,同安区完成地区生产总值502.89亿元,比上年度增长4.8%。规模以上工业企业总产值982.49亿元,比上年同期增长9.8%,增速较上年同期加快4.4个百分点,规模以上工业增加值比上年同期增长6.9%。固定资产投资376.74亿元,比上年同期增长46.5%。社会消费品零售总额340.89亿元,比上年同期增长9.7%。全区公共预算总收入84.48亿元,同比下降5.9%,其中区级预算收入28.77亿元,比上年同期增长10.9%。全体居民人均可支配收入42393元,比上年同期增长6.2%,其中:城镇居民人均可支配收入47513元,比上年同期增长5.5%;农村居民人均可支配收入25261元,比上年同期增长6.9%。

2.社会经济运行概况

加快推动项目落实。2022年是同安区的"项目落实年"。同安区全力推动同安进出岛通道（先导段）、轨道 6 号线集美至同安段等 350 个总投资 728 亿元的基础设施项目建设，提升城市能级；大力推动火炬高新实验学校、五显卫生院迁建等 125 个总投资 199 亿元的社会事业项目建设，补齐民生短板；积极助推厦门时代、海辰锂电等 66 个总投资 1151 亿元的产业项目尽快建成投产。

加大推动招商力度。2022 年，同安区聚焦新能源、新材料、产业投资基金、农业乡村振兴等领域，持续加大政策支持力度，吸引越来越多的优质企业落户同安。出台了《关于支持企业入驻厦门科学城核心区扶持办法》《同安区关于推进工业用地增资扩产提速增效的若干措施》。1—9 月，同安区共签约 75 个项目，三年计划投资总额为 331.57 亿元，其中，51 个项目已完成企业的设立，三年计划投资总额为 253.13 亿。主要有投资额百亿的厦门时代新能源科技有限公司项目、投资额 45 亿元的恩捷锂电池隔膜生产基地项目、世界 500 强项目喜力啤酒区域结算总部及生产基地项目、世界 500 强项目中铁建大桥工程局工程建设项目等。

加强民生发展质量。与经济发展齐头并进的，是不断织牢的民生保障网。2022 年 9 月，同安区新开办学校项目总数居全市第二，优质教育资源不断增加。2022 年第三医院划归市属由厦门大学附属第一医院托管，位于厦门科学城的环东海域医院年底即将投用，同安优质医疗资源得到提升。2022 年 7—10 月，同安区居民签约家庭医生的有 26 万人。2022 年同安区启动 3 批 36 个城中村整治提升工作，优化城中村管理方式，推进城中村人居水平、民生经济、民众素质等方面全方位发展。

二、2022 年 1—9 月经济社会运行情况分析

（一）同安区经济社会运行情况分析

1.生产总值增速平缓

1—9 月，同安区全区地区生产总值完成 502.89 亿元，比上年同期增长 4.8%，增幅较上半年提升 0.8 个百分点。第一产业增加值比上年同期增长 4.1%，增幅较上半年提升 1.4 个百分点，拉动 GDP 增长 0.1 个百分点。第二产业增加值比上年同期增长 5.5%，增幅较上半年提升 0.6 个百分点，拉动 GDP 增长 2.8 个百分点。其中：工业增加值增幅有所回落，比上年同期增长 4.7%，增幅较上半年收窄 0.3 个百分点，拉动 GDP 增长 2.2 个百分点。第三产业增加值比上年同期增长 3.9%，增幅较上半年扩大 0.9 个百分点，拉动 GDP 增长 1.8 个百分点。

2.工业生产逐渐企稳

1—9 月，全区工业增加值增幅有所回落，比上年同期增长 4.7%，增幅较

上半年收窄 0.3 个百分点,拉动 GDP 增长 2.2 个百分点。其中:规模以上工业增加值比上年同期增长 6.9%,高于全市平均增幅 0.3 个百分点,但规下工业增加值仅比上年同期增长 4.0%,低于全市平均水平 2 个百分点。

从趋势看,全区工业生产正逐渐企稳,主要体现在规模以上工业企业发展平稳。1—9 月,全区规模以上企业实现工业总产值 982.49 亿元,比上年同期增长 9.8%;1—9 月,全区规模以上工业企业增加值 244.23 亿元,比上年同期增长 6.9%,增速居全市第三。

企业增产面扩大。1—9 月,全区 30 个行业大类,累计产值实现增长的行业有 24 个,比上月增加 3 个;全区 918 家规模以上工业企业中,累计产值实现增长的企业有 489 家,较上月增加 41 家;累计产值前 20 名企业中,当月产值实现同比增长的企业有 14 家,较上月增 5 家。

重点企业、高新企业发展加快。1—9 月,工业总产值前 20 名企业完成产值 325.27 亿元,比上年同期增长 33.6%,合力拉动全区规模以上工业产值增长 9.1 个百分点;1—9 月,全区 64 家高技术产业企业累计完成产值 170.36 亿元,比上年同期增长 26.9%,拉动全区规模以上工业总产值 4 个百分点;实现高技术产业增加值 46.77 亿元,增加值累计增速 18.4%,增幅位居全市各区第一。

新纳规企业势头强劲。全区新纳入规模以上工业企业 124 家,9 月当月完成产值 12.34 亿元,累计完成产值 69.31 亿元,比上年同期增长 146.8%,增速较上月加快 25.6 个百分点,拉动全区规模以上工业产值增长 4.6 个百分点。

3.商贸业稳步回升

1—9 月,同安区实现社会消费品零售总额 340.89 亿元,比上年同期增长 9.7%,增幅位居全市各区第一。

批发零售商贸业缓步回升。1—9 月,同安区批发零售业实现销售额 1683.64 亿元,比上年同期增长 14.1%,增幅位居全市各区第五,低于全市增幅(24.4%)10.3 个百分点。其中,限额以上批发零售业实现销售额 1550.66 亿元,比上年同期增长 15.2%。

住宿餐饮业增幅较大。1—9 月,同安区住宿餐饮业实现营业额 7.19 亿元,比上年同期增长 21.3%,增幅位居全市各区第二。其中:限额以上住宿业实现营业额 2.68 亿元,比上年同期增长 26.8%,位居全市各区第一;限额以上餐饮业实现营业额 2.32 亿元,比上年同期增长 32.5%,位居全市各区第二。

房屋销售中办公楼销售降幅大。1—9 月全区商品房销售面积 54.53 平方米,比上年同期下降 29.8%,销售金额 112.53 亿元,比上年同期下降 3.9%。其中:住宅销售 4370 套共 43.29 万平方米,比上年同期下降 24.3%;销售金额 103.24 亿元,比上年同期下降 2.3%;办公楼销售面积 1.03 万平方米,比上年同期下降 85.9％,销售金额 1.01 亿元,比上年同期下降 76.9％;商业店面销售面积 1.24 万平方米,比上年同期增长 143.7％,销售金额 2.34 亿元,比上年同期增长 124.6％。

4.农林牧渔业增长稳定

1—9 月,同安区实现农林牧渔业总产值 16.89 亿元,按可比价计算同比增长 3.9％,高于全市平均增幅 0.4 个百分点,居岛外四区第二。其中:农业实现产值 9.30 亿元,比上年同期增长 1.6％;畜牧业实现产值 4.56 亿元,比上年同期增长 9.5％;渔业实现产值 0.47 亿元,比上年同期增长 0.8％;农林牧渔服务业实现产值 2.54 亿元,比上年同期增长 3.1％。

5.固定资产投资增速加快

1—9 月,全区固定资产完成投资 376.74 亿元,比上年同期增长 46.5％。其中,民间投资完成 171.14 亿元,比上年同期增长 64.5％,占全区总投资比重 45.4％,拉动本区固定资产投资增长 26.1 个百分点。

从投资方向分析,工业投资完成 133.16 亿元,比上年同期增长 82％,拉动全区固定资产投资增长 23.4 个百分点;基础设施投资完成 54.28 亿元,比上年同期增长 192％;房地产投资完成 158.04 亿元,比上年同期增长 45.3％;社会事业及其他投资完成 31.26 亿元,比上年同期下降 44.3％,拉低全区固定资产投资 9.7 个百分点。

(二)同安区经济社会运行中困难及问题分析

1.生产总值增速有待稳定回升

1—9 月全区生产总值增长 4.8％,比第二季度略回升,但较之 2021 年同期 8.4％的增长数据,增幅下降较多,第二产业、第三产业对生产总值的拉动力度也减缓。经济发展需要质的提升和量的增长,生产总值增速稳定回升尚需加大努力。

2.固定资产投资有待稳定持续

1—9 月全区固定资产投资的增速虽明显提升,但持续稳定增加固定资产投资还需挖掘潜力和增加新项目。目前的固定资产投资增长主要得益于火炬工业项目、新城投资项目、新城房地产项目的拉动,其投资额分别占同期工业投资的 78.46％、基建投资的 43.98％、房地产投资的 79.91％,但随着火炬园建设和新城建设加快发展,全区固定资产投资还需开发新项目以保证增长持续稳定。

3.城乡居民收入有待稳定提高

2022 年全体居民人均可支配收入和农村居民人均可支配收入的增幅较上年有下降。在目前经济大环境下,就业压力增大和物价有上涨,持续保障城乡居民可支配收入稳定提高,是政府需要加大关注的问题。

三、解决困难和问题的对策建议

（一）高质保量促增长

政策措施精准发力。目前经济运行面临的外部环境复杂严峻，国内经济恢复基础仍待巩固，经济回稳向上不易。2022年第四季度和2023年，是拓展回稳向上态势的关键窗口期，但需要稳经济政策措施和接续政策精准发力。第四季度经济在全年份量最重，不少政策在四季度发挥更大效能，区委区政府要进一步增强做好经济工作的责任感和紧迫感，精准抓好落实，全力以赴完成全年经济目标任务，努力保持经济运行在合理区间。

促进产业集群发展。同翔高新城目标是打造成厦门最大的新能源产业集聚区，紧抓龙头企业带动引领，全力"强链、补链、延链"，聚力形成集群，带动同安区域经济升级发展。计算机通信和其他电子设备制造业、金属制品业、电气机械和器材制造业这三大行业产值，已分别占全区工业总产值12.6%、11.3%、10.8%，出台有利企业发展的政策措施，以促进其产业集群稳定发展。

（二）稳打稳扎增项目

坚持总量结构并举。以稳投资、增项目、优服务为抓手推动固定资产投资稳定增长，保证经济平稳增长。在确保新城建设和新城房地产投资稳定增长的同时，关注社会事业及其他投资项目的进展，在2022年完美收官基础上为增强2023年发展后劲打好基础。

坚持招商引资扩能。围绕重点产业链群和重点产业项目上下游产业链，聚力引进一批优质项目。看准快消品发展新机遇，加大对新消费产业项目的招商引资和扶持。

（三）发挥优势保民生

增强同安城区的吸引力。发挥同安的厦门科学城核心区"三谷"优势，吸引重点项目投资的同时注重吸引高科技和高技能人才，提供更多就业机会，加大新城区配套建设和社区建设力度，加快产城人融合发展。持续做好同安老城区改造建设，尤其是更新改进交通设施，扩增同安区与其它城区的交通联系，便利区内居民出行多元。发挥同安区工业强区、传承文化育区等优势，拓宽就业渠道，提供优质的居住环境和工作生活环境，以不断提高居民收入水平。

发挥都市农业优势。农村居民收入水平提高与新型农业发展途径相关。同安有预制菜产业发展的得天独厚优势：拥有全省最大的食品产业基地，全市唯一的轻工食品园及8个产业园区；产业链条上的企业近万家，食品生产及配套企业齐全;冷链物流上的京东亚洲一号物流园、顺丰创新产业园、极兔速递福建总部都落地同安。一定要抓住预制菜产业发展机遇,做强都市农业,不断提高农村居民收入水平。

四、同安区 2023 年的发展与展望

2023 年,同安区将坚持真抓实干,扎实推进高质量发展,坚持把发展经济的着力点放在实体经济上,抢抓新材料、新能源、预制菜等新领域新赛道,持续围绕上下游产业链强链、补链、延链,建设现代化产业体系,推动经济实现质的有效提升和量的合理增长。

2023 年,同安区将坚持将"两大新城"建设作为富美新同安高质量发展的"主引擎",进一步完善片区教育医疗、文体商业、人才公寓等公建配套,加快产城人融合步伐;一体推进"五大振兴",做足"一村一品"特色产业文章,努力率先实现农业农村现代化。

2023 年,同安区将坚持以人民为中心的发展思想,切实让现代化建设成果更多更公平惠及全体人民,促进共同富裕。着力增进民生福祉,落实好稳岗拓岗各项政策,抓好常态化疫情防控,加快教育、医疗、养老领域项目建设,不断增强人民群众的获得感和幸福感。将不断提升社会治理效能,持续深化城中村整治提升,持续推进文明创建,全面提升精细化、常态化创建水平。

集美大学财经学院　刘广洋

翔安区经济社会运行情况分析及预测

2022年是我国实现"十四五"规划的重要的一年,是承上启下、乘势而上、接续奋斗的一年,也是全面贯彻落实党的十九大和十九届历次全会精神,以实干实绩迎接党的二十大胜利召开的关键一年。2021年以来,翔安区认真贯彻落实习近平总书记来闽考察和对福建、厦门工作重要讲话重要指示批示精神,在市委、市政府和区委的坚强领导下,统筹疫情防控和经济社会发展,扎实做好"六稳""六保"工作,顺利实现了"十四五"良好开局。为落实党的二十大提出的高质量发展以及实现2035年远景目标努力,翔安区奋力建设创新翔安、繁荣翔安、生态翔安、活力翔安、幸福翔安,推动翔安勇当厦门更高水平建设高素质高颜值现代化国际化城市的"新发展极"。

一、翔安区经济社会发展情况分析

2021年以来,翔安区坚持"一体双线两翼"工作思路,加快建设现代化经济体系,率先探索构建新发展格局,积极打造两岸融合发展"桥头堡",经济总体实现稳中有进发展。

(一)2021年1—12月经济社会运行情况回顾

2021年全年地区生产总值781.79亿元,同比增长7.3%,规模以上工业增加值增长6.2%,累计完成固定资产投资777.65亿元,同比增长13.7%。财政总收入93.45亿元,同比增长15.9%。累计实现社会消费品零售总额129.82亿元,同比增长7.7%。全体居民人均可支配收入40062元,同比增长10.1%,其中:农民人均纯收入27045元,同比增长11.7%;城镇人均可支配收入47730元,同比增长8.9%。共批三资项目94个,合同利用外资95.24万元,实际利用外资4.83万元。其中2021年第四季度实现地区生产总值204.17亿元,规模以上工业总产值434.54亿元,固定资产投资151.01亿元,财政总收入14.48亿元,社会消费品零售总额29.46亿元,实际利用外资0.07万元。

(二)2022年1—9月经济社会运行情况概述

1.整体经济稳中有进

2022年以来,翔安区坚持新发展理念,坚持深化改革开放,坚持稳中求进工作总基调,以全方位推动高质量发展超越为主题,以深化供给侧结构性改革为主线,以改革创新为根本动力,加快建设现代化经济体系,率先探索构建新发展格局,推进治理体系和治理能力现代化。加快推进高质量发展落实赶超,实现了整体经济的行稳致远发展。截至 2022 年 9 月,全区累计实现地区生产总值 628.77 亿元,累计同比增长 6.4%。其中,第一产业累计完成额 7.1 亿元,同比增长 5.9%;第二产业累计完成额 410.81 亿元,同比增长 5.8%;第三产业累计完成额 210.85 亿元,同比增长 7.5%。整体经济的发展动力和活力持续增强,向实现更高质量、更有效率、更加公平、更可持续、更为安全的发展更进一步。

2.固定资产投资提质提速

翔安区持续发扬"体现拼搏、会当一流"的指挥部精神,凝心聚力、锐意进取,在做好疫情防控的同时,进一步推动新城建设全面提速提质提效。2022年以来,翔安区以高于岛内的标准加快建设基础设施、民生事业,城市发展骨架,"四座新城"粗具规模。地铁 4 号线、第二第三东通道陆续投用,城区综合承载能力和功能品质明显提升。从工作落实看,新体育中心将于 2022 年 11月竣工,周边配套道路将在年底具备通车条件。翔安大桥 A3 标海中区钢箱梁吊装工程全面完工,项目距全线建成通车更近一步,施工单位通过合理严密的施工组织设计,在"零事故、零伤害"的前提下,顺利实现提前完成"6·30"主体完工节点目标。除此之外,滨海东大道综合管廊主体完工,管廊内包含通信、给水、电力等各类管道缆线。该项目将与机场快速路综合管廊、沙美路综合管廊、蔡厝片区翔安西路综合管廊等组成系统网络,为新机场片区及沿线区域经济和社会发展提供重要保障。截至 2022 年 9 月,翔安区完成固定资产投资 682.53 亿元,同比增长 9.5%,完成量和增幅均在全市居于领先水平。

3.产业转型升级持续推进

翔安区持续聚焦实体经济,坚持提高产业内需适配性和促进地区协同发展,不断改革创新标准化工作体制机制,引领和推动产业结构和生产方式转变,为高质量发展提供重要支撑。创新驱动方面,加快构建"5+6+N"现代产业体系,培育创新产业集群,大力发展生物医药、健康医疗、海洋经济、人工智能等战略性新兴产业和文化创意等现代高端服务业,服务业增加值占比超过30%。产业链群方面,继续引进天马、中创新航等重大产业项目,电气硝子、ABB、联芯等投产扩产,截至 2022 年 9 月,规模以上工业增加值为 360.22 亿元,累计同比增长 8%。形成了平板显示、半导体和集成电路、机械装备、新材料新能源等四大重点产业链群。产业基础方面,加快发展新能源新材料、智能制造及工业互联网,支持中航锂电达产扩产尽快突破百亿规模,着力打造闽西南高端制造业新基地。同时,与福建大数据集团和华兴、中船、春华等基金开

227

展深度合作,参投 8 只产业基金,撬动 120 亿元社会资金。截至 2022 年 9 月,翔安区三大产业产值比重分别为 1.13%、65.34%、33.53%,产业结构进一步优化。

4.招商引资质效不断提高

翔安区高度重视"招商引资、招大引强",持续聚焦先进制造业、现代服务业和新技术、新产业、新模式、新业态,推动高质量招商引资。翔安区组建区招商集团,完善"一站式"招商机制,拓展靶向招商、产业链招商、基金招商等模式,不断提高招商质效。翔安区招商引资的提升主要体现在三个方面:①打造招商引资新洼地,强化产业链精准招商。围绕平板显示面板材料、集成电路 IC 设计、新能源整机应用等薄弱环节,着力引进一批补链强链项目;大力开展联合招商、基金招商、中介招商,积极引进一批优质央企、民企、外企,推动实际利用内资稳步增长。②打造营商环境新标杆。对标国家发改委评价体系,加快补齐人才引留难、企业办事难等短板,确保营商环境考评位居前列。人民银行厦门市中心支行继续引导金融机构有力扩大信贷投放,保持产业结构稳步优化,精准发力加大对小微企业、科技创新和绿色发展的支持力度,促进综合融资成本稳中有降,不断提升金融服务实体经济质效。③打造开放交流新平台。持续在"通、惠、情"上下功夫,推动翔台优势产业融合发展,支持在翔台企发展壮大;启用台胞服务中心,建设台湾青年就业创业基地,持续办好两地文化交流活动;加快建设质量强区,鼓励外贸企业创立内销品牌,推动更多本土产品走向国内外。截至 2022 年 9 月,实现实际利用外资 1.04 亿元,同比增长50.3%。

5.民生福祉不断增进

翔安区始终坚持以人民为中心,坚持人民主体地位,坚持共同富裕方向,增进民生福祉。公共服务方面,不断缓解学位压力,翔安区逸夫小学扩建并将新增 1080 个学位,以解决适龄儿童的入学问题;有序推进家庭养老床位建设,不断提升居家养老服务发展质量;同民医院更名"厦门市第五医院"并晋升三级医院,厦门大学附属翔安医院建成运营,医疗保障水平显著提升;设立全市首家老年康养医学中心和首个福利性托育园,"一老一小"服务体系更加健全。就业方面,积极实施"人才强区"战略,探索与高等院校、职业院校、技工院校开展对接并建立深度合作,组织辖区企业主动送岗位进校园,分批次组织全区厦大博士生、硕士生赴辖区优质企业参观见学,依托厦门人才网"翔安区群英领翔·招才引智线上招聘会"专区,提供用人单位与技能人才线上对接新平台。社会保障方面,深入实施全民参保计划,扩大社会保障覆盖面;按照"保基本、兜底线、救急难、可持续"的要求,健全体制机制,强化政策落实;定期发放孤儿与残疾人生活补贴,兜住孤儿与残疾人群体生活底线;鼓励用人单位进行安置性就业,给予灵活就业社会保险补贴,多措并举确保困难群体收入有保障。绿色生态方面,加强生态环境治理,促进绿色低碳发展;不断优化乡村生态景观建设,利用坡地、边角地建设村庄片林,提升村庄绿化水平,实施生态修复,为城乡居民提供舒适的生态环境。截至 2022 年 9 月,实现全体居民人均可支配收入 35180 元,同比增长 6.6%。其中,城镇人均可支配收入 42031 元,同比增长 5.9%;农村居民人均可支配收入 24081 元,同比增长 7.4%。

二、翔安区经济社会运行中存在的问题与原因

翔安区经济社会整体发展呈现良好态势,但还存在一些问题,主要表现在:

(一)产业结构仍需优化

翔安区立足新发展阶段,完整、准确、全面贯彻新发展理念,全方位推进高质量发展超越,不断加快"岛内大提升,岛外大发展"步伐,但仍存在产业发展不平衡、发展后劲不充分的问题。一方面,从产业格局来看,"优"的结构还有待形成。翔安区自身存在产业结构发展不均衡且层次质量不高、城区建设滞后导致"有区无城""有业无城"的问题,目前翔安区乡村旅游和休闲农业产业发展起步不久,产业结构单一,多数农民难以向高附加值的加工业、旅游业等第二第三产业转型,提高农业综合效益成为当前难题。另一方面,劳动关系和产业调整间存在阻碍。翔安区先进制造业、现代服务业、中小微企业用工需求不稳定、不确定因素增多,加上建设市场秩序不够规范,欠薪隐忧加重,劳动关系工作难度和压力增大。新兴职业、灵活就业下的用工关系呈现出弹性化、个性化特征,随着新兴行业的不断涌现,劳动者技能水平与新兴职业技能要求之间的矛盾日益显现,给产业结构调整和传统劳动关系工作带来了新的挑战。

(二)产城融合还需加强

翔安区以推动产城融合和完善城市功能为目标导向,以培育区域服务功能和经济增长极为重要抓手,重点打造"一心两翼多组团"发展格局,实现城市空间拓展和城市价值整体跃升,但仍存在一些问题。其一,新冠疫情的冲击不仅对文体旅会展等现代服务业的就业创业形势构成潜在的风险,也导致外来劳动力输入相对减少,进而影响文化产业的融合发展。其二,重点项目征收工作仍需加快,一些搬迁扫尾工作存在滞后和落实不到位的问题,一定程度上制约了轨道建设和周边新城品质提升。其三,蓬勃发展的各大产业载体与亟待实现新型城镇化的农村社区之间如何协调发展仍需深入探讨。资源融合、机制融合和绿色融合问题涉及较广且较为复杂,如何实现信息和生产要素的高效流转,实现管理更加精细化和生态保护与产业发展共存,还需进一步

229

落实。

(三)民生保障还需进一步推进

翔安区近年来不断推动人民高品质生活实现新跃升,为建设和谐安康的幸福翔安而努力奋斗,取得了一定成果,但仍存在一些问题。在社会保障方面,社会保障压力仍在增大。经济运行稳中有变,人口老龄化程度加剧,社会保险参保扩面空间日益缩小,全区征地和海域退养任务加重,给社会保障体系的完善和保障水平的提升带来更大的压力。在教育方面,虽然翔安区已在学位扩充上做了许多努力,但仍存在学校总体师资力量参差不齐、中心城区学校缺编老师多、教学负荷比较重、参与课后延时服务的精力有限等问题。偏远乡村学校的孩子路途交通往返困难,课后服务的质量难以保证,且名校跨岛办学的激励政策也有待进一步细化和优化。在公共服务方面,人社公共服务数字化、智能化水平还有待提升,人社系统与其他部门系统的兼容性、共享性存在盲区,造成"不见面办理"等人社公共服务工作被动局面。民生保障工作推进还存在"最后一公里"滞后的问题,部门合力尚待加强,人社服务的精准度有待进一步提高。

(四)生态文明建设有待加强

翔安区持续推动社会治理现代化实现新跃升,力争建设山清水秀的生态翔安。绿色低碳发展水平显著提高,生态环境污染得到有效防治,城乡环境变得更加宜居,但在生态文明建设上仍存在一些问题。一方面,绿色发展方式未完全形成,重点领域环境问题未彻底解决,自然资源承载能力有待提升,绿色生产生活理念渗透不足。同时,因城镇规模的快速扩张而导致的部分重点企业和工业园区毗邻居住区,随着群众对生态环境质量要求更高,对生态环境污染行为的容忍度更低,企业环境污染重复投诉增加。另一方面,环保基础设施还存在短板。污水处理设施、管网、泵站等环境基础设施还需进一步完善,城镇污水管网收集系统还不能全覆盖,雨污混流、管网错接混接等历史欠账尚未彻底解决,仍存在农村生活污水收集率和处理率不够高、分散式污水处理设施出水水质不稳定等问题。

三、促进翔安区经济社会发展的对策

针对翔安区经济社会发展中存在的问题,结合翔安区自身区位特点和未来经济社会发展目标,提出以下建议:

(一)强调创新驱动经济,实现产业结构升级

翔安区应不断推动产业高质量发展实现新跃升,努力建设生机勃发的创新翔安。其一,应大幅提升创新能力,加快构建"5+6+N"现代产业体系,增

强产业新动能和竞争力,使经济潜力得以充分发挥。培育创新产业集群,配合推进厦门科学城建设,加快建设生物制品省创新实验室等重大创新平台,探索建设厦漳泉科技成果转移转化先导区,打造全国科研成果转化高地。其二,要加强与央企、省企和市头部国企合作,建设"专精特新"园区,借助外力外脑促进高新产业集聚提升。实施数字经济园区提升行动,建设数字经济产业园三期,大力发展健康大数据、人工智能、物联网等数字产业,提升数字经济规模。其三,要继续深入推进质量强区和标准化战略,支持"厦门品质"品牌推广,引导企业追求卓越绩效。配合市级部门建立品牌企业培育梯队,完善培育、发展和保护机制,瞄准目标企业、目标产品实施精准扶持,打造一批具有厦门特色、厦门制造的名品。其四,要进一步秉持"工业立区、产业强区"的发展理念,在加快打造先进制造业强区的同时,结合新城的陆续开发,同步培育、发展数字经济、海洋经济、临空经济、文旅经济,为翔安区今后经济社会高质量发展提供坚实基础。

(二)完善发展规划,推动产城融合

为了推动新型城镇化进程实现新跃升,建设产城融合的繁荣翔安,翔安区要牢牢把握厦门市纵深推进"跨岛发展"的战略机遇,全力服务保障省、市重大片区重点项目建设,加快提升完善城区功能配套,打造更加舒适便利的生活环境,以城促产、以产兴城,努力将翔安建成宜居宜业、富有活力的现代化国际化产城融合新标杆。一方面,要以高于岛内的标准加快建设基础设施、民生事业,架好城市发展骨架。着力优化新城空间布局,坚持以精准的规划绘制新城发展空间,按照"集约高效、产城融合、职住平衡"的理念,科学推动新城开发建设。另一方面,要找准定位,充分发挥文体效应,推动产业多元融合发展。比如在体育会展新城发展规划中,明确新城的定位是以"两中心"为引领带动,针对片区规划、功能布局、产业发展、生态保护等需求实行一体化城市设计,促进"产城融合",着力打造集体育赛事、商务会展、文化旅游等复合功能于一体的滨海新城和"产城人"融合标杆,大力推进体育文化、会展商务、总部经济、休闲旅游、健康娱乐等产业融合发展。

(三)提升公共服务,增进民生福祉

翔安区要坚持以人为本,实施更多有力度有温度的举措,落实更多暖民心惠民生的行动,让人民群众获得感幸福感安全感更加充实、更有保障、更可持续。在社会保障方面,要积极配合上级部门遵循保障各类乡村医生均能老有所养、新旧政策衔接的原则,调整完善乡村医生养老生活补助政策,形成特色的养老保障政策。在教育方面,要积极推进创建全国义务教育优质均衡发展区及学前教育普及普惠区,加快缩小城乡办学条件和教育质量差距,实现城乡

义务教育优质均衡发展。进一步完善名校跨岛配套政策,不断发挥跨岛名校的引领辐射作用,深化区属校与岛内名校翔安校区的联系与沟通,深化合作办学内涵,进一步出台激励政策,保障"名师出岛"和"名校跨岛"整体战略的延续性。在公共服务方面,要持续完善城乡文体设施,强化政治整改,重点是全面开展"六个专项整治"行动,推行"任务项目化、项目清单化、清单具体化"工作模式,以问题整改带动提升城区形象和居民生活水平。同时,要借力信息平台,提升服务管理水平,竭尽全力解决群众"急、难、愁、盼"问题。

(四)落实各项机制,实现高质量招商引资

招商引资对发挥翔安区域优势,打造地方产业特色,提高翔安经济的竞争力具有重要作用。招商引资作为翔安区经济社会发展的重要动力引擎,仍需进一步强化,以保证各项招商工作落到实处。一方面,可设立园区招商服务公司,提供精准服务。为了防止疫情不确定性带来的损失,可灵活拓宽招商模式,采取"线上云招商"模式,采用联通云视频、腾讯云会议等在线视频系统,与企业视频交流,加大洽谈力度。另一方面,要充分利用好厦门市招商大环境,主动对接市级部门,推动区直相关单位加强联动,共享招商资源,进一步强化招商引资。围绕厦门市委、市政府部署要求,做好海洋经济等重点项目进度跟踪,加大海洋经济重点项目企业各项服务力度。同时,要充分发挥有利招商引资的政策,吸引和重点扶持各类优质企业,建立全区重点文化企业挂钩服务机制,带动文化艺术产业借势数字科技迅速腾飞。借力金鸡奖落户厦门十年契机及闽台文化、海丝文化等资源,扶持培育一批文化企业、文化品牌,突出以影视文化产业为引领,带动时尚、艺术、创意设计文化艺术产业发展,推动文化艺术产业高质量发展。

(五)聚焦绿色治理,推动生态文明建设

翔安区应立足新发展阶段,贯彻新发展理念,积极服务和深度融入新发展格局,以全面改善生态环境质量为核心,以推动全方位高质量发展超越为主线,协同推进生态保护和高质量发展。首先,要加强生态环境治理,积极开展整治行动,恢复水体质量。要加强湿地生态保护,融入发展全局,结合翔安区澳头特色小镇规划和张埭桥水库湿地公园建设,融入湿地和鸟类保护等特色内容,将迁徙水鸟保护与科普、法制教育、观鸟活动与旅游紧密配合,实现湿地保护、鸟类资源保护与旅游景点建设相结合,经济发展与生态文明建设相结合的多赢局面。其次,要推进节能减排,促进绿色生态发展。推进传统产业绿色改造,积极引导企业持续改进生产工艺,实现优质制造,推进传统产业深度治理和清洁化循环化低碳化转型升级改造。优先发展环境友好型战略性新兴产业,积极推进新能源汽车、可再生能源、高效储能、智能电网及智慧能源等领域

的产业发展。创建绿色发展试点示范区,推行绿色生产行业标准。最后,要建立健全生态文明制度,严格落实生态文明"党政同责""一岗双责",深化完善生态文明建设和环境保护目标责任制,强化目标责任考核,落实责任追究制度。

四、翔安区经济发展预测与展望

近年来,多地疫情散发及防控措施的实施对经济影响较大,近期工业生产、消费或放缓,但在前期各项政策支持下,基建、制造业投资有望维持在高位,支撑投资增速保持平稳。党的二十大新闻发言人孙业礼在新闻发布会上表示,中国发展仍具有诸多有利条件,中国经济韧性强、潜力大、活力高,长期向好的基本面没有改变。下一阶段,将完整、准确、全面贯彻新发展理念,加快构建新发展格局,着力推进高质量发展,更好地统筹发展与安全,保持经济运行在合理区间。

在全国经济发展稳步进行的背景下,2022 年翔安区经济发展将实现稳中有进。在前三季度的 12 项对标指标中,翔安区 10 项指标过省线、8 项指标过市线,过省线指标数为全市最多,过市线指标数并列全市第一;地区生产总值完成 628.77 亿元,增长 6.4%,排名全市第二;规模以上工业增加值、批零销售额等 15 项指标增速实现回升;固定资产投资和建安投资总量继续保持全市遥遥领先。2022 年的发展向好态势将为实现翔安区第"十四个"五年规划和2035 年远景目标积蓄力量,"十四五"期间全区地区生产总值力争年均增长10% 以上,预计到 2025 年总量领跑岛外各区,全市占比提升 2 个百分点;构建以创新驱动为主引擎的发展动力机制,全社会研发支出占 GDP 比重达 3.7%;同时,力争城镇化率达 75%,预计在 2025 年实现较高程度的产城融合,营商环境达到国际一流水平,更好地发挥城区功能品质对发展资源的磁吸效应。

2022 年是党的二十大召开之年,是全面建设社会主义现代化国家和实施"十四五"规划的关键一年,也是翔安发展"滚石上山、攻坚克难"的关键期,做好各项工作意义重大。2023 年翔安区将迎来建区 20 周年,更应准确把握方向,紧抓机遇、狠抓落实,努力推动各项事业再上新台阶。在产业发展上保持强劲动能,在产城融合中深化提速,在生态治理中实现绿色发展。要切实将思想和行动统一到党中央和省、市、区委的决策部署上,坚持稳字当头、稳中求进,全力把省、市、区党代会制定的"规划图"转化成"施工图",锚定目标、创造机遇、接力奋进、决战决胜,为推动高质量发展贡献力量。

厦门大学经济学院　张传国　刘　璇

厦门市火炬高新区经济社会
运行情况分析及预测

厦门国家火炬高技术产业开发区于1991年被国务院批准为全国首批国家级高新区,是全国三个以"火炬"冠名的国家高新区之一,先后获得国家高新技术产品出口基地、国家对台科技合作与交流基地、国家海外高层次人才创新创业基地、国家双创示范基地等18块"国字号"招牌,是福厦泉国家自主创新示范区厦门片区核心区。经过31年的发展,厦门火炬高新区已经成为厦门创新驱动发展主引擎、创新创业主平台、"三高"(高技术、高成长、高附加值)企业集聚地及厦门千亿产业链(群)主要载体。

一、总体情况分析

立足"发展高科技,实现产业化",厦门火炬高新区实施"一区多园"跨岛发展战略,建成了包括火炬园、厦门软件园(一、二、三期)、厦门创新创业园、同翔高新城、火炬(翔安)产业区等多园区产业发展大平台。重点发展壮大平板显示产业、计算机与通信设备产业、电力电器产业、半导体与集成电路产业、软件与信息服务产业等产业链(群),以及人工智能产业、新能源新材料产业、物联网与工业互联网、医药与智慧健康等产业链(群)。

目前,已开发园区占厦门不到3%的土地面积,实现了厦门43%的工业产值,其中高技术产业产值占规模以上工业总产值比重达八成左右。聚集各类企业17000多家,国家级高新技术企业1200多家,占厦门近五成。世界500强企业在高新区设立项目62家,厦门11家年产值超百亿元的制造业企业中火炬高新区占8家,年营收超亿元企业近400家,瞪羚企业100多家,境内外上市公司70家(含新三板)。建设各类创新平台200多个,其中国家级孵化器5个、国家备案众创空间24家。2021年,厦门市委市政府对厦门火炬高新区提出了"四个主"功能定位,即全市科技创新的"主引擎"、产业高质量发展的"主阵地"、招商引资的"主力军"、建设一流园区的"主平台"。

(一)2021年全年总体情况

1.主要经济指标平稳增长

2021年,开发区全区完成规模以上工业总产值3453.8亿元,约占全市

42%,同比增长 13.9%。完成规模以上工业增加值 833.02 亿元,同比增长 10.6%。规模以上软件业营收同比增长 10.7%。固定资产投资完成 332.5 亿元,同比增长 21.3%。实际利用外资 35 亿元,同比增长 16.7%,超额完成厦门市下达的各项任务。新净增企业 4148 家,企业数量增长 39.6%。国家级高新技术企业超 1200 家,高技术产业产值占规模以上工业总产值达 78.9%,数字经济产值占比达 92%。高技术企业利润同比增长 96.8%。实现一般公共预算总收入 74.4 亿元,同比增长 41.1%,其中实现区级一般公共预算收入 19.9 亿元,同比增长 80.7%。

2.综合实力再上新台阶

高新区双创示范基地第三次获得国务院办公厅表彰,创新服务经验在《人民日报》头版头条报道。厦门市外国人才服务站获科技部嘉奖。厦门软件园三期"党建联盟"案例获评全国百个两新党建优秀案例。厦门软件园一期智慧园区项目获"2021 中国领军智慧园区"奖。厦门创新创业园获评国家级小型微型企业创业创新示范基地,运营管理能力排名全国留学人员创业园区孵化基地第一名。高新区连续六年位居省开发区综合发展水平第一名,荣获 2020 年度全省首次园区标准化建设评价综合第一名。厦门软件园获评省级示范型数字经济园区。"'四轮驱动'模式助力企业高质量发展"案例入选厦门经济特区建设 40 周年 40 大优秀案例,并在年度"改革创新"绩效考评中进入全市前五名。

(二)2022 年前三季度总体情况

1.主要指标完成情况

工业产值:1—9 月,累计实现规模以上工业总产值 2769.3 亿元,同比增长 8.3%。固定资产投资:1—9 月,累计完成全社会固定资产投资 314.1 亿元,同比增长 26.2%,较上半年再提高 1.2 个百分点,其中工业固定资产投资 282.6 亿元,同比增长 42.6%。软件信息服务业(错月指标):1—8 月,园区规模以上软件业实现营收增速约 10.4%。

(1)推动产业提质增效方面。一是补链强链。着力招大引强、招精引优,签约 74 个重点项目(包括宁德时代、中创新航三期、天马 8.6 代等 3 个百亿级项目),三年计划总投资 688.35 亿元。围绕厦门时代配套引进中科华联、科达利、杰瑞、福建巨电、通敏等项目;围绕天马、联芯等引进思坦 Micro-LED 项目,推进天马新型显示技术研究院顺利落地。二是招投联动。优选与主导产业匹配的基金资源,新设惠友、德屹长盛、联和三期等子基金,引进落地博蓝特、力神等项目。恩捷项目成为基金搭桥、快速决策、快速推动的范例。高新区产业引导基金获评"融资中国 2022 年度中国最佳政府产业引导基金"。三是加快建设。11 个省重点项目完成投资 133.92 亿元,完成进度计划

132.55%；27个市重点项目完成投资154.61亿元，完成进度计划139.01%。省、市重点项目完成情况走在全市前列。新增收储产业用地3000多亩，推进华天恒芯等部分项目存量用地回收工作。

（2）创新驱动发展方面。一是加大政策扶持。出台《厦门火炬高新区关于推动高质量发展的若干措施》，优化升级并推出26条助企惠企举措；出台首个针对园区数字经济产业发展方面的奖励政策《厦门火炬高新区关于进一步推动数字经济发展的若干措施》。1—9月，审核拨付各项财政扶持资金共37.25亿元。二是培育创新主体。引导企业成为科技创新的主体，高新区获评"国家级知识产权强国建设试点园区"。新增5个中国专利优秀奖。新增1家"国家知识产权示范企业"、7家"国家知识产权优势企业"。三是建好孵化载体。火炬元宇宙孵化器揭牌成立。新增1家国家级科技企业孵化器、3家国家备案众创空间。四是集聚产业人才。厦门市人力资源服务产业园（火炬园）开园，启动"火炬人才银行"，为园区企业提供专业、高效、多元的人才服务。举办厦门首届产教融合论坛、高校专业新星挑战大赛、海外创赛等，不断提高引才成效。

（3）做好企业服务方面。一是解决企业难点痛点。强化企业领导挂钩制度，开展高新区"益企服务"和"大走访、大调研"行动，举办"企业接待日""企业对接会"等活动6场，着力破解企业在资金、供应链等方面的堵点卡点。协调解决600多名重点企业骨干员工子女就学需求，减免企业房租7122.05万元。二是发挥服务平台作用。"火炬智能制造服务平台"促成119家企业落地项目203个，落地金额超1.2亿元。"火炬金融服务平台"帮助1671家企业获得融资，撮合放款161.73亿元。搭建"火炬供应链平台"，推动本地化配套。三是提升企业服务效能。创设企业服务中心，提升服务企业质效。针对"专精特新"、隐形冠军等高成长性企业分别建立企业库，做好跟踪服务。新增国家级、省级、市级专精特新企业分别为35家、51家、179家。启动"种子上市后备企业"培育计划，新增2家上市企业和1家IPO成功过会。培育省级、市级重点上市后备企业分别达45家、104家。

2.经济运行的主要特点

（1）腰部企业产能回升态势明显。1—9月，高新区规模以上工业企业增产面为57.0%，较1—8月提高约1.4个百分点，中创环保、笃正电子等一批年初新转规模以上的企业逐步恢复产能。腰部企业拉升作用明显，9月区内41家腰部企业（产值10亿~100亿元）实现产值增速24.8%，高于9月规模以上工业企业整体增速20.7个百分点，环比提高10.9个百分点，有力支撑规模以上工业总产值增长。

（2）新能源龙头企业支撑带动作用凸显。1—9月，新能源产业龙头企业中创新航实现产值突破百亿(高新区第 8 家),贡献产值净增量超 80 亿元;海辰新能源贡献产值净增量超 18 亿元,2 家新能源龙头企业产值净增量占高新区产值总净增量约 46.9%。科达利、中科华联、杰瑞嘉矽、兴荣锂源等新能源关键产业配套项目落地集聚成势。

(3)重点项目建设加快推进夯实增长后劲。11 个省重点项目完成投资 133.92 亿元,完成进度计划 132.55%;27 个市重点项目完成投资 154.61 亿元,完成进度计划 139.01%。省、市重点项目完成情况走在全市前列。其中,天马 6 代柔性 AMOLED 项目全面投入生产,厦门新能安锂离子电池生产基地(一期)项目预计年底首条拉线试产。

二、问题与分析

在看到发展成效的同时,高新区还存在一些问题和挑战:一是产业集群竞争力不够强。园区缺乏具有强大带动力的旗舰型龙头企业,产业链条不完善。国家级高企发展规模较小,其中规模以上企业占比不足 50%。二是项目储备缺乏后劲。受疫情影响,部分外出招商受阻,部分实地考察评估工作暂缓,招商重大项目存量不多,个别项目落地进程受到影响。三是创新要素集聚不足。支撑主导产业的高端创新资源和研发人才不足,省级以上研发机构数和大院大所较少,领军型人才和高技术工人不足,产业扶持、引才留才等领域优惠政策吸引力有限。四是产业用地保障问题显现。受城市总规、农林转用手续及征地拆迁进度的影响,园区可拓展空间有限,"项目等地"现象较为突出。五是疫情对产业链供应链影响凸显。园区部分百亿龙头及腰部企业的重要供应链在长三角地区,2022 年受上海疫情影响,长三角等区域的原材料厂无法供货、下游客户厂无法正常开工,同时途经相关区域的物流运输效率大幅下降,这些因素均对园区企业产能产生明显冲击。

三、对策与建议

展望未来,厦门高新区要在厦门努力率先实现社会主义现代化和建设体现中国特色的自主创新示范区中,全面提升综合服务能力和整体竞争力,努力展现更大作为。

一是推动高质量发展,加快建设具有国际竞争优势的现代产业体系。围绕构建服务内外循环相互促进的枢纽节点,紧扣厦门市建设万亿级规模电子信息产业的目标,以战略性新兴产业为主体,集聚一批具有国际竞争力的产业龙头企业,在平板显示、计算机通信、半导体和集成电路、软件信息服务业等领域培育更多行业"冠军",形成若干具有世界影响力的产业集群。深入研究产业链供应链发展方向、定位、路径、布局,聚焦重点产业精准发力,推动产业链、供应链、创新链联动发展,不断集群竞争优势和产业辐射带动力。

二是大力招商引资,着力塑造以制度创新为核心的招商引资新优势。壮大新能源产业链条,发挥海辰等"链主"企业的龙头带动作用,推动正、负极材料、电池检测等补链项目落地,前瞻布局新型技术路径下的电池技术产业,稳妥引入新能源乘用车整车制造企业、储能系统集成企业等。推动联芯等在厦新增投资扩产,打造具有国内龙头地位的应用型芯片集聚地,促进半导体与集成电路产业发展。加大基金招商力度,利用银行系基金"投贷联动"新模式,探索构建集产业研究智库参谋、政府专项基金与产业引导基金金融支撑、专业化招商队伍执行、容错纠错机制保障于一体的招商新模式,打造资本招商的升级版。积极克服疫情影响,保持对外招商力度,积极通过网络、视频、电话、微信等多渠道开展招商,改"面对面"交流为"屏对屏"沟通,积极推进"不见面招商""无接触引资"工作。

三是强化创新驱动,加快建设国家自主创新示范区和区域创新中心核心区。始终坚持创新在高新区建设发展中的核心地位,面向世界科技前沿,面向经济主战场,面向国家重大需求,优化重构创新生态链和服务链,争取布局国家级科技基础设施和更多的前沿交叉平台,加快提高自主创新能力。要聚焦战略新兴领域,充分发挥"火炬大学堂"链接融合平台功能,以更大力度集聚一流的国内外科研院所,营造更富吸引力的人才成长服务环境和一流的创新创业生态,引进更多头部企业和顶尖创新人才,构建全领域、全要素、全流程创新服务体系,增强对区域创新的示范带动作用。

四是加快园区建设,不断拓展产城融合发展新空间。推进工业投资建设,推进同翔高新城、软件园三期完成固定资产投资任务,加快推动开元创新社区、湖里东科创园的开发建设和招商入驻。全力保障项目用地,盘活存量低效用地,重点保障省市重大重点项目、"三高"企业项目,以及新增重点招商项目用地,力争产业用地出让宗数、总量继续保持全市第一。提升高新城建设品质,科学谋划同翔高新城产业布局和城市建设管理,同步实施公共交通、水电、商业、教育、住房、医疗、生态等公建项目建设,推进房源租赁、人才社区房源销售工作,推动在建学校项目尽快建成投用和新规划学校项目尽快开工建设。完善常态化防控机制,提升应急防控能力,推动各项防控措施落实落细。

五是服务战略全局,打造引领高水平协同开放发展的示范平台。主动融入和引领区域发展战略,纵深推进跨岛发展,增强对区域发展的辐射带动力。积极探索海峡两岸产业融合发展新路,吸引台企、台湾青年来高新区兴业创业就业,努力打造台胞台企登陆创业就业的首选地。以数字经济、智能制造、绿色产业为重点,着力打造功能互补、特色鲜明的金砖创新基地核心区,推动火炬高新区成为面向金砖国家和一带一路产业合作、科技创新、智慧交流的示范窗口。

四、预测与展望

（一）国际环境

世界处于百年未有之大变局,世界经济政治格局变化趋势加快,国际经贸投资规则体系面临重塑,国际产业发展和分工格局出现重大变革。新冠肺炎疫情加速国际政治经济格局新调整。受新冠肺炎疫情影响,全球化受到挑战,贸易保护主义持续抬头,中美贸易摩擦持续发展,将对厦门火炬高新区外向型经济产生较大挑战。新一轮科技革命和产业变革深入发展。以人工智能、数字经济、生物技术等为代表的新技术迅速突破,将对世界经济增长前景和国际产业分工带来积极而深远的影响,有利于厦门火炬高新区加速新产业、新业态的培育,实现跨越式发展。发达国家加强对高新技术的封锁。以美国为首的西方国家在芯片、半导体、元器件等高新技术领域对中国加强技术封锁,从扩大《瓦森纳协定》限制范围,到实体清单出口管制,再到以国家安全为借口限制市场进入和投资并购,使得厦门火炬高新区引进先进技术难度加大,制约产业转型升级发展。

（二）国内环境

党的二十大胜利召开,吹响了为全面建设社会主义现代化国家、全面推进中华民族伟大复兴而团结奋斗的前进号角。全面推动高质量发展。我国坚持把发展经济着力点放在实体经济上,有利于高新区产业体系优化升级,提升产业发展能级。我国加快构建以国内大循环为主体、国内国际双循环相互促进的新发展格局,对高新区建设双循环枢纽节点提出更高要求,也提供了新的战略契机。国家赋予高新区新的使命。新时代国家要求高新区继续坚持"发展高科技、实现产业化"方向,努力建设成为创新驱动发展示范区和高质量发展先行区,建成若干具有世界影响力的高科技园区和一批创新型特色园区,成为国家参与国际竞争的前沿阵地。这些有利于厦门火炬高新区争取更多政策支持,加快实现高质量发展。区域竞争进一步加剧。粤港澳大湾区、长三角一体化、京津冀资源汇聚优势进一步凸显,区域产业、人才等创新资源要素在全国范围加速流动重组,国家城市群布局加快拓展。高新区高端产业引进和高端人才集聚面临更激烈竞争,甚至存在原有资源被分流的风险。

（三）厦门环境

厦门正按照习近平总书记的要求,全力推动高质量发展,全面推进跨岛发展战略,努力率先实现社会主义现代化,这有利于火炬高新区以创新为核心,提升产业素质;有利于高新区优化完善一区多园功能,建设现代化产业新城;

239

有利于高新区主导产业进一步壮大升级。高新区肩负着建设金砖创新基地核心区的战略使命,有利于发挥高新区在产业基础、人才储备、管理服务等方面的比较优势,在更高起点上实施创新驱动和开放驱动发展战略。

火炬高新区要积极应对复杂挑战局势,把握有利形势机遇,准确识变、科学应变、主动求变,2023年努力实现规模以上工业总产值增速在8%以上,固定资产投资增速在15%以上。到2025年,目标是建成产业高端、创新活跃、产城融合、开放协同、治理高效的一流高科技园区,进入国家高新区第一梯队,建设金砖国家新工业革命伙伴关系创新基地核心区,增强园区影响力、竞争力和创新力,成为生产生活生态相得益彰、宜居宜业的科技新城典范。

中共厦门市委政策研究室　郭可立

中国(福建)自由贸易试验区厦门片区经济发展情况分析及建议

一、中国(福建)自由贸易试验区厦门片区工作成效

中国(福建)自由贸易试验区厦门片区(以下简称"厦门自贸区")坚持以习近平新时代中国特色社会主义思想为指导,全面贯彻落实习近平总书记的重要讲话重要指示批示精神,同时按照省委、省政府和市委、市政府的部署要求,统筹推进疫情防控和改革创新、对外开放,落实"六稳"、"六保",实现防控疫情精准有效、改革创新与经济发展加力提速。

(一)2021年工作成效

1.制度创新有新突破

厦门自贸区推出了52项创新举措,其中全国首创11项,至2021年年末,累计推出498项创新举措,全国首创111项,被国务院发文向全国推广的厦门改革试点经验30项,入选全国自贸试验区"最佳实践案例"5个。厦门自贸片区2021年49项创新试验任务的140项具体措施中,已实施124项,部分实施6项,正在推进10项,任务落实率92.8%。国务院6批143项改革试点经验,已落实141项,落实率98.6%(见表1)。获批成为新型离岸国际贸易试点地区、飞机经营性租赁外币计价结算试点,成为国家口岸办首批建设的航空物流公共信息平台。成功承办了商务部在厦门召开的全国自贸试验区建设工作现场推进会,得到商务部高度肯定。

表1　2021年厦门自贸区落实项目

项目名称	项目数量/项	已落实/项	落实率/%
项创新试验任务	140	124	92.80
改革试点经验	143	141	98.60

2.数字自贸区建设全力推进

在推进数字自贸区建设的过程中,厦门自贸片区成绩十分亮眼。远海码头建成全国首个5G全场景应用智慧港口,海润码头率先全国完成传统集装

箱码头全智能化改造(见图1);建设厦门自贸片区数字空间平台、企业综合信息基础平台,全面建立厦门自贸片区一体化空间数据底座;培育一批贸易行业一流的数字化转型标杆企业,建发集团搭建"纸源网"数字化协同平台,国贸集团打造"国贸云链",象屿集团建设智慧物流平台。

同时打造集线上展示、交易、培训以及供应链金融、品牌推广、酒文化传播等服务功能于一体的综合性数字国际酒服务平台;率先建成国内领先的厦门国际贸易"单一窗口",成为全国自贸试验区首批"最佳实践案例"与"2019中国改革年度优秀案例";逐步升级建设大数据服务中心,成为亚太示范电子口岸网络(APMEN)国内仅有的两个成员口岸之一;上线厦门港引航船舶信息可视化平台,率先全国实现引航、拖轮、码头、航商、船舶代理等多部门协同管理和作业信息全程可视化操作;建设数字口岸平台,整合口岸监管信息化项目和数据资源,以数字监管推动智能监管。

图1　海润码头智能转型

3.新兴产业逐步壮大

壮大融资租赁、跨境电商、离岸贸易等新业态新经济。2021年全年,飞机租赁新引进南航5架二手机、贵州多彩航空1架新机,累计落地飞机12架,总额18.06亿元;跨境电商进出口约85.5亿元,同比增长207%;离岸贸易办理外汇收支111.88亿美元,同比增长62.9%,累计收支243.73亿美元;燕窝平台实现产值6亿,同比增长202%,成为全国最大燕窝深加工基地。推动集成电路研发保税监管试点,2021年累计完成对外付汇约4600万美元。深化供应链创新与应用试点工作,入围商务部十大供应链创新示范城市,建发、国贸、象屿、林德 4 家企业被评为全国供应链创新与应用示范企业。2021 年全年,片区线上批发业销售额 8773.73 亿元,同比增长 49.1%(见表 2)。

表 2　2021 年厦门自贸区产值及增长率

指　　标	总额	同比增长/%
跨境电商进出口/亿元	85.5	207
离岸贸易办理外汇收支/亿美元	111.88	62.9
燕窝平台实现产值/亿元	6	202
线上批发业销售额/亿元	8773.73	49.1

4.两岸融合有序推进

2021 年,厦门自贸片区积极探索多领域对台创新,突出对台特色。厦门片区累计新增台资企业 1006 户,注册资本 182.48 亿元。试点允许台胞使用台胞证、台湾居民居住证申请注册内资企业,目前已落地 13 家;持续深化"源头管理、口岸验放"模式。厦门片区新增台资企业 74 户,注册资本 5.71 亿元人民币,合计利用外资 5.06 亿元人民币。福建首票多式联运"一单制"出口提单在厦成功签发,货物从江西出口至台湾基隆,受到央视新闻联播等媒体报道,标志着厦门多式联运"一单制"改革创新正式启动,实施多式联运"一单制"改革,将进一步促进与台湾地区及海丝沿线港口物流标准互联互通。

5."一带一路"走深走实

"丝路海运"航线已增至 80 条,"丝路海运"联盟境内外成员达 250 家,航线已覆盖 29 个国家和地区及 102 座港口,涵盖港航、物流、商贸、金融、信息、科研机构等领域。2021 年全年,"丝路海运"开行 2829 个航次,完成集装箱吞吐量 351.62 万标箱,有效助力供应链的稳定畅通。

6.招商引资成果显著,重点建设项目进展顺利

2021 年全年,新增落地招商项目总投资额 1393.1 亿元,注册资本 590.4 亿元,其中,世界 500 强、中国 500 强、大型央企等高能级落地项目数 78 个,总投资 235.1 亿元。高能级落地项目实际到位资金 185.2 亿元。落地项目总投资额、高能级落地项目数、实际利用外资金额均已超额完成市里年初下达的指标。

2021 年厦门自贸片区内市重点建设项目共 5 个,项目总投资 390205 万元,2021 年度计划投资 110012 万元,12 月完成投资 3005 万元。

(二)2022 年 1—9 月厦门自贸区经济运行情况

1.外贸进出口保稳提质

2022 年 1—9 月,厦门海关特殊监管区域进出口 1326.6 亿元,占全市

19.3％,同比增长 33.8％。其中,出口 673 亿元,同比增长 16.6％;进口 653.6 亿元,同比增长 57.6％。

保税物流支撑有力。保税物流进出口 657.1 亿元,占海关特殊监管区域进出口比重近五成,同比增长 15.2％。其中,出口 488.1 亿元,同比增长 6.8％,带动全市出口增长 1 个百分点;进口 169 亿元,同比增长 48.9％,带动全市进口增长 1.6 个百分点。

新兴市场贸易持续成长。对金砖国家进出口 138.7 亿元,同比增长 85.5％。得益于 RCEP 协定,对 RCEP 国家进出口 443.5 亿元,同比增长 40.7％。其中,对日本进出口 30.3 亿元,同比增长 82.9％;对印尼进出口 90.5 亿元,同比增长 86.7％。

特色业务渐显潜力。得益于货运包机、海运专线等海空通道网络完善,跨境电商进出口 65.7 亿元,同比增长 22.8％,出口拼箱完成 250 亿元,同比增长 18.7％;得益于吸引原经上海出口货物来厦集拼,国际中转完成 75.3 万标箱,同比增长 5.4％。

2.招商引资稳中有升

2022 年 1—9 月,在市对区考核中,完成合同外资 52.7 亿元,完成市下达年度任务的 104.8％;完成实际利用外资 11.2 亿元,完成市下达年度任务的 78％。

大项目招引见效提速。1—9 月新增合同签约项目 117 个,包括世界 500 强德信集团海外事业总部、紫金矿业系列项目、独角兽企业准时达富泰通国际物流、新加坡 Skywin 能源等,总投资 136.4 亿元。第二十二届投洽会期间,自贸委共参加 7 场省、市级重大签约仪式,签约新加坡新科工程电子公司、捷克中捷航空产业园、印度特里那亚律所等 49 个项目,总投资 240.7 亿元。

新外资项目有序到资。9 月以来,已到资 1.2 亿元。其中,微光启创 QFLP 基金到资 5539.5 万元,金景城濮 QFLP 基金 1700 万元,丰亿投资项目 2040 万元(与海沧区联动),中南星火基金二期项目 1260 万元,界万智能设备、咏乡文化传媒、建邑国际贸易、卡瑞基体育用品等合计到资 1086.9 万元。

3.财政收支保持增长

一般公共预算总收入 49.1 亿元,同比增收 12.3 亿元,同比增长 33.4％,增速居全市之首,完成年初预算的 84.5％,超序时进度 9.5 个百分点。其中,区级收入 9.5 亿元,同比增收 2.1 亿元,同比增长 28.0％。财政支出 10.9 亿元,同比增支 3.3 亿元,同比增长 42.4％。存量企业税源稳定,合计贡献税收 20.8 亿元,同比增长 34.2％,新项目"开源"增收,如德信集团海外事业总部 2022 年 5 月运营已贡献税收 2000 万元,人力宝纳税总额 4.1 亿元,桐邦信息纳税总额 2.3 亿元。着力落实减税降负,累计办理留抵退税 1.9 亿元。

4.重点项目建设踔急步稳

4 个市重点建设项目,1—9 月合计完成投资 4.9 亿元,完成年度计划的 96%;预计全年完成投资 5.5 亿元,完成年度计划的 107%。象屿集团大厦 1—9 月累计完成投资 2 亿元,完成年度计划的 135%,完成主体二次装修 90%,景观施工 85%。厦门航空产业启动区 1—9 月累计完成投资 1.8 亿元,完成年度计划的 74%,4-10 号楼主体施工。厦门国际创新智慧产业园 1—9 月累计完成投资 0.5 亿元,完成年度计划的 90%,北地块地下室施工、南地块土方开挖。象屿保税区一期道路交通提升改造 1—9 月累计完成投资 0.6 亿元,完成年度计划的 94%,象兴四路、屿南二路、屿北三路提升施工。

二、厦门自贸片区存在的问题

(一)改革创新需进一步提升

国家下发了《国务院关于支持自由贸易试验区深化改革创新若干措施的通知》和《国务院关于促进综合保税区高水平开放高质量发展的若干意见》,但自贸区改革自主权需进一步扩大。自贸区扩区、空港综保区、两岸融合措施等攸关自贸区发展的政策仍在争取中。进行自主改时,有些程序繁琐,时间成本较大。

(二)发展空间有待拓展

厦门自贸片区规划范围原本配套已较为成熟,空间不足问题日渐凸显,制约了片区开展更多开放试验,也影响了片区承接有用地需求的重大项目落地。

(三)对台经贸合作需加快进度

两岸关系的紧张对立和疫情冲击了对台合作交流的进一步深化,有些惠台的政策举措遇到困难。由于当前局势的影响,金融的深度合作受限;在疫情环境下,文旅市场客流大幅度降低。大嶝市场相关优惠政策吸引力下降,客流降低。

(四)疫情影响招商引资

在外贸进出口方面,宏观面的情况影响到大宗贸易。比如,俄乌冲突持续、人民币波动、印尼限制铝土矿出口等引起大宗价格波动加剧,体现在能源、农产品内外盘倒挂,进口观望气氛浓厚。境外市场替代效应显现,东南亚放宽疫情管制和制造业复苏引发外贸订单外流,出口承受压力。受国际国内疫情影响,物流出现发货速度慢、货物压港等问题,企业交货周期被动延长、外贸合同履约存在不确定性,增加企业经营的成本和风险。

另外,外资增长的压力大。面临新冠疫情反复导致的招商对接活动受限、外资项目储备不足等难题,外资持续稳定增长压力仍然很大。

三、厦门自贸片区的发展对策

(一)建立有效的沟通协调机制

一是争取国家部委支持。市有关部门应会同省有关部门与人民银行、海关、证监会、银保监会等中直部门建立更有效的常态化沟通协调机制,及时解决自贸区运行中政策、创新、资金和开放平台建设等问题。二是加强政府部门之间的沟通。审批部门、监管部门和执法部门必须共享信息,加强沟通与互联,真正实现审批部门的信息被及时推送到监管部门,监管部门和执法部门也要及时的把相关信息反馈给审批部门,让审批部门能够快速及时地了解企业的真实具体情况,不至于盲目从而导致拖拉审批,降低政府工作效率。

(二)创新土地利用和空间用途管制政策

探索更具弹性的土地混合利用方式,满足市场灵活度和项目差异化的需求,针对不同类别的混合用地,设置不同的物业持有要求,相应地实施差别化的供地方式和地价政策。优化国有建设用地全生命周期管理,确保规划各类公共要素的落地实施,加强产业准入、绩效评估和土地退出监管,优化存量资源配置效率,增强规划实施的用地资源保障能力。

(三)积极探索两岸融合发展新路

秉持"两岸一家亲"理念,持之以恒开展厦台各领域交流,积极探索后疫情时代厦台交流转型发展新路径。坚持以通促融、以惠促融、以情促融,持续深化经贸融合,做大对台海运快件和跨境电商规模,落实落细惠台政策,提升两岸青创基地建设,持续增进情感融合,加快打造台胞台企登陆第一家园的"第一站"。深挖厦门各类优势特色资源,凝聚多方力量,形成工作合力,深化两地文化、教育、科技、旅游等领域的交流合作,加大吸引台湾地区医师、律师、设计师、工程师等专业人员的力度,更好服务新时代人才强省建设。

(四)支持和鼓励金融创新,拓展融资渠道

加大金融创新力度,鼓励银行机构对融资租赁企业实行单独授信,针对租赁项目特点提供相应的融资产品。积极支持融资租赁企业以发行金融债券、短期融资券、非公开定向融资工具、企业债券及资产证券化等方式融资。要支持融资租赁企业在境内外资本市场上市融资,在全国中小企业股份转让系统、海峡股权交易中心挂牌融资。

(五)统筹布局数字基建

应坚持数字基建先行,依托 5G、大数据等数字化底座,推动数字口岸、智

慧物流等产业发展。数字基建作为片区数字化改革的基本支撑,应以网络基础设施、融合基础设施建设为重点,按梯队、分区域进行统筹规划,有序布局。

加快网络基础设施建设。建设 5G 精品网络。片区需加快布局 5G 全覆盖的智能综合保税区,推进 5G 全场景应用的智慧港口建设。海关监管区、产业园区等应加快部署 5G 精品网络,优化仓储、分拣等设施,满足工业制造、交通调度等复杂场景对大流量、高并发、即时响应的需求。

推进融合基础设施建设。其一,推动智能制造基础设施的深度覆盖。各功能区应重点发展行业级"工业大脑",加快开发各类场景云,推动国家工业互联网标识解析二级节点及重点企业节点建设。其二,加快"5G＋工业互联网"应用的构建。各部门需加快部署服务于工业的 5G 基站,推进虚拟专网、混合专网建设,推动协同研发设计、远程设备操控等场景应用落地,扩展智能生产、共享制造等新业态,有效打通研发、生产、服务等各环节间的壁垒,打造涵盖实时分析、科学决策的数据流动闭环。

（六）经济发展与疫情防控两手抓

深入学习党的二十大会议精神,贯彻落实党中央"疫情要防住、经济要稳住、发展要安全"的重要要求,有力推动经济高质量发展。坚持统筹疫情防控和经济社会发展,统筹发展和安全,"两统筹、两手抓、两促进"在抓好疫情防控、安全生产中想方设法保稳经济发展。

一手抓疫情防控。印发关于进一步加强疫情防控工作的通知,认真宣贯疫情防控规范,指导督促企业落实防疫措施,开展旅游购物等人流集中场所防疫检查。疫情防控期间,要实行"不见面"审批、预约服务、尽最大努力为办事企业服务好。①采取视频办公、微信办公等方式,确保企业相关业务有序开展。②实行"预约服务"制度。根据企业特殊需求,采取预约方式统筹服务,避免企业人员来回跑,有效防范交叉感染风险。

一手抓经济发展。一方面,为减少疫情对招商引资的影响,自贸区应加强线上招商,努力确保"联系不断、项目不丢"。另一方面要保证安全生产,调整自贸委安委办组织机构,组建检查组定期进行安全生产检查。

参考文献

[1]戴翔,曾令涵.构建新发展格局背景下自由贸易试验区的制度创新方向与实践路径[J].中共南京市委党校学报,2022(3):51-58.

[2]熊健.上海自贸区临港新片区发展模式与空间对策研究[J].上海城市规划,2020(5):57-62.

[3]王姣,苏文星.辽宁自贸试验区沈阳片区建设成效及发展策略[J].商业经济,2021(12).

[4]熊健.上海自贸区临港新片区发展模式与空间对策研究[J].上海城市规划,2020(5):57-62.

[5]周艾丽,康振男,田翠.山东自贸试验区发展现状、问题及对策研究[J].对外经贸,2022(5):17-20.

厦门理工学院经济与管理学院　潘福斌　陈丽茵　刘相鑫

专题篇

专题一
厦门城市竞争力问题研究

双循环格局与厦门城市竞争力研究

2020年5月,中共中央政治局常委会会议首次提出"深化供给侧结构性改革,充分发挥我国超大规模市场优势和内需潜力,构建国内国际双循环相互促进的新发展格局",之后"双循环"的新发展格局在多次重要会议中被提及,并逐渐分出主次,过渡成为"以国内大循环为主体、国内国际双循环相互促进的新发展格局"的政策思路。这是党中央根据国内国际形势发展的新变化做作出的重大战略部署,是当前及"十四五"时期中国经济发展的关键政策指引,具有深远的意义。

城市作为中国资源要素和经济活动主体集聚的空间载体,是带动中国经济社会发展的核心增长极,同时也是区域间经济和产业竞争的主要依托。在新发展格局下,推动城市高质量发展,不仅关乎"双循环"新发展格局能否顺利构建,也关乎高质量发展战略能否有序推进。因此,研究双循环发展格局下的城市竞争力变化及其相应的措施建议,将有助于进一步理清新发展格局的发展思路和实践路径,促进高质量发展战略目标的实现,进而提升中国经济和产业的整体竞争力。

本专题先分析厦门经济社会发展的现状,指出其发展特征及可能存在的问题;随后,在此基础上,结合城市竞争力的定义,构建城市竞争力的指标体系,以测算厦门城市竞争力的水平及其演变历程,探索影响城市竞争力的主要因素;最后,围绕上述分析,从促进双循环发展格局形成的视角,给出厦门下一阶段提升城市竞争力、促进经济社会发展的相关措施建议,以供决策参考。

一、厦门经济社会发展的现状分析

(一)经济总量及其增速变化

2001—2021年,厦门经济实力全面提高,GDP总量从558.3亿元增长到7033.89亿元,21年间增长了11.6倍,年均名义增速高达13.5%。分阶段看,2001—2007年是厦门经济的中高速增长阶段,增速稳定在14%~18%之间;2008年,受国际金融危机影响,厦门市经济增速急剧放缓,2009年GDP增速仅为8.3%。2010年、2011年,在"四万亿"政策刺激下,GDP增速回升至15%

左右。2012 年之后,经济增速再度下行,并持续到 2015 年。2016 年之后,经济增速反弹企稳,出现小幅上升,GDP 增速由 2015 年的 7.1% 小幅增加到 2019 年的 7.9%。随后,新冠肺炎疫情暴发中断了厦门经济的复苏步伐,2020 年 GDP 增速仅为 5.7%,创下自 1983 年以来的新低。2021 年,在出口快速增长的带动以及前一年低基数的作用下,GDP 增速反弹到 8.1%,为七年来最高增速(见图 1)。

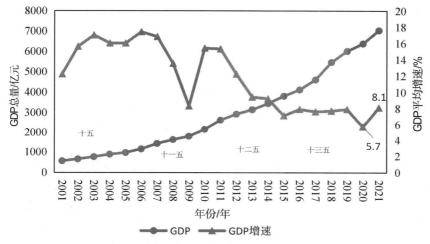

图 1　2001 年以来厦门经济总量及其增速变化

数据来源:历年《厦门经济特区年鉴》《厦门市国民经济和社会发展统计公报》。

分时期看,"十五"时期的年均 GDP 增速最高,达到 15.4%;"十一五"时期次之,年均增速约为 14.3%;"十二五"时期再次之,年均增速约为 10.6%;到"十三五"时期,年均增速跌破两位数,仅为 7.4%(图 2)。因此,从增速上看,自"十五"时期以来,厦门经济增速呈现持续下降的趋势。特别是"十三五"时期,厦门年均经济增速跌破两位数,不及"十五"时期的一半。不过,从 GDP 的年均增量看,尽管"十三五"时期的 GDP 年均增速是最低的,但这一时期的 GDP 年均增量却是最高的,达到 515.4 亿元,分别是前三个五年计划时期的 5.55 倍、2.18 倍和 1.55 倍,年均增量跨期增幅达到 55.4%,高于"十二五"时期的 40.6%,但低于"十一五"时期的 154.7%。

(二)三次产业变化及服务业内部构成演变

经济渐趋服务化是新世纪以来厦门经济结构变化呈现出来的最显著特征之一。2001 年,厦门三次产业的构成为 3.9∶50.8∶45.3,第二产业比重比第三产业高 5.5 个百分点,第一产业比重也还有 3.9%。到 2021 年,三次产业的构成演变为 0.4∶41.0∶58.6,第二产业的比重大幅下降了 9.8 个百分点,第一

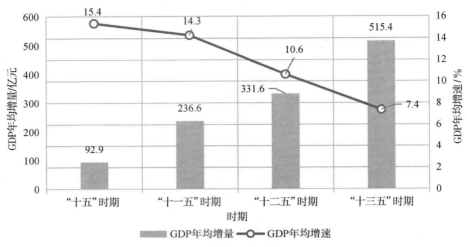

图 2　2001 年以来不同计划时期厦门经济年均增量及增速

产业比重也跌至 0.4%,下降 3.5 个百分点,唯有第三产业比重持续上升,提高到 58.6%,增长了 13.3 个百分点(图 3)。分时期看,"十五"时期,第二产业的比重要高于第三产业;"十一五"时期,第二产业和第三产业比重基本相当;"十二五"时期,第三产业比重与第二产业比重开始拉开差距;而"十三五"时期,第三产业比重持续扩张,与第二产业比重的差距也在不断扩大。因此,从产业构成变化上看,"十二五"时期和"十三五"时期是厦门经济服务化程度大幅提升的时期。

进一步,从服务业内部构成变化看,2001—2021 年,一方面,金融业是厦门服务业比重增加最快的行业,由 13.2% 提高到 21.0%,大幅上涨 7.8 个百分点[①];次之是科教文卫业(包括科学研究和技术服务业、教育业、卫生和社会工作业、文化体育和娱乐业、公共管理社会保障和公共组织业等五个行业),从 14.0% 提高到 18.8%,增加了 4.8 个百分点;信息传输软件和信息技术服务业、租赁和商务服务业的比重则分别由 6.5%、2.0% 提高到 2020 年的 7.5%、7.6%,增长 1.0 个、5.6 个百分点。另一方面,交通运输仓储和邮政业的比重下降最快,由 2001 年的 15.2% 大幅下降至 2021 年的 7.8%,降幅高达 7.4 个百分点;次之为批发和零售业,比重由 2001 年的 27.8% 大幅减少为 2021 年的 22.0%,降幅约为 5.8 个百分点;而作为厦门支柱产业的房地产业,其在服务

---

① 与之对比,与厦门同类型的五个计划单列市中,2020 年,青岛金融业占服务业的比重约为 11.3%,宁波为 15.6%,大连约为 17.4%,均小于厦门。深圳约为 24.4%,略高于厦门。

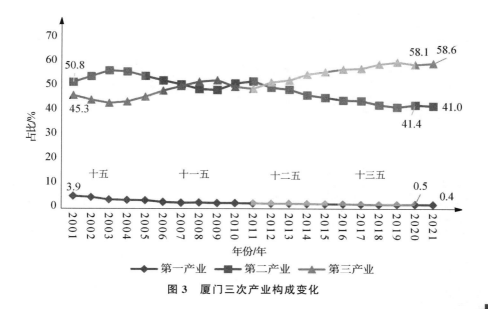

图 3 　厦门三次产业构成变化

业内部的比重也由 2001 年的 14.5％下降到 2021 年的 11.1％,减少 3.4 个百分点(表 1)。值得注意的是,厦门房地产业比重真正开始持续较大幅度下降是在"十三五"时期,从期初的 15.5％下降到期末的 12.3％,创下 21 世纪以来的最低水平。2021 年,在全国房地产业持续不景气的大背景下,厦门房地产业也同样难以摆脱增长颓势,在服务业内部的比重继续创下新世纪以来的新低,跌至 11.1％。因此,总体上,厦门服务业构成中,金融业、科教文卫业合计约占到近四成;依托本地市场,具有对外服务和流通性质的服务业比重则不断下降,如批发零售业、交通运输仓储和邮政业;具备现代服务业特征、具有对外服务贸易能力的信息传输软件和信息技术服务业、租赁和商务服务业比重尽管有所上涨,但占比较低。而曾经与金融业相互"捆绑"至深的房地产业,在服务业中的比重则持续下降,二者之间渐趋"脱钩"。这其中,既有 2016 年、2017 年房价进一步大涨之后,本地政府主动调整的因素,也有自 2019 年之后,严格管控政策和疫情冲击下,中国房地产业渐趋不景气带来的被动调整因素。因此,除非在全国层面出现大的政策改变,否则厦门房地产业近年来下行的态势,很难逆转。

表 1　2001 年以来厦门市服务业内部构成演变

单位：%

时间	交通运输、仓储和邮政业	信息传输、软件和信息技术服务业	批发和零售业	住宿和餐饮业	金融业	房地产业	租赁和商务服务业	科教文卫	居民服务、修理和其他服务业
2001	15.2	6.5	27.0	4.5	13.2	14.5	2.0	14.0	2.2
2002	15.4	6.6	28.5	4.0	13.3	13.1	2.2	14.2	2.0
2003	14.7	6.3	29.6	4.0	12.5	14.5	2.2	13.6	1.9
2004	15.6	6.0	27.9	4.1	11.0	14.3	2.4	14.2	1.9
2005	15.3	6.2	26.0	3.7	10.8	16.1	2.4	15.3	1.8
2006	13.6	6.5	24.5	3.8	12.3	16.0	2.9	16.0	1.7
2007	11.4	6.6	23.6	4.2	14.6	16.4	3.2	16.1	1.7
2008	11.2	5.2	24.0	4.8	17.3	12.5	4.5	16.6	1.6
2009	10.2	4.6	22.4	4.8	16.4	16.7	4.1	17.2	1.6
2010	10.9	4.8	24.4	5.1	16.3	13.2	4.5	16.5	1.7
2011	12.1	4.8	23.7	5.3	17.4	12.4	4.4	15.4	1.7
2012	12.0	4.5	22.0	5.0	17.9	15.7	4.0	14.7	1.6
2013	11.9	4.2	20.8	4.7	18.3	17.2	4.1	14.7	1.6
2014	11.6	5.0	19.5	4.4	19.4	16.4	4.9	14.7	1.5
2015	9.5	5.9	19.7	3.3	19.9	13.9	5.8	18.5	1.5
2016	9.6	6.2	20.5	3.2	18.5	15.5	5.1	17.9	1.7
2017	9.7	6.5	19.1	3.0	19.0	15.	5.1	18.6	1.9
2018	8.6	6.6	17.4	2.9	18.8	14.9	6.2	20.8	2.1
2019	8.4	7.2	17.9	2.8	19.7	14.3	6.3	19.5	2.0
2020	7.4	7.5	19.8	2.2	21.1	12.3	7.6	18.8	1.7
2021	7.8	—	22.0	2.3	21.0	11.1	—	—	—
"十五"	15.3	6.3	27.8	4.1	12.1	14.5	2.2	14.3	2.0
"十一五"	11.4	5.5	23.8	4.5	15.4	15.0	3.8	16.5	1.7
"十二五"	11.4	4.9	21.1	4.6	18.6	15.1	4.6	15.6	1.6
"十三五"	8.7	6.8	18.9	2.8	19.4	14.5	6.0	19.1	1.9

数据来源：整理自 2022 年《厦门特区经济年鉴》。

（三）固定资产投资及其构成变动

厦门城镇固定资产投资总额快速提升是在 2000 年之后。1981—2000 年,厦门城镇固定资产投资总额累计约为 1273.1 亿元;而 2001—2021 年,厦门城镇固定资产投资总额累计高达 32752.0 亿元,约为前一个时期的 23.2 倍,可谓高速增长。2021 年,厦门城镇固定资产投资总额约为 3461.8 亿元,较 2001 年的 189.9 亿元增长近 17.0 倍。从增速上看,厦门城镇固定资产投资总额名义增速较快的时期是 2001—2006 年(图 4)。其中,最高为 2006 年,年名义增长速度达 65.6％。之后,受国际金融危机的冲击,投资增速迅猛下降。到 2009 年,年名义增速下滑至－5.5％。2010 年,在“四万亿”政策的刺激下,投资增速快速反弹,恢复到 15.1％。2011 年、2012 年基本保持稳定,但 2013 年再次大幅下跌到 1.1％。2014 年、2015 年回到 20％左右的增速。而 2016 年之后,厦门城镇固定资产投资总额的增速开始稳步下行,维持在 10％的水平。2020 年,尽管遭受到新冠肺炎疫情的巨大冲击,但厦门城镇固定资产投资总额的增速仍达到 8.8％,较 2019 年仅小幅下降了 0.2 个百分点,高出同期全国固定资产投资增速约 5.9 个百分点。2021 年,投资增速进一步提升到 11.3％,回到两位数的水平。

257

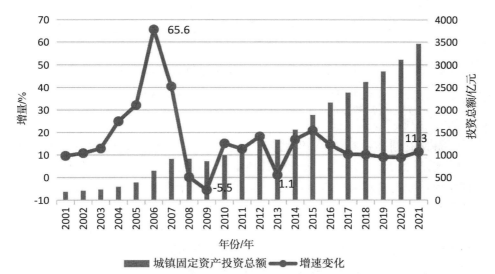

图 4　2001—2021 年厦门城镇固定资产投资总额及其增速

注:全社会固定资产投资总额的统计口径在 2012 年和 2016 年发生了两次重大改变,导致数据前后不可比。这里本文使用城镇固定资产投资总额指标来表征全社会固定资产投资总额,以便对厦门固定资产投资进行长时期的可比口径变化研究。

数据来源:整理自历年厦门经济特区年鉴。

从行业分布来看,房地产开发投资是厦门固定资产投资的第一大行业,次之为城市基础设施投资,而工业投资的比重则相对较小。1994—2020年,房地产开发投资占城镇固定资产投资的比重年均约为36.5%,城市基础设施建设投资年均占比约为31.0%,二者合计占比达到67.5%,超过固定资产投资总额的2/3。相比较看,工业投资的年均占比约为20.8%,分别要低于城市基础设施建设投资和房地产开发投资占比10.3个和15.7个百分点(图5)。因此,分行业看,厦门城镇固定资产投资的重点主要是在房地产开发投资和城市基础设施建设投资。

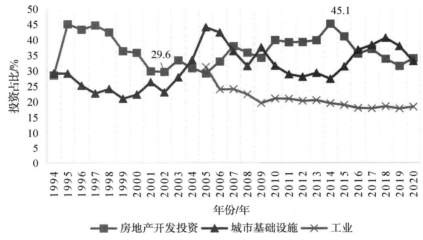

图5　厦门主要行业固定资产投资总额占比的变化

数据来源:整理自历年厦门经济特区年鉴。

分所有制形式看,2000年之后国有投资在总投资中占据较大的份额。如表2所示,2002—2017年,仅就统计项目投资部分,厦门国有及含国有股份的固定资产投资占城镇固定资产投资的比重年均就达到46.4%,远高于私营个体年均3.0%的投资占比,也高于港澳台商投资占比(6.7%)和外商投资占比(7.3%)。并且,从趋势变化看,2014年之后,国有及国有股份投资占比呈现出持续增长的态势,由2014年的41.2%迅速提升至2017年的52.3%,增加了11.1个百分点。而同期,私营个体投资占比上涨了1.0个百分点;港澳台商和外商投资占比则分别下降了2.5个和1.4个百分点。因此,从不同的登记类型看,样本期内,国有及国有股份投资占据投资的主体地位,并呈现出持续增长的态势;私营个体投资占比尽管持续攀升,但绝对数额还相对较小;港澳台商和外商投资的占比均出现了较大幅度的减少,逐渐被私营个体投资赶超。

表 2　按登记类型划分的固定资产投资比重变化

年份/时期	内资		国有及国有股份		私营个体		港澳台商		外商	
	投资额/亿元	占比/%	投资额/亿元	占比/%	投资额/亿元	占比/%	投资额/亿元	占比/%	投资额/亿元	占比/%
2002	81.7	38.8	80.4	38.2	1.3	0.6	14.7	7.0	47.5	22.6
2003	111.7	47.0	110.3	46.4	1.4	0.6	21.3	9.0	24.6	10.3
2004	133.7	45.1	128.8	43.4	5.0	1.7	23.8	8.0	47.3	15.9
2005	195.2	49.8	187.9	47.9	7.4	1.9	42.5	10.8	40.1	10.2
2006	358.3	55.2	348.3	53.7	10.0	1.5	42.1	6.5	34.7	5.3
2007	431.4	47.3	421.0	46.2	10.4	1.1	74.2	8.1	60.3	6.6
2008	462.5	50.6	446.9	48.9	15.5	1.7	64.7	7.1	58.9	6.5
2009	463.8	53.7	452.0	52.4	11.8	1.4	56.1	6.5	48.5	5.6
2010	460.2	46.3	426.2	42.9	34.0	3.4	61.6	6.2	75.2	7.6
"十一五"时期均值	435.3	50.6	418.9	48.8	16.4	1.8	59.7	6.9	55.5	6.3
2011	504.4	45.1	450.6	40.3	53.8	4.8	83.3	7.4	87.7	7.8
2012	643.5	48.6	573.0	43.3	70.5	5.3	94.2	7.1	66.1	5.0
2013	647.0	48.4	582.0	43.5	65.1	4.9	93.7	7.0	64.7	4.8
2014	710.6	45.5	643.9	41.2	66.6	4.3	84.1	5.4	62.8	4.0
2015	960.4	50.9	900.5	47.7	59.9	3.2	91.9	4.9	61.3	3.2
"十二五"时期均值	693.2	47.7	630.0	43.2	63.2	4.5	89.4	6.4	68.5	5.0
2016	1299.0	60.1	1175.7	54.4	123.3	5.7	57.5	2.7	37.2	1.7
2017	1372.1	57.6	1245.5	52.3	126.6	5.3	68.6	2.9	60.9	2.6

注:表格中的投资数据为城镇项目投资的数据,只为全部投资的一部分;占比数据则为各类型投资与城镇固定资产投资总额的比值。

数据来源:整理自历年厦门经济特区年鉴。

(四)社会消费品零售总额变化

2001—2021 年,厦门社会消费品零售总额由 173.5 亿元上涨到 2584.1 亿元,增长约 13.9 倍,年均增速约为 14.3%,小幅高于同时期 GDP 的名义增长倍数(11.6 倍)和年均增速(13.5%),但小于同时期城镇固定资产投资的增长倍数(17.0 倍)和年均增速(16.2%)。从趋势变化上看,2001—2010 年,社会消费品零售总额增速呈现持续上涨态势,年均增速高达 18.0%,而 2011 年之后,社会消费品零售总额增速开始快速下行。2018年,跌至7.6%,继2001年之后,再度出现个位数增长。2019年反弹回升,但2020年受新冠肺炎疫情的影响,增速下滑至1.6%。2021年,受上一年基数翘尾效应、本地疫情好转以及外贸增长辐射效应的影响,社会消费品零售总额增速又快速恢复到12.7%,回到2012年以来的平均增速水平之上(图6)。分时期看,"十一五"时期是厦门社会消费品零售总额增速最快的时期,平均增速达到19.3%,接近同期固定资产投资平均增速(20.3%),与固定资产投资的年均增量差距也只有20.48亿元。"十二五"时期、"十三五"时期,社会消费品零售总额年均增速分别下降为11.2%和8.5%,与同期固定资产投资增速的差距扩大到5.8个和2.0个百分点,同期年均增量差距也扩大到48.0亿元和80.99亿元。

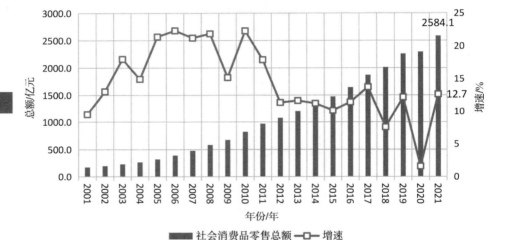

图6　2001—2021年厦门社会消费品零售总额的变化

数据来源:整理自《厦门经济特区年鉴(2022)》。

（五）对外贸易及其构成变化

首先,从对外贸易总额看,2001年,厦门市进出口贸易总额约为110.7亿美元,其中出口65.0亿美元,进口45.7亿美元。到2021年,厦门市进出口贸易总量达到1375.9亿美元,其中出口667.6亿美元,进口708.3亿美元,分别是2001年的12.4倍、10.9倍和15.5倍,年均增速分别为14.0%、13.0%和15.3%(图7)。从贸易差额看,在2000年之前,进出口贸易差额基本维持在10亿美元以内,并且除个别年份之外,多数年份均为贸易顺差。加入WTO之后,进出口贸易差额开始出现持续快速增长的势头,贸易长期保持顺差。到2008年国际金融危机爆发之时,进出口贸易顺差规模已突破100亿美元关口,达到 134.0 亿美元,2009 年小幅回调之后,又开始新一轮的迅猛增长势头。到 2013 年,贸易顺差额突破 200 亿美元,2015 年达到历史最高额,约为 237.0 亿美元。随后,贸易顺差额出现大幅的持续回调。到 2020 年,贸易顺差额减少到 33.4 亿美元,基本回到 21 世纪之初的水平。2021 年,受疫情管控差异带来的国内外供应链体系变化影响,尽管出口增速大幅提升,但进口增速的上涨幅度更大,导致进出口贸易在时隔 25 年之后再次出现逆差,规模达 40.6 亿美元,创下有史以来最大的贸易逆差额。

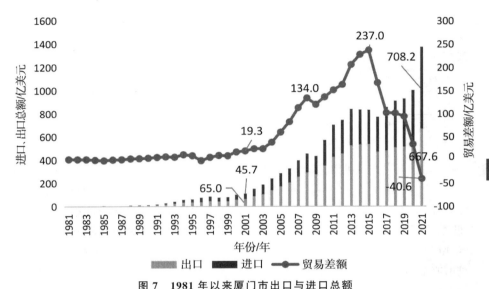

图 7　1981 年以来厦门市出口与进口总额

数据来源:整理自《厦门经济特区年鉴(2022)》、中国经济数据库(CEIC)。

　　分不同时期看,2001—2021 年,厦门进出口总额的年均增速约为 14.0%,比同期名义 GDP 增速高 0.5 个百分点。其中,出口总额年均增速约为 13.0%,低于同期名义 GDP 增速;进口总额增速约为 15.3%,高于名义 GDP 增速。值得注意的是,在剔除 2021 年进出口数据之后,从"十五"时期到"十三五"时期,进出口总额年均增速下降到 12.8%,比同期名义 GDP 增速低 0.9 个百分点。其中,出口总额增速低近 1.5 个百分点,进口总额增速则与名义 GDP 增速持平(表 3)。

表 3　不同规划时期的外贸总额增速及名义 GDP 增速变化

单位：%

时期	名义 GDP 增速	进出口总额 增速	出口总额 增速	进口总额 增速
"十五"(2001—2005)	14.0	23.6	24.4	22.6
"十一五"(2006—2010)	17.4	15.5	16.0	14.7
"十二五"(2011—2015)	12.2	8.2	8.9	7.1
"十三五"(2016—2020)	11.0	4.0	−0.4	10.6
"七五"至今(1986—2021)	18.3	19.6	20.2	20.0
加入 WTO 之后 (2001—2021)	13.5	14.0	13.0	15.3
2001—2020	13.7	12.8	12.2	13.7

注：进出口数据均是以美元计价。

数据来源：整理自《厦门经济特区年鉴(2022)》、中国经济数据库(CEIC)。

其次，从对外贸易依存度看，厦门外贸及出口依存度变化大致可以区分为三个阶段：1981—1994 年的"低基数、快增长"阶段、1995—2006 年的"先下降、后上升"的 U 形变化阶段以及 2007 年至今的"稳步下降"阶段。第一阶段的"低基数"不仅体现在外贸总额上，也体现在厦门经济总量规模较小上。1994 年，厦门外贸依存度和出口依存度分别达到 2.60 和 1.56 的历史最高水平，显现出明显的外向型经济特征。1996 年东南亚金融危机和国内经济"软着陆"的叠加效应，使外向型经济为主的厦门经济受到沉重打击，经济增速严重下滑，同时，外贸依存度和出口依存度也迅猛下降。2001 年，随着中国加入 WTO，外贸依存度和出口依存度指标快速回升，于 2005 年重新达到 2.42 和 1.46。随后，厦门外贸发展进入第三阶段。自 2006 年起，除 2010 年、2013 年略比上一年回升之外，厦门外贸依存度和出口依存度均保持下行态势。到 2020 年，厦门外贸依存度为 1.08，仅为 2005 年的 1/4 强，出口依存度为 0.56，不到 2005 年的 40%。2021 年，对外贸易的超常反弹使外贸依存度和出口依存度回升至 1.26 和 0.61，基本回到 2017 年的水平。

再次，从贸易方式看，2001 年，厦门市进出口一般贸易约为 366.7 亿元。到 2021 年，进出口一般贸易迅猛增长到 6447.0 亿元，较上一年增加近 1617.4 亿元，创下历史最大增幅。对外贸易中，一般贸易比重大幅上涨，由 2001 年的 40.0%，提高到 2021 年的 72.7%，加工贸易和其他贸易占比则分别由 45.7% 和 14.3% 减少到 14.7% 和 12.6%。其中，出口方面，2001 年，出口一般贸易的比重约为 42.6%，比同期出口加工贸易的比重低约 7.4 个百分点。到 2021

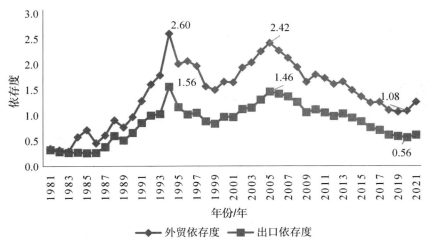

图8　1981年以来厦门外贸及出口依存度变化

注:2018年之前的进出口数据以历年人民币美元加权平均汇率进行转换,
换算成人民币计价,2018年之后则直接采用经济特区年鉴上的数据。

数据来源:整理自《厦门经济特区年鉴(2022)》、中国经济数据库(CEIC)。

年,出口一般贸易比重提高到63.3％,反而比加工贸易比重高约44.4个百分点(图9);进口方面,进口一般贸易的比重也呈现出持续上扬趋势,由2001年的36.3％增长至2021年81.6％,大幅增加了45.3个百分点;进口加工贸易比重则自2010年之后开始快速下降,由2010年的41.8％减少至2021年10.7％(图10),进口加工贸易总额也由614.6亿元下降至486.6亿元,减少近1/3。

最后,从所有制构成看,2001年,"三资"企业占厦门进出口贸易的比重高达65.3％。次之为国有企业,占比约为26.4％。民营企业由于刚获得自主进出口经营权不久[①],在整个进出口贸易中的占比还不大,仅约为7.0％。此后,民营企业的贸易比重开始快速提升,先于2006年超过国有企业比重,再于2015年基本接近"三资"企业比重。这一时期(2001—2015年),厦门对外贸易所有制结构呈现"民营企业比重不断提升,"三资"和国有企业持续下降"的"一升两降"趋势。但进入"十三五"以后,民营企业的比重开始下滑,国有企业的

[①]　1998年10月,对外贸易经济合作部发布《关于赋予私营生产企业和科研院所自营进出口权的暂行规定》,并于1999年1月1日起施行。这一暂行规定拉开了私营企业自主经营进出口的序幕。而在此前,全国具有对外经营权的国内各类外经贸企业高达18万余家(截至1998年11月),其中,外贸流通公司9000多家,自营进出口生产企业和科研院所1万多家,边贸企业3000多家,外经企业800多家,"三资"企业16万家左右。私营生产企业和科研院所1家也没有,反差鲜明。

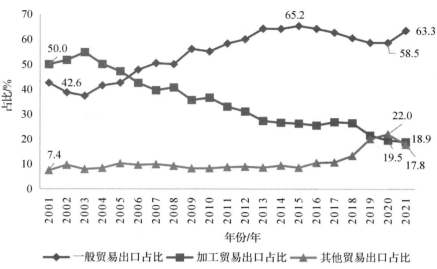

图9　2001年以来厦门市出口的贸易方式结构变化

数据来源:整理自历年厦门经济特区年鉴。

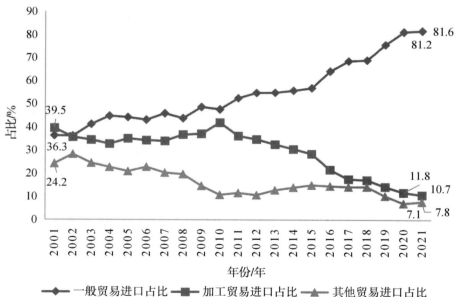

图10　2001年以来厦门市进口的贸易方式结构变化

数据来源:整理自历年厦门经济特区年鉴。

比重稳步回升。到"十三五"期末,2020 年,国有企业连续赶超民营企业和"三资"企业,比重跃升至第一,占到 35.0%;民营企业比重滑落到 33.3%,较 2015 年的 41.1%大幅下降 7.8 个百分点;"三资"企业比重进一步减少到 30.9%,短短 20 年,下跌了超过一半的比重。2021 年,民营企业比重出现小幅反弹,提高到 36.2%,重新超过国有企业的比重(35.3%),"三资"企业的比重则继续减少,跌破 30%,约为 27.9%。

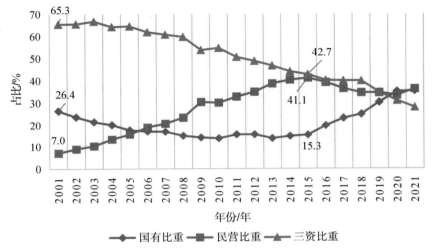

图 11　2001 年以来厦门市对外贸易的所有制结构变化

数据来源:整理自历年厦门经济特区年鉴。

(六)人均 GDP 及居民可支配收入变化

2001—2021 年,厦门人均 GDP 由 24481 元提高到 136210 元,增长了 5.56 倍,年均增速约为 8.6%,低于同期 GDP 的年均名义和实际增速(分别为 13.5%和 11.7%)。分时期看,从"十五"时期到"十三五"时期,人均 GDP 的实际增速分别为 8.8%、8.5%、4.8%和 4.4%,呈现持续下降的趋势。受此影响,2020 年之前,厦门人均 GDP 的排名始终位居全省第一,在 15 个副省级城市中最高曾排在第三位。但在 2021 年,厦门人均排名却首次被福州超过,掉到全省第二位,在副省级城市中的排名也下降到第八位,较 2020 年下跌 3 位。

居民可支配收入方面,2001—2021 年,厦门市城镇和农村居民人均可支配收入分别从 11365 元、4425 元提高到 67197 元、29894 元(图 12),分别增长了 5.91 倍、6.75 倍,涨幅超过人均 GDP。分阶段看,大致可分为 2001—2010 年、2011 年至今两个时期。前一阶段,城镇居民人均可支配收入的增速高于农村居民,造成城乡居民的可支配收入差距日益扩大,2010 年,城镇的人均可支配收入为农村居民纯收入的 2.92 倍;后一阶段出现逆转,在此期间,除 2016 年,农村居民人均可支配收入增速均高于城镇居民,受此影响,城乡居民人均可支配收入比值逐年下降,2021 年比值缩小至 2.25。

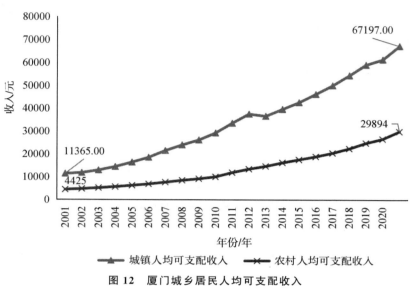

图 12 厦门城乡居民人均可支配收入

注:2012 年以前(含 2012 年)农村数据为人均纯收入,之后为人均可支配收入。

(七)财政收支增速及构成变化

2001 年厦门财政总收入约为 110.5 亿元,其中,地方级财政收入约为 51.9 亿元,财政支出约为 59.1 亿元。到 2021 年,财政总收入突破 1500 亿元,达到 1530.2 亿元。地方级财政收入突破 800 亿元,达到 880.96 亿元。财政支出也突破千亿关口,上升为 1060 亿元。21 年间,财政总收入增长 13.8 倍,地方级财政收入增长 13.5 倍,远超同期人均 GDP 和居民可支配收入的增长倍数。财政支出增长 14.3 倍,同样远超居民消费支出的增长倍数。从不同时期的增速变化看,从"十五"时期到"十三五"时期,财政总收入的增速分别为 18.3%、20.4%、13.9% 和 6.2%,地方级财政收入的增速分别为 16.7%、23.2%、16.1% 和 5.3%,财政支出的增速分别为 16.8%、19.4%、16.4% 和 8.6%(图 13)。可以看出,财政收支增速在"十三五"时期出现了较大幅度的下降,其趋势变化与经济增长变化基本吻合。因此,经济增长的减速是财政收支增速放缓的根本原因。疫情冲击只是加大了财政收支的增速波动,并不是导致其增速下行的主要因素。

进一步,从财政收入的构成看,与 2010 年相比,2020 年增值税(包含营改

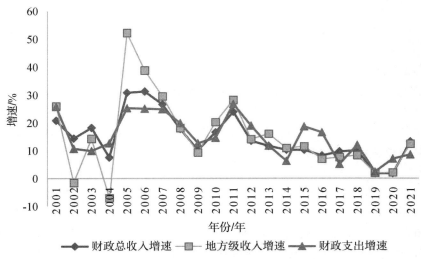

图 13　2001 年以来厦门财政收支增速变化

增之后的调整部分)占财政总收入的比重大幅下滑,由 43.9%减少至 28.8%,下降了 15.1 个百分点;企业所得税的比重也从 19.7%减少到 18.1%,下降了 1.6 个百分点。比重增加最快的是个人所得税,由 6.9%上涨到 15.9%,增加了 9.0 个百分点;次之是非税收入,由 9.4%提高到 14.1%,增长了 4.7 个百分点;与房产相关的四种税种的比重,也从 9.8%上升到 12.0%,增长了 2.2 个百分点(图 14)。因此,从构成上看,直接税占财政总收入的比重在快速上升,特别是个人所得税,已经成为单体税种收入中排名第三大的收入税种。

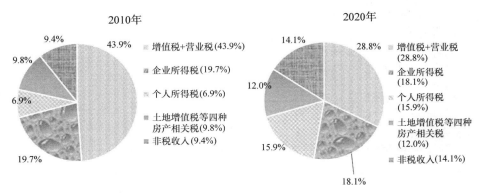

图 14　2010 年与 2020 年厦门市财政收入构成的对比

注:土地增值税等四种房产相关税包括土地增值税、房产税、契税和耕地使用税。

（八）基本民生服务领域的情况变化

首先，就业方面，2001年，厦门城镇非私营单位从业人员以及私营和个体从业人员数合计约为64.08万人。到2018年，该数值急剧增长到424.36万人，18年间增长了562.23%。而从构成上看，2001年城镇非私营单位从业人员数约为51.14万人，大约是同期城镇私营和个体从业人员数的3.95倍。2009年之后，私营和个体从业人员数不断增长，逐渐赶上并超过了城镇非私营单位人员数。到2015年，私营和个体从业人员数达到171.76万人，超过非私营单位从业人员数约34.99万人。2019年，私营和个体从业人员数约为253.15万人，比非私营单位就业人员数多近126.25万人，是后者的近2倍。

其次，教育方面，通过高校合并、省市共建等，厦门高等学校数从2001年的4所增加至2021年16所，高等教育在校学生数也由2.8万人上升到约20.0万人。但更能代表厦门公共教育资源的中学学校数和小学学校数则产生分化。前者由2001年的64所增加到2021年的136所；后者则从376所降至297所，减少了79所。小学学校数下降的主要原因是岛外农村小学的合并和撤销。此外，在师生比方面，中学的师生比从2001的6.28（每百名学生拥有教师数）提高到2020年的7.16；小学的师生比则仅从2001年的5.09小幅增加至5.20，基本保持稳定（图15）。

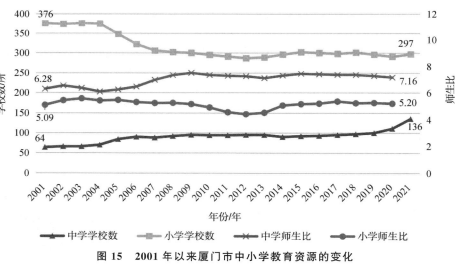

图15 2001年以来厦门市中小学教育资源的变化

注：数据整理自CEIC数据库；师生比表示每百名学生拥有的教师人数。

最后，医疗卫生资源方面，2001—2021年，厦门医院及卫生院数由51所增加到77所，增长了51.0%；每千人拥有的病床数由2001年的218.3张增加到 2016 年的 300.5 张,增长了 37.7%（图 16）,在一定程度上纾解了群众"看病难"的问题。但与其他城市相比,厦门的医疗资源仍相对匮乏。2020 年,青岛和大连的医院和卫生院数分别为 460 个和 295 个,远高于厦门的水平。同时,厦门还存在缺乏在全国具有影响力的三甲医院,城乡间医疗资源分配不均等问题。因此,尽管厦门医疗卫生事业取得了长足的进步,但仍有待进一步加强。

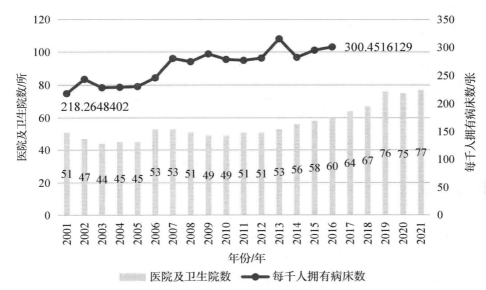

图 16　2001 年以来厦门市卫生医疗资源的变化

数据来源:整理自 CEIC 数据库。

(九)岛内外经济发展均衡状况的变化

从经济总量上看,厦门岛内两区要明显高于于岛外四个区,各区的经济总量从高到低依次为思明区、湖里区、海沧区、集美区、翔安区、同安区。近年来,岛内与岛外的发展差距在不断拉大。2003 年,岛内两区的平均经济总量为228.75 亿元,岛外四区约为 75.55 亿元,相差 153.2 亿元。到 2021 年,岛内两区的平均经济总量跃升到 1898.75 亿元,岛外四区的经济总量也提升到809.10 亿元,二者相差1089.65 亿元,是 2003 年差距的 7.11 倍,岛内外的经济总量差异在持续扩大中(图 17)。

究其原因,主要应归咎于岛内外对外开放先后不同。岛内两个区在 1984年就被划定为经济特区,而岛外四区直到 2010 年,才真正被纳入经济特区范围。而正是依托经济特区在全国率先实行的改革开放政策,厦门岛内吸引了大量的资金、技术、人才,推动了岛内经济快速发展。与之对比,岛外在资金、

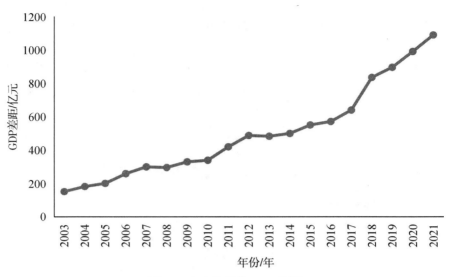

图 17　岛内外平均 GDP 差距

数据来源：整理自 2022 年《厦门经济特区鉴》、2021 年《厦门市海沧区统计鉴》。

技术和人才等方面严重滞后于岛内。改革开放之初，经济特区政策只在岛内实施，促进了岛内经济的率先发展，再加之交通不便，岛内经济也尚未发展到能够向岛外溢出的水平，岛内经济对岛外经济的辐射能力有限，因此，在较长时期里，岛外经济发展比较缓慢，岛内外经济发展水平差距扩大。

综上所述，二十多年来，有关厦门经济社会发展运行特征的判断大致可以总结出以下几点：

第一，经济增长减速，经济服务化趋势明显。突出表现为"十三五"以来，厦门经济增长速度持续下降，同时，三次产业中的服务业比重持续上升。

第二，经济增长的内源性动力增强，外贸对经济增长的贡献减弱。与"十一五"时期、"十二五"时期相比，"十三五"以来，总需求结构中，以进出口贸易为主的外需对经济增长的贡献明显下降。在外贸顺差缩小的情况下，国内需求的重要性自然相对上升，但是，由于居民收入增长缓慢，居民消费需求不振，为保增长，不能不断扩大固定资产投资，投资对经济增长的贡献显著提升。同时，在对外贸易构成中，一般贸易的比重大幅提升，而加工贸易比重则持续萎缩。

第三，基建和房地产投资构成投资主体，居民消费增速偏慢或成隐患。房地产开发投资和基础设施建设投资占比合计超过厦门全部城镇固定资产投资总额的 2/3，而工业投资的比重则维持在 20% 的水平。这种投资构成导致厦门的投资严重依赖于房地产业的发展和政府财力水平。在当前经济环境下，一旦房地产业不景气周期延长,同时政府财政压力持续增加,投资的可持续性将面临较大挑战。而与之对比,厦门社会消费品零售总额增速偏低,居民消费受制于房价和收入因素因而增速缓慢,消费整体对经济增长的贡献弱于投资。这可能会成为厦门下一阶段经济增速难以快速恢复的主要障碍。

第四,外资退潮,经济国有化程度提升。一方面,2014年之后,国有及国有股份固定资产投资在总投资中的比重持续增长,已然超过全部投资的一半以上,而同期私营个体的投资比重只有小幅提升,港澳台商和外商固定资产投资比重则出现了不同程度的下降。另一方面,以民营企业和国有企业为主体的内资企业取代了"三资"企业,成为对外贸易的主体力量。特别是在"十三五"时期之后,国有企业异军突起,快速缩小与民营企业和"三资"企业的比重差距,成为厦门经济发展的特有现象之一。

第五,金融业和房地产业"分道扬镳",服务业对外服务能力有限。金融和地产之间的相互"成全"是过去二十多年中国经济陷入"房地产经济"困境的关键因素。近几年,在疫情和调控政策的作用下,全国房地产业开始周期下行,厦门房地产业也举步维艰,在服务业内部的占比持续下降,但金融业快速摆脱疫情和房地产业的桎梏,占比"不降反升",二者之间的"脱钩"趋势明显。其他服务业方面,与政府或国有经济相关的服务业比重较高,而依托本地市场、具有对外服务和流通性质的服务业占比则不断下降。这就导致尽管服务业在国民经济中的比重持续上升,但服务业对外服务能力却并没有得到有效的改善,基本停留在本地市场,对外辐射能力有限。

第六,经济减速抑制财政收入增速,直接税比重大幅提升。受经济增长减速影响,厦门财政收入增速在"十三五"时期出现较大幅度的下降。特别是房地产业的萎缩导致国有土地出让金收入出现大幅减少,地方财政支出和债务还本付息的压力骤增。而从收入构成看,以增值税为主的间接税比重大幅下降,而以企业所得税和个人所得税为主的直接税占财政总收入的比重则明显上升,特别是个人所得税,已经成为单体税种收入中第三大的收入税种。

第七,居民收入增速略快于人均GDP增速,城乡收入差距缩小。经济减速叠加人口流入,造成厦门人均GDP增速明显低于GDP增速,同时也低于居民人均可支配收入增速。2021年,厦门人均GDP排名甚至被福州超过,掉到全省第二名。居民收入方面,自2011年起,城镇居民人均可支配收入的增速就开始持续低于农村居民人均可支配收入。受此影响,城乡可支配收入差距逐年缩小,由2010年的2.92缩小到2021年的2.25。

第八,民生服务供给有效改善,但仍有待改善。随着政府在民生保障领域的支出增加,厦门教育、医疗卫生资源等基本公共服务产品的提供在过去二十多年间发生了较为明显的改变,一定程度上纾解了人民群众"教育难""看病难"的问题。但与其他同类型城市相比,厦门的人均公共服务水平仍然偏低,存在较大的改进空间。

第九,岛内外差异扩大,区域经济一体化程度较低。"跨岛发展"是厦门城市发展的必然趋势。然而目前来看,厦门岛内外经济发展的差距依然悬殊,岛内外一体化进程的任务艰巨。如何鼓励人才向岛外流动,改善岛内岛外人口不合理分布状况,缩小岛内外教育资源、社会保障差异,扭转"小岛意识"等问题,仍有待解决。

二、厦门城市竞争力的指标测算及其时变分析

(一)城市竞争力的概念及界定

结合上述现状分析的结论,接下来,本文将通过构建城市竞争力的测算指标体系来对厦门的城市竞争力进行综合评估测算。但在此之前,需要先行明晰城市竞争力的概念及其范围界定。

目前来看,现有的文献关于城市竞争力的定义还未能形成统一的认识。国外学者通常会从两个角度来定义城市竞争力:一是将国家竞争力的定义用于城市竞争力的分析中(Porter,1998);二是将企业和产业竞争力视为城市竞争力,即将城市竞争力作为影响企业和产业竞争力的外部经济环境因素来加以分析。

国内方面,大致也可以分为两类。一是认为,城市竞争力是集经济、社会、科技、环境、设施、文化等方面的实力于一体的综合竞争力。如,郝寿义和倪鹏飞(1998)认为,城市竞争力是指一个城市在国内外市场上与其他城市相比所具有的自身创造财富和推动地区、国家或世界创造更多社会财富的现实的和潜在的能力,城市竞争力综合反映了城市的生产能力、生活质量、社会全面进步及对外影响;尚海(2001)同样指出,城市竞争力是一个城市在一定范围内集散资源、提供产品和服务的能力,是城市经济、社会、科技环境等综合发展能力的集中体现;王桂新和沈建法(2002)进一步提出,城市竞争力应该包括经济发展、社会发展和环境发展三个维度的竞争力。二是认为,城市竞争力是指同等条件下城市获取各种资源的能力。如,莫大喜(2001)认为,城市竞争力是指"一个城市在其发展过程中所拥有的与其他城市竞争某种相同资源的全部实力,它具有综合性、系统性、可比性和动态性等特征"。

综合上述分析,本文倾向于使用综合竞争力来定义城市竞争力,即,将城市竞争力定义为一个城市在经济发展、社会发展以及环境发展等多个维度的综合竞争能力。换言之,一个城市的竞争力是多个维度指标综合作用的结果,而不是某一项或某一类指标可以单一决定的。

（二）衡量城市竞争力的指标体系构建

基于上述城市竞争力的定义,参考倪鹏飞(2001)、徐康宁(2002)、王桂新和沈建法(2002)等人的城市竞争力评价指标体系,结合厦门城市数据的可获得性,本文构建了一个包含 5 个一级指标和 28 个二级指标的城市竞争力评价指标体系。其中,5 个一级指标分别为城市经济实力指标、产业竞争力指标、城市畅通能力指标、环境吸引力指标、创新潜力指标;28 个二级指标则包括经济总量、市场购买力、工业结构、物资通达程度、居民生活保障、城市开放度等(详见表 4)。

表 4 厦门城市竞争力评价指标体系

一级指标	二级指标	代理变量	单位	指标代码	分类代码
城市经济实力	经济总量	GDP	亿元	a1	A1
	平均水平	人均 GDP	万元	a2	A2
	市场购买力	社会消费品零售总额	亿元	a3	A3
	政府实力	财政收入	亿元	a4	A4
	居民实力	城镇居民人均可支配收入	万元	a5	A5
产业竞争力	工业结构	二产占比	%	a6	B1
	服务业结构	三产占比	%	a7	B2
	工业生产率	第二产业劳动生产率	万元	a8	B3
	服务业生产率	第三产业劳动生产率	万元	a9	B4
	产业规模	规模以上工业总产值	亿元	a10	B5
	劳动力成本	职工平均工资	万元	a11	B6
城市畅通能力	物资通达程度	公路通车里程数	公里	a12	C1
	网络水平	互联网用户数	万户	a13	C2
	通讯业务	邮电业务量可比价	亿元	a14	C3
	货运水平	货运量	亿吨	a15	C4
	客运水平	客运量	亿人次	a16	C5
环境吸引力	居民生活保障	城镇单位就业人员占比	%	a17	D1
	医疗卫生状况	每百人拥有医卫人员数	人	a18	D2
	自然环境	园林绿地面积	万公顷	a19	D3
	公共交通	每万人拥有公交车辆	辆	a20	D4

续表

一级指标	二级指标	代理变量	单位	指标代码	分类代码
	城市开放度	外贸依存度	％	a21	E1
	城市发展动力	城市化水平	％	a22	E2
	引进外资能力	实际利用外资	亿美元	a23	E3
	消费潜力	城镇居民人均消费性支出	万元	a24	E4
创新潜力	基建水平	全社会固定资产投资总额	亿元	a25	E5
	教育科研潜力	每万人拥有大学生人数	人	a26	E6
	文化状况	人均公共图书藏书量	册	a27	E7
	科研投入	人均R&D支出	元	a28	E8

在代理变量选取方面,本文遵循的原则如下:一是科学性,即选取的代理变量尽可能科学地、全面地反映前述城市竞争力的定义;二是代表性,即选取的代理变量能够代表单个指标的内涵,并与构建城市竞争力平均指标体系的初衷保持一致;三是数据的可获得性,即代理变量对应的数据均整理自历年《厦门特区经济年鉴》,具备权威性和代表性,样本时期为2010—2021年;四是可比性,即所有的指标能够在不同规模、不同性质的城市之间进行比较评价。

(三)城市竞争力的测算方法及测算结果

1.测算方法

基于上述指标体系,接下来,本文先利用熵值法获取每个指标的权重,再将其加权求和,得到最终的竞争力评价指数。熵值法的基本原理是利用各变量的熵值来显示其蕴含信息的重要程度,并以此为基础计算对应的权重。熵(entropy)是德国物理学家克劳修斯在1850年创造的一个术语,它用来表示一种能量在空间分布的均匀程度。熵越大说明系统越混乱,携带的信息越少;熵越小说明系统越有序,携带的信息越多。因此,采用"熵值法"的概念可以展示信息的重要程度。其判断标准为:熵值越大,表明离散程度越大,传递信息量少,影响程度小,因而权重较小;反之,熵值越小,表明离散程度越小,传递信息量多,影响程度大,因而权重较大。

具体的权重求取过程如下:

首先,对相关数据进行标准化处理。利用已选择的指标体系来评估外贸综合发展指数时,需要先将所有年份的指标写成 m 年 n 个变量的样本矩阵

$$X_{ij} = \begin{bmatrix} x_{11} & \cdots & x_{1n} \\ \vdots & \ddots & \vdots \\ x_{m1} & \cdots & x_{mn} \end{bmatrix}$$，其中，$i = 1, \cdots, m$，$j = 1, \cdots, n$。这里，$m = 12$，$n =$

28。即，时间窗口为 2010—2021 年，指标数为 28 个二级指标。随后，对每个指标进行标准处理，使其变成 [0,1] 之间的数值。具体的式子如下：

$$z_{ij} = \frac{x_{ij} - \min(x_j)}{\max(x_j) - \min(x_j)}$$

或者

$$z_{ij} = \frac{\max(x_j) - x_{ij}}{\max(x_j) - \min(x_j)}$$

前者是针对正向指标，即指标数值越大，代表发展水平越好；后者则针对负向指标，即指标数值越小，代表发展水平越好。

其次，计算第 j 个指标在第 i 个年份的比重，公式为：

$$y_{ij} = \frac{z_{ij}}{\sum_{i=1}^{m} z_{ij}}$$

再次，计算第 j 个指标的信息熵值，公式为：

$$e_j = -K \sum_{i=1}^{m} y_{ij} \ln y_{ij}$$

其中，$K = \dfrac{1}{\ln m}$，为常数。

又次，计算第 j 个指标的信息效用值，公式为：

$$d_j = 1 - e_j$$

d_j 越大，代表该指标对综合评价指数的重要性越大，对应的权重也会越大。

最后，计算综合评价指数中第 j 个指标的权重，公式为：

$$w_j = \frac{d_j}{\sum_{j=1}^{n} d_j}$$

进一步，在求得各指标的权重值后，可以根据加权求和公式计算样本的综合评价指数，公式为：

$$U_i = \sum_{j=1}^{n} y_{ij} \times w_j$$

U_i越大,代表综合评价指数越大,样本效果越好。

2.指标权重的计算结果

表5给出了熵值法下各个指标对应的权重系数测算结果。从中可以看到:

第一,产业竞争力指标对城市竞争力指数的贡献份额最大,权重达到29.3%,次之为创新潜力指标,权重约为25.0%,二者合计超过一半的权重。这意味着,产业竞争力和创新潜力是本文构建的城市竞争力指标应当考虑的最重要因素。

第二,从单个二级指标的权重看,排名前8的指标分别是工业生产率(8.1%)、通信业务(7.2%)、服务业生产率(6.4%)、工业结构(6.3%)、引进外资能力(4.3%)、城市开放度(4.1%)、市场购买力(4.1%)和居民生活保障(3.9%),基本涵盖5个一级指标的内容范畴,分布相对均匀,表明本文的指标构建具有合理性,能够较为全面地、多维度地反映城市竞争力水平。

第三,对比城市畅通能力指标和城市经济实力指标,在相同指标个数下,城市畅通能力指标对城市竞争力的权重贡献要更大。这显示,城市资源要素的流通对城市竞争力的作用要大于总量规模指标。换言之,对厦门而言,本身经济体量的大小并不是决定其竞争力的关键,如果能够充分发挥区位优势,更高效地利用港口、航空等禀赋优势,畅通物流,可能会更有助于提升厦门城市的综合竞争力。这一点符合厦门城市的竞争优势特征,再一次说明本文所构建的城市竞争力指标体系以及所选取的代理变量具备一定的科学性和合理性,可以反映真实的经济社会运行情况。

表5　各指标的权重计算结果

一级指标	二级指标	指标代码	分类指标代码	权重	一级指标权重
城市经济实力	经济总量	a1	A1	0.034	0.152
	平均水平	a2	A2	0.027	
	市场购买力	a3	A3	**0.041**	
	政府实力	a4	A4	0.023	
	居民实力	a5	A5	0.027	
产业竞争力	工业结构	a6	B1	**0.063**	0.293
	服务业结构	a7	B2	0.024	
	工业生产率	a8	B3	**0.081**	
	服务业生产率	a9	B4	**0.064**	
	产业规模	a10	B5	0.029	
	劳动力成本	a11	B6	0.033	

续表

一级指标	二级指标	指标代码	分类指标代码	权重	一级指标权重
城市畅通能力	物资通达程度	a12	C1	0.035	0.189
	网络水平	a13	C2	0.026	
	通讯业务	a14	C3	**0.072**	
	货运水平	a15	C4	0.030	
	客运水平	a16	C5	0.026	
环境吸引力	居民生活保障	a17	D1	**0.039**	0.115
	医疗卫生状况	a18	D2	0.026	
	自然环境	a19	D3	0.030	
	公共交通	a20	D4	0.020	
创新潜力	城市开放度	a21	E1	**0.041**	0.250
	城市发展动力	a22	E2	0.037	
	引进外资能力	a23	E3	**0.043**	
	消费潜力	a24	E4	0.026	
	基建水平	a25	E5	0.037	
	教育科研潜力	a26	E6	0.029	
	文化状况	a27	E7	0.015	
	科研投入	a28	E8	0.022	

3.城市竞争力的测算结果

结合上述指标的权重系数,最终可以加权得到2010—2021年厦门城市竞争力综合及分项指数的变化情况。测算的结果显示:

第一,样本期间内,厦门城市竞争力保持快速增长态势。2010—2021年,厦门城市竞争力指数由0.163上升到0.704,增长了近3.3倍(图18)。分时期看,"十三五"时期,厦门城市竞争力的提升速度要快于"十二五"时期,但在2019年之后,增长开始趋缓。

第二,从分项指数看,城市经济实力指标呈现出"一路上扬"的趋势,始终保持着快速上升的势头,并且在5个指标的得分排序上,也由2010年的最低位跃升到2021年的最高位;产业竞争力指数在2016年之前基本稳定,但之后开始迅速提升,并于2021年成为得分仅次于城市经济实力指标的分项指数;城市畅通能力指标在新冠肺炎疫情暴发之前,与城市经济实力指标几乎保持着相同的增长趋势,但2020年之后,该指数开始急转直下,2021年的得分跌至倒数第二;环境吸引力指标在"十二五"时期的得分一直排在5项指标的最

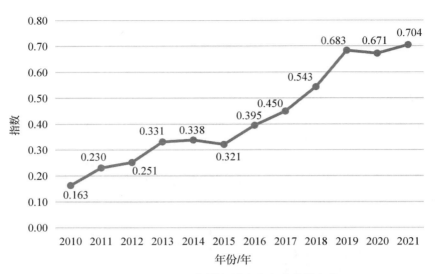

图18　2010—2021年厦门城市竞争力指数变化

前面,但2016年之后,逐渐被其他分项指标赶上,并于2018年之后出现得分持续下降的情况,2021年,排名垫底;创新潜力指标的得分则呈现小幅"振荡"上升的趋势,得分位次在第二和第三之间徘徊,保持平稳增长态势(图19)。

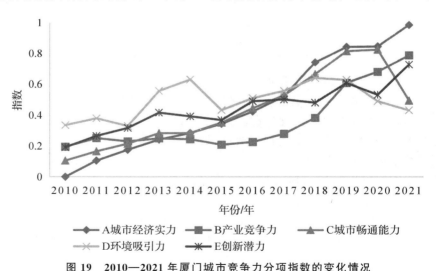

图19　2010—2021年厦门城市竞争力分项指数的变化情况

（四）同类型城市的测算结果比较

接下来,利用相同的指标权重,本文对比了"十三五"时期厦门与其他两个

同类型且各项指标规模相近的城市(青岛和宁波)竞争力变化状况,结果显示:

第一,样本期间内,三个城市的综合城市竞争力指数都出现了明显的提升(图20)。其中,相对而言,青岛的城市竞争力提升速度最快,宁波则是最慢的。

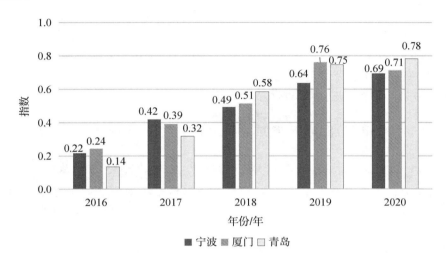

图 20 "十三五"时期厦门、宁波、青岛城市竞争力综合指数比较

第二,从分项指数的平均得分看(表6),青岛在环境吸引力、城市经济实力和产业竞争力等指标方面均高于其他两个城市;厦门和宁波则分别在创新潜力指标和城市畅通能力指标方面优于另外两个城市。

表 6 "十三五"时期厦门、宁波、青岛各分项竞争力指数的平均值比较

一级指标代码	一级指标名称	宁波	厦门	青岛
A	城市经济实力	0.583	0.551	**0.587**
B	产业竞争力	0.430	0.489	**0.504**
C	城市畅通能力	**0.558**	0.514	0.511
D	环境吸引力	0.508	0.583	**0.601**
E	创新潜力	0.454	**0.530**	0.443

综上所述,结合厦门城市竞争力的测算结果以及与青岛和宁波城市竞争力指数的横向对比,我们认为:

一是,自2010年以来,厦门城市竞争力整体上是在不断提高的。但分阶段看,在"十二五"时期,城市竞争力的提升更多依赖于城市经济实力和城市畅通能力指标的扩张,而在"十三五"时期,则转而依靠城市经济实力和产业竞争

力指标的扩张。

二是,环境吸引力指标的得分及位次变化,揭示厦门在居民就业保障、医疗卫生、自然环境等公共服务产品的提供方面存在着越来越明显的短板,亟须进一步强化改善。

三是,疫情管控措施严重影响了厦门城市畅通能力指标的增长,这在一定程度上导致厦门城市综合竞争力指数在2019年之后增长显著趋缓。

四是,相对于青岛和宁波,厦门城市竞争力的劣势主要在于城市经济实力偏低,城市畅通能力不足;产业竞争力和环境吸引力居中,弱于青岛,但好于宁波。这其中,环境吸引力与青岛的差距要略大于产业竞争力。

三、双循环格局下促进厦门城市竞争力提升的措施建议

(一)双循环格局下厦门城市竞争力提升的障碍与挑战

1.岛内外经济发展差距较大,要素流通不够通畅。目前来看,受岛内外经济发展差距的影响,厦门岛内外的市场发达程度差别较大,资源要素高效便捷流动的良好局面尚未完全形成。厦门岛内外之间的经济发展差异、基本公共服务差异、城市环境差异,造成要素流通缺乏发展水平基础,制约了资金、劳动力和技术等要素的自由流通。

2.对外辐射能力有限,产业基础不牢。结合前述现状分析和城市竞争力的测算结果,可以看到,尽管经过改革开放40多年的发展,厦门产业结构到了由工业主导向服务业主导转变的阶段,产业升级方向符合库兹涅茨产业结构演化规律,但从产业空间布局和服务业的对外辐射能力看,厦门服务业高度集中于岛内两区,且侧重服务本地市场的金融业和房地产业比重较高,产业的对外服务和辐射能力有限,造成服务业比重上升的效率补偿效应偏低,抑制了经济增长。同时,相对狭窄的地理腹地以及现有的交通条件也限制了厦门良好的港口资源优势充分发挥,从而制约了城市畅通能力的进一步提升,削弱了厦门对外经济辐射能力。

3.本地消费疲软,市场支撑不足。要构建以国内市场为主的双循环新发展格局,本地消费市场的壮大显然是重要的前提条件之一。但是,目前厦门居民的收入水平不高,岛内外、城乡居民之间的收入差距较大,造成社会消费品零售总额和居民消费的增速较低,区域内有效消费市场尚未形成和充分释放,制约了厦门城市的进一步高质量发展。此外,厦门长期较高的房价也透支了居民购买力,消费增长疲软,市场潜力难以挖掘,必然只能走回依赖于外部市场的传统路径,进而使得构建以国内市场为主的双循环格局难以实现。

4.基本公共服务短缺,城市引力下降。受当前全球经济衰退、国际产业链

供应链回缩的冲击,作为外向型城市的厦门在创造就业机会和岗位数量方面增速放缓。而与此同时,人口的持续流入却要求厦门创造更多的就业机会,并且,相应的,也要求提供更多的教育、医疗卫生、文化体育等基本公共服务产品。一旦无法满足需求,其造成的公共服务"拥挤效应"反而会削弱厦门城市的整体吸引力。这一问题已经在与其他同类型城市的竞争力对比中体现出来。因此,在下个阶段,如何按照不只是满足本行政辖区范围而是满足更大区域范围公共服务的需求配置资源,使厦门更好地发挥地区性中心城市的功能,是一个值得深入研究的问题。

5.外向型经济发展面临挑战,外贸韧性僵化。作为传统的外贸强市,厦门是国际市场大循环的积极参与者,具有较高的对外贸易依存度,享受到全球化带来的贸易红利。然而,近年来,随着劳动力及土地成本的上升,厦门面临外资向东南亚等劳动成本更低地区转移的压力,本地产业升级又受到人力资源等的限制,引进外资难度明显加大。同时,较高的对外贸易依存度也使得厦门更易遭受大国博弈、技术脱钩、金融施压等冲击的影响,外贸发展的弹性降低,越来越趋于僵化。

6.创新基础薄弱,科技短板突出。随着新技术、新产业、新模式的发展,相比于珠三角、长三角地区,厦门在科研人才、资金支持、融资渠道、协同创新等方面,均处于明显劣势位置,难以应对跨区域的资源竞争。而双循环格局的构建很可能会加剧资源的跨区域流动,从而放大厦门的不足之处。这在一定程度上将倒逼厦门主动加强科技创新和自主创新。

(二)双循环格局下促进厦门城市竞争力提升的新机遇

尽管存在诸多发展限制与挑战,但新发展格局、新发展理念也赋予厦门新的发展机遇。厦门应抓住新机遇、迎接新挑战,实现由高速发展向高质量发展的转变,强化在国内大循环中的枢纽地位、国内国际双循环中的门户作用。

1.更为多维的发展定位。厦门未来要在缓解和破除"需求收缩、供给冲击、预期转弱"的三重压力中发挥更大作用,以更大魄力、更高质量助推"双循环"向纵深拓展。在激发市场活力方面,要以多样化、个性化、市场化消费为方向,以资源集聚、精细分工为生产方式,实现从"制造"到"智造"的转变,为区域发展提供更强的创新力、更高的附加值与更好的安全保障。在区域一体化和区域合作方面,从岛内外一体化做起,深度融入闽东南协同区建设、海峡西岸经济区建设,充分发挥自己在连接珠三角和长三角地区中心枢纽区域建设中的作用。同时,进一步发展厦门在对台经济文化交流合作方面的作用。在发展战略方面,要更紧密地对接"一带一路"倡议、"金砖"国家合作,充分利用和评估 RCEP 协定的关税减让和原产地规则等优惠措施,指导企业更深程度、更高质量地"走出去"。

2.更为明确的要素交流区域枢纽作用。 从区位位置上看,厦门是勾连珠三角、长三角及中部地区要素流通的重要枢纽。在双循环格局下,跨区域的资源要素流动将大幅提升。通过数字经济、大数据技术等信息基础设施的完善,厦门可实现与长三角、珠三角等城市群跨区域联动,形成合力,共同构成多极支撑、网络关联的空间发展格局,促进资源要素在更广泛的范围内畅通流动,实现在全国范围延链、补链、强链,承担起全国高质量流通体系建设的空间组织功能。同时,作为全球经济循环的重要终端产品基地,厦门也可以顺势而为,以新技术作为驱动,打造数字服务平台、世界金融科技平台,带动国际资源整合,为提升中国在全球价值链中的地位提供支撑。

3.更为有效的产业竞争力补强时机。 在新发展格局下,厦门与周边城市群之间进行分工协作、优势互补。这可以促进各类要素在厦门的便捷流动和优化配置,打通国内大循环的堵点,从而为厦门加快产业优化升级提供了发展新契机,有助于推动厦门打造具有国际竞争力的产业集群。厦门可以借助跨区域的劳动力、土地、资本和创新要素资源,推动产业集群优化升级,逐步形成产业基础高级化、产业链条现代化的产业集群效应,在巩固原有优势产业集群(电子信息服务业、航运物流业和旅游会展业)的同时,大力发展医药健康、新材料等新兴产业,推动形成完整的产业链和价值链。

4.更为难得的岛内外基本公共服务均衡化契机。 厦门高质量发展不仅要求缩小与发达城市之间的经济发展差距,也需要加快区域内社会民生融合,改善民生质量。作为保障民生的关键领域,探索厦门岛内外养老、医疗、教育等公共服务均等化,大力推进厦门教育、医疗、养老等公共服务向农村延伸,构建完善的公共服务保障机制,缩小公共产品供给差距,将有助于推动厦门实现更加公平、更高质量发展。

5.更为重大的共建"一带一路"机遇。 厦门地处通往东亚地区的重要入海口,是我国与东盟开展贸易合作的要道。在高质量共建"一带一路"的背景下,构建双循环新发展格局将有利于厦门实现更高质量的对外开放,推动厦门参与"一带一路"沿线国家在金融领域的国际合作,助力厦门金融相关领域逐步放开,打造成为"一带一路"高质量投融资中心和区域金融中心。厦门应充分利用多类型开放平台,打造开放新高地,增开国际客货运航线航班,打造成为"一带一路"物流枢纽。同时,也可依托自身的制造业基础,助力沿线国家建立工业体系,优化工业结构,实现与沿线国家合作交流、互利共赢。

(三)双循环格局下促进厦门城市竞争力提升的措施建议

1.继续提升城市整体经济实力。 改革开放以来,厦门经济取得了长足的进步,但随着经济进入新常态和高收入经济体阶段,要重新取得较高的增长速度,厦门必须加快转变经济增长方式,转变经济增长动力,增强区域经济一体化意识,优化调整产业结构,提升经济对外辐射能力。政府要坚持新发展理念,以城市发展为最终目的,强化沟通和协调,保持社会经济环境的健康有序,为城市整体竞争力的提升创造良好的外部条件。

2.加快岛内外一体化建设,构建本地统一市场。厦门岛内外发展不平衡和岛外发展不充分问题是制约厦门长远发展和人民美好生活需要的一大障碍,也是厦门经济社会发展的主要矛盾。在新发展阶段,"岛内大提升,岛外大发展"是解决这一矛盾的关键抓手。要紧紧抓住"跨岛发展"这一核心战略,推动岛外文化、教育、医疗、商业、产业全面发展,使民众感觉到岛内外确实是连为一体、发展均衡的中心城市组成部分,为居民的工作、生活、居住提供更多的选择空间。

3.增强医疗卫生、教育等方面的投入,弥补民生短板,提升城市环境吸引力。借助于双循环格局的新平台,加快新型城镇化建设和工业化进程,增加厦门城市就业岗位,放松户籍制度管制,为流动人口城镇就业提供平等的权利和义务,完善进城人口的基本公共服务体系,保障其基本医疗、社会保障和子女义务教育,塑造包容开放的城市文化,建立文化交流平台,加快促进流动人口市民化。要继续加快政府职能转变,提高城市管理水平,从根本上提高城市公务员的素质和水平,建立高效、廉洁、服务型的政府。同时,加大知识产权保护力度,引导企业不断完善现代企业制度,营造良好的营商环境,继续深化"放管服"改革,提升城市对外吸引力。

4.加强城市基础设施建设,提升城市畅通能力。城市基础设施建设对优化投资环境和支持城市经济增长发挥着重要的作用,同时也是吸引外资、技术、人才和信息的重要力量。厦门要通过强化民间资本和外资的多渠道引入,提升资本的参与率和利用率,助力基础设施建设的快速发展;加大基础设施建设投资力度,不断完善城市道路网络,建立与时俱进的城市交通体系,逐步完善城市信息设施建设,实现城市与全球信息的互联互通;继续优化城市能源结构,发展新能源产业,完善城市绿化工作,改善城市生态环境。

5.加大对外开放力度,增强国际竞争力。厦门作为开放发展的前沿城市、海上丝绸之路的重要节点城市,必须坚定不移地通过高水平全面扩大开放做好双循环发展格局的支点,在新的国际政治经济环境下,探索出新型的对外开放和外贸发展路径。要创新观念,改变吸引外资的有效做法,摆脱优惠政策的束缚,创造充满平等和竞争氛围的市场环境。重视和进一步研究国有企业在对外开放进程中的作用和角色转变,继续支持私营企业成为对外开放的主体力量,继续加快引进先进科学技术和经验理念,促使更多地企业能够适应经济全球化的发展趋势,从而不断增强企业在国际竞争力。

6.坚持创新引领,提高城市创新能力。创新是发展的重要驱动力,是形成竞争力的主要源泉。要提高城市竞争力,实现高质量发展,必须坚持创新引领。厦门要进一步提升城市竞争力,必须坚持把创新作为引领发展的第一动力。要着力加强智能信息、数字经济、生物医药等领域的创新研发能力,通过构建市场主体创新、人才集聚创新、体制机制创新、生态良好创新等创新平台,加强基础和应用研究,加快科技成果转化,建设具有一定影响力的创新型城市。在此过程中,政府要发挥引导作用,营造科技创新的良性激励环境,推动产学研的一体化建设和发展。要采取优惠政策,提供人才交流平台,以吸引不同种类的科研人员流入厦门,加速厦门人力资本积累;结合城市人口增长的需要,不断扩大基础教育规模,培养适应当地经济发展需要的人才。

7.优化产业结构,发展先进制造业和现代服务业,提升产业对外辐射服务能力。 先进制造业和现代服务业是构建现代产业体系、培育城市发展新动能、提升城市竞争力的重要手段。为此,厦门要激发产业增长新动力,开创区域协同发展新方式,构建产业集群发展新模式,通过劳动力、土地、资本和创新要素资源的重新优化配置,推动产业集群优化升级,巩固以软件园为依托的电子与信息服务产业、以空港和海港为依托的航运物流产业、以旅游和会展为依托的旅游会展产业、以航空工程为依托的一站式飞机维修产业等传统优势产业,大力发展新能源技术、医药健康、新材料、储能技术等新兴产业,推动形成完整的产业链和价值链。

8.强化对台优势地位,打造两岸融合发展示范区。 厦门与台湾一衣带水,两岸人民同根同源,必须发挥厦门独特的对台优势,通过经济、文化、科技和人员交流担当起特区的独特使命,维护"一国两制",促进闽台长期繁荣稳定,把厦门打造成两岸融合发展示范区,推动两岸融合发展,为台湾早日回归祖国贡献厦门力量。

总之,基于"双循环"新发展格局的时代背景和新发展阶段的时空特征,厦门有机会成为国内大循环的重要动力源,能够助推中国形成以产业链安全为战略方向、以资源要素畅通流动为目标导向、以科技创新为第一动能、以扩大内需为战略基点的国内经济大循环。同时,抓住高质量共建"一带一路"和RCEP协议签订的发展机遇,厦门完全有机会充分发挥其在国内国际双循环中的门户作用,提升厦门参与国际循环的自主性和独立性,以及在国内市场大循环中的枢纽性和独特性。

参考文献

[1]郝寿义,倪鹏飞.中国城市竞争力研究:以若干城市为案例[J].经济科学,1998(3):50-56.

[2]莫大喜.城市综合竞争力:深圳与京津沪穗之比较[J].特区理论与实

践,2001(5):34-36,49.

[3]倪鹏飞.中国城市竞争力理论研究与实证分析[M].北京:中国经济出版社,2001.

[4]尚海.提高城市竞争力笔谈[J].开放导报,2001(4):42-43.

[5]王桂新,沈建法.中国地级以上城市综合竞争力研究[J].复旦大学学报,2002(3):69-77.

[6]徐康宁.论城市竞争与城市竞争力[J].南京社会科学,2002(5):1-6.

[7]Porter M.Clusters and the new economics of competition,[J]. Harvard business review,1998(6):77-90.

课题负责人及统稿:李文溥
执　　　　　笔:王燕武

厦门工业转型升级与城市竞争力研究

　　近年来,厦门市在保持传统产业发展优势的同时,逐渐着力向新兴产业领域与数字经济领域扩张,稳步走上"固本求变"的产业发展道路。这对厦门市的工业转型升级与产业布局优化起到持续推动作用,并以此加速城市化进程,实现产业发展与城市扩张齐头并进,从而提升了厦门的产业与城市竞争力。本专题首先对厦门市工业转型升级的现状进行概述,并深入分析工业转型升级促使城市竞争力提升的作用机理,然后用主成分分析法测度厦门市的城市竞争力,并与其他国内城市进行比较,通过灰色关联度分析法就工业转型升级与城市竞争力之间的因果关系进行实证检验。最后就通过厦门市工业转型升级提高城市竞争力提出政策建议。

一、厦门工业转型升级概况

(一)厦门工业发展概况

　　经过"十三五"时期和"十四五"开局之年的产业转移与产业结构调整,厦门工业在2015—2021年间呈现出高速发展态势。总体来看,厦门市规模以上工业企业的数量和产值规模得到了显著增长,而且工业结构持续转型升级。具体来看,厦门传统支柱行业——电气机械和器材制造业与计算机、通信和其他电子设备制造业仍然是厦门制造业的主导产业,继续带动区域经济的发展;规模化、低成本的传统制造业,如金属制品业、食品制造业、家具制造业亦保持着相当活力;作为工业发展根基的能源产业迅速扩张;医药制造与新能源等新兴产业成为近年来厦门市工业发展最为迅速的行业,但部分传统工业增长减缓甚至萎缩。这在一定程度上表明,厦门市的工业转型升级是有成效的。

(二)厦门工业布局情况

　　目前,厦门已建成多个工业园聚集区,并打造了"六大工业片区",每个工业园区均有各自的主导产业。在岛外工业园区规划中,海沧南部工业区、环马銮湾工业区主要发展港口物流、生物医药、集成电路等产业,同安区、翔安区的工业园区主要发展集成电路、平板显示、新材料等产业,而集美区的工业园区主要发展机械装备、信息软件等产业。表1展示了各工业片区的主导产业分布。

表1 厦门市六大工业片区的主导产业分布

工业片区	主导产业
海沧南部工业区	港口物流、生物医药、智能制造、集成电路
环马銮湾工业区	集成电路、新材料、智慧产业、人工智能、现代物流
集美区工业区	电子、机械设备、化工、高端装备
同安工业基地	高端装备、新材料、食品、医药、机械
同翔工业基地	电子信息、平板显示、半导体和集成电路、新材料与新能源等
翔安航空工业区	航空工业、光电及其配套行业、电器电工、电子信息

资料来源：《厦门市工业布局规划（2019—2035年）》。

2021年，厦门市发展和改革委员会、厦门市工业和信息化局、厦门市自然资源和规划局联合发布《厦门市产业空间布局指引（2021年本）》（以下简称《指引》），要求进一步规划同类型产业的聚集发展，对产业与发展规划类似的产业园区进行合并。表2展示了《指引》中对厦门"6＋1"条千亿产业链群按园区进行划分的具体规划。

表2 厦门"6＋1"条千亿产业链群所对应的园区划分

按照产业功能划分两大园区	细分产业	对应"6＋1"条千亿产业链群
先进制造业	电子信息制造	平板显示
		计算机与通信设备
		半导体和集成电路
	材料与装备制造	新材料
		机械装备
	生物医药	生物医药与健康
现代服务业	软件和信息服务	软件和信息服务

从《指引》所发布的规划可以看出，厦门继续做大做强原有的电子信息制造业、机械设备制造业等产业，同时推动生物医药、软件和信息服务、新材料等产业发展成为千亿级产业，产业转型升级初显成效。

（三）厦门工业转型升级成效

厦门作为福建省经济最发达城市之一，进入新世纪以来，伴随着地区之间产业转移加速，厦门开始探索工业转型升级的发展道路，在优化提升传统产业的同时，加快发展先进制造业，大力培育战略性新兴产业。近些年，通过打造产业集群,延长产业链条,弥补产业短板,厦门工业转型升级的效果不断显现。

1.产业集聚效应显著

(1)支柱产业聚集愈发明显。电子、机械产业是厦门最早成长起来的支柱产业。2021年,电子行业与机械行业的规模以上企业总产值分别占全市规模以上工业企业总产值的36.8%与30.8%。[1] 其中,电子信息制造业与智能化、自动化产业持续融合,产生了一大批专业化生产厂商,并通过"招大引强"的招商引资策略实现了产业协同发展,这使得厦门逐渐成为全球规模最大的LED产业链集群与触控屏模组研发生产基地之一。

(2)产业链条培育效果显著。"十三五"期间,厦门共建成11条百亿产业链。其中,工程机械、运动器材、生物与新医药、LED产业链高速发展,2020年这四个行业分别实现规模以上企业总产值112.66亿元、120.11亿元、137.53亿元、170.55亿元,与2015年相比,年均增速分别为12.92%、9.97%、7.76%、13.13%。[2]。2021年,继平板显示、软件与信息服务业、机械装备产业后,计算机与通信设备产业亦实现了千亿规模,产值达1006.6亿元,同比增长15.1%。[3]

此外,厦门多次入选全国产融合作试点城市。在新兴产业发展方面,厦门集成电路产业发展迅速,国家级"芯火"双创基地、国家集成电路产教融合创新平台的建设进一步推动厦门形成在集成电路产业的集聚优势。与此同时,海沧新能源电池材料、铝箔加工等新材料产业,生物医药、医养健康等行业发展态势良好。表3展示了厦门千亿产业链经济集聚区的初步建设成果。

表3 厦门市千亿产业链经济集聚区的初步建设成果

千亿产业链经济集聚区	建设成果
平板显示产业链经济集聚区	国家光电显示产业集群唯一试点城市,全球触控屏模组最大研发生产基地
计算机与通讯设备产业链经济集聚区	全国首批国家级高新区之一
集成电路与半导体产业链经济集聚区	国内最大的LED芯片和光源类高端产品制造和出口基地,获评"2020—2021中国十大集成电路高质量发展特色园区"
软件和信息服务产业链经济集聚区	在动漫游戏、信息安全、互联网、智慧城市等多个细分领域发展水平全国领先

---

① 数据来源:《厦门经济特区年鉴(2022)》。
② 数据来源:《"十三五"时期厦门工业发展综述》。
③ 数据来源:《厦门经济特区年鉴(2022)》。

续表

千亿产业链经济集聚区	建设成果
机械装备产业链经济集聚区	全面涵盖汽车、电力电器、航空维修、通用设备、专用设备制造等行业
新材料产业链经济集聚区	入选国家首批 66 个战略性新兴产业集群
生物制药与健康产业链经济集聚区	国家战略性新兴产业生物医药区域集聚试点

资料来源:作者整理。

2.战略性新兴产业发展壮大

2017 年以来,厦门市先后发布了《厦门市市级高新技术企业备案及扶持办法》《厦门市"十四五"战略性新兴产业发展规划》等文件,重点发展信息技术、新材料、生物与新医药等战略性新兴产业,产业转型升级战略取得明显成效。

厦门市引进了多家国内外知名新兴信息技术企业,形成了集成电路产业聚集区。厦门聚集了通富、士兰微等多个集成电路制造业项目,绿芯、开元通信等多个集成电路设计类项目,初步形成以特色工艺、封装测试、集成电路设计为主的产业链布局。在发展集成电路产业的基础上,厦门还推动了电子信息技术、物联网、智能制造、网络通信、大数据和云计算等相关产业发展,产业规模超千亿元。

经过 20 多年的发展,厦门生物医药产业已经粗具规模,初步形成了自主发展与自主提升的能力。其中,位于海沧区的厦门生物医药港作为厦门生物医药产业发展的重镇,目前在疫苗、基因工程蛋白药物、体外诊断、助听器等细分板块实现了地域特色与优势,并诞生了一批龙头企业。同时,厦门生物医药行业通过参照国际生物医药产业以产业园区聚集发展为主的惯例与模式,亦呈现出了较为明显的产业聚集效应,并促进原有医药销售企业向医药创新研发与制造企业转移。

3.数字化进程提速

数字经济的发展离不开集成电路与平板显示技术。作为厦门传统优势产业,厦门的集成电路与平板显示技术产业链涵盖了整机制造、电子元器件、外部设备、IT 服务等完整生产环节。这显然为厦门数字经济的发展提供了强力支撑,从而进一步促进厦门全产业的数字化发展。

除发展数字经济外,促进新一代数字技术与工业之间的融合发展亦是厦门工业转型升级的主旋律。2021 年,"数字厦门"顶层设计的提出,进一步推动了区块链、人工智能、5G、大数据、云计算等新一代信息技术与实体经济之间的深度融合。2022 年,全省唯一服务于新工业的工业化热数据中心——厦门数字工业计算中心项目在同翔高新城落地,这不仅为厦门制造业集群提供了云计算支撑,且极大弥补了厦门市在工业超算领域的短板。厦门十分注重数字经济与工业的融合发展,这吸引着一批又一批的区块链、大数据、人工智能、元宇宙等数字经济项目在厦门落户,从而形成良性循环。

二、工业转型升级推动城市竞争力的作用机理分析

一个城市的竞争力受多个因素影响,并且其影响因素会随着经济发展阶段的不同而存在差异。但无论时代如何变迁,评估城市竞争力的关键始终在于该城市在发展过程中,比其他城市更突出的资源吸引、控制与转化能力、市场占领和控制能力、价值创造能力、福利创造能力。随着中国经济进入新常态,要素成本提高、资源环境约束进一步强化、发达国家的再工业化以及落后国家的高速发展等均给我国经济增长带来了严峻挑战。然而,工业转型升级所带来的生产效率与能源效率的大幅提高,不仅为城市价值创造与经济发展提供了核心动力,而且是持续推动城市竞争力提升的关键。

工业转型升级与城市竞争力提升是相辅相成的,工业转型升级对城市竞争力会产生多方面的影响。本章从城市的经济实力、产业竞争能力、公共服务能力、商贸流通便利程度以及人居环境吸引力等五个方面,对工业转型升级影响城市竞争力的作用机理进行分析。

(1)城市经济实力。工业是国民经济的命脉,工业的发展态势决定着经济增长的高度。工业的产业关联度最高,对其他行业的影响力最大,能够带动上下游众多行业的发展。虽然在厦门的经济结构中,第三产业所占的比重已经超过50%,但是工业企业的产值较大,尤其是在新冠肺炎疫情的影响下,工业对于国内生产总值(GDP)增长的贡献最大。2021年,工业增加值占厦门市GDP的比重为30.7%,同比提高1.1%;工业增加值对GDP增长的贡献率达35.8%,拉动经济增长2.9%。[①] 可见,工业产业支撑着厦门经济的平稳运行,而工业转型升级则是厦门经济转向高质量发展阶段,地区总体经济实力得以提升的关键。

(2)城市产业竞争能力。随着工业转型升级,地区产业结构亦逐渐趋向合理化与高端化。工业转型升级能够进一步推动新兴科技与产业的变革,以及技术创新能力的提高。新兴科技与产业变革能够促进企业使用大数据、物联网、云计算、人工智能等新兴信息技术,从而实现工业的高端化、绿色化、集约化。而技术创新能力的提高则进一步能够巩固厦门特色产业的竞争优势。产

---

① 数据来源:《厦门市2021年国民经济和社会发展统计公报》。

290

业之间通过比较优势形成高端产业集群,从而提升城市竞争力。

(3)城市公共服务能力。工业转型升级能够大幅提高城市的公共服务能力,并且提供更加优质的工作岗位,增强居民生活的幸福感与满意度。城市公共服务能力的提升,既能够提升城市的软硬件实力,又能够吸引高端人才进入城市,从而进一步提升城市的人力资本流量,形成对于工业转型升级的强大推动力。2021 年,厦门市连续出台多项政策,助力"智慧城市"建设的持续推进。其中,WeCity 智慧城市项目意在实现从数字政府到民生服务的全方位数字化、智能化升级。该项目利用数字化技术为厦门政府的政务服务提供支持,实现相关业务的"全程网办",进一步提高了厦门市的公共服务能力,从而提高厦门的城市竞争力。

(4)城市商贸流通便利程度。工业集聚与转型升级能够带动第三产业,尤其是商贸服务业与生产性服务业的发展壮大,这将带来人流、物流和商流的集中,形成核心城市区域。生产要素的聚集和人口规模的扩大,形成了城市竞争力提升的重要基础。"十三五"时期,厦门市的工业实力不断增强,消费市场规模持续扩大。其中,数字消费的拉动力居全省首位。2021 年,全市限额以上企业通过互联网实现了 591.99 亿元的销售额,同比增长 19.6%,而且拉动社会消费品零售总额增长了 4.2%。[1] 此外,厦门市的进出口贸易在疫情的反复冲击下依旧保持相当的韧性。2021 年,厦门市货物进出口贸易额同比增长 27.7%,而且外贸增量对全省外贸增长的贡献率高达 44.3%。[2] 可见,厦门工业发展水平的提升,不仅使得商品质量进一步提高,且进一步扩大了商品的出口优势。在后疫情时代,随着互联网、大数据、云计算在工业基层行业中的大量普及,以及 5G 网络、物流运输的高速发展,厦门市的物资通达程度将大幅提高。这将进一步促进贸易繁荣,城市亦会更具竞争力。

(5)城市人居环境吸引力。我国"十四五"规划纲要提出,力争 2030 年前实现碳达峰、2060 年前实现碳中和。双碳目标的提出,推动传统工业向绿色产业方面进行转型发展,这将有利于提升人居环境吸引力。不同于传统高污染、高排放的工业发展模式,以"绿色工业"为导向建设的"绿色城市"蓝图意在形成以城市生态环境优化为前提的社会、产业与居民生活相互协调发展新模式。厦门东坪山片区的建设是该模式的典型案例。该项目同时积极建设低碳社区与低碳工业园区,通过塑造城市绿色竞争力以树立城市品牌形象,从而提升人居环境吸引力。

综上所述,工业转型升级可以从城市的经济实力、产业竞争能力、公共服

---

[1] 数据来源:《厦门市 2021 年国民经济和社会发展统计公报》。

[2] 数据来源:《厦门市 2021 年国民经济和社会发展统计公报》。

务能力、商贸流通便利程度以及人居环境吸引力五个方面推动城市竞争力提升。近些年,厦门工业转型升级取得了快速进展,有力地推动了城市竞争力的提升。

三、厦门城市竞争力

城市竞争力指城市在一定区域范围内,集散资源并提供产品和服务的能力,它是城市在经济、社会、科技、环境等方面综合能力的集中体现。本小节将首先对中国各城市竞争力现状进行基本概述,然后通过建立指标体系,系统地分析厦门市的城市竞争力现状,并比较厦门与其他城市的竞争力。

(一)2021年中国城市经济竞争力现状分析

城市竞争力表现在经济发展、社会协调、营商环境优化、居民文明程度诸多方面,其中经济竞争力是评价城市竞争力的最关键因素。经济竞争力是所有其他竞争力的基础,若经济增长缺乏活力,城市将难以为其他方面竞争力的提升提供足够的财力与源动力。根据中国社会科学院发布的《2021年中国城市竞争力报告》可知,2021年,中国综合经济竞争力排名前20的城市依次为:上海、深圳、香港、北京、广州、苏州、台北、南京、武汉、无锡、杭州、成都、宁波、佛山、澳门、长沙、东莞、常州、厦门、青岛。比较2020年,中国综合经济竞争力排名前三的城市具体排位有所变动,上海超越深圳与香港成为全国最具综合经济竞争力的城市。此外,中国城市经济竞争力的头部格局基本稳定,各城市综合经济竞争力排名相较2020年基本维持不变。在前20强中,厦门市与东莞市的上升幅度较大,分别上升3名与2名。而从全国范围内来看,仅56个城市的排名波动超过10个名次,其他233个城市的排名波动均在10个名次之内,甚至其中184个城市的排名波动在5个名次之内。可见,全国各城市经济竞争力排名的波动幅度不大,总体变化较为稳定。特别地,厦门在全国城市中的综合经济竞争力有稳步上升的趋势。

通过对2021年中国城市综合经济竞争力进行分析,我们发现,南方城市与中部城市的经济竞争力整体而言有所上升,北方城市与东部城市的经济竞争力则整体有所下降。在二线城市的竞争中,多数二线城市的排名整体保持稳定,变化均在7个名次之内,仅30个位居第6到第86名的二线城市的排名波动幅度较大。其中,8个城市的排名有所下降,12个城市的排名维持不变,10个城市的排名有所上升。表4与表5分别展示了2021年中国不同地区城市经济竞争力分析情况与中国不同等级城市经济竞争力分析情况。

表 4　2021 年中国不同地区城市经济竞争力分析

区域	样本	均值	变异系数	最小值	最大值
南方	161	1.354	6.6388	—26	44
北方	130	—1.6769	5.6124	—40	22
东部	93	—1.4194	5.2747	—40	10
中部	80	2.25	4.8204	—22	44
东北	34	—1.5882	5.6318	—19	20
西部	84	0.0714	130.8233	—29	24

数据来源:中国社会科学院财经战略研究院发布的《2021 年中国城市竞争力报告》。

表 5　2021 年中国不同等级城市经济竞争力分析

区域	样本	均值	变异系数	最小值	最大值
北上广深	4	0.6	0.0899	—1	2
港澳台	7	1	0.2427	—1	4
二线城市	30	0.1667	0.2112	—7	7
三线城市	69	—2.3623	0.2818	—40	20
四线城市	181	0.8232	0.4286	—29	44

数据来源:同表 4。

(二)厦门市城市竞争力现状分析

下文参考中国社会科学院发布的《中国城市竞争力报告》一文中所使用的城市竞争力指标,综合现有的学术文献的相关研究,考虑到数据的可获得性,对厦门的城市竞争力进行研究。

1.基于中国社会科学院城市竞争力指标的分析

根据中国社会科学院发布的《2021 年中国城市竞争力报告》(下列简称《报告》),2021 年,厦门市综合经济竞争力位居全国第 19 位,城市科技创新竞争力居全国第 15 位,城市经济活力竞争力居全国第 7 位,城市当地要素竞争力居全国第 20 位,而城市社会和谐竞争力则未进入前 20。表 6 展示了厦门市各方面城市竞争力的详细排名情况。

表 6　2021 年厦门市各方面城市竞争力的排名情况

竞争力	综合经济	科技创新	社会和谐	经济活力	当地要素
排名	19	15	＞20	7	20

数据来源:同表 4。

我们认为：

(1)综合城市经济竞争力反映了城市的经济实力。2021年,厦门市在经济发展方面取得了亮眼成绩。譬如,全市GDP首次突破7000亿元大关,同比增加649.87亿元;2020—2021年的GDP平均增长率为6.9%,居全国副省级城市排名的第1位;人均GDP继续保持2万美元以上。

(2)城市科技创新能力代表城市的科创能力。如《报告》所示,2021年厦门城市科技创新能力相较2020年上升了7个名次,进步十分明显。2021年,厦门市拥有国家高新技术企业2801家、国家技术先进型服务企业56家;全市省级科技小巨人企业236家;科技企业孵化器46家,其中,国家级9家;国家、省、市级重点实验室137家、工程技术研究中心128家、企业技术中心229家、企业博士后工作站33家、新型研发机构56家。[①] 众多国家级科技创新平台的存在推动了厦门科技创新能力大幅提升。

(3)城市经济活力竞争力代表了经商便利度、青年人才比例、经济增长率等。由《报告》可见,2021年厦门城市经济活力竞争力排名相较2020年大幅上升。这表明,厦门在吸引人才、营商环境建设等方面表现优异。

(4)城市当地要素竞争力则综合考量了城市各方面的能力水平。其中,主要的评价指标为资本、创新和人才。2021年,厦门市取代大连市,首次进入中国城市当地要素竞争力前20。

(5)城市社会和谐竞争力衡量城市的社会安全水平,受社会公平、居住成本、开放度以及防疫水平等因素的影响。厦门市虽然环境优美,但居住成本较高,房价收入比值较高,这或许是导致厦门市未能跻身《报告》中城市社会和谐竞争力排名前20的主要原因之一。

2.基于主成分分析法测度指标的分析

我们参考现有文献中关于城市竞争力分析广泛使用的指标,并从中选择五个方面的指标,运用主成分分析法测度厦门市的城市竞争力,进一步将其与福州市、泉州市的城市竞争力进行对比分析。表7展示了本专题所构建的城市竞争力评价指标体系。在该体系中,我们将城市竞争力分解为下列五个方面:

(1)城市经济实力。城市经济实力反映了城市的经济规模及实力。我们使用经济总量、平均水平、市场购买力和政府购买力四个变量,综合评价城市的经济实力。其中,各变量分别以GDP、人均GDP、城乡居民人均生活消费支出、一般公共预算收入为代理指标。

(2)产业竞争能力。产业竞争能力代表城市产业的规模、结构和效率。我

---

① 数据来源:《厦门市2021年国民经济和社会发展统计公报》。

们使用产业结构、技术创新能力、工业效益和产业规模四个变量,对城市产业的竞争能力进行综合测度。其中,各变量分别以第二产业与第三产业的产值之和占 GDP 的比重、有效发明专利数、全年规模以上工业企业实现的利润总额、二三产业的固定资产投资为代理指标。

(3)城市交流能力。城市交流能力反映了城市的物流、交通、通信等方面的综合能力。我们使用商品集散能力、物资通达程度、网络利用程度和通讯频密程度四个变量,对城市交流能力进行综合测度。其中,各变量分别以社会消费品零售总额、公路通车里程、移动互联网用户数、邮电业务总量为代理指标。

(4)人居环境吸引力。人居环境吸引力代表城市在自然环境、社会环境、宜居程度等方面所体现的吸引力。我们从居民生活保障度、医疗卫生保障度、自然环境舒适度和公共交通便利度四个方面衡量城市的人居环境吸引力。其中,各变量分别以城乡居民人均可支配收入、每千人拥有卫生技术人员数、人均公园绿地面积、公路通车里程为代理指标。

(5)发展创新潜力。发展创新潜力代表城市的社会经济增长潜力。我们从城市发展动力、引进外资能力、基础设施建设水平和教育科研水平四方面出发,对城市的发展创新潜力进行测度。其中,各变量分别以城镇化率、当年实际使用外资额、全社会固定资产投资、高等学校数量为代理指标。

表 7　城市竞争力评价指标体系

城市竞争力	变量	代理指标
城市经济实力	经济总量	GDP/亿元
	平均水平	人均 GDP/万元
	市场购买力	城乡居民人均生活消费支出/元
	政府购买力	一般公共预算收入/亿元
产业竞争能力	产业结构	二、三产业产值占 GDP 的比重
	技术创新能力	有效发明专利数/件
	工业效益	全年规模以上工业企业实现利润/亿元
	产业规模	二三产业固定资产投资/亿元
城市交流能力	商品集散能力	社会消费品零售总额/亿元
	物资通达程度	公路通车里程/公里
	网络利用程度	移动互联网用户数/万户
	通讯频密程度	邮电业务总量/亿元

续表

城市竞争力	变量	代理指标
人居环境吸引力	居民生活保障度	城乡居民人均可支配收入/元
	医疗卫生保障度	每千人拥有卫生技术人员数
	自然环境舒适度	人均公园绿地面积/平方米
	公共交通便利度	公路通车里程/公里
发展创新潜力	城市发展动力	城镇化率
	引进外资能力	当年实际利用外资额/亿美元
	基础设施建设水平	全社会固定资产投资/亿元
	教育科研水平	高等学校数/所

若要构建全面系统的城市竞争力评价体系,往往需要涉及多个变量,并通过多个评价系统进行全方位的综合测度。故而,赋予各变量合理的权重是关键所在。传统多指标评价体系多采用主观赋权的定性评价方法,即依据专家或者项目支持者的主观经验,对各项具体指标的重要程度进行判断并赋予权数。但这种方法过分取决于评价者的主观判断,缺乏客观性。基于此,我们参考已有研究,使用基于定量研究的主成分分析方法,对城市竞争力进行综合评价。

主成分分析法也称因子分析法、矩阵数据解析法,是一种从使用的所有指标中提取出部分相互独立的综合指标,从而使得新指标能够尽可能地保留原始指标信息的现代统计方法。它基于矩阵内部的依赖关系,将一些具有复杂关系的变量归纳成少数几个公因子,各因子之间的相关性小,信息重叠率低。当各公因子的特征值都大于1或累积贡献率达到某一百分比时,则说明它们能够集中反映所研究问题的大部分信息。主成分分析法主要被用于研究数据的基本结构以及数据简化。可见,该方法与本文对城市竞争力进行定量综合评价的研究方案十分契合。

城市竞争力着眼于城市及其周边城镇和广阔腹地,故而本文在对厦门市进行竞争力评价时选取厦门、福州、泉州等城市为样本。本文数据来源于2021年《厦门市统计年鉴》、2021年《福州市统计年鉴》和2021年《泉州市统计年鉴》。

本文以厦门、福州、泉州三个城市为样本,分别对其城市经济实力、产业竞争能力、城市交流能力、人居环境吸引力与发展创新潜力五个方面的指标进行主成分分析。各方面的得分通过如下模型(1)计算:

$$S = \sum_{1}^{i} S(\text{factor}_i) \times \beta_i \tag{1}$$

其中，l 为提取出的主成分个数，$factor_i$ 为第 i 个主成分，$S(factor_i)$ 为该主成分得分值，β_i 为该主成分的方差贡献率占所提取出的所有主成分的总方差贡献率的比重作为得分的权重。对于所提取的主成分，通过下列模型（2）计算得分：

$$S(factor_i) = \sum_l^n a_m \times F_m \tag{2}$$

其中，n 指的是该分项竞争力中包含的变量个数，F_m 为第 m 个变量，而 a_m 为该变量所对应的公因子载荷。

表 8 展示了厦门、福州、泉州三个城市在城市经济实力、产业竞争能力、城市交流能力、人居环境吸引力与发展创新潜力五个方面的主成分分析结果。由该表可见，厦门的城市经济实力、产业竞争力和发展创新潜力均优于福州和泉州，但在城市交流以及人居环境吸引力方面落后于福州和泉州。综合而言，厦门市在福建省内具有较强的城市竞争力。

表 8　2021 年厦门、福州、泉州城市竞争力分力得分

城市	经济实力	产业竞争力	城市交流能力	人居环境吸引力	发展创新潜力
厦门	1.92	0.63	−2.06	−1.51	1.3
福州	−0.12	0.6	0.24	0.61	−0.67
泉州	−1.8	−1.22	1.82	0.9	−0.63

数据来源：作者根据 2021 年《厦门市统计年鉴》、2021 年《福州市统计年鉴》、2021 年《泉州市统计年鉴》数据计算。

中国社会科学院发布的《2021 年中国城市竞争力报告》以及我们的计算分析结果说明，近年来，厦门在全国城市中的竞争力排名在稳步提升，尤其是经济活力和科技创新实力的排名提升较快。而且在福建省内，厦门城市竞争力明显优于福州和泉州。厦门城市竞争力的提升得益于诸多方面的发展成就，其中工业转型升级扮演着重要的角色。

四、厦门工业转型升级与城市竞争力分析

（一）厦门工业转型升级与城市竞争力的灰色关联度分析

我们分别从产业结构升级速率、产业结构升级方向和产业结构合理化三方面测度工业转型升级，并对厦门市的工业转型升级和城市竞争力进行灰色关联度分析。灰色关联度分析是指对于两个不同系统的因素随时间或不同对象而变化时产生的关联性的大小进行测度。在系统发展过程中，若两个因素的变化趋势具有一致性，即变化的同步程度较高，则代表二者关联程度较高；

反之亦然。

1.工业转型升级测度指标

（1）产业结构升级速率

产业结构升级速率一般通过 Moore 值与产业结构年均变动值进行测度。

其一，Moore 值基于空间向量原理，首先通过对不同产业部分进行划分，构建一组 n 维向量，然后计算两个时间期内两组向量空间中的夹角，并以夹角的大小来度量产业结构的变化程度。Moore 值通过如下模型（3）计算：

$$M^+ = \cos(\alpha) = \sum_{i=1}^{n} (w_{i0} \times w_{it}) / (w_{i0}^2 \times w_{it}^2)^{1/2} \tag{3}$$

其中，M^+ 为 Moore 值，w_{i0} 代表第 i 产业在基期内占国内生产总值的比重；w_{it} 代表第 i 产业在报告期内占国内生产总值的比重，n 代表产业部门数；α 代表两个时间期内的产业结构变化速度，α 值越大，则代表产业结构的变化速度越快。

其二，产业结构的年平均变动值 K 用来反映一定时期内产业结构的年均变化绝对值。产业结构的年平均变动值通过如下模型（4）计算：

$$K = \sum_{i=1}^{n} | q_{it} - q_{i0} | / m \tag{4}$$

其中，q_{i0} 代表基期第 i 产业的构成比例；q_{it} 代表报告期第 i 产业的构成比例；n 代表产业门类数；m 为基期到报告期之间的年份数。

表 9 展示了厦门市 2015—2019 年与 2015—2021 年两个时间段内，工业产业结构的 Moore 值、α 值、产业结构的年平均变动值。

表 9　厦门工业产业结构变动情况

时间段	Moore 值	α 值	年均 α 值	K 值/%
2015—2019	0.9964	4.8544	0.9709	0.61
2015—2021	0.9910	7.6850	1.5370	0.42

由表 12 可见，厦门工业产业结构升级的变动速率呈现稳定增长的趋势。相较于 2015—2019 年，2015—2021 年厦门工业产业结构的变动速率有所提高。其中，α 值由 4.85 上升至 7.69，但产业结构的年均变动值却有所降低，由 0.61% 下降为 0.42%。我们认为这一变动主要由经济结构调整与新冠肺炎疫情影响所致。

（2）产业结构升级方向

本文使用超前系数分析不同子产业的变化情况。产业结构超前系数通常用来测度某一产业的增长相对于整个经济系统增长趋势的超前程度,代表了产业结构的变动方向。产业结构超前系数通过如下模型(5)计算:

$$E_i = \alpha_i + \frac{\alpha_i - 1}{V_t}$$

$$V_t = \frac{\text{Ln}(\text{GDP}_{报告期}) - \text{Ln}(\text{GDP}_{基期})}{n}$$

(5)

其中,E_i代表第i产业部门的超前系数,若E_i大于1,则代表第i产业部门相对整体经济发展而言具有超前发展的倾向,且该产业在国内生产总值中所占比重呈上升趋势,反之则代表第i产业部门相对整体经济发展而言具有相对滞后的倾向,且该产业在国内生产总值中所占比重呈下降趋势;α_i代表第i产业部门报告期所占份额与基期所占份额之比;V_t代表同一时期内第i产业部门所在经济系统的平均增长率。表10展示了不同子产业的产业结构超前系数测度结果,表中数据来源于各年份的《厦门经济特区年鉴》。

表10　厦门市工业结构变化及超前系数

工业行业	比重变化值/%		超前系数 E_i	
	一阶段	二阶段	一阶段	二阶段
农副食品加工业	−0.53	−1.80	−0.09	−1.95
食品制造业	0.20	0.28	2.56	2.70
酒、饮料和精制茶制造业	−0.29	−0.68	−0.46	−1.75
纺织业	−0.17	−0.30	0.04	−0.38
纺织服装、服饰业	−0.39	−0.56	−0.43	−0.66
皮革、毛皮、羽毛及其制品和制鞋业	−0.27	−0.34	−1.74	−1.70
木材加工和木、竹、藤、棕、草制品业	−0.01	0.00	0.01	0.53
家具制造业	0.31	0.17	3.59	2.17
造纸和纸制品业	0.30	0.11	5.53	2.30
印刷和记录媒介复制业	−0.10	0.03	−0.08	1.22
文教、工美、体育和娱乐用品制造业	−0.02	0.10	0.92	1.37
石油、煤炭及其他燃料加工业	−0.25	−0.18	−2.03	−0.70
化学原料和化学制品制造业	0.19	0.94	1.77	3.99
医药制造业	0.20	3.47	3.01	29.56
化学纤维制造业	−0.23	−0.47	−0.86	−2.07
橡胶和塑料制造业	−0.35	0.12	0.41	1.16
非金属矿物制造业	1.02	0.25	5.42	1.86

续表

工业行业	比重变化值/%		超前系数 E_i	
	一阶段	二阶段	一阶段	二阶段
黑色金属冶炼和压延加工业	−0.04	0.03	−0.23	1.78
有色金属冶炼和压延加工业	0.12	1.30	1.33	3.97
金属制品业	0.64	1.05	2.19	2.57
通用设备制造业	0.06	0.31	1.17	1.75
专用设备制造业	0.88	0.67	4.42	3.08
汽车制造业	−2.10	−2.06	−1.92	−1.29
铁路、船舶、航空航天和其他运输设备制造业	−0.36	−0.31	−2.23	−1.22
电气机械和器材制造业	0.22	0.77	1.26	1.70
计算机、通信和其他电子设备制造业	2.72	0.07	1.59	1.01
仪器仪表制造业	−0.45	−0.33	−2.99	−1.32
其他制造业	−0.28	−0.34	−3.45	−3.32
废弃资源综合利用业	0.03	0.00	5.62	0.43
金属制品、机械和设备修理业	0.01	−1.22	1.02	−3.16
电力、热力生产和供应业	0.24	0.19	1.81	1.51
水的生产和供应业	−0.00	1.67	0.98	0.86

注:比重变化值为产业在报告期所占比重减其在基期所占比重;一阶段指 2015—2019 年,二阶段指 2015—2021 年。

数据来源:各年份《厦门市经济特区年鉴》及作者整理。

如表 10 所示,在 2015—2019 年这一时间段中,比重变化值为正的子行业占比超过 50%。具体来看,计算机、通信和其他电子设备制造业的比重上升幅度最高,为 2.72%;非金属矿物制造业,专用设备制造业,金属制品业,家具制造业,电力、热力生产和供应业,电气机械和器材制造业,食品制造业,医药制造业,化学原料和化学制品制造业,有色金属冶炼和压延加工业,通用设备制造业的发展速度较快,比重变化值均相对较高,且超前系数均大于 1。在具有超前发展趋势,即超前系数为正的行业中,既有非金属矿物制造业、家具制造业、食品制造业等传统优势产业(超前系数分别为 5.42、3.59、2.56),也有计算机、通信和其他电子设备制造业,电气机械和器材制造业,化学原料和化学制品制造业等主导产业(超前系数分别为 1.59、1.26、1.77)。虽然主导产业的超前程度略低于传统优势行业,但总体仍处于较发达的水平。此外,医药制造业、通用设备制造业、金属制品业等新兴产业同样具有超前发展趋势(超前系数分别为 3.01、1.17、2.19)。总体来看,经由"十三五"时期的长远布局与规划,厦门市的传统产业、主导产业与新兴产业呈现出三线并进的发展趋势,且主要产业均领先于经济系统整体的增长趋势。

为分析新冠肺炎疫情的暴发及其后续冲击是否对厦门市工业发展产生较大影响,我们进一步使用 2015—2021 年各工业行业的相关数据,分析该时间段的产业结构变化情况。从表 10 可见,在 2015—2021 年这一时间段内,医药制造业在疫情防控期间成为增长最快的行业,比重变化值与超前系数分别为 3.47% 与 29.56。此外,橡胶和塑料制品业,文教、工美、体育和娱乐用品制造业,黑色金属冶炼和压延加工业,木材加工和木、竹、藤、棕、草制品业等行业同样实现了较快增长。由此可知,"十三五"期间具有超前发展趋势的行业,在疫情防控期间基本继续维持了领先状态,并未受到疫情严重的冲击。并且,橡胶和塑料制品业,娱乐用品制造业,黑色金属冶炼,专用设备制造业,印刷和记录媒介复制业,木材加工和木、竹、藤、棕、草制品业等行业均实现了由滞后发展向超前发展的转变。

总体来看,自 2015 年以来,厦门工业的转型升级具有显著成效,主导产业产值年均增长率近 10%,超前系数均大于 1;传统优势产业的超前系数进一步提升;疫情带动医药制造业、专用设备制造业与通用设备等新兴产业进一步实现了升级发展;短期内,疫情对工业生产所造成的影响并没有降低工业升级转型的速度。

(4)产业结构合理化

本文参考已有研究,使用泰尔指数测度厦门工业结构的合理化程度。泰尔指数通过下列模型(6)计算:

$$TL = \sum_{i=1}^{n} (\frac{Y_i}{Y}) \ln(\frac{Y_i}{L} / \frac{Y}{L}) = \sum_{i=1}^{n} (\frac{Y_i}{Y}) \ln(\frac{Y_i}{Y} / \frac{L_i}{L}) \tag{6}$$

其中,TL 为泰尔指数;Y 与 L 分别代表行业处于均衡状态下的主营业务收入与年平均从业人数;Y_i 与 L_i 分别代表第 i 个工业子产业的主营业务收入与年平均从业人数,n 为子产业个数。当经济处于均衡状态,即各产业部门的生产率水平相同,$\frac{Y_i}{L_i} = \frac{Y}{L}$ 时,TL 为 0。因此,若泰尔指数呈现上升趋势,则说明工业的各子产业正在逐渐偏离均衡状态,产业结构亦不合理。表 11 展示了泰尔指数的测算结果。由表 11 所示,在 2015—2021 年间,厦门市工业的泰尔指数呈下降趋势。这表明,厦门市的工业资源分配愈加趋向合理,产业结构的合理化程度逐步提高。

表 11　厦门工业产业结构合理化测度结果

年份	2015	2017	2019	2021
TL 值	0.1346	0.1338	0.1319	0.1316

综上所述,本文从 Moore 值、产业结构年均变动值、产业结构超前系数以及泰尔指数等四方面,对厦门市的工业转型升级情况综合全面地进行了测度与分析。综合四方面的分析结果可见,厦门市的工业转型升级整体上呈加速趋势,虽然产业结构的年平均变动值在 2020—2021 年间受到疫情的一定影响,但仍持续稳定地进行产业结构的合理化转变。部分主导产业,如计算机、通信和其他电子设备制造业,电气机械和器材制造业,化学原料和化学制品制造业等行业的转型速度领先于其他行业,非金属矿物制造业,食品制造业,金属制品业,石油、煤炭及其他染料加工业等传统产业正向逐步走向精细化、自动化、信息化的发展态势,以医药制造业为代表的新兴产业的发展业已处于产业前列。

2.灰色关联度分析

(1)模型建立

一般的灰色关联度分析通常分为三个步骤:(1)确定反映系统行为特征的参考数列,与由影响系统行为的因素组成的比较数列;(2)对参考数列和比较数列进行无量纲化处理[①];(3)计算参考数列与比较数列的灰色关联系数。

灰色关联系数指曲线间几何形状的差别程度。因此,曲线间的差值大小即可作为灰色关联系数的代理指标。通常来说,一个参考数列 X_0 具有若干个比较数列 $X_1, X_2, \cdots X_n$,参考数列与其各比较数列在时刻 i(即曲线中的各点)的关联系数 $\varphi(X_i)$,可由如下模型(7)计算得出:

$$\varphi(X_{0i}) = \frac{\Delta_{min} + \rho \Delta_{max}}{\Delta_{0i(k)} + \rho \Delta_{max}} \tag{7}$$

其中,ρ 为分辨系数,一般介于(0,1)之间,通常取 0.5;Δ_{min} 与 Δ_{max} 分别为第二级最小差与第二级最大差;$\Delta_{0i(k)}$ 为各比较数列 X_i 曲线与参考数列 X_0 曲线上每一点之间的绝对差值。

关联度系数是各比较数列与参考数列在每一时刻(即曲线中的各点)的关联程度值。然而,关联度系数不是唯一的,无法进行整体比较。故此,本文通过取各关联度系数的平均值,作为比较数列与参考数列间关联程度的代理变

---

① 由于系统中各因素的物理意义不同,各类数据的量纲通常亦不一致,故无法进行直接比较。因此,在进行灰色关联度分析之前,需要对衡量单位不一致的异质指标进行同质化,即无量纲化数据处理,将数据的绝对值转换为相对值。

量。关联度系数通过如下模型（8）进行计算：

$$r_i = \frac{1}{N} \sum_{k=1}^{N} \varphi_i(k) \tag{8}$$

其中，r_i 是各比较数列 X_i 对参考数列 X_0 的灰色关联度系数值，r_i 越接近 1，代表相关性越好；$\varphi_i(k)$ 则为各时刻的关联度系数值。

（2）数据来源

考虑到数据的可得性，我们以 2019—2021 年为研究区间，并分别对该时间段内的工业转型速率、工业转型方向和工业结构合理化指标系数进行测度。其中，关于城市竞争力方面的指标测度，我们使用主成分分析法进行指标选取，并通过简化指标——GDP、二三产业的总产值占 GDP 的比重、社会消费品零售总额、城乡居民人均可支配收入、当年实际利用外资额，作为城市经济实力、产业竞争能力、城市交流能力、人居环境吸引力和发展创新潜力的代理变量。

（3）灰色关联度分析结果

表 12、表 13、表 14 分别展示了工业转型升级速率、工业转型升级方向、工业结构合理化的灰色关联度分析结果，各表数据均来源于 2019—2021 年的《厦门市经济特区年鉴》。

表 12　灰色关联度分析结果——工业转型升级速率

评价项	Moore	排名	α	排名	K	排名
GDP	0.636	2	0.611	2	0.612	4
二三产业产值占比	0.998	1	0.762	1	0.587	5
社会消费品零售总额	0.614	4	0.586	4	0.617	2
城乡居民人均可支配收入	0.634	3	0.607	3	0.612	3
当年实际利用外资额	0.495	5	0.553	5	0.626	1

表 13　灰色关联度分析结果——工业转型升级方向

评价项	比重变化值	排名	超前系数	排名
GDP	0.627	4	0.665	3
二三产业产值占比	0.649	1	0.709	2
社会消费品零售总额	0.629	2	0.647	5
城乡居民人均可支配收入	0.628	3	0.661	4
当年实际利用外资额	0.607	5	0.720	1

表 14　灰色关联度分析结果——工业结构合理化

评价项	TL 值	排名
GDP	0.642	2
二三产业产值占比	0.988	1
社会消费品零售总额	0.617	4
城乡居民人均可支配收入	0.639	3
当年实际利用外资额	0.494	5

（二）工业转型升级与城市竞争力的灰色关联度结果分析

1.工业转型升级速率与城市竞争力

就表 14 来看，Moore 值与 GDP、二三产业产值占比、社会消费品零售总额、城乡居民人均可支配收入、当年实际利用外资额的关联系数分别为 0.636、0.998、0.614、0.634、0.495；α 值与 GDP、二三产业产值占比、社会消费品零售总额、城乡居民人均可支配收入、当年实际利用外资额的关联系数分别为 0.611、0.762、0.586、0.607、0.553；K 值与 GDP、二三产业产值占比、社会消费品零售总额、城乡居民人均可支配收入、当年实际利用外资额的关联系数分别为 0.612、0.587、0.617、0.612、0.626。

其中，Moore 值与 α 值均与二三产业产值占比的关联度最高，关联系数分别为 0.998 与 0.762；K 值则与当年实际外资利用额的关联度最高，关联系数为 0.626。这表明，城市的产业竞争能力与创新发展潜力是工业转型升级速率提高的最直接受益者。

2.工业转型升级方向与城市竞争力

从表 15 来看，比重变化值与 GDP、二三产业产值占比、社会消费品零售总额、城乡居民人均可支配收入、当年实际利用外资额的关联系数分别为 0.627、0.649、0.629、0.628、0.607；超前系数与 GDP、二三产业产值占比、社会消费品零售总额、城乡居民人均可支配收入、当年实际利用外资额的关联系数分别为 0.665、0.709、0.647、0.661、0.720。

其中，比重变化值、超前系数分别与二三产业产值占比、当年实际外资利用额的关联度最高，关联系数分别为 0.649、0.720。

3.工业结构合理化与城市竞争力

从表 16 来看，TL 值与 GDP、二三产业产值占比、社会消费品零售总额、城乡居民人均可支配收入、当年实际利用外资额的关联系数分别为 0.642、0.998、0.617、0.639、0.494。

其中，TL 值与二三产业产值占比的关联程度显著高于其他城市竞争力的评价项,关联系数为0.998。这表明,工业产业结构的合理化对于促进产业竞争能力的提升,能够起到显著作用。

综上可见,工业转型升级速率、工业转型升级方向与工业结构合理化均与各项城市竞争力分力之间具有相关性,且城市的产业竞争能力与创新发展潜力与工业转型升级的关联程度最高。这表明,工业转型升级不仅能够促进各方面城市竞争力的提高,且对于城市的产业竞争能力与创新发展潜力的影响更为显著。

综合厦门工业转型升级与城市竞争力的灰色关联度分析及分析结果来看,厦门市正全力促进高新技术产业、绿色产业、服务业的发展,并持续推动工业结构趋于合理化。这有利于优化厦门市三大产业的结构层级,推动产业结构的升级转型。更合理的产业结构、更优质的工业企业将会持续为城市创造收益,并以此带动城市GDP的持续增长,提升城市的经济竞争力。此外,厦门市工业的转型升级亦朝着科技化、创新化、国际化的方向发展。这对于提升城市的科技创新能力、产业竞争力以及资本吸引力等均大有裨益。

五、结论与政策建议

本专题使用定性与定量的研究方法,对厦门市工业转型升级与城市竞争力之间的关系进行分析。研究发现,工业转型升级能够从多方面提升城市竞争力,这在厦门近几年的经济发展中表现的尤为明显。我们从工业转型升级、城市竞争力提升、城市竞争力的未来发展方向三方面,为厦门市高质量发展提供政策建议。

(一)工业转型升级

目前厦门市的两大主导产业——计算机、通信等高新信息技术以及电气、机械等传统工业,在全市产业发展中均处于领先地位与超前发展阶段,化学原料和化学制品制造业、有色金属冶炼、家具制造业等传统优势行业的产业结构正处于调整转型阶段,新兴战略行业整体呈高速发展态势。此外,厦门市整体的工业产业结构逐渐趋向合理化,工业转型升级成效显著。"十四五"时期将是厦门市工业转型的关键节点,因而需要围绕厦门市的产业基础、资源禀赋等方面,持续推动产业升级。基于此,我们提出下列四点政策建议:

1.持续做强主导产业

对于主导产业而言,关键在于不断完善产业链以巩固主导产业优势,并通过延长产业链开拓新的转型发展方向。据此,厦门市应持续引进电子信息与电气机械产业的高端项目,通过培育、吸引龙头企业以打造相关产业集群,进一步补齐、延伸工业产业链,从而推动工业的转型升级。此外,物联网、人工智能、区块链等高新信息技术对于工业具有重要赋能作用,通过电子产业与数字产业的深度结合以促进高新信息技术产业的转型发展。譬如,推进5G和千兆光网的建设、加大对于"海丝一号""海丝二号"等海洋卫星技术的政策支持力度。

2.积极培育战略性新兴产业集群

厦门市的产业发展应坚持以《厦门市"十四五"战略性新兴产业发展专项规划》为导向,重点发展生物医药与健康、新材料、新能源等高新产业,并注重提升基础设施保障水平与环境友好程度。此外,厦门市须紧跟全球科技发展趋势,结合自身产业基础,积极发掘新技术与新业态。

3.进一步优化工业园区布局

厦门市应借鉴苏州、深圳等地的高水平工业园区的发展经验,充分发挥厦门特色的产业比较优势,高效利用岛内外的空间资源存量,以进一步优化厦门工业聚集核心区域的布局,推动工业持续转型升级。此外,未来的工业园区规划建设应着眼于"产城融合",充分运用大数据、人工智能、物联网等高新信息技术,实现工业园区内管理与服务水平的提升。

4.持续深化工业协同合作

厦门市是"一带一路"建设的重要节点。因此,厦门市应发挥自由贸易试验区、海上合作战略支点城市等贸易优势,在数字产业、疫苗研发、新材料等前沿工业领域深入开展国际创新合作。除跨国合作之外,进一步推动海峡两岸工业的融合发展亦十分重要。厦门市应通过海峡论坛、两岸企业家峰会等平台,积极承接中国台湾的优势芯片产业与电子产业。就福建省内而言,可通过推进闽西南区域的产业协作、产业有序跨区域转移与聚集,强化省内的资源与要素共享,从而推动厦门及周边地区的工业进行转型升级。

(二)城市竞争力的提升

厦门市虽具有许多其他城市无法比拟的独特优势,譬如毗邻台湾,海运发达、特区政策等,但同时存工业产值规模较小、缺乏本土高新技术龙头企业、产业链发展水平不高等短板,这相当程度上限制了厦门市的高速发展。本章从城市经济实力、产业竞争力与发展创新潜力等三方面出发,就厦门市城市竞争力的进一步提升,提出下列三点政策建议:

1.城市经济实力

城市竞争力提升的关键在于经济竞争力。厦门市应继续以经济建设为中心,坚持走高质量的绿色发展道路。目前,厦门市虽已具备坚实的物质、技术、制度基础以及发达的国内外市场,但仍需进一步厘清发展思路,把握经济全球化、产业结构调整与科技创新等主流发展趋势,积极寻找新发展空间,培育新的经济增长点。

2.产业竞争力

就产业发展而言,虽然厦门市在电子通信、互联网、新能源等新兴产业,与化工、建筑、机械等传统产业均具有相当活力与发展前景,但与周边其他城市相比仍具有一定差距。其主要原因在于厦门市的制造业体系与服务业体系不够成熟与完善,不足以为城市的高速发展提供支撑。因此,厦门应该积极推动制造业与服务业的发展,并结合高新技术产业,探寻具有厦门特色的发展方向。

3.发展创新潜力

厦门市在对外开放、外资引进等国际化发展道路方面具有得天独厚的优势。故而,厦门市应当为继续保持这些使得厦门经济快速稳定发展的优势而作出努力。譬如,继续扩大外资引进、进出口贸易、港口货物吞吐量的规模,保持本土企业(含入厦企业)的国际竞争力等。厦门市相较福州市在高校密集度、高新技术人才集中等方面存在一定劣势,这阻碍了厦门市的科技创新与经济发展。故而,厦门市应着力加强高等教育投入与科研机构建设,充分利用厦门市的经济实力与国内外知名度吸引高端人才,为城市发展提供文化与科技支撑。

(三)厦门城市竞争力的未来发展方向

1.持续一体化扩展发展空间

厦门市的可用土地面积与城市规模较小,是制约厦门市发展的重要因素。故而,厦门应尽力减少可用土地规模对经济发展的制约。为此,厦门市必须进一步加快新城,特别是岛外新城的建设,持续优化厦门城市框架,通过多中心城市空间结构的构建与岛内外城乡一体化发展的推进,扩展厦门市发展空间。同时,应进一步推动厦漳泉同城化发展,加快厦漳泉大都市区的建设。厦漳泉地理位置相近,经济发展紧密度高,故而厦门市可以利用其在港口与地理位置等方面的高新技术产业发展优势,大力发展光电、集成电路等高技术产业与研发服务、金融服务、港口物流等现代服务业,辐射整个厦漳泉大都市区。厦门应该在更广泛区域上形成产业分工合作体系,在转移传统制造业的同时推动自身工业转型升级,形成更加高效的要素集中区域,从而推动厦门城市高质量发展。

2.依托产业升级实现科技创新水平的提高

进入"十四五"时期以来,厦门市的高新技术产业发展十分迅速。这虽然契合厦门市的产业发展规划,但是相较大多数一线与新一线城市仍有一定差距。高新技术产业的发展是提高城市科技创新能力,推动城市经济结构转型升级的重要途径,因此厦门市第二产业未来发展的重点方向仍应当是高新技术产业。因此,厦门市应加快建设科技创新条件平台,通过发展集成电路、生物医药、新材料、软件与信息服务等重点产业打造高端制造业和现代服务业产业体系,并大力推动两岸金融中心建设,发展金融服务业,辐射整个海西地区。同时,加快发展厦门高端医疗服务业和国际化教育产业,通过推动租售同权入学,以吸引高质量人才。

此外,良好的创新环境对于科技创新来说十分重要,厦门市应加大知识产权保护力度,出台相关政策法律法规,为高新企业、科研院所、高等院校等机构的科技创新提供相应保障。产城融合才能推动城市建设,产学研一体化才能提升城市质量,在工业结构高端化与合理化的过程中,伴随着高端人才的聚集和城市服务功能的提升,厦门城实竞争力才能获得更快提升。

3.加快民生工程建设以提升城市吸引力

民生工程的建设主要在于就业、住房保障、基础教育等具有普惠性质的服务供给。为加快民生工程的建设,提升城市竞争力,厦门市应当:(1)增加就业岗位供给,将城镇登记失业率控制在5%以内;(2)健全多层次住房供应和保障体系,完善多主体供应、多渠道保障、租购并举的保障房体系;(3)全力实现教育强市,新改扩建中小学幼儿园、新增学位,将全市学前教育三年入园率提升至99%以上,将普惠性幼儿园覆盖率提升至85%以上。(4)加快体育场所建设,各类养老与婴幼儿照护场所建设,加快公共设施,尤其是停车位、充电桩建设,更好布局城市设施空间,提高居民生活的满意度和幸福感。

参考文献

[1]王延军,温娇秀,吴静茹.产业结构变动与我国宏观经济波动[J].华东经济管理,2011,25(2):21-23.

[2]干春晖,郑若谷,余典范.中国产业结构变迁对经济增长和波动的影响[J].经济研究,2011,46(5):4-16,31.

[3]任保平,豆渊博."十四五"时期新经济推进我国产业结构升级的路径与政策[J].经济与管理评论,2021,37(1):10-22.

[4]吴聘奇.福州、厦门城市竞争力比较分析及对策研究[D].福建师范大学,2005.

[5]李俊波.厦门市城市竞争力比较分析:基于2011《中国城市竞争力报告》[J].厦门科技,2012(3):1-6.

[6]方和荣.提升厦门城市竞争力问题与对策思考[J].厦门特区党校学报,2010(5):19-23.

[7]彭顺昌.基于《中国城市竞争力报告》的厦门市城市竞争力分析[J].厦门科技,2017(5):10-14.

[8]朱彦章.福建省城市竞争力比较评价与对策研究[J].台湾农业探索,

2018(3):28-32.

[9]厦门市工业和信息化局.厦门市工业布局规划(2019—2035年)[EB/OL].(2020-08-14)[2022-08-16].http://gxj.xm.gov.cn/zwgk/csdt/202008/t20200814_2471276.htm.

[10]厦门市人民政府.厦门市先进制造业倍增计划实施方案(2022—2026年)[EB/OL].(2022-04-07)[2022-08-16].http://www.xm.gov.cn/zwgk/flfg/sfwj/202204/t20220407_2652932.htm.

[11]厦门市人民政府办公厅.厦门市"十四五"战略性新兴产业发展专项规划[EB/OL].(2021-10-22)[2022-08-16].http://www.xm.gov.cn/zwgk/flfg/sfbwj/202110/t20211022_2593423.htm.

[12]厦门市发展改革委.厦门市产业空间布局指引(2021年本)[EB/OL].(2021-10-15)[2022-08-18].http://dpc.xm.gov.cn/xxgk/xxgkml/qtyzdgkxx/202110/t20211015_2591408.htm.

[13]厦门市工业和信息化局.厦门市十四五先进制造业发展专项规划[EB/OL].(2021-08-16)[2022-09-16].http://gxj.xm.gov.cn/zwgk/zfxxgkml/jxjxxgkml/jxjgfxwj/qtkgkwj/202108/t20210816_2574490.htm.

课题负责人及统稿:李文溥

执　　　　笔:蔡伟毅　马家兴　严唯唯　李楠欣

厦门市金融业效率竞争力研究

一、引言

近年来,厦门市金融业发展卓有成效,朝着习近平同志主持编制的《1985—2000 年厦门经济社会发展战略》中"到 2050 年要把厦门建设成为亚洲金融中心之一"的宏大愿景逐步迈进。2015 年,金融服务业成为当时厦门三大营收突破千亿元的产业链群之一;2020 年,厦门市金融业增加值达 783.73 亿元,增长 5.3%,占 GDP 比重为 12.3%,创历史新高,对 GDP 增长的贡献率也达到 13.0%。在自身较快发展的同时,厦门市金融影响力辐射海西经济区,对厦门市中心城市职能的强化起到了积极的促进作用(吴华坤,2021)。不过,由于受经济整体规模较小的限制,厦门市金融业的规模效益相对较弱,金融业的发展与金融影响力的发挥很大程度上得益于相对领先的金融业效率。

党的二十大报告指出,"高质量发展是全面建设社会主义现代化国家的首要任务",而经济效率正是高质量发展的重要内涵。一个经济体在越过赶超阶段的要素积累式增长后,要靠效率的持续提升带来人均收入的持续提升。就金融业而言,不仅金融业效率本身就是服务经济整体效率的重要构成之一,而且由于金融业在整体经济结构中嵌入较深、与其他经济部门关联紧密,金融业效率也深深影响着其他行业的效率表现。对于金融业效率对其他部门发展的促进作用,经济学理论揭示了两类机制。在经典增长理论的框架下,金融活动对资本积累过程具有促进作用,有利于经济储蓄增加、资产扩张,最终促进资本积累和经济增长。而如果放松新古典增长理论的假设,将信息不完全和交易成本因素加入考虑,则金融活动也会对经济产生实质的"增长效应";在这一框架下,金融活动降低了信息不对称的影响,提高了资本配置效率,分散了投资风险从而促进了投资。如经济学家、美联储前主席伯南克获得 2022 年诺贝尔经济科学奖的研究指出,银行系统储存着关于借款人的宝贵信息,影响着社会将储蓄转化为生产性投资的能力。① 概括言之，一方面，作为生产性服务业，金融业运作的效率直接影响着其他经济部门所面对的资金约束和融资服务；另一方面，作为资金融通的中介，金融服务业又通过自身的高效运作不断优化着资源在不同效率部门之间的配置，促进优胜劣汰，这一过程的效率在宏观上起到提高经济整体效率的作用。因此，金融效率对经济的影响是全局性的。自 Goldsmith(1969)提出金融发展能够促进经济增长以来，已有大量研究跟进讨论了金融系统功能与经济发展之间存在的关联，而且绝大多数都认为金融功能的健全和强化能够促进经济增长(Levine,2005)，而金融效率是其中不可或缺的一环。正是由于金融效率具有这种全局性的促进意义，习近平总书记指出，金融要把为实体经济服务作为出发点和落脚点，全面提升服务效率和水平。

厦门市"十四五"规划及 2035 远景目标建议中，明确提出要打造服务两岸、辐射东南亚、连接"海丝"、面向全球的区域性金融中心，以及汇集企业集团总部和投资中心、研发中心、财务中心、结算中心等的东南沿海重要的总部经济集聚地。受限于城市人口体量，这一愿景的实现有赖于厦门市金融业的进一步高质量发展，因此未来厦门市金融业发展仍需要继续发挥效率竞争力优势。有鉴于此，本文在回顾厦门市金融业高效率发展基础的前提下，分别从宏观指标和微观测度两个视角，量化分析厦门市金融业效率水平，以明确厦门市金融业效率定位，据此提出促进厦门市金融业效率竞争力的政策建议。

二、厦门市金融业高效率发展的基础

厦门的金融产业发展较为突出，但受限于城市体量，规模红利尚未得到充分发掘，到目前为止的成果主要来自较高的金融业效率。本节重点从丰富而开放的金融生态、积极有效的市场竞争、制度政策优势和创新业务四个方面梳理厦门市金融业高效率发展的基础。

(一)丰富而开放的金融生态

历经多年发展，厦门市形成了以银行、证券、保险机构为主，新型金融业态为辅的现代金融组织体系，是福建省金融组织类型最丰富、金融产业链条最完善、金融机构集聚度最高的城市。截至 2021 年年末，厦门市共有银行业金融机构 48 家，其中法人金融机构 11 家，中资银行分行 21 家，外资银行及代表处

---

① "……他展示了……当银行倒闭时，有关借款人的宝贵信息就丢失了，并且无法快速重建。社会将储蓄转化至生产性投资的能力因此被严重削弱。"——作者摘译自 2022 年诺贝尔经济科学奖公告[EB/OL].[2022-09-11].https://www.nobelprize.org/prizes/economic-sciences/2022/press-release/.

16家,此外引进和培育了大量公募基金、私募股权投资基金、消费金融公司、金融科技公司、融资租赁公司、融资担保公司、小额贷款公司等新型金融机构,构成层次丰富、品类齐全的金融生态,有利于满足各种不同类型的金融需求,提升金融资源供给和需求对接的效率。

厦门市金融生态的一大突出特点在于开放。首先,厦门市拥有较多外资金融机构。作为我国近代最早开放的通商口岸和改革开放后的第一批经济特区之一,厦门市外资银行的发展历史较为悠久。改革开放后,随着《中华人民共和国经济特区外资银行、中外合资银行管理条例》颁布,外资银行获准在经济特区设立营业性分支机构,新加坡大华银行等外资金融机构相继进驻厦门。随着后续政策法规逐步放开,外资银行业务范围不断拓展,持续融入厦门经济金融生态。至2021年年末,厦门共有外资银行14家,资产总额达327亿元,各项贷款余额188亿元,占全市比重分别为1.48%和1.23%。尽管在本土银行较快增长背景下,外资银行因开展业务偏于谨慎或面临一些限制,市场份额受到压缩,但仍凭借其跨国网络、多元产品、创新业务、标准化运营等方面的优势,通过同业借鉴和人才流动等效率外溢渠道提升了厦门市金融业的整体从业水平;同时其针对在华外企、跨国公司、本土外向型企业和在华外籍人员、港澳台华人、外企员工等客户群体提供的金融服务,也对厦门市外向型经济提供了有力的金融支持。

其次,厦门市金融生态在对台开放方面别具特色。闽台两地具有密切的"五缘"关联,厦门长期以来就是台商台企来陆发展的重要一站。国务院2010年颁布的《关于支持福建省加快建设海峡西岸经济区的若干意见》中批准厦门市建立两岸区域性金融服务中心,此后更进一步写入国家"十二五"规划纲要。依托两岸区域性金融服务中心,厦门市在对台金融政策方面先行先试,不断扩大开放。一方面,大陆首家台资股东直接持股的城商行——厦门银行、首家两岸合资消费金融公司——金美信、首家两岸合资证券公司——金圆统一证券、福建省首家法人产险公司——富邦财险、厦门首家两岸合资证券投资基金公司——圆信永丰基金管理公司等台资元素金融机构创造了多个对台第一,深度促进了两岸金融同业合作交流。另一方面,厦门市金融业持续创新两岸金融服务:跨海峡人民币结算代理清算群、两岸跨境贸易人民币结算、两岸人民币现钞调运机制等业务有力推动了两岸货币合作;《关于金融促进厦台融合的若干措施》通过台商台企跨境收支和资本流动的诸多优惠政策和便利化举措切实推进了两岸贸易往来与产业融合;积极创设对台特色部门、台商台企绿色通道和针对台商台企的特色业务,如设立台商增信子基金利用杠杆放大台资中小微企业信用融资,又如厦门银行创新产品"薪速汇"支持台胞直接通过手机银行办理境内人民币薪酬汇出,满足了台企融资需求,丰富了台商台胞在厦的金融服务产品供给;等等。这些举措不仅有助于台胞台企在厦发展,也通过增进两岸金融同业交流借鉴、推动金融主管部门政策开放以及金融机构业务创新等渠道,促进了厦门市金融业效率的提升。

(二)积极有效的市场竞争

厦门市多层次的金融生态和较多的市场主体引发积极的竞争,确保了充裕的金融供给和较高的金融效率,令厦门市成为"资金洼地"。2021年,厦门市一般贷款加权平均利率为4.79%,同比下降0.17个百分点,其中,普惠小微贷款加权平均利率4.75%,同比下降0.26个百分点,均低于全国、福建省平均水平,维持了低成本融资的良好营商环境。在国家发展和改革委员会公布的2020年全国营商环境评价中,厦门市融资信贷领域的评价指标全部获评"全国标杆",其中"获得信贷"指标进入全国前十。

充裕的信贷资源满足本地有限的信贷需求而有余,进一步向外辐射,惠及周边城市,令厦门初步具备了区域金融中心的面貌。根据吴华坤(2021)的评估,厦门市金融溢出幅度较强,位居全国城市前列;省内仅厦门市和福州市稳定呈现溢出特征。据测算,厦门市本地银行信贷资源向外投放的前五大目的地是福建省、浙江省、重庆市、江苏省、上海市,范围及于东南沿海及西南;在福建省内,外向的信贷资源主要流入漳州、泉州、福州[①]与南平。金融溢出实质上是一种区域之间的专业化分工,对溢出双方都有积极的影响。于流入地而言,当地企业获得了金融支持,当地金融机构则迎来更多竞争和技术溢出的机会;于流出地而言,充裕的金融资源赢得了投资机会,而"走出去"的金融机构则获得了跨区域扩展业务和复杂架构管理的经验,由此进一步提升了金融效率。

(三)制度政策优势

作为首批经济特区之一,厦门市长期以来都具有改革前沿先行先试的独特优势。近年来,依托自由贸易试验区、"海丝"支点城市和两岸区域性金融中心等平台,厦门市大力推动金融改革,探索制度创新,不断强化政策优势。以厦门自贸片区为例,自2015年4月21日挂牌以来,厦门市紧紧围绕对台和对接"一带一路"金融创新与合作,围绕"三区一堡"的功能定位,大胆开展各项金融创新工作,切实发挥自贸区先行先试、高水平对外开放的优势。包括区内外汇资本金意愿结汇、外债资金意愿结汇在内的多项外汇管理政策,以及境外发行人民币债券募集资金回流、发放境外人民币贷款在内的多项跨境人民币创新政策,经自贸区内试点后已成功复制推广至全市,有力地带动了厦门市金融

---

① 福州与厦门同为福建省内金融溢出地,两者之间存在双向的信贷资源流动。

效率的提升。当前,仍有多项经常项下与资本项下外汇便利化政策以及跨境人民币政策在区内试点,中国人民银行厦门市中心支行通过政策宣传、业务指导、调研沟通等方式积极稳妥推动区内主体参与各类金融业务试点创新。除此之外,围绕区内重点产业,厦门自贸片区还有不少金融相关的创新举措。例如,厦门国际贸易"单一窗口"金融区块链平台的"海运费境内外汇划转支付场景",利用分布式账本和智能合约等技术,整合税务发票系统、银行、船代、货代、付款企业信息,将金额小、笔数多、涉及多方结算的海运费境内外汇划转业务转为全程线上办理、发票批量自动验证和标记的模式,极大提升了有关企业的外汇支付效率。

(四)创新业务

厦门市积极申报参与金融政策试点,引入和推动各类创新金融业务,利用新业务、新业态为自身金融效率提升注入新动能。科技金融、金融科技、数字人民币、绿色金融等创新业务方兴未艾,有效提升金融效率。

科技金融方面,厦门市 2016 年入选科技部、人民银行等部门联合认定的"全国促进科技和金融结合试点"城市,通过创新科技企业信贷支持、加强科技金融平台建设、创新投贷联动模式、扩大科技企业股权融资等方式,为科技型企业提供高效的金融支持。例如,厦门市新出台《厦门市科技创新创业引导基金管理办法》,设立科技创新创业引导基金,引导社会多方创业投资资金支持厦门高技术产业领域成果转化、孵化。截至 2021 年年底,厦门市资格有效国家级高新技术有 2801 家,2021 年实现工业产值 3212 亿元,实现营收 3513 亿元;厦门市制造业中长期贷款余额 746 亿元,增长 38.6%,增速快于本外币贷款增速 24.5 个百分点。研究认为,厦门市科技领域财政资金使用配置效率较高,发挥杠杆作用撬动了科技金融投入;经贴息、补贴后,厦门市科技企业贷款实际成本显著低于全市一般贷款平均利率(张俊芳,毛亦君,2019)。

金融科技方面,厦门市发挥金融和软件及信息服务产业优势,加快打造金融科技之城。2020 年,厦门市围绕金融数字化转型、金融科技产业集聚、金融科技赋能实体经济和金融科技规范创新等,发布了《厦门金融科技发展规划(2021—2025 年)》;聚焦金融科技主体培育、金融科技应用创新、金融科技人才支撑等要点,推出《关于促进金融科技发展的若干措施》。随着金融科技头部企业的引进和本地金融科技企业的培育,众多金融科技创新产品相继涌现。金融领域数字化转型的推进可望助推厦门市金融业效率继续提升。

数字人民币方面,厦门市 2022 年进入第三批数字人民币试点,业务正在全面发展之中。作为金融科技的典型集成应用,毕马威研究认为,数字人民币的正式推广不仅将重塑我国的支付体系,还可能向外汇管理、跨境支付等领域延伸,提升人民币在国际市场的地位;同时有利于央行打通政府端、企业端和用户端的多场景应用,助力三农、教育、智慧城市等场景落地。① 试点以来,厦门市数字人民币成功举办了大型数币红包推广活动,用户量、交易量等快速增长,包含众多主流线上消费平台以及线下餐饮购物、交通出行、公共缴费、金融业务乃至碳汇交易等方面的试点场景日趋丰富多样。率先推广和探索有助于厦门市在未来数字人民币正式大规模应用过程中把握先机。

绿色金融方面,厦门市当前正在加快绿色金融创新探索,争创国家级绿色金融改革创新试验区。厦门推出《厦门市促进绿色金融发展若干措施》,财政奖补配套人民银行"绿票通"再贴现工具,有效支持绿色项目开展、碳减排效益实现,截至 2021 年年末,厦门市绿色贷款余额 858 亿元,同比增长 41.1%,增速快于同期本外币贷款增速 27.0 个百分点;落地全国首笔海洋渔业碳汇交易,推出乡村振兴碳汇贷、农业碳汇保险等系列金融产品,碳汇金融产品与服务不断丰富;发布《厦门市银行业金融机构环境信息披露地区汇总报告(2021—2022 年)》,引导金融机构开展环境信息披露。"碳达峰、碳中和"背景下,绿色金融可望成为金融领域重要的增长点。

三、厦门市金融业效率的宏观评价

金融效率这一概念可以具体分解为金融企业效率、金融行业效率和金融部门效率。直观地看,这似乎是同一概念在不同尺度上的体现,但三者在事实上是不同的。在逻辑上,三者具有递进的关系。金融企业的效率反映出其经营运作的绩效,某种程度上,即是企业以一定投入换取产出的"增益幅度"之大小;全行业企业的效率共同构成了行业效率②,而全行业作为一个整体部门纳入宏观经济框架中,又对整体经济产生影响,表现出金融部门效率。由此可见,微观的金融企业效率是宏观金融效率的"因",宏观金融效率是金融企业效率的"果",金融行业效率即是两者的交集。

尽管微观金融效率是宏观金融效率的基础,但两者内涵并不完全重叠。效率本质上是一种"投入产出比",因此投入产出的定义在一定程度上决定了效率的定义。从微观企业的视角,各种生产要素被视为投入,产品、产值、增加值或利润等被视为产出;而从宏观经济的视角,金融部门运作的成本被视为投入,经济整体获得的产出被视为产出。非但两者的产出定义显然不同,就连微观视角下的利润、增加值等产出,在宏观视角下也常作为金融部门运作的成本

---

① 参见《2021 毕马威中国金融科技企业双 50 报告》(https://assets.kpmg/content/dam/kpmg/cn/pdf/zh/2021/12/china-fintech-50-2021.pdf)。

② 具体还受到其他因素的影响,相关论述见 Bartelsman 和 Doms(2000)。

而被视为投入。金融活动外部性的存在是宏微观评价分歧的主要原因。① 云鹤等(2012)将 Pagano(1993)提出的金融与增长关联机制中所描述的宏观金融效率切分为"分置效率"、"转化效率"和"配置效率",分别表示金融部门吸纳资金、将获得的负债转化为资产以及资产如何配置等三个方面的效率,这在微观上可与金融机构吸引资金、扩张信贷、分配信贷的行为对应,为宏观、微观两种角度的金融效率评价提供了参考框架。下文对厦门市金融业效率进行不同角度评价时,需要留意不同指标或方法反映的是金融业效率的不同侧面。

20世纪90年代以来的金融发展理论通常以储蓄—投资转化率、私企获得的信贷占比、国有银行资产占全市场的份额等指标考察金融体系的效率,相应指标往往反映了转化效率、配置效率、市场结构等与整体金融效率直接或间接相关的因素。本节将综合使用这些指标,对厦门市金融业效率进行宏观评价,并视数据可得情况,与全国、全省或其他城市进行比较。

（一）宏观中介效率

金融业增加值占 GDP 的比重是衡量一个城市金融业发达程度的常用指标。表1呈现了 2010—2020 年15个副省级城市的金融业增加值占比。可以看出,厦门市近年来的金融业增加值占比显著提升,不过在副省级城市中排名维持稳定,基本保持在第一梯队。

表 1　副省级城市金融增加值占比对比

单位:%

城市	2010 年	2011 年	2012 年	2013 年	2014 年	2015 年	2016 年	2017 年	2018 年	2019 年	2020 年
深圳	13.08	13.13	12.72	13.39	13.78	14.44	14.59	13.57	13.27	13.37	15.14
杭州	10.02	10.41	9.92	10.18	9.28	8.97	8.39	8.02	8.37	11.64	12.66
南京	8.09	8.87	9.88	10.32	10.93	11.20	11.48	11.39	11.33	11.54	12.41
厦门	7.96	8.35	9.07	9.43	10.46	10.96	10.36	10.68	10.95	11.65	12.28
西安	7.43	7.33	8.03	9.00	10.71	11.52	11.62	11.25	10.79	10.39	10.68
成都	7.42	8.69	8.59	9.45	10.34	11.76	11.92	11.52	11.15	11.26	11.94
济南	7.37	7.49	8.56	8.81	9.39	10.52	11.02	10.77	—	—	9.55
宁波	7.26	7.13	6.57	6.61	5.58	5.77	4.82	5.11	5.04	7.47	8.02

---

① 试想一种情景:金融机构减费让利为市场提供大量资金,导致当年利润大幅下降。从微观企业绩效的角度来看,其经营是相当低效的。但从宏观角度或者说社会计划者的角度来看,金融部门以较低的成本完成了大量资金融通,则是比较高效的。此时微观效率和宏观效率就出现了分歧。

续表

城市	2010 年	2011 年	2012 年	2013 年	2014 年	2015 年	2016 年	2017 年	2018 年	2019 年	2020 年
沈阳	6.84	7.47	7.58	8.11	8.79	9.69	8.06	8.24	—	—	—
武汉	6.45	6.05	6.84	6.94	6.98	7.94	8.45	8.38	—	9.16	10.43
广州	6.30	7.01	7.36	7.59	8.81	9.39	9.75	9.84	8.37	8.35	8.93
大连	5.13	5.30	6.36	7.10	8.30	10.28	10.27	9.87	9.04	8.76	9.28
青岛	4.56	5.18	5.79	6.23	6.42	6.79	7.20	7.21	7.31	6.42	6.95
哈尔滨	4.43	4.56	5.33	5.69	6.13	9.15	8.74	8.87	8.85	—	—
长春	3.64	3.54	3.81	4.00	4.22	4.97	5.17	5.06	5.03	7.90	7.81

数据来源:CEIC 数据库。部分数据未公布。

Philippon(2015)从宏观经济的视角审视金融中介活动的成本和绩效,指出资金融通的耗损在于中介过程中附加的额外成本,而这一成本最终将转化为中介部门的利润,由此可以用金融增加值占 GDP 的份额衡量中介成本。这一观点确有其合理性,但主要是衡量了金融中介活动的外部性,而忽略了金融业本身也是产业之一,能够提供实打实的就业与收入;不仅如此,考虑到区域金融中心承担了辐射范围城市的部分金融中介职能,金融业增加值占比偏高也就可以理解。以深圳为例,其金融业发展"十二五"规划就已经将城市定位从金融中心城市提升至全国性金融中心。致力于促进深圳成为深港大都会国际金融中心的重要组成部分,其金融业较为发达且体现出较强的辐射性质,因此金融业增加值占比稳居副省级城市首位。因此,在城市层面,单独以金融业增加值占比衡量金融中介成本,可能存在偏差。不过,仍延续上述想法,以金融中介产出总规模除以中介活动总成本衡量金融体系的效率,却是成立的——限于数据可得性,本文以贷款衡量金融中介总产出。由于各地贷款数据来自金融监管部门对当地金融机构的统计,包含了当地机构向外发放的贷款,因此与收入法核算的年度金融业增加值的主体在空间上是一致的。以贷款除以金融业增加值衡量金融中介效率[①],结果如表 2 所示。由表可见,以这一指标衡量,厦门市金融中介效率在副省级城市中排名靠后,在 2016 年、2017年时排位有所上升,但近年又略有回落。当然,这一指标同样存在局限性:一是和前述成本指标一样,主要关注金融部门的外部效应,将金融业收益均归为成本,而忽视了其本身创利的价值;二是资产并非总是合意的产出,低效率的

---

① 这一做法看似以存量比流量,实际是可以对应的,因为金融业每年收益都源自所有存量资产。

资产徒具其量并没有把资金配置到真正有需要的地方去;三是受数据限制,未能以金融业总资产衡量其融通产出,例如,深圳的效率排名垫底,除了自身规模较大引起的边际效率下降外,还有很大一部分原因在于深圳除了银行业外还有丰富的金融业态,仅以贷款衡量其融通产出存在低估。

表2 副省级城市金融中介效率对比

城市	2010年	2011年	2012年	2013年	2014年	2015年	2016年	2017年	2018年	2019年	2020年
长春	42.76	41.09	41.39	36.74	37.24	37.97	38.24	37.74	40.56	28.07	28.02
大连	33.73	36.26	31.80	29.24	23.07	21.03	20.34	20.01	20.42	20.46	19.86
西安	27.77	27.20	25.10	22.88	19.39	20.44	20.92	20.56	21.69	22.98	24.11
成都	27.76	21.56	21.10	19.72	18.45	18.39	18.51	18.61	19.02	19.39	19.80
武汉	25.83	25.51	21.84	21.08	20.67	20.46	21.30	21.82	—	21.61	22.63
哈尔滨	25.40	26.23	22.93	23.34	22.15	22.83	24.56	24.38	24.98	—	—
杭州	24.88	22.06	22.88	22.01	24.18	24.78	26.38	27.73	30.58	23.61	24.43
沈阳	24.76	23.51	24.22	23.65	22.57	22.80	30.04	28.79	—	—	—
南京	24.70	21.22	18.12	17.18	16.80	16.89	17.93	18.57	19.73	20.72	20.78
宁波	24.62	24.09	26.54	27.09	33.05	32.93	38.35	34.23	35.34	24.69	25.59
广州	24.29	20.73	20.53	19.28	17.04	16.76	16.40	17.46	23.19	23.65	24.34
青岛	24.10	23.17	21.71	20.60	20.20	19.68	19.37	19.68	20.11	24.14	24.44
济南	21.92	24.26	20.99	19.98	18.46	17.69	18.19	18.49	—	—	21.39
厦门	21.16	18.42	17.19	19.72	18.44	18.14	20.19	19.79	17.63	16.84	17.13
深圳	12.76	12.30	12.71	12.10	12.14	12.19	13.43	14.66	15.67	16.47	16.24

数据来源:CEIC数据库。部分数据未公布。

(二)分置效率

如前所述,分置效率指金融体系通过负债吸纳资金的能力。理想情况下,可以用金融部门总负债除以经济规模对这一能力进行宏观评价。不过,同样限于数据可得性,本文采用各项存款代替金融总负债,计算结果见表3。由表可见,厦门市在副省级城市中排名靠后,同样在近年来略有上升,而后又趋于回落。不过,由于各城市的金融开放程度、人口结构等因素不同,存款对金融总负债的偏离度同样存在差异,例如对金融业态较为丰富的城市来说,金融部门能够吸纳资金的负债形式更加多样,用存款衡量总负债可能造成更大低估。不过,即便修正这一偏差,由于法人金融机构和非银行金融机构的体量并不突出,厦门市排名上升预计有限。

表3　副省级城市金融分置效率对比

城市	2010年	2011年	2012年	2013年	2014年	2015年	2016年	2017年	2018年	2019年	2020年
深圳	2.18	2.10	2.20	2.23	2.98	3.13	3.11	2.99	2.87	3.11	3.68
杭州	2.82	2.55	2.53	2.57	2.52	2.85	2.83	2.77	2.78	2.95	3.37
沈阳	2.29	2.25	2.38	2.43	2.47	2.68	2.73	2.84	2.91	2.92	2.96
广州	2.25	2.17	2.29	2.25	2.20	2.47	2.56	2.59	2.61	2.48	2.71
南京	2.43	2.29	2.26	2.25	2.32	2.64	2.62	2.59	2.65	2.53	2.70
哈尔滨	1.63	1.56	1.62	1.71	1.69	2.38	2.28	2.26	2.32	2.35	2.67
西安	2.83	2.75	2.81	2.80	2.70	3.04	3.05	2.75	2.50	2.48	2.60
成都	2.59	2.33	2.36	2.50	2.58	2.86	2.76	2.58	2.42	2.35	2.48
大连	2.39	2.28	2.39	2.44	2.35	2.57	2.60	2.34	2.15	2.09	2.28
长春	1.70	1.57	1.91	1.78	1.83	2.09	2.21	2.12	2.05	2.15	2.14
济南	1.92	1.90	2.06	2.09	2.08	2.32	2.38	2.30	2.17	1.97	2.08
厦门	2.07	1.79	1.76	2.03	2.05	2.33	2.38	2.30	2.01	1.93	2.05
武汉	2.00	1.75	1.69	1.71	1.62	1.84	1.92	1.87	1.76	1.77	1.99
宁波	1.85	1.72	1.75	1.77	1.68	1.95	1.89	1.79	1.71	1.73	1.93
青岛	1.43	1.42	1.43	1.52	1.47	1.52	1.58	1.49	1.47	1.52	1.65

数据来源：CEIC数据库。

（三）转化效率

转化效率指金融体系将负债资金扩增为融通资产的能力。本文采用贷存比指标衡量转化效率。尽管厦门的分置效率排名居后，但是转化效率排名靠前，确保了金融中介部门能够为实体经济提供较为充沛的融通资产。从绝对水平上看，厦门市金融转化效率近十年来整体呈向上趋势。从相对水平上看，厦门市在副省级城市中的排名波动上升，从2010年的第7位提升至2020年的第4位，近年来排位趋于稳定。

表4　副省级城市金融转化效率对比

城市	2010年	2011年	2012年	2013年	2014年	2015年	2016年	2017年	2018年	2019年	2020年
武汉	0.83	0.88	0.88	0.86	0.89	0.88	0.94	0.98	1.07	1.12	1.19
宁波	0.97	1.00	1.00	1.01	1.09	0.97	0.98	0.98	1.04	1.06	1.06
青岛	0.77	0.84	0.88	0.84	0.88	0.88	0.88	0.95	1.00	1.02	1.03

续表

城市	2010 年	2011 年	2012 年	2013 年	2014 年	2015 年	2016 年	2017 年	2018 年	2019 年	2020 年
厦门	0.82	0.86	0.88	0.92	0.94	0.85	0.88	0.92	0.96	1.02	1.02
长春	0.91	0.93	0.83	0.83	0.86	0.90	0.90	0.90	0.99	1.03	1.02
西安	0.73	0.73	0.72	0.74	0.77	0.77	0.80	0.84	0.94	0.96	0.99
济南	0.84	0.96	0.87	0.84	0.83	0.80	0.84	0.87	0.94	1.01	0.98
成都	0.79	0.81	0.77	0.74	0.74	0.76	0.80	0.83	0.88	0.93	0.95
南京	0.82	0.82	0.79	0.79	0.79	0.72	0.79	0.82	0.84	0.95	0.95
沈阳	0.74	0.78	0.77	0.79	0.80	0.83	0.89	0.84	0.84	0.89	0.93
杭州	0.88	0.90	0.90	0.87	0.89	0.78	0.78	0.80	0.92	0.93	0.92
哈尔滨	0.69	0.77	0.76	0.78	0.81	0.88	0.94	0.96	0.95	0.91	0.91
大连	0.72	0.84	0.85	0.85	0.82	0.84	0.80	0.85	0.86	0.86	0.81
广州	0.68	0.67	0.66	0.65	0.68	0.64	0.62	0.66	0.74	0.80	0.80
深圳	0.77	0.77	0.74	0.73	0.56	0.56	0.63	0.66	0.72	0.71	0.67

数据来源：CEIC 数据库。

（四）配置效率

配置效率指金融体系将金融资产合理配置到经济实体中去，满足经济实体的融资需求，最终促进非金融部门产出的能力。

本文首先采用金融相关比例（贷款/GDP）的倒数衡量这一效率，并在分子的 GDP 中扣除金融业增加值。可想而知，这可以理解为单位贷款对应了多少非金融经济产出。由表 5 对比可知，厦门市金融配置效率在 15 个副省级城市中排名整体位居中游偏上，从 2010 年的第 9 位提升至 2020 年的第 7 位，但与排在前面的长春与广州差距不大。从时期动态来看，厦门市的配置效率整体有所下降，但相对稳定。所有副省级城市基本都体现出金融配置效率随时间下行的特点，可能反映了金融深化过程中边际效率下降的固有趋势。而厦门市在这一过程中的效率衰减相对较小，因此排名略有上升。

表 5　副省级城市金融配置效率对比

城市	2010 年	2011 年	2012 年	2013 年	2014 年	2015 年	2016 年	2017 年	2018 年	2019 年	2020 年
青岛	0.87	0.79	0.75	0.73	0.72	0.70	0.66	0.65	0.63	0.60	0.55
大连	0.55	0.49	0.46	0.45	0.48	0.41	0.43	0.46	0.49	0.51	0.49
宁波	0.52	0.54	0.54	0.52	0.51	0.50	0.51	0.54	0.53	0.50	0.45

续表

城市	2010 年	2011 年	2012 年	2013 年	2014 年	2015 年	2016 年	2017 年	2018 年	2019 年	2020 年
济南	0.57	0.51	0.51	0.52	0.52	0.48	0.44	0.45	—	—	0.44
长春	0.62	0.66	0.61	0.65	0.61	0.50	0.48	0.50	0.47	0.42	0.42
广州	0.61	0.64	0.61	0.63	0.61	0.58	0.56	0.52	0.47	0.46	0.42
厦门	0.55	0.60	0.58	0.49	0.46	0.45	0.43	0.42	0.46	0.45	0.42
武汉	0.56	0.61	0.62	0.64	0.64	0.57	0.51	0.50	—	0.46	0.38
成都	0.45	0.49	0.50	0.49	0.47	0.41	0.40	0.41	0.42	0.41	0.37
西安	0.45	0.46	0.46	0.44	0.43	0.38	0.36	0.38	0.38	0.38	0.35
深圳	0.52	0.54	0.54	0.53	0.52	0.49	0.44	0.43	0.42	0.39	0.35
南京	0.46	0.48	0.50	0.51	0.48	0.47	0.43	0.42	0.40	0.37	0.34
杭州	0.36	0.39	0.40	0.40	0.40	0.41	0.41	0.41	0.36	0.32	0.28
哈尔滨	0.85	0.80	0.78	0.71	0.69	0.43	0.43	0.42	0.41		
沈阳	0.55	0.53	0.50	0.48	0.46	0.41	0.38	0.39			

数据来源:CEIC 数据库。部分数据未公布。

私企信贷对 GDP 的比重也常被用于衡量金融市场的效率。对国有企业或公营部门融资具有更强的规划色彩,各类"政银企"合作机制常被用于促成金融机构与重大项目对接,更多利用了政府部门所拥有的信息,体现了产业规划导向,而更少依赖金融系统从市场中发现机遇、利用自身信息主动配置资源的能力。与此相对,对私营部门的信贷比重可以反映这方面的能力。图 1 和图 2 分别展示了福建省及省内主要城市私企信贷占总贷款的比重和对 GDP 的比值。可见,泉州的私企信贷占比显著领先于厦门、福州以及全省平均水平,体现出泉州当地民营经济的强势。相比之下,厦门的私企信贷占比略高于福州,但近年来趋于下降,已经被福州略微超越。尽管近年来小微企业主及个体工商户等普惠小微信贷快速增长,但是厦门市的贷款增长仍有相当程度依靠大型国有控股集团及重大项目贷款,私企部门贷款占比下降。有趣的是,在私企信贷占比显著高于福州、厦门的同时,泉州的私营企业贷款对 GDP 的比值却是最低的(图 2),这既有可能源自泉州当地的金融抑制,也可能间接反映出福州、厦门金融业对泉州的溢出效应助推了泉州非金融部门的增长。相比之下,厦门市的私企信贷占 GDP 的比重则位居省内前列,体现出在省内相对优秀的配置效率。

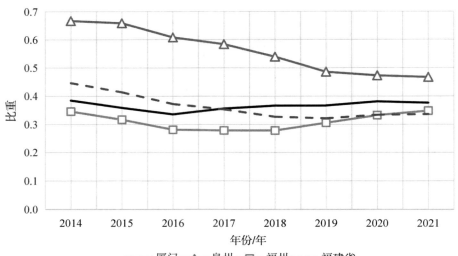

图 1 福建省及省内主要城市私企信贷占总贷款比重

注:私企信贷包含私人企业、外资及港澳台资企业贷款,以及个体工商户和小微企业主经营贷款。

资料来源:作者计算并绘制。

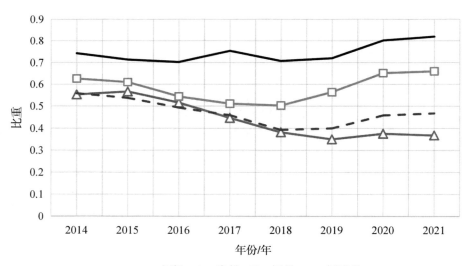

图 2 福建省及省内主要城市私企信贷对 GDP 比值

注:私企信贷包含私人企业、外资及港澳台资企业贷款,以及个体工商户和小微企业主经营贷款。

资料来源:作者计算并绘制。

四、厦门市金融业效率的微观评价

尽管宏观视角评价的金融效率通常更受到关注,但微观视角的金融效率才是宏观金融效率的根基,加之前述宏观指标存在不同程度的数据可得性限制,本节将尝试采用数据包络分析(dataenvelope analysis,DEA)方法在微观金融机构层面评价厦门市金融业效率。这有助于更深入理解宏观金融效率竞争力的形成,并进一步把握提升效率的抓手。

(一)技术方法介绍

Charnes 等(1978)提出的 DEA 是对"最优实践前沿"思想的极佳呈现。在获取并界定"决策单位"(decisionmaking units,DMU)的投入、产出数据后,DEA 通过数学规划方法寻找样本内的最高效观测,并以之构建一个凸性的生产可能性边界,再将其他 DMU 与这一生产前沿相比,得到各自的相对效率。由于无须对投入产出过程的"生产函数"进行参数化设定,也就避免了潜在的设定失误,加之其具有能够处理多投入多产出的优秀特性,DEA 模型自提出以来,在企业效率评估领域得到了广泛的运用,也衍生了大量变体,如假设规模报酬不变的 CCR 模型、假设规模报酬可变的 BCC 模型,等等。

经典的 CCR 模型蕴含生产规模报酬不变的假设。[①] 设有 k 个决策单位(DMU),都有 m 种投入和 n 种产出,且各单位的投入产出向量分别可以记为 $x_k = (x_{k1}, x_{k2}, \cdots, x_{km})^T$ 和 $y_k = (y_{k1}, y_{k2}, \cdots, y_{kn})^T$,则测算第 i 个 DMU 相对效率的 CCR 由下式构成:

$$\begin{cases} \max \dfrac{\nu^T y_i}{\mu^T x_i} \\ s.t. \dfrac{\nu^T y_i}{\mu^T x_i} \leqslant 1 \\ \mu \geqslant 0 \\ \nu \geqslant 0 \end{cases} \tag{1}$$

式中 $\mu = (\mu_1, \mu_2, \cdots, \mu_m)^T$ 和 $\nu = (\nu_1, \nu_2, \cdots, \nu_n)^T$ 分别为 m 种投入和 n 种产出的权重向量。分式规划的 Charnes-Cooper 变换定义:

$$t = (\mu^T x_i)^{-1} \tag{2}$$

则权重向量重新记为:

---

① Philippon(2015)指出,金融中介是规模报酬不变的,因此采取 CCR 模型有其合理性。

$$\omega = t\mu$$
$$\varphi = t\nu \tag{3}$$

可令分式规划等价地转化为线性规划模型。继续引入非阿基米德无穷小 ε ，分式规划的 CCR 模型可以转化为一般形式：

$$\begin{cases} \min[\theta - \varepsilon(e^T s^+ + e^T s^-)] \\ s.t\theta x_i = \sum_{j=1}^{k} x_j \lambda_j + s^- \\ y_i = \sum_{j=1}^{k} y_j \lambda_j - s^+ \\ \lambda_j \geqslant 0, for j = 1, 2, \cdots, k; s^+ \geqslant 0; s^- \geqslant 0 \end{cases} \tag{4}$$

其中 $s^- = (s_{j1}^-, s_{j2}^-, \cdots, s_{jm}^-)^T$ 表示与最优前沿相比可以减少的投入；$s^+ = (s_{j1}^+, s_{j2}^+, \cdots, s_{jn}^+)^T$ 则代表与最优前沿相比可以增加的产出；$e = (1, 1, \cdots, 1)^T$ ，；θ 为相对效率值；λ_j 为组合的比例。如果模型的最优解 $\theta = 1$，$s^- = s^+ = 0$，则对应 DMU 位于前沿面上，属于 DEA 有效；若 $\theta = 1$，但 s^- 及 s^+ 任一非零，则对应 DMU 为弱 DEA 有效，存在过剩投入和不足产出。而小于 1 的 θ 值给出了 DMU 相对于前沿面的效率评价值。

（二）微观数据基础

本节采用厦门市银行业金融机构代表厦门市金融业。截至 2021 年年末，厦门市共有银行业金融机构主体 48 家，其中法人金融机构 11 家，中资银行分行 21 家，外资银行及代表处 16 家。法人机构包含 2 家城市商业银行、1 家农村商业银行、2 家村镇银行、2 家外资银行、2 家集团财务公司、1 家信托公司和 1 家金融租赁公司。本文采用厦门市银行业金融机构 2012—2021 年的数据，共涉及银行业金融机构 44 家，不含人民银行及外资银行代表处。

对金融机构微观效率进行估算需要明确金融中介活动的投入和产出。如前所述，"分置效率"、"转化效率"和"配置效率"这一框架在宏观、微观两种视角的金融效率评价之间构建了良好的衔接，有助于廓清不同视角评价含义的偏差。借助这一框架，本文尝试定义能够与宏观金融效率相衔接的微观金融效率。首先，在微观文献通常提及的成本效率、利润效率、替代盈利效率这三种金融企业层面效率中，本文以企业的利润效率作为这三种效率统括的代表。理由在于，无论是金融服务企业能够以较高的效率吸收资金、扩张信贷或是最优化地分配信贷，最终都应转化为企业的利润。在此基础上，为进一步体现"转化效率"，本文利用 DEA 方法可以兼容多投入多产出的特点，将金融机构的各项贷款作为产出展开评价；同时为体现"配置效率"，贷款需要扣除不良贷款——尽管在一些背景下，如社会融资规模的统计中，核销贷款也被视为金融系统对实体经济的支持，但是不良贷款支持了低效率的企业，未能促进资源优化配置和市场主体优胜劣汰,"配置效率"是不足的。最后,本文将金融中介服务的过程抽象为:金融机构雇佣劳动力操作资本提供中介服务,这一服务将类似中间投入的负债项目转化为资产项目;该过程产生的价值在于两点,一是为所有者创造了利润,二是为资金需求方提供了融通。综合上述讨论,本文选取净利润和扣除不良贷款的各项贷款为金融机构产出;选取职工工资与福利费、利息支出和所有者权益为投入。相应变量统计描述如表6。

表6 变量统计描述

指 标	样本数	均值	标准差
所有者权益	404	18.10117	56.39849
各项贷款	404	233.9158	367.3626
不良贷款	404	3.007998	7.234657
净利润	503	3.494204	7.22729
利息支出	496	17.092	50.73022
福利费	492	0.188887	0.387282
职工工资	499	1.012743	1.466685

数据来源:作者统计。

(三)微观金融效率整体估算结果

将表6数据纳入DEA模型进行测算,可以得到各机构历年的效率值。将各机构效率值逐年取平均值或者按贷款份额加权,可以得到由微观金融效率测度汇总的厦门市金融业效率。可见,这一微观金融效率除2017—2019年因金融去杠杆和通道业务规范整顿的冲击而有所回落外,在近10年间整体是上升的(图3)。DEA的计算结果系以截面内表现最佳的金融机构为效率前沿,其余机构与前沿进行比较。因此,汇总效率上升反映出辖区金融机构效率逐渐向前沿靠拢,或者优势金融机构的市场份额加大。近年来,平均汇总效率和加权汇总效率均趋上扬,其中加权汇总效率增加幅度更高,说明这两种情况均有发生。

进一步比较不同类型金融机构的效率均值,结果如图4。从图4可见,政策性银行位居前列;其他小型银行业金融机构在规模较小时效率较高,但近年来效率趋于下降;国有大银行的效率次之;外资银行与股份制商业银行效率接近;城商行与农商行效率偏低。其中,政策性银行、国有大银行和股份制商业银行在厦分行具有资金来源优势,而前两者又更加易于对接政府推动的重大项目和重点大型企业融资。小型金融机构中,财务公司依托母集团、具有资金来源和项目投向保障,信托公司具有业务类型优势,两者拉高了该类型效率均

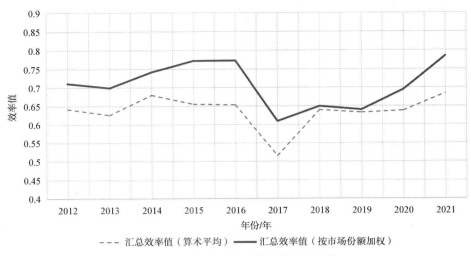

图3　厦门市金融行业微观效率汇总值

资料来源:作者计算并绘制。

值。外资银行在华开展业务偏于审慎,较为重视风险防控,较少涉及房地产相关贷款,其效率发挥是受到抑制的。总的来看,与厦门市国有企业较为强势、重点项目带动作用突出的产业特征相适应,更容易对接这些企业和项目的政策性银行和国有大银行表现更具优势。股份制商业银行仍有提升空间,而包含 3 家最大法人机构在内的城商行、农商行,其效率亟待提升。

五、研究结论与政策建议

前文研究表明:从宏观角度评价,在副省级城市中,厦门市金融业分置效率相对偏弱,转化效率较高,配置效率居中。其中,分置效率偏弱应该受到城市规模效益的约束。从微观角度来看,厦门市的金融业效率除 2017—2019 年因金融去杠杆和通道业务规范整顿的冲击而有所回落外,在近 10 年间整体是略有上升的;进一步分类型看,厦门市的政策性银行和国有大行表现出较强的效率优势,外资银行和股份制银行次之,城商行与农商行最弱。这与厦门市国有大型集团企业较为强势、重点项目带动作用突出的产业特征相匹配,可能也是厦门市宏观配置效率仅居中游的原因之一。

结合上述研究结果,本章提出下列政策建议:

一是重点突出持续推进两岸区域性金融中心建设规划。区域金融中心的规划设计不仅涉及本地的行业基础和禀赋优势,也涉及跨城市的分工协作,相关规划的推进需要提升战略格局,特别需要有预期、有展望地配合省内城市特

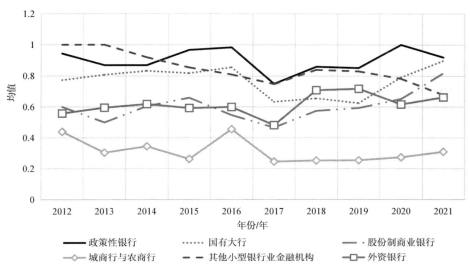

图 4 厦门市金融行业分类型微观效率汇总值(均值)

资料来源:作者计算并绘制。

别是厦漳泉三地的实质性分工组织。此外,区域金融中心的建设无法一蹴而就,需要一以贯之、久久为功。以新加坡为例,自 20 世纪 60 年代起,新加坡就有计划地吸引各类金融机构及跨国公司总部进入新加坡,时至今日,新加坡签署的多双边自贸或经贸合作协定、避免双重征税协定及投资保护协定均达数十项,打造著名的全球总部计划(IHQ)及区域总部计划(RHQ),确保在新加坡进行跨国业务的总部公司能够持续享有税务优势。最后,规划落实需要寻找突破口。仍以新加坡为例,在其建设世界级金融中心规划中构想的"七大支柱"里,选择资产管理市场为突破口。厦门在福建省内独具开放特色,具有跨境资金流通的政策优势和相对领先的公募、私募基金基础,可尝试结合这些优势挖掘发展财富管理行业的空间。

二是把握创新业态发展机遇。结合自贸区跨境资金融通政策优势与港湾城市、航运枢纽的航运物流产业优势,发展外向型金融,如供应链金融、航空航运金融、贸易金融,实现金融效率与经济开放度、金融效率与产业发展互相促进;壮大法人金融机构实力,在合规范围内支持法人机构积极外向发展,借域外融资需求扩充厦门金融体量,实现跨区域优势互补和经济整合,也令法人金融机构在经营规模扩张的同时取得技术效率的"逆向溢出";把握申报绿色金融区域改革试点契机,结合福建省及厦门市"生态省"及"海洋经济"特色,创新绿色金融产品、培育绿色产业,以开拓"碳达峰、碳中和"转型背景下的金融业新增长点。

三是进一步完善和优化制度环境,持续提升营商便利性。参照全面与进步跨太平洋伙伴关系协定(CPTPP)等国际上高水平大型自由贸易协定的结构、体例与条款规定,优化自贸区金融事项负面清单,争取更高水平的金融开放政策,拓宽跨境财务管理和投融资渠道,提高贸易投资便利化程度。建议持续修订完善各类金融相关的法律法规、发展规划、政策举措,并做好政策梳理归集,及时维护并面向公众开放集中统一、易于检索的政策数据库。目前,厦门营商环境网站(https://xmyshj.xmnn.cn/)已经汇集了包括金融促进政策在内的各类营商政策,但仅为通知或文件的陈列。易于检索的政策数据库应梳理政策时效、范围、效力、负责部门及联系方式等通用字段,并对新旧政策覆盖迭代进行及时的标注和链接跳转。

四是厚培行业发展基础,争取规模效益和人才资源流入。厦门市金融业享受的规模效益较弱,恰恰说明规模效益是可待发掘的效率提升点。一方面,需要继续扩充城市人口规模体量。对比 2020 年和 2010 年全国人口普查数据,厦门 20~29 岁年轻人净流入幅度①位居全国前列,仅次于一线城市北上广深,更是省内少有的人口流入城市。但是随着全国人口触顶以及 2030 年以前可以预见的老龄化快速加剧,城市人口竞争将会逐渐接近此消彼长的零和博弈,厦门市继续吸引人口流入的难度将会快速加大。目前,厦门市体量与各副省级城市相比仍显不足,有必要继续发扬过去十年吸引年轻人口流入的成功经验,抢抓规模扩张的最后窗口期。要认识到,人口不是摊薄资源的"分母",在高效率的经济制度安排下,恰恰就是资源本身。从金融业的角度看,流入人口自然带来存款等资产,在本地生活也会产生消费、经营、置业的贷款需求,可以一比一直接推动金融规模扩张;此外,丰富的人力资源供给能够吸引更多企业入驻,间接助推产业投融资。为此,应该着力改进收入分配制度,增加住房供给,优化城市建设,改善教育医疗等公共服务供给,切实提升宜居度,强化城市吸引力。另一方面,需要定向争取高端人才。金融行业发展和效率提升需要高端人才资源。从 2020 年人口普查数据来看,厦门市新增人口确实偏向大学及以上学历,但高学历人才的总量和结构改善在全国城市中均落在第 20 位之外。争取金融人才,除进一步落实和宣传现有各类人才引进优惠政策、奖补措施外,既要注重通过产业培育产生更多有吸引力的工作机会,也要充分发掘本地经济金融专业具有优势的高校的毕业生源,促成人才留厦。

参考文献

[1]Bartelsman E J,Doms M.Understanding productivity:Lessons from longitudinal microdata[J].Journal of Economic literature,2000,38(3):

---

① 以 2020 年 20~29 岁人口数除以 2010 年 10~19 岁人口数。

569-594.

[2]Charnes A , Cooper W W，E. Rhodes E.Measuring the efficiency of decision making units[J].European journal of operational research，1978，2(6)：429-444.

[3]Goldsmith R.Financial structure and economic development[M]. New Haven：Yale University Pres，1969.

[4]Levine R.Finance and growth：theory and evidence[Z]. Handbook of economic growth，2005(1)：865-934.

[5]Pagano M.Financial markets and growth：an overview[Z].European economic review，1993，137(2)：613-622.

[6]Philippon T.Has the US finance industry become less efficient? On the theory and measurement of financial intermediation[J].American Economic Review，2015，105(4)：1408-1438.

[7]吴华坤.金融业发展与厦门市中心城市职能的强化研究[M]//厦门市社会科学界联合会，厦门市社会科学院.2020—2021 年厦门市经济社会发展与预测蓝皮书.厦门：厦门大学出版社，2021.

[8]云鹤，胡剑锋，吕品.金融效率与经济增长[J].经济学（季刊），2012(2)：595-612.

[9]张俊芳，毛亦君.厦门市开展科技金融工作的探索与经验借鉴[J].全球科技经济瞭望，2019(2)：7-11，63.

课题负责人及统稿：李文溥

执　　　　　笔：吴华坤

厦门市人力资源与城市竞争力研究

　　人力资源是城市的重要竞争力,一大批高素质的人力资源是支撑一个地区经济持续发展的基础。一个城市经济的持续快速发展能够吸引大量人口尤其是年轻人口的流入,年轻人口的流入可以提高劳动人口的比例,而劳动力数量的增加可以促进企业发展、增加财政收入和优化财政支出,提升一个城市的综合竞争力。劳动力质量的提升可以促进产业结构转型升级和企业发展,推动城市经济发展,通过提高科技水平和教育水平改善城市的科教环境,从而提高城市整体收入和生活水平。人口年龄结构优化可以改善财政支出和消费储蓄比例,改善老龄化现状,从而降低经济负担,增强城市综合竞争力。年轻人口比例提高可以有效缓解城市养老和医疗服务的压力,减轻财政负担,提高居民生活水平。人力资源从数量、质量、结构等方面深刻影响着城市的经济发展、社会生活和科技教育水平,从而提升城市综合竞争力。想要保持经济高质量发展,就必须探究和制定能够与之相匹配的人口发展战略。

　　在经济快速发展的过程中,厦门市的人口也不断呈现出新的变动趋势。2021年,全市常住人口528万人,常住人口城镇化率90.1%;全市人口出生率8.47‰,人口死亡率3.19‰,人口自然增长率5.28‰,人口自然增长形势良好,远高于同期全国的人口自然增长率(0.34‰);居民平均期望寿命达81.1岁,高出国家平均水平2.9个百分点。近十年间,厦门每10万人中拥有大学文化程度比例由17.8%增加至26.9%,提升9个百分点;吸引集聚国家级人才1380余人,省级以上高层次人才数量3700人,位列全省第一。面对人力资源的新特征,有必要对人力资源与城市竞争力进行全面和深入研究,只有明晰人力资源是如何影响城市竞争力的,才能提出有价值的人力资源发展战略,在新的发展阶段抓住机遇,提升城市竞争力。

　　本章首先对厦门市人力资源与城市竞争力现状进行初步分析;其次,探明人力资源是如何影响城市竞争力的,挖掘厦门市在人力资源利用上可以进一步改善的空间;最后为厦门市提升人力资源与城市竞争力提出政策建议。

一、厦门市人力资源与城市竞争力现状的初步分析

(一)厦门市人力资源现状初步分析

1.厦门市人力资源的数量分析

从人口数量来看,2021年厦门市总人口为528万人,人口密度在全国排第四位(前三位依次是深圳、东莞、上海)。国务院第七次全国人口普查领导小组办公室编制的《2020中国人口普查分县资料》显示,厦门总人口在2020年达到518万人,为2020年全国14个特大城市之一[①]。2012—2020年,厦门市的人口自然增长率均维持在10‰以上,2021年降至8.69‰,但远高于同期全国的平均水平(0.34‰)。在国内人口出生率下降、人口自然增长率低和老龄化程度加剧的宏观背景下,厦门市人口的自然增长形势明显好于全国平均水平(表1)。由此可见,厦门市人力资源在整体上数量丰富,短期内不会出现劳动力供给不足的问题。

表1　2003—2021年厦门市人口情况

年份	全市总人口/万人	户籍总人口/万人	城镇人口/万人	自然净增人口数/人	人口自然增长率/‰
2003	245	141.8	83.7	6092	4.37
2004	258	146.8	91	8238	5.7
2005	273	153.2	86.2	8379	5.59
2006	288	160.4	109.2	11799	7.52
2007	304	167.2	114.2	13844	8.45
2008	326	173.7	118.6	17425	10.22
2009	330	177	142	14566	8.31
2010	356	180.2	145.1	7615	4.26
2011	384	185.3	149.5	13697	7.5
2012	403	190.9	154.5	20653	10.98
2013	418	196.8	160	21748	11.22

[①] 国务院在2014年发布的《关于调整城市规模划分标准的通知》将城市按城区的常住人口划分为五档七类。其中,城区常住人口1000万以上的城市为超大城市,500万以上1000万以下的城市为特大城市,300万以上500万以下的城市为Ⅰ型大城市,100万以上300万以下的城市为Ⅱ型大城市。

续表

年份	全市总人口/万人	户籍总人口/万人	城镇人口/万人	自然净增人口数/人	人口自然增长率/‰
2014	441	203.4	165.6	22688	11.34
2015	454	211.1	168.2	26592	12.83
2016	465	220.5	186.9	35589	16.49
2017	478	231	196.9	41185	18.24
2018	496	242.5	207.9	37044	15.65
2019	512	261.1	226	36142	14.35
2020	518	273.2	237.6	28282	10.59
2021	528	282.8	246.9	24152	8.69

数据来源:2003—2021年《厦门经济特区年鉴》。

外来人口一直在厦门市总人口中占据相当大的比重,从2003—2021年厦门市外来人口比重的走势图来看,外来人口占比一直在50%上下浮动(图1)。2021年,厦门市户籍总人口数是282.8万人,占比约为46.4%,意味着厦门市外来人口数量超过本地总户籍人口数。北京、上海、广州、深圳四个一线城市同样拥有大量的外来人口,其中深圳市的外来人口占比最高,2021年达到了67.7%。就业是促使人口流动的最重要因素,当地经济增长强劲,产生了大量的劳动力需求,需求大于供给,劳动报酬当然也就随之提高,这就促使大量外来人口流入该地区。外来人口的进入为城市提供了丰富的劳动力资源,弥补了当地人口自然增长难以满足本地经济发展的劳动要素增长的需求缺口。

城市经济增长强劲创造出了许多就业机会,不断吸引着外来人口进入城市。外来人口比重高的特点使得厦门市的总人口变动与经济发展状况的相关性更强,人口增速更容易受到经济形势的影响。图2呈现了2003—2021年厦门市常住人口增速与经济增长率的走势,虽然二者的增长速度不同,但是人口增速走势与经济增长率的走势高度一致。从人口增速来看,从2003年至2021年,厦门市人口总数保持平稳增长,增长速度在1.2%~7.9%之间。最大增速为7.9%,出现在2010年;最小增速为1.2%,出现在2020年。根据人口增速的走势来看,2003—2008年,人口增速呈现上升趋势,2008年增速达7.2%。受国际金融危机对总需求的冲击,2009年人口增速转为下降,降至1.2%。随后,2010年人口增速又迅速上升,升至7.9%,2011年人口增速基本保持在这一水平。2012年开始,人口增速又呈现出下降走势,2015年至今,厦门市人口增速在1%~3%之间波动。在2020年,经济遭受新冠肺炎疫情的

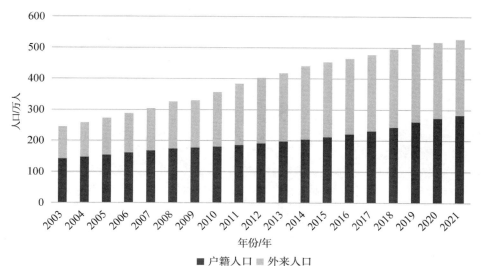

图 1　2003—2021 年厦门市人口情况

数据来源:2003—2021 年《厦门经济特区年鉴》。

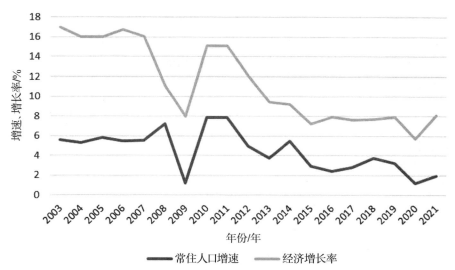

图 2　2003—2021 年厦门市常住人口增速与经济增长率的走势

数据来源:2003—2021 年《厦门经济特区年鉴》。

巨大冲击,人口增速降到最低点。随着经济复工复产的推进,人口增速在2021 年也逐渐上升。由此可见,作为一个外来人口比重高的城市,厦门市的人口数量变动是由经济增长决定的。

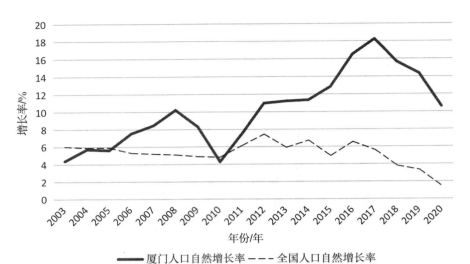

图3　2003—2021年厦门市和全国的人口自然增长率

数据来源:2003—2021年《厦门经济特区年鉴》。

　　人口的自然增长率,指一定时期内人口自然增长数(出生人数减死亡人数)与该时期平均人口数之比,是反映人口发展速度和制定人口计划的重要指标,它表明人口自然增长的程度和趋势。人口增长不仅为地区经济发展提供劳动力资源,而且还为本地提供了市场条件,增强经济活力。对比全国人口自然增长率和厦门市人口自然增长率的走势图可以发现,在绝大多数年份,厦门人口的自然增长率高于全国人口自然增长率水平(图3)。自2010年开始,厦门市的人口自然增长率呈现出新一轮的上升走势。究其原因,究其原因,人口出生率上升功不可没。《厦门经济特区年鉴》披露的人口出生率数据显示,2010年厦门市人口出生率为12.27‰,2011年为12.24‰,2012年升至14.95‰,2013年为15.89‰,2014年为16.43‰,2015年为17.49‰。2016年全面放开二胎之后,厦门市人口出生率升至21.32‰,2017年飙升至24.33‰,2018年回落至19.69‰,2019年降至18.36‰,2020年继续回落至14.36‰。回顾2010—2020年厦门市的人口出生率,可以发现厦门市的人口出生率其实一直是处于高位的,平均人口出生率为17.03‰,2017年最高时飙升至24.33‰,这在全国也是处于前列的,可见厦门市居民的人口生育意愿普遍还是比较强烈的。2021年厦门人口自然增长率为8.69‰,远高于同期全国的平均水平(0.34‰)。在全国人口增速缓慢的大环境下,厦门市人口增长仍然表现出较强的活力,人口的自然增长形势良好。

　　根据2010年全国第六次人口普查和2020年全国第七次人口普查数据,

厦门市在 2010 年和 2020 年的人口年龄结构如图 4 所示。在 2020 年全市常住人口中,0～14 岁人口为 886282 人,占 17.16%;15～59 岁人口为 3784109 人,占 73.28%;60 岁及以上人口为 493579 人,占 9.56%,其中 65 岁及以上人口为 318513 人,占 6.17%。与 2010 年第六次全国人口普查相比,0～14 岁人口的比重上升 4.32 个百分点,15～59 岁人口的比重下降 6.94 个百分点,60 岁及以上人口的比重上升 2.63 个百分点,65 岁及以上人口的比重上升 1.61 个百分点。比较厦门市在两次人口普查时的人口年龄结构可以发现,0～14 岁和 15～59 岁人口的比重变化最大,2010 年 15～59 岁人口的比重为 80.22%,这表明处于育龄阶段的人口比重较高,相应的,生育率也可能会相对较高,从而 0～14 岁人口比重会上升。从人口年龄结构,也可以看出厦门市人口的自然增长还有较大潜力。

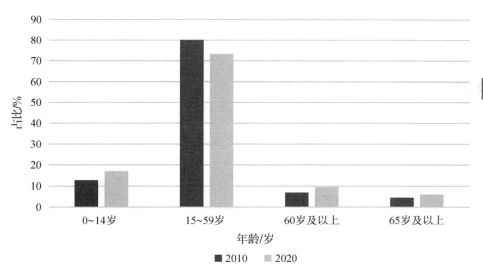

图 4　2010 年和 2020 年厦门市人口年龄结构

数据来源:厦门市第六次、第七次全国人口普查公报。

2.厦门市人力资源的质量分析

人力资源的质量一般体现在劳动者的体质水平、文化水平、专业技术水平等方面,可以用人均预期寿命、教育状况、劳动者的技能等级状况指标来衡量。与人力资源数量相比,人口质量显得更为重要。一方面,在内部替代性上,人力资源质量对数量的替代性较强,而数量对质量的替代性较差,有时甚至不能替代。另一方面,随着社会的发展,现代科学技术对人力资源的质量提出越来越高的要求,人力资源质量的提高对社会经济的发展将发挥越来越大的作用。根据厦门市统计数据的可得性,本文从平均预期寿命和人力资本两个角度分析厦门市人力资源的现状。

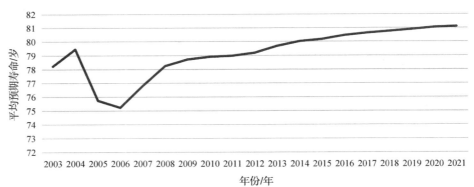

图 5　2003—2021 年厦门市平均预期寿命

数据来源:2003—2021 年《厦门经济特区年鉴》。

从图 5 可以看出,自 2008 年至今,厦门市平均预期寿命数一直保持稳定增长,人口健康素质良好。2021 年厦门市平均预期寿命为 81.1 岁,而同期全国的平均水平为 78.2 岁;早在 2014 年,厦门市平均预期寿命数就已经突破 80 岁,达到 80.02 岁。预期寿命提高意味着人口的健康水平提升,预期寿命越长,意味着人口的身体健康状况可能相对较好,劳动效率也可能相对较高。

目前人力资本的度量有两种方法:第一种是根据结果收益来判断人力资本水平,如学历水平、职称结构等;第二种是从投入的角度测度人力资本水平,如教育支出,教育支出水平越高则相应的人力资本也越高(李朋林,2008)。

首先,从受教育程度来看,厦门市 2020 年第七次全国人口普查公报显示,在全市常住人口中,拥有大学(指大专及以上)文化程度的人口为 1391167 人,拥有高中(含中专)文化程度的人口为 834921 人,拥有初中文化程度的人口为 1436517 人,拥有小学文化程度的人口为 961559 人(以上各种受教育程度的人包括各类学校的毕业生、肄业生和在校生)。与 2010 年第六次全国人口普查相比,每 10 万人中拥有大学文化程度的由 17799 人上升为 26940 人,拥有高中文化程度的由 18909 人下降为 16168 人,拥有初中文化程度的由 34670 人下降为 27818 人,拥有小学文化程度的由 19475 人下降为 18621 人。全市常住人口中,15 岁及以上人口的平均受教育年限为 11.17 年,比 2010 年第六次全国人口普查提高 0.88 年。全市常住人口中,文盲人口(15 岁及以上不识字的人)为 103290 人,与 2010 年第六次全国人口普查相比,文盲率由 2.51% 下降为 2.00%,降低 0.51 个百分点。

其次,从表 2 教育支出来看,2021 年厦门市教育支出 179.2 亿元,同比增长 12.06%;人均教育经费支出 3393.78 元,同比增长 9.94%。2003—2021 年,按照名义价格计算的教育支出增长了151.8%，人均教育经费增长了650.75%。根据第七次全国人口普查公报显示，厦门市常住人口中，15岁及以上人口的平均受教育年限为11.17年，比2010年第六次全国人口普查提高0.88年。尽管厦门市的教育投入未必都形成厦门的人力资本，厦门的人力资本也未必都是在厦门市的大中小学培养的，但是一个城市的教育投入体现了当地对教育的重视程度和经济实力，一个城市较高的教育投入是提高当地人力资本基础条件之一。另外，一个城市较高的教育投入，尤其是对中小学教育的较高投入，可以为流入人口子女提供相对优质的教育服务，有助于人才的引进。

表2 2003—2021年厦门市教育支出情况

年份	教育支出/万元	教育支出增速/%	人均教育经费/元	人均教育经费增速/%
2003	110753	—	452.05	—
2004	114794	3.65	444.94	−1.57
2005	130651	13.81	478.58	7.56
2006	163856	25.42	568.94	18.88
2007	270357	65.00	889.33	56.31
2008	339324	25.51	1040.87	17.04
2009	377230	11.17	1143.12	9.82
2010	433820	15.00	1218.60	6.60
2011	583700	34.55	1520.05	24.74
2012	707102	21.14	1754.60	15.43
2013	794507	12.36	1900.73	8.33
2014	888720	11.86	2015.24	6.02
2015	1018751	14.63	2243.94	11.35
2016	1090629	7.06	2345.44	4.52
2017	1231528	12.92	2576.42	9.85
2018	1363853	10.74	2749.70	6.73
2019	1476725	8.28	2884.23	4.89
2020	1599003	8.28	3086.88	7.03
2021	1791918	12.06	3393.78	9.94

数据来源：2003—2021年《厦门经济特区年鉴》。

3.厦门市人力资源的结构现状分析

人力资源的结构广义上讲包括人力资源在性别、地区、专业、产业和行业等方面的分布情况。狭义的人力资源结构通常仅指人力资源在产业和行业间的分布。某一区域的人力资源如果能够做到结构匀称、分布合理且和社会、经济的发展相协调,则必然有利于其自身价值的发挥。

随着现代化经济体系的迅速发展,厦门市城镇化水平也在不断提升,2021年厦门市常住人口城镇化率高达90.1%。根据相关数据的可获得性,下面重点分析厦门市劳动力就业的行业结构。

图6显示了近五年来厦门市劳动力行业就业结构的变动,从图中可以看出,在2017—2021年均是制造业和建筑业从业人员占比排在前两位,尤其是2018年,建筑业从业人员占比甚至超过制造业。2018年正是厦门市房地产高涨的年份,再加上建筑行业劳动密集型特点,房地产市场的蓬勃发展吸纳了大量劳动力从事建筑业。自2019年开始,建筑业从业人员比重逐渐降低,制造业从业人员比重逐渐上升并成为从业人数占比最大的行业。在2017—2021年这一时期,教育、租赁和商务服务业、信息传送、软件和信息技术服务业等的从业人员比重也在稳步上升;尽管2020年以来遭遇新冠肺炎疫情,但住宿和餐饮业从业人员比重没有出现大幅度下滑。

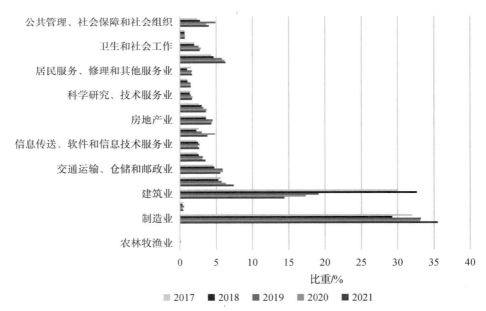

图6 2017—2021年厦门市劳动力行业就业结构

数据来源:2017—2021年《厦门经济特区年鉴》。

(二)厦门城市竞争力现状的初步分析

城市竞争力主要指一个城市在竞争和发展过程中与其他城市相比所具有的吸引、争夺、拥有、控制和转化资源,争夺、占领和控制市场,创造价值,为居民提供福利的能力(郝寿义,倪鹏飞,1998)。一个城市的竞争力由各方面的竞争力组成,包括经济竞争力、营商环境竞争力、对外交往竞争力、环境竞争力等。其中,经济竞争力是首要的,为其他方面的竞争力提供物质基础。

根据中国社会科学院财经战略研究院发布的《中国城市竞争力报告No.19》,2021年综合经济竞争力排名前十的城市依次为:上海、深圳、香港、北京、广州、苏州、台北、南京、武汉、无锡;排名第十一到第二十的城市依次为:杭州、成都、宁波、佛山、澳门、长沙、东莞、常州、厦门、青岛。从综合经济竞争力前20强角度来看,各城市的总体变化格局已经大致确定,头部格局基本稳定。与2020年城市竞争力排名相比,在前20强中,仅厦门上升3名,东莞上升2名,上升幅度较大,表明厦门的经济活力和潜力正在释放。从数据来看厦门市的经济发展,首先,2021年,厦门实现地区生产总值7033.89亿元,比上年增长8.1%,增速与全国持平,比全省高0.1个百分点,多项主要经济指标增速居全省之首位。其次,2021年,拉动经济稳中向上的"三驾马车"动力强劲,固定资产投资增长11.3%,居全省首位;社会消费品零售总额增长12.7%,增幅始终保持全省首位;进口、出口总额均突破4000亿元大关并创下新高。最后,战略性新兴产业快速增长,2021年,全市规模以上工业战略性新兴产业增加值比上年增长19.4%,新一代信息技术、生物产业合计占战略性新兴产业增加值比重超八成;低碳、智能化新产品需求明显提升,新能源汽车、服务机器人产量分别增长50.2%和4.2倍;网络零售保持较快增长,线上网上零售额增长19.6%,拉动社会消费品零售总额增长4.2个百分点。

2021年福建全省各地级市的生产总值GDP和人均GDP如表3所示。全年厦门市生产总值7033.89亿元,按可比价格计算,比上年增长8.1%,地区生产总值位居全省第3位。其中,第一产业增加值29.06亿元,增长5.3%;第二产业增加值2882.89亿元,增长6.7%;第三产业增加值4121.94亿元,增长9.0%。第一、二、三产业增加值比例为0.4∶41.0∶58.6,第三产业拉动经济增长的优势明显,厦门市第三产业占比在全省最高(图7)。厦门市2021年人均GDP约为13.45万元,比福州市少了0.08万元,位居全省第二位。综上所述,厦门市经济运行良好,量质齐升,第三产业优势明显,产业结构蕴含的经济活力和潜力巨大,人均生活水平稳步提升。

表3 2021年福建省各地级市的生产总值

地区	地区生产总值/亿元	第一产业/亿元	第二产业/亿元	第三产业/亿元	工业/亿元	建筑业/亿元	人均GDP/元
福建省	48810.4	2897.7	22866.3	23046.3	17787.6	5140.6	116939
福州市	11324.5	637.0	4289.8	6397.7	2758.6	1548.5	135298
厦门市	7033.9	29.1	2882.9	4121.9	2162.8	745.6	134491
莆田市	2883.0	136.6	1506.5	1239.9	1226.9	282.0	89672
三明市	2953.5	325.1	1503.4	1125.0	1078.6	428.1	118852
泉州市	11304.2	232.8	6436.2	4635.2	5758.6	685.2	128165
漳州市	5025.4	530.3	2461.4	2033.7	1953.3	511.5	99218
南平市	2117.6	346.4	754.6	1016.7	491.7	263.0	79162
龙岩市	3081.8	303.3	1321.9	1456.6	887.4	434.5	112886
宁德市	3151.1	359.8	1746.2	1045.1	1500.9	247.0	100034

数据来源:2021年《福建省统计年鉴》。

值得注意的是,虽然第三产业是厦门市的主导产业,但是在吸纳劳动力就业方面并没有显示出绝对的主导地位。近五年来,厦门市建筑业和制造业从业人员占比基本维持在50%左右,房地产市场降温使得建筑业从业人员占比降至15%以下,制造业从业人员比重在2021年升至35%以上。新冠肺炎疫情对旅游业的冲击,可能是导致制造业从业人员比重增加的一个原因,但是在疫情之前,构成第二产业的建筑业和制造业占比依然不低。

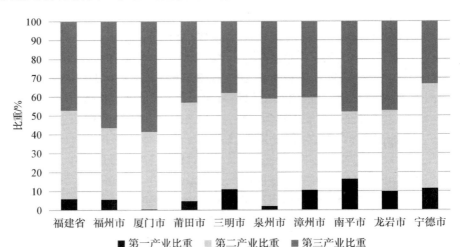

图7 2021年福建省各地级市三次产业占比

数据来源:2021年《福建省统计年鉴》。

二、厦门市人力资源指标体系测度及对城市经济竞争力影响研究

(一)人力资源指标体系的构建原则

现有的社会统计指标中和人力资源有直接或间接关系的指标多达上百个。因为人力资源是一个综合性的概念,不能狭义地定义为在一个国家或地区中,处于劳动年龄、未到劳动年龄和超过劳动年龄但具有劳动能力的人口之和,所以,无法用人口总数、高等教育学生数等单一指标来衡量,需要构建一个综合性的指标体系对人力资源进行多维、全面的测度。同时,一个综合性的指数在城市间人力资源比较时也更加方便和具有可操作性。

本节将结合统计数据的可得性,选择适用的指标来构建人力资源指标。在设计和制定人力资源指标体系时,首先必须有明确的目的,同时还要重视科学性、全面性、可操作性和动态性。

一是目的性。构建人力资源指标体系,在确定每一个单项指标时,都应考虑此项指标在整个人力资源指标体系中的地位和作用,依据它所反映的人力资源某一方面的特性,确定该指标的含义和口径范围。认识到人力资源的质和量的规定性并不是研究的目的,而应充分考虑厦门市社会的综合发展情况,以制定整个社会的发展政策和发展规划为最终目的。

二是科学性。依据一定的目的设计人力资源指标在理论上必须有科学依据,在实践上必须可行且有效,这样才能用来搜集资料并予以数量表现,而后据此做出正确的分析和应用。而对于人力资源的性质和特征的认识属于定性认识,对于人力资源的定量认识应以定性认识为前提和基础。

三是全面性。人力资源水平的影响因素往往是多元的、复杂的,评价指标体系应当尽可能全面地反映相应城市人力资源水平,从多个维度考察人力资源发展状况,涵盖人力资源的各个方面。

四是可操作性。评价指标的选取需要充分考虑数据的可获得性和可量化性,充分开发和利用现有的社会统计信息财富。所选择的人力资源指标不仅就其内容来说要科学反映人力资源状况,而且要够量化,数据是可获得的。首先应考虑的是国家统计部门发布的权威数据,其次应考虑向有关国家职能部门收集,如教育、卫生、文化、公安等部门。有些指标值的获得需要在已经收集的资料的基础上加以计算获得,则应有比较科学的、简易的方法。

五是动态性。城市综合竞争力和人力资源水平的提升是动态过程,对于评价指标体系的构建,根据社会和经济发展水平的提升以及相关研究的深入,也会不断变化,因此需要跟随时代的变化不断地修正,顺应发展趋势,保持其

时效性和科学性。

(二)厦门市人力资源指标体系的构建

在城市综合竞争力提升过程中,人力资源作为关键性战略资源,是区域和地方经济社会持续、健康、稳定发展的关键因素。人力资源水平能够一定程度反映出区域和地方对于人才的储备、开发、吸引能力,与城市综合竞争力存在紧密的联系。本节将参照徐建平(2003)、高佳焕(2020)、马茹和黄园淅(2022)的人力资源指标体系研究,从人力资源数量、人力资源质量、人力资源结构、人力资源效能四个维度构建厦门市人力资源指标体系。各个维度下的具体指标如表4所示,指标数据来自《厦门经济特区年鉴》。指标的权重由熵权法(谢赤,钟赞,2002;陈明星,等,2009;李唯艳,2016)确定,将在下文详细介绍。

表 4　人力资源指标体系

维度	指标	权重/%
数量维度	人口总数	8.35
	人口自然增长率	9.11
	R&D人员数	10.47
质量维度	平均预期寿命	4.57
	每10万人拥有的高等教育学生数	3.03
	人均教育经费	11.46
	教育经费总投入占GDP的比重	7.04
结构维度	城镇人口比重	5.43
	第三产业就业人员比重	6.98
效能维度	城镇登记失业率	6.25
	职工年平均工资	10.61
	专利申请数	16.68

数据来源:2003—2021年《厦门经济特区年鉴》。

首先,人力资源的数量是衡量人力资源水平的重要因素,我们以人口总数和人口自然增长率来反映城市的人口数量及其动态变化,以R&D人员数来反映城市的人才规模(徐建平,2003)。在人力资源质量上,考虑了人力资源的科学文化素质和健康素质,选取每10万人拥有的高等教育学生数、人均教育经费、教育经费总投入占GDP的比重衡量人力资源的科学文化素质,以平均预期寿命反映人力资源的健康素质。人力资源结构方面,侧重考虑人力资源的城乡分布和产业分布。对人力资源效能的考察,主要从人力资源产出的角度进行,包括人力资源创造经济价值的能力和技术创新的能力,具体指标有城镇登记失业率、职工年平均工资和专利申请数。其中，城镇登记失业率是负向指标，在构建指标体系时需要先进行同向化处理，其余的指标均是正向指标。考虑到上述指标在数据类型和计量单位上均存在差异，因此，在将它们合成一个综合性的人力资源指数时，必须首先进行无量纲化处理，使其在技术上具有可比性和可加性。按照标准做法，我们采用极大-极小方法对上述指标进行如下形式的无量纲转换：

$$V_{jit}' = 100 \times \frac{V_{it} - \mathrm{Min}(V_i)}{\mathrm{Max}(V_i) - \mathrm{Min}(V_i)}$$

其中，V_{it} 是指标 i 在第 t 期的数值；$\mathrm{Max}(V_i)$ 和 $\mathrm{Min}(V_i)$ 分别表示指标 i 在整个样本区间（2003—2021 年）的最大值和最小值；V_{jit}' 表示指标 i 在 j 维度第 t 期经过处理后的标准化数值。经过极大－极小标准化处理后的数据取值范围为[0.100]，数值的变大和变小分别对应人力资源的提高和下降。

在进行无量纲化处理之后，就可以通过一定的加权方法将这些指标最终合成一个综合性的人力资源指数。为避免主观性，采用客观赋权法中的熵权法对指标进行赋权。熵权法的基本思路是根据指标变异性的大小来确定客观权重。按照信息论基本原理的解释，信息是系统有序程度的一个度量，熵是系统无序程度的一个度量；根据信息熵的定义，对于某个指标，可以用熵值来判断其离散程度，一般来说，若某个指标的信息熵越小，表明指标值的变异程度越大，提供的信息量越多，在综合评价中所能起到的作用也越大，其权重也就越大。如果某个指标的值全部相等，则该指标在综合评价中不起作用。因此，可利用信息熵这个工具，计算出各个指标的权重，为多指标综合评价提供依据。运用 SPSSPRO 软件计算表 4 各指标的熵权值并赋予相应的权重，权重（w_i）计算结果在表 4 中的最后一列。

各维度人力资源指数的计算公式如下：

$$\mathrm{HR}_{jt} = \sum_i V_{jit}' \times w_i, j = 1,2.3,4$$

其中 w_i 是运用熵权法计算的指标权重。需要注意的是，由于城镇登记失业率是负向指标，需要取负号进行同向化处理，因此，计算出的人力资源效能指数和人力资源指数可能有负数。同时，如果指标出现负值，意味着这一时期的失业率高，对人力资源有重大影响。

最终，对各维度人力资源指数加总得到 2003—2021 年厦门市综合的人力资源指数：

$$\mathrm{HR}_t = \mathrm{HR}_{1t} + \mathrm{HR}_{2t} + \mathrm{HR}_{3t} + \mathrm{HR}_{4t}$$

如上文所述，人力资源是一个综合性的概念，涵盖多个维度，而每一维度

343

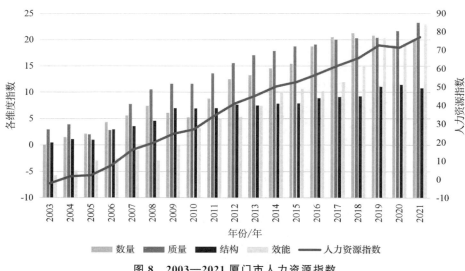

图 8 2003—2021 厦门市人力资源指数

下又包含一系列指标。图 8 是 2003—2021 年厦门市人力资源的综合指数及各维度指数。2003—2021 年期间,厦门市人力资源指数及各个维度的指数都处于稳中有升的状态。2021 年厦门市人力资源指数为 77.02,样本期内增长迅速,表明这一时期厦门市人力资源水平大幅提升。从人力资源指数的构成来看,人力资源的数量和质量始终对人力资源综合指数的贡献比较大,自 2017 年开始效能维度的贡献增加明显,2019 年至今数量维度、质量维度和效能维度在人力资源综合指数中几乎占据同等地位,而结构维度对人力资源综合指数的贡献增长缓慢。

从维度指数来看,人力资源的数量指数和质量指数在 2003—2015 年稳步增长,而后在 2016—2021 年基本保持不变。人力资源的效能指数虽然一开始不高,甚至为负,但在这期间增长迅速,2019 年与人力资源的数量和质量指数达到同一水平。由此可见,经过多年的人力资源积累,厦门市人力资源的效能实现了重大提升,人力资源直接创造的经济价值和通过技术进步间接创造的经济价值越来越大。这一时期的人力资源结构指数也呈现出上升趋势,但增长速度较慢,显著慢于人力资源其他维度的提升。考虑到劳动力市场的结构特征要与经济中行业、产业的需求变动相匹配比较缓慢,因此人力资源结构的调整是一个长期而艰巨的过程。

(三)厦门市人力资源与城市经济竞争力的耦合协调发展研究

耦合的概念来源于物理学,表示两个或者两个以上系统通过各种相互作用而彼此影响的现象。近年来,国内众多学者在经济领域的研究中引入了耦合概念,如经济发展与人口结构、城镇化与生态环境等(李健,滕欣,2013;蒋天颖,刘程军,2015)。如果系统内部或者系统之间的要素配合得当、互惠互利,那么就是良性耦合;一旦双方相互摩擦、彼此掣肘,那么就是恶性耦合。耦合度用于是用来测度和阐述系统之间相互影响和作用的程度,通过耦合度能够对两个及两个以上社会经济系统的相互作用和影响进行评价,并在此基础上进一步形成"耦合协调"分析方法,用以评判各系统间的协调发展程度。

协调度用于度量系统之间或者系统内部要素之间和谐一致的程度,体现了系统要素从杂乱无章到和谐共进的趋势。不难发现,耦合度与协调度是存在一定差异的,耦合度反映了双方相互作用程度的强弱,难以评价系统之间互动的良性特征;协调度是反映在耦合度基础上的良性程度,体现了协调状况的好坏程度。分析耦合协调关系,可以很好地解决系统间的失调发展问题,以有益于各个系统和谐发展(田逸飘,等,2017)。因此,耦合协调度模型用于分析事物的协调发展水平。

由理论分析和经济增长的经验事实可知,提高人力资源水平可以增强城市的竞争力,而更强的城市竞争力往往伴随着更高的人力资源水平,二者相互影响。本节首先,借助系统耦合协调发展模型,对厦门市的人力资源与城市经济竞争力相互影响的程度进行定量分析,得到系统耦合值。

$$C = 2\sqrt{\frac{U^{(1)}U^{(2)}}{(U^{(1)}+U^{(2)})^2}}$$

其中,$C \in [0,1]$,$U^{(1)}$,$U^{(2)}$ 分别为城市的人力资源指标和经济竞争力指标,城市的经济竞争力用人均 GDP 取对数来表示。这里,$C=0$ 意味着两个系统要素间毫无关联且无序发展;$C=1$ 则意味着两个系统要素相互关联;C 值越大则意味着两个系统的耦合程度越高。

其次,利用城市竞争力与人才资源水平的综合评价值,对两个系统形成整体发展水平 U。

$$U = \gamma U^{(1)} + (1-\gamma)U^{(2)}$$

其中 $\gamma \in [0,1]$ 为城市经济竞争力的重要性程度,$(1-\gamma)$ 为人力资源水平的重要性程度。γ 为主观权重,本节中认为城市经济竞争力和人力资源水平在其耦合协调发展中同样重要。因此 $\gamma=0.5$。下一步,为了融合两个系统的整体发展水平和协调发展的耦合值,对两者进行几何平均,得到系统耦合协调发展度:

$$D = \sqrt{CU}$$

345

这里,C 是系统耦合值,系统的耦合协调发展度 D 介于 0 和 1 之间。$D=1$ 代表系统处于最高的协调发展水平,城市经济竞争力与人力资源水平相互关联、相互促进;反之则意味着城市经济竞争力与人力资源水平处于低发展水平,且无序发展。对系统的耦合协调发展度进行等级划分,如表 5 所示。

表 5　系统耦合协调发展度等级划分

耦合协调度 D 值区间	协调等级	耦合协调程度
(0.0~0.1)	1	极度失调
[0.1~0.2)	2	严重失调
[0.2~0.3)	3	中度失调
[0.3~0.4)	4	轻度失调
[0.4~0.5)	5	濒临失调
[0.5~0.6)	6	勉强协调
[0.6~0.7)	7	初级协调
[0.7~0.8)	8	中级协调
[0.8~0.9)	9	良好协调
[0.9~1.0)	10	优质协调

人力资源建设只有与城市经济发展相互协调,才能促使人力资源效能得到充分发挥。厦门市的人力资源水平与城市经济竞争力的耦合协调度 D 值如图 9 所示。样本期内二者的耦合协调发展经历了巨大的提升,2003—2005 年,二者还处于严重的失调状态,表明经济和人力资源并没有协调发展。2003—2005 年厦门市人力资源指数为负,在指数构建部分提到过,如果人力资源指数为负,则意味着失业对人力资源的影响重大。高失业是这一时期人力资源的主要问题,自然地无法与经济增长相协调。对应于厦门市 2003—2005 年城镇登记的统计数据,这一时期的确实处于样本期内的高位,2003 年失业率为 4.3%,2004 年失业率为 4.1%,2005 年失业率为 3.79%,样本期内厦门市最低失业率为 3.03%。2006 年转为轻度失调并逐渐走向协调。伴随着经济增长和人力资源水平的不断提高,在 2018 年人力资源与城市经济竞争力达到了优质协调的状态。随着时间的推移,城市经济社会不断发展,人才引进政策深入实施,人力资源水平及其产出不断提升,二者的协调发展度逐渐改善,人力资源与城市经济竞争力良性互动。

(四)厦门市人力资源对城市经济竞争力影响研究

本小节考察人力资源的各个维度对城市经济水平的影响,有助于深刻理

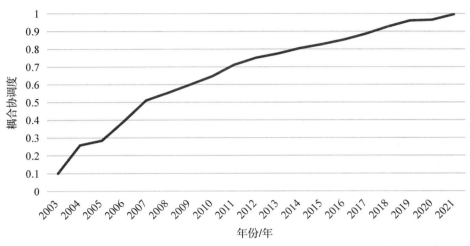

图 9　厦门市人力资源与城市经济竞争力耦合协调发展趋势

解人力资源在城市竞争力中的重要地位。同样,城市的经济竞争力用人均 GDP 来表示。人力资源各维度指数与城市经济竞争力的相关性分析结果如表 6 所示。相关分析用于研究定量数据之间的关系情况,即是否有关系、关系紧密程度情况等。利用相关分析去研究人均 GDP 和人力资源数量、质量、结构、效能共 4 项之间的相关关系,使用皮尔逊(Pearson)相关系数去表示相关关系的强弱情况。

从表可知,人均 GDP 与人力资源数量、质量、结构、效能之间相关系数值分别是 0.961、0.979、0.978、0.970,均大于 0.9,意味着人均 GDP 与人力资源数量、质量、结构、效能之间有着正相关关系,且高度相关,其中,质量和结构维度的相关系数大于数量和效能,意味着目前人力资源的质量和结构对城市经济竞争力的影响大于数量和效能对城市经济竞争力的影响。

表 6　皮尔逊相关系数

		人均 GDP	数量	质量	结构	效能
人均 GDP	相关系数	1				
	P 值					
数量	相关系数	0.961*	1			
	P 值	0.000				
质量	相关系数	0.979*	0.952*	1		
	P 值	0.000	0.000	0.000		

续表

		人均 GDP	数量	质量	结构	效能
结构	相关系数	0.978*	0.917*	0.966*	1	
	P 值	0.000	0.000	0.000		
效能	相关系数	0.970*	0.935*	0.928*	0.927*	1
	P 值	0.000	0.000	0.000	0.000	

注：* 表示在 1% 统计水平上显著。

（五）厦门市与深圳市的比较分析

为明晰厦门市提升人力资源以增强城市竞争力的政策空间，我们选取经济发展迅速并且同为经济特区的深圳市进行比较分析，借鉴学习深圳市人力资源发展的经验。

首先，采取相同的方法对深圳市的人力资源进行综合评价，从四个维度构建人力资源指数。为了便于比较，深圳市的研究样本应该同样选取在 2003—2021 年，但截至目前，《深圳统计年鉴 2022》还没有公布，所以深圳市的研究样本最终选取为 2003—2020 年，统计年鉴中的缺失数据，采用线性插值法补齐。深圳市的人力资源指数如图 10 所示。其次，通过深圳市人力资源各个维度与城市经济竞争力的相关分析，考察深圳市的人力资源与经济竞争力的相互关系。通过比较分析，从而得到提升人力资源与城市竞争力的政策启示。

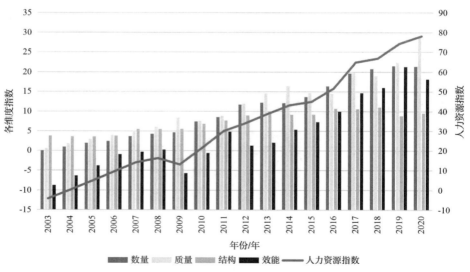

图 10　2003—2020 年深圳市人力资源指数

1.人力资源指标体系的比较分析

从图 10 中可以看出,在样本期间内深圳市人力资源指数同样呈现上升的走势,与厦门市人力资源指数的走势基本一致。2020 年深圳市的人力资源指数为 77.95,高于厦门市的人力资源指数(71.28),深圳市人力资源的总体水平高于厦门市。人力资源的数量维度和质量维度一直是深圳市人力资源综合指数的重要组成部分,效能维度的贡献也是在 2017 年开始逐渐增加,而结构维度的贡献提升缓慢。由此可见,在 2003—2020 年期间,深圳市人力资源发展趋势整体上与厦门市相似。具体的,对两个城市人力资源的各个维度指数进行对照分析,可得到深圳市和厦门市各维度的人力资源指数比较(表 7),各维度指数的走势如(图 11)。

表 7 深圳市和厦门市人力资源指数比较

年份	数量维度		质量维度		结构维度		效能维度	
	深圳市	厦门市	深圳市	厦门市	深圳市	厦门市	深圳市	厦门市
2003	−0.01	0.07	0.65	2.93	3.76	0.45	−8.75	−5.71
2004	0.94	1.48	1.80	3.87	3.62	1.10	−6.31	−4.87
2005	1.90	2.12	2.95	1.98	3.57	0.97	−3.80	−2.92
2006	2.44	4.31	4.00	2.80	3.81	2.95	−0.94	−2.54
2007	3.67	5.55	5.09	7.73	5.50	3.55	−0.28	−1.05
2008	4.31	7.39	6.07	10.51	5.50	4.56	0.23	−2.93
2009	4.64	6.08	8.43	11.61	5.60	6.94	−5.71	−0.07
2010	7.45	5.22	7.57	11.58	6.80	6.89	−0.63	3.23
2011	8.53	8.77	8.90	13.59	7.67	6.95	4.87	4.98
2012	11.74	12.48	11.95	15.54	8.97	7.57	1.33	5.32
2013	12.20	13.25	14.49	17.02	9.99	7.48	2.05	7.38
2014	12.11	14.53	16.42	17.85	9.18	7.80	5.38	10.02
2015	13.66	15.39	14.63	18.73	9.25	7.86	7.29	10.63
2016	16.37	18.73	14.43	19.04	10.71	8.86	9.97	10.19
2017	19.66	20.49	19.82	19.97	10.62	9.07	14.67	11.90
2018	20.75	21.22	19.01	20.28	11.01	9.18	15.98	14.87
2019	21.52	20.78	22.39	20.36	8.88	11.06	21.32	20.32
2020	21.37	18.87	28.88	21.63	9.56	11.42	18.15	19.37

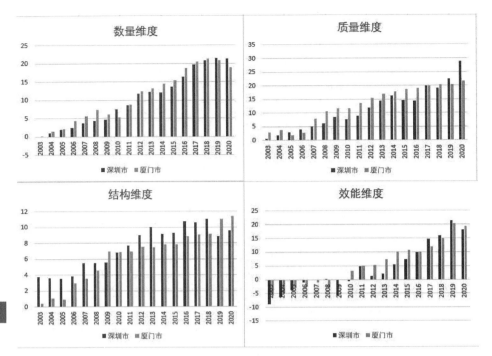

图11　2003—2020年厦门市与深圳市人力资源的比较分析

2003—2020年,厦门市和深圳市人力资源数量指数呈现基本一致的走势,数值也比较接近,表明两个城市人力资源的数量特征相似。在质量维度上,2003—2018年厦门市人力资源质量指数高于深圳市,厦门市在2003—2016年无论是人均教育经费还是教育经费占GDP的比例都高于深圳市;2017年深圳市人均教育经费开始超过厦门,教育经费占GDP的比重也不断上升。深圳市更多的教育投入是2019—2020年深圳市人力资源质量指数高于厦门的重要原因之一。

相较于其他维度,两个城市的人力资源结构维度指数都不高,在样本期内基本处于稳步上升的状态。2003—2018年,深圳市的人力资源结构指数始终高于厦门。但在2019年,深圳市的人力资源结构显著下降,而厦门市增长较快,最终使得在2019年和2020年厦门市的人力资源结构指数高于深圳。

在人力资源效能上,2003—2010年,深圳市和厦门市的人力资源效能均为负。主要是因为这一时期投入的人力资源产出不高,人力资源效能维度包括的指标有城镇登记失业率、职工年平均工资、专利申请数,人力资源创造的经济成果和技术成果对人力资源效能的正向影响小于失业对人力资源效能产生的负面影响,使得最终的效能指数为负。伴随着技术进步带来的边际产出递增和对经济增长的贡献增加,人力资源的效能指数恢复为正数并且不断提高。虽然在 2012—2016 年,厦门市人力资源的效能高于深圳市,但是深圳市的增速快于厦门市,在 2017 年深圳市的人力资源效能指数就超过了厦门市。

综合以上分析可知,深圳市近年来人力资源水平快速提升。深圳在全国范围内较早实行富有竞争力的人才引进政策,并不断加大对本地的教育投入,使得深圳无论是在总的人力资源水平,还是在各个维度下的人力资源竞争力,都高于厦门市,丰富的人力资源促进了深圳市经济的迅速发展。

2.人力资源与城市经济竞争力耦合协调发展的比较分析

2020 年,深圳市地区生产总值 27670.24 亿元,位居全国第三名,仅次于上海、北京(表8)。其中,第一产业增加值 25.79 亿元,下降 3.1％;第二产业增加值 10454.01 亿元,增长 1.9％;第三产业增加值 17190.44 亿元,增长 3.9％。第一、二、三产业增加值比例为 0.1:37.8:62.1。厦门市产业结构与深圳市类似,均是第一产业占比极低、第三产业为主导的产业结构,但是深圳市的第三产业比重更高。无论在经济总量,还是人均 GDP 方面,深圳市都远高于厦门市。

表8 2003—2020 年深圳市生产总值

年份	地区生产总值/亿元	第一产业/亿元	第二产业/亿元	第三产业/亿元	人均地区生产总值/元
2003	3640.144	14.2048	1856.216	1769.723	47743
2004	4350.293	12.3264	2264.312	2073.654	55099
2005	5035.768	9.7385	2709.686	2316.343	61844
2006	5920.661	6.8851	3144.97	2768.806	69702
2007	6925.227	7.7374	3513.515	3403.974	77660
2008	7941.433	7.7952	3970.238	3963.4	85088
2009	8514.471	6.3527	4000.348	4507.77	87360
2010	10069.06	6.1069	4727.943	5335.005	99095
2011	11922.81	6.2231	5601.937	6314.648	110389
2012	13496.27	6.1302	6045.395	7444.743	116407
2013	15234.24	6.3504	6664.746	8563.148	124208
2014	16795.35	5.7579	7232.167	9557.426	130448
2015	18436.84	7.2084	7687.409	10742.22	135271
2016	20685.74	8.284	8324.09	12353.36	142494
2017	23280.27	19.5721	9337.521	13923.18	150739

续表

年份	地区生产总值/亿元	第一产业/亿元	第二产业/亿元	第三产业/亿元	人均地区生产总值/元
2018	25266.08	22.6072	9995.866	15247.6	155320
2019	26992.33	25.5772	10402	16564.75	159883
2020	27670.24	25.7876	10454.01	17190.44	159309

数据来源：2003—2020 年《深圳统计年鉴》。

接下来对深圳市人力资源与城市经济竞争力耦合协调程度进行评估，对二者耦合协调程度如何随时间变化进行分析。2003—2020 年深圳市的人力资源水平与城市经济竞争力的耦合协调发展度如图 12 所示。

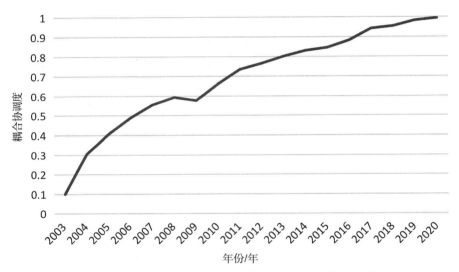

图 12　深圳市人力资源与城市经济竞争力耦合协调发展趋势

可以发现，深圳市的人力资源与城市竞争力耦合协调发展随时间呈现出明显的上升趋势，与厦门市的变化趋势相一致，并且耦合协调度 D 值也相近，均由一开始的严重失调逐渐改善为人力资源与城市经济竞争力优质协调。对于深圳和厦门这样的大城市而言，城市经济竞争力与人力资源水平的协调发展总体向好是当下经济社会发展的必然结果。随着经济结构持续改善，粗放式经济增长模式逐渐落伍，需要科技创新为可持续发展提供更多动力，因此人力资源也逐步为各级政府所重视，而城市经济竞争力的提升为新一线城市创造了良好的人才培养环境，科教支出不断增长，近年来人才引进政策也不断推出，使得人才资源水平得到充分提升。与此同时，科技、教育的发展和人才的引进、培养推动了城市的人才产出，为城市社会增长提供了更多源动力，保障了城市经济结构进一步改善，竞争力持续稳定提升。

3.人力资源对城市经济竞争力影响的比较分析

为进一步揭示深圳市人力资源各个维度对城市经济竞争力的影响，按照相同的思路对深圳市人均 GDP 与人力资源数量、质量、结构、效能之间进行皮尔逊相关分析，相关分析结果如表 9 所示。人均 GDP 与人力资源数量、质量、结构、效能之间全部均呈现出显著正相关，相关系数值分别是 0.984,0.953,0.948,0.929,意味着人均 GDP 与人力资源数量、质量、结构、效能之间有着正相关关系。相关系数值均大于 0.9,表明人力资源数量、质量、结构、效能和人均 GDP 高度相关，其中，数量和质量的维度相关系数大于结构和效能，意味着目前人力资源的数量和质量对城市经济竞争力的影响大于结构和效能对城市经济竞争力的影响。

表 9　皮尔逊相关系数

		人均 GDP	数量	质量	结构	效能
人均 GDP	相关系数	1				
	P 值					
数量	相关系数	0.984*	1			
	P 值	0.000				
质量	相关系数	0.953*	0.961*	1		
	P 值	0.000	0.000	0.000		
结构	相关系数	0.948*	0.918*	0.854*	1	
	P 值	0.000	0.000	0.000		
效能	相关系数	0.929*	0.954*	0.918*	0.798*	1
	P 值	0.000	0.000	0.000	0.000	

注：* 表示在 1% 统计水平上显著。

（六）厦门市进一步提升人力资源与城市经济竞争力的空间

厦门市经济竞争力的现状分析显示，厦门市的产业结构已经转变为第三产业为主导，并且第三产业拉动经济增长的优势巨大。但是，结合厦门市劳动力行业就业结构分析发现，近五年来，建筑业和制造业从业人员比重在 50% 左右，依然有较多的劳动力留在第二产业，叠加 2020 年以来新冠肺炎疫情的影响，第三产业并没有成为吸纳劳动力就业的主力军。今后，有必要进一步促进制造业部门技术升级和效率改进，发展先进制造业；同时，也要提升第三产业的就业带动作用,实现就业结构和产业结构良性协调。

比较厦门市和深圳市人力资源指数发现,虽然两个城市整体的人力资源发展趋势较为一致,但目前深圳市的人力资源质量高于厦门市。原因之一是自2016年开始,深圳市的人均教育经费就超过厦门市,尽管厦门在样本期内的教育支出也不断增加,但是人均教育经费增速大致是教育总支出增速的一半。因此,应继续加大教育投入并着重提高人均教育经费增速。人均教育经费增长速度不断提高,除了通过人力资源质量影响经济发展之外,良好的教育环境也会吸引外来人口长久地居住在厦门,为厦门市的经济发展带来人力资源数量及其他潜在的正外部性。

人力资源与城市竞争力的耦合协调发展分析显示,在人力资源水平比较低的时期,人力资源与经济发展处于失调状态,此时人力资源无法与经济增长提供有益支撑;随着经济和社会的日益发展,人力资源水平逐渐提高,此时人力资源与经济发展相互协调,良性互动,带动城市竞争力提升。因此,必须重视人力资源在当今社会中的作用,积极培育人力资源,从而为城市经济发展贡献更大的力量。

厦门市和深圳市的人力资源和城市经济竞争力的相关分析均显示,目前人力资源质量对经济增长的影响最大,人力资源效能对经济的影响最小。这意味着人力资源的价值还没有充分彰显,政府在对人力资源投入的同时,也应注重人力资源产出的转化问题,提升人力资源的使用效率。

三、政策建议

人力资源在经济转型升级和提升核心竞争力中发挥着日益重要的作用。特别是近几年,各地高层次人才争夺激烈,为了在"抢人"大战中胜出,全国各城市纷纷出台了吸引人才的福利政策,从2017年至今,全国累计出台吸引人才新政百余次,显示出人力资源在城市发展中的重要作用。厦门市的人力资源建设虽然取得了长足发展,但是还存在较大提升空间。针对厦门市人力资源的现状,我们提出以下几点进一步提升厦门市人力资源的政策建议。

1.实施人才引进与人才培养双举并重举措

经济社会发展,除了需要高层次人才外,还需要多层次人才。应根据厦门市经济发展的现实需要,灵活调整人才引进的门槛,除了引进高学历和高水平人才外,也要引进实际工作经验丰富和技能水平高、有实力的实用型人才,尤其是城市发展迫切需要的特殊人才。不要拘泥于人才引进门槛,要有魄力,敢于破格选才。加强人才引进,可以在短期内缩短技术创新和突破的时间,快速占领科技创新高地。从长远发展来看,应把人才引进与人才培养双举并重。加强人才培养,能在较长时期保持竞争优势,不轻易被复制或替代。在设置人才发展专项资金时,既要考虑政策对引进人才的吸引力,也要考虑对当地人才发展的持续支持,让引进人才和当地人才都得到更好的发展。同时,保障教育经费投入稳定增长,不断推动教育高质量发展,增加教育支出尤其是人均教育支出,从而提升人力资源质量,为厦门市经济发展提供人才支撑。

2.构建厦门市人才发展投入政策的绩效评估体系

应通过构建厦门市人才发展投入政策的绩效评估体系,对人才发展投入政策产生的绩效进行科学、客观的评估,为人才发展政策后续的改进修订,为如何提高人力资源效能提供依据。人才发展投入政策的绩效评估体系包括:投入指标体系(人才的培养、引进、开发)、产出指标体系(创新能力、质量、实效、贡献),该绩效评估体系的建立也能够在一定程度上激发人才创新的积极性。同时,进一步对人才培养、人才引进、人才开发的投入政策交互效应及其对人才发展的绩效影响进行分析,为政府出台人才发展政策设计找准重点,提高各领域政策的协同性及政策效益。

3.以产业结构升级的人力资源需求为导向,实现人力资源与产业结构的动态匹配

应根据不同发展阶段不同产业结构发展进度,合理配置人力资源,而不能盲目地过度抢人忽视了产业结构的调整。依托产业发展规划,深化人才融合度和认同感,形成多渠道人才引进长效机制。一是出台厦门市重点产业人才需求目录,排摸细分领域人才需求,加快促进以产聚才、以才促产。二是建立可溯源的人才发现机制。根据目录需求,持续开展针对国内外行业领军人才的专业履历、论文专利、社会人脉大数据分析追踪,将全球人才与厦门市产业数据匹配对接,实施可溯源的人才发现机制,构建厦门市人才产业数据库,实现点对点关联,提高人才引进的精准性,增强城市对人才的吸引力。

4.构建多元主体共同参与的人才投入保障机制

从引人、留人、用人、发展人等多角度出发,构建多元主体共同参与的人才投入保障机制,发挥政府、社会、用人单位和个人等主体的投入效应。

(1)在引进人才方面,以政府投入为主导,整合资源,加大引进人才力度。政府从全局出发,从人才战略的高度,结合厦门市的发展需要,大力引进全球顶尖团队、高端人才,发挥引进人才工作的引擎作用。

(2)在留住人才方面,需要通过政府引导,完善社会投入保障机制来留住人才。留住人才包括引进人才的留住和当地人才的留住。探索更加体现公平效率的政策机制,平衡引进人才与当地人才的激励及保障措施,保障人才引进来、留得住,当地人才归属感强,有好的发展机会。根据不同的行业、领域及所处的阶段,从以政府财政投入为主,到社会投入参与,最后过渡到社会投入发挥主导效力。同时,要加强有利于留住人才的社会环境的建设。社会环境建设包括基础设施等硬件条件及人文关怀、社会风尚等软环境。城市宜居宜业，社会文化尊重人才、爱护人才，使人才得以安居乐业，继续创造更加辉煌的成绩。

（3）在用好人才方面，发挥用人单位投入保障机制。用人单位通过优化制度设置，提升人才服务和管理水平。首先，帮助人才尽快适应新的工作环境，为其提供开展工作必要的支持。其次，激发人才的驱动力，通过核心人才组建团队以人才带团队的方式，使其发挥人才的价值。最后，在生活方面多关心人才的需要，特别是在教育、医疗方面，多提供人文关怀和帮助。

（4）在发展人才方面，个人投入保障机制尤其重要，发展人才最大的动力在于人才的自驱力。在强大自驱力的驱动下，人才个人及其家庭会加大投入，如增加培训、学习、对外交流等机会，进一步促进人才的发展。

总之，要坚持将人民对美好生活的向往作为人力资源服务体系建设的根本目标。树立积极的舆论导向，改变职业层次差异的传统观念，形成脑力与体力劳动者同享尊重的社会风气，营造"人人皆成才，行行出状元"的多元化职业成就评价体系。进一步完善专业技术职称评定和职业资格认证体系，逐步消除由任职单位、最高学历客观造成的"职称天花板"问题，让长期坚守基层岗位的劳动者有更多获得感。加强城市产业规划与人力资源结构的协调，坚持以市场需求为导向吸引和培育人才。增加对教育事业和社会医疗保障的财政投入，提高人民的文化素质和身体素质，建设有品质的城市，全方位吸引人才来厦门就业创业。

参考文献

[1]高佳焕.城市间人才竞争与城市综合竞争力研究[D].南京大学,2020.

[1]李朋林.人力资源的测度及其在生产函数中的应用：以陕西省为例[J].统计与信息论坛,2008(7):55-59.

[2]郝寿义,倪鹏飞.中国城市竞争力研究：以若干城市为案例[J].经济科学,1998(3):50-56.

[3]徐建平.区域社会人力资源指标体系研究[D].华东师范大学,2003.

[4]马茹,黄园淅.区域科技人力资源测度及影响因素研究[J].中国科技论坛,2022(4):109-119.

[5]谢赤,钟赞.熵权法在银行经营绩效综合评价中的应用[J].中国软科学,2002(9):109-111,108.

[6]陈明星,陆大道,张华.中国城市化水平的综合测度及其动力因子分析[J].地理学报,2009,64(4):387-398.

[7]李唯艳.基于灰色系统理论的中国区域科技人力资源创新能力评价研

究[D].安徽理工大学,2016.

[8]李健,滕欣.天津市海陆产业系统协同效应及发展趋势研究:以战略性新兴产业为例[J].科技进步与对策,2013,30(17):39-44.

[9]蒋天颖,刘程军.长江三角洲区域创新与经济增长的耦合协调研究[J].地域研究与开发,2015,34(6):8-13,42.

[10]田逸飘,张卫国,刘明月.科技创新与新型城镇化包容性发展耦合协调度测度:基于省级数据的分析[J].城市问题,2017(1):12-18.

课题负责人及统稿:李文溥
执　　　　笔:陈贵富　吴丽燕　朱若然

专题二
深化厦门市体育事业管理体制和政策创新研究

导　言

　　加快建设体育强国，落实全民健身国家战略，不断提高人民健康水平，是中国特色社会主义现代化国家建设的重要目标。习近平总书记指出："体育是提高人民健康水平的重要途径，是满足人民群众对美好生活向往、促进人的全面发展的重要手段，是促进经济社会发展的重要动力，是展示国家文化软实力的重要平台。"体育在完善城市功能、活化城市空间、提升城市生活品质、促进市民健康、推动城市经济社会文化发展、扩大城市影响力等方面具有独特作用，是城市发展的软实力。

　　多年来，厦门市委市政府高度重视体育事业发展，坚持以习近平新时代中国特色社会主义思想为指导，深入学习贯彻习近平总书记关于体育工作的一系列重要指示批示精神，全面落实国家和福建省相关决策部署，坚持"以人民健康为中心"，以改革创新为动力，全力推进体育强市建设，着力提升体育治理体系和治理能力现代化水平，不断满足市民群众日益增长的体育健身和体育产品消费需求，努力构建更高水平的全民健身公共服务体系，推动全市体育事业提质升级，取得了显著成效。"十四五"时期是我国开启全面建设社会主义现代化国家新征程的第一个五年，是厦门市全方位推动高质量发展超越、更高水平建设高素质高颜值现代化国际化城市的关键五年。为发挥体育在社会主义现代化建设新征程中的重要作用，推进厦门体育强市建设，助力我市率先实现全方位高质量发展超越，必须进一步推动我市体育事业管理体制和政策创新。

　　厦门市体育事业丰富多彩，不仅涉及全民健身公共服务体系建设，体育场地设施建设，赛事活动举办，体育社会组织发展，科学健身指导，体育中心和智慧场馆建设，竞技体育发展，体教融合，社会力量办运动队，体育后备人才培养，体育产业创新发展，体育与文化、旅游、科技等融合发展，对外对台体育交流日益深入，也涉及大量的管理体制和政策创新问题，内容丰富。限于篇幅，本课题选择更高水平全民健身公共服务体系建设、竞技体育发展对策、体育事业管理体制机制创新三个专题进行深入研究。

　　"厦门市建设更高水平全民健身公共服务体系研究"专题着重分析厦门市紧紧围绕党中央、国务院关于全民健身公共服务体系建设发展规划和具体要求,顺应人民对高品质生活的期待,形成党委领导、政府主导、社会协同、全民参与、法制保障的全民健身机制,稳步推进全民健身公共服务体系建设的举措;评估厦门市全民健身服务体系建设的成效,以及如何发挥现有全民健身公共服务体系的功效;针对存在的问题,探讨如何落实国家全民健身公共服务标准,加强全民健身场地设施建设,加快全民健身公共服务融合化、信息化、均等化水平。在此基础上,研究全民运动健身模范区创建路径。

"厦门市促进竞技体育发展的对策研究"专题主要研究厦门市竞技体育在完善体制机制,培育社会组织,打造专业人才队伍方面采取的一系列措施,从促进厦门市赛事体系不断优化、竞技成绩显著提高、体教融合作用凸显、社会活力持续释放、足球事业发展迅速等方面阐述这些举措的实践成效;指出厦门市竞技体育发展中存在着社会组织力量相对薄弱,人才总量不足与结构失衡,项目布局与管理体制有待优化,新冠疫情造成冲击等突出问题;提出要着力培育引导竞技体育社会组织高质量发展,健全竞技体育人才培养体系,调整优化竞技体育赛事体系与项目布局,推进科体融合助力竞技体育发展,加快推进竞技体育职业化发展,加强竞技体育赛事疫情风险管控,促进竞技体育发展更上一层楼。

"创新厦门市体育事业管理体制机制研究"专题主要研究完善体育事业管理体制的具体举措,包括:夯实组织基础;深化体育部门"放管服"改革,推动体育管理社会化、网络化和向基层下移,不断提高行政效率和服务水平;完善体育与发展改革、教育、财政、人社、规划、文旅、卫生健康等相关部门的长效协同工作机制;优化体育场馆运营模式;加大政府向社会力量购买公共体育服务力度,全力推动社会力量办体育;统筹推进体育管理和专业人才队伍建设;完善支持体育发展的财政、金融、税收、土地、能源等政策。同时,分析改革成效,总结改革经验,解剖存在问题,提出完善全民健身公共服务的社会力量参与、竞技体育人才培训、体育产业复合发展等方面的体制机制。

上述三个专题有一定的代表性,第一个专题探讨的是基础性、广泛性、公益性特点鲜明的公共体育事业问题;第二个专题研究的是具有竞争性、规范性、功利性、娱乐性,以攀登运动技术高峰和创造优异运动成绩为主要导向的运动类型;第三个专题主要从体制和政策创新视角考察厦门市体育事业行政管理改革实践。三个专题内容和侧重点不同,但具有密切的内在联系,是一个有机的整体。虽然这些只是厦门市体育事业发展的侧影,无法涵盖厦门市体育事业的全部内容,但一定程度上可以看到厦门市体育事业改革发展的独特风采,从中可以体会到永无止境的奋斗精神,一往无前的改革勇气,也有事业发展的艰难困苦,更呼唤我们直面困难、抓住机遇,从厦门实际出发,借鉴国内外城市体育事业发展的成功经验,勇毅前行,续写体育事业改革发展的新华章。

厦门市建设更高水平全民健身
公共服务体系研究

党的十八大以来,我国全民健身工作取得历史性成就,全民健身公共服务体系基本建立。国家体育总局发布的《"十四五"体育发展规划》中进一步提出了构建更高水平的全民健身公共服务体系和实现高质量发展的要求。这是党中央、国务院发展以人民为中心体育的一项重大决策部署,是实施全民健身国家战略、建设体育强国、促进健康中国建设的要求,是全面建设社会主义现代化强国、推动实现中华民族伟大复兴的基础性工作,有利于满足人民群众对美好生活的向往,促进人的全面发展,促进我国经济社会全面进步,提升国家软实力。近年来,厦门市紧紧围绕党中央、国务院关于全民健身公共服务体系建设发展规划和具体要求,顺应人民对高品质生活的期待,形成了党委领导、政府主导、社会协同、全民参与、法制保障的全民健身机制,稳步推进全民健身公共服务体系建设,全民健身公共服务质量显著提高。

一、厦门市全民健身服务体系建设及其主要措施

(一)全民健身公共服务体系及其发展要求

1.全民健身公共服务体系的内涵

2015年,中共中央办公厅、国务院办公厅印发《关于加快构建现代公共文化服务体系的意见》,将全民健身纳入到构建现代公共服务体系的重要内容。国家体育总局发布的《体育发展"十三五"规划》首次对全民健身公共服务体系做出了明确的界定,即指政府为满足社会成员参与体育健身的基本需要,向全社会提供公益性体育服务产品所形成的系统性、整体性的制度安排。具体包括以政府为供给主体,政府、体育社会组织、体育企业等组织为生产主体的供给体系;以场地设施、健身指导、体育培训、竞赛活动、体育信息、体质监测等为主要内容的产品体系;以人力资源和财力资源为基础的资源配置体系;以绩效

评估和监督反馈为保障的管理运行体系;以覆盖全社会为目标的服务对象体系。① 全民健身公共服务体系包括全民健身基本公共服务体系和全民健身非基本公共服务体系两大部分,其中全民健身基本公共服务体系是满足广大人民群众当前阶段最基本健身需求、在公共场所提供的各种健身服务的总称,政府是服务的主要提供者,也是责任主体。全民健身非基本公共服务体系是满足有商品服务要求和较高消费能力的人群当前阶段多元化、更高的健身需求,在个人、家庭场所或公共场所提供各种个性化、高品质健身服务的总称,政府是服务的间接提供方,社会和市场是责任主体。② 在这两类构成中,政府提供的基本公共服务是保障全体人民生存和发展基本需要、与经济社会发展水平相适应的公共服务;社会力量提供的非基本公共服务是为满足公民更高层次需求、保障社会整体福利水平所必需但市场自发供给不足的公共服务,政府通过支持公益性社会机构或市场主体,增加服务供给、提升服务质量,使大多数公民可以承受价格付费享有。除此以外,一些完全由市场供给、居民付费享有的生活服务,可以作为全民健身公共服务的有益补充。

综上所述,全民健身公共服务体系就是为满足社会成员体育健身需求,以政府为供给主体,由政府主导、多元主体共同参与生产的公共服务供给体系,是全民健身领域政府服务能力和服务程度的整体体现。

2.更高水平的全民健身公共服务体系的发展要求

国家体育总局发布的《"十四五"体育发展规划》明确将全民健身水平达到新高度作为主要目标之一,以全民健身公共服务体系更高水平的发展推动实现人民群众身体素养和健康水平进一步提高,获得感和幸福感不断提升。构建更高水平的全民健身公共服务体系,是加快体育强国建设的重要基石,是顺应人民对高品质生活期待的内在要求,是推动全体人民共同富裕取得更为明显的实质性进展的重要内容。2022 年年初中共中央办公厅、国务院办公厅印发的《关于构建更高水平的全民健身公共服务体系的意见》(后文简称《意见》)进一步明确了构建更高水平的全民健身公共服务体系,就是为群众提供更便捷的健身设施、更丰富的赛事活动、更科学的健身指导等公共产品和服务,使公共服务体系更契合时代要求,满足群众对高品质生活的需要。在更高水平的全民健身公共服务体系发展要求下,全民健身服务体系构建要立足于新时代高质量发展的新形势、新要求,不断完善内部供给主体体系、服务产品体系、

---

① 国家体育总局.体育发展"十三五"规划[EB/OL].(2016-05-05)[2022-08-20].https://www.sport.org.cn/search/system/gfxwj/other/2018/1108/191840.html.

② 王兵.更高水平全民健身公共服务体系"高"在哪儿[N].中国体育报,2022-04-22(02).

资源配置体系、管理运行体系和服务对象体系,提供满足人民群众日益增长的美好生活需要的全民健身公共服务与产品系统。

(二)厦门市全民健身公共服务体系建设措施

自"十三五"以来,厦门市体育系统在市委、市政府的坚强领导下,深入贯彻国务院、省政府关于促进全民健身公共服务体系建设的各项要求,统筹市体育局、公安局、民政局、市场监管局、水利局、发改委、市场监管局,教育局、机关事务管理局、总工会以及各区政府等诸多责任单位,出台多项政策法规及文件,推动各区政府全民健身公共服务体系逐步完善。为贯彻落实国务院《全民健身计划(2021—2025年)》,促进全民健身更高水平发展,更好满足人民群众的健身和健康需求,依据《中华人民共和国全民健身条例》,厦门市于2021年年底制定《厦门市全民健身实施计划(2021—2025年)》,明确了未来五年厦门将以构建更高水平的全民健身公共服务体系为核心,并根据"十四五"时期更高水平的全民健身公共服务体系发展要求,制订出台了未来五年更高质量的全民健身服务体系建设的实施计划及指标任务。厦门市将在规划设计、硬件场地与设施建设、社会力量培育、人员管理与人才培育以及软件服务创新等五个方面采取有力措施稳步推进全民健身公共服务体系建设。

1.全面落实全民健身国家战略

《厦门市体育发展"十三五"专项规划》将完善全民健身服务体系作为"十三五"时期我厦门市体育发展的主要目标之一,编制出台《厦门市全民健身实施计划(2016—2020年)》,通过立体构建、整合推进、动态实施,统筹建设全民健身公共服务体系和产业链、生态圈,扩大健身产品和服务的有效供给,促进全民健身与全民健康深度融合,让人民群众有更多获得感。大力发展体育类社会组织,加强和规范健身站点的建设与管理。积极推进体育社会组织规范化、社会化、专业化、实体化、高效化发展进程,认真实施体育社会组织等级评估,积极推进第三方公开的绩效评估机制。"十三五"时期全民健身公共服务体系逐步完善。

"十四五"时期是我国开启全面建设社会主义现代化国家新征程的第一个五年,也是厦门市全方位推动高质量发展超越、更高水平建设高素质高颜值现代化国际化城市的关键五年。为发挥体育在社会主义现代化建设新征程中的重要作用,推进厦门体育强市建设,率先实现全方位高质量发展超越,厦门市依据国家体育总局《"十四五"体育发展规划》和《福建省"十四五"体育发展规划》《厦门市国民经济和社会发展第十四个五年规划和二〇三五年远景目标纲要》等文件精神,于2021年11月制定并出台了《厦门市"十四五"体育事业发展专项规划》(简称《规划》)。《规划》明确了"十四五"时期厦门市体育事业发展的总体要求、主要任务和实施保障,是制定相关政策和安排保障重点工程、重点项目的重要依据。按照《规划》要求,在 2021—2025 年期间,全民健身服务体系建设方面的具体指标规划如表 1 所示。在随后出台的《厦门市全民健身实施计划(2021—2025 年)》中,将未来五年更高质量的全民健身服务体系建设的实施目标归纳为全民运动健身模范区创建工程、全民健身场地设施补短板工程、厦门市全民健身季提升工程、体卫融合健康促进工程、全民健身信息化建设提升工程等五大工程,以及更加便利的健身场地设施、组织更加丰富的健身赛事活动、发展更具活力的体育赛事活动、提供更加科学的健身指导服务、推动更为均衡的重点人群参与、加快更高质量的体育产业发展、促进更为多元的全民健身融合、营造更为浓厚的全民健身氛围、打造更为便民的智慧体育服务平台这九大任务。

表 1　厦门市全民健身服务体系 2025 年规划

指标名称	单位	属性	2025 年规划
新增体育场地面积	平方米	约束性	160 万(五年新增值)
经常参加体育锻炼人数比例	%	预期性	45
国民体质健康达标比例	%	预期性	92.5
每千人社会体育指导员	人	预期性	2.3
每万人足球场地(含校园足球场地)	块	预期性	0.9

图表来源:《厦门市"十四五"体育事业发展专项规划》。

2.大力推进场地设施建设

为摸清可用资源,用好城市空闲地、边角地、公园绿地、河湖沿岸、城市路桥附属用地、厂房、公共建筑屋顶等空间资源,以及可复合利用的城市文化娱乐、养老、教育、商业等其他设施资源,建设更高质量的健身场地和设施,实现公共体育设施和城市社区"15 分钟健身圈"全覆盖,厦门市体育局制订并出台了《厦门市全民健身场地设施建设补短板五年行动计划(2022—2026)》《加快推进群众身边全民健身场地设施建设工作方案》《加快推进群众身边全民健身场地设施建设工作方案》《厦门市公园绿地全民健身场地设施配置指引》等,联合发改委等七部门印发《厦门市体育公园建设工作方案》,明确了体育公园建设标准和建设任务要求;与市资规局联合印发了《厦门市工业(仓储)用地自行改造管理办法》等文件,为相关闲置工业厂房、工业仓储用地和商业办公用房调整为补民生短板的体育设施项目提供规范引导,为进一步盘活闲置用地资源、增加全民健身场地设施供给提供保障;初步形成《厦门市海滨浴场建设规划建议》,为推动海洋运动项目和海洋产业发展指明方向。通过以上配套政策及工作方案等文件的出台,明确了未来五年厦门市全民健身硬件场地与场馆设施建设的增量、任务分工、责任机构以及完成时效等相关要求,为全民健身硬件设施建设提供了全面的行动计划和强有力的政策保障。除此之外,厦门市体育局制订并出台了《厦门市体育场馆生活垃圾分类工作实施方案》,与厦门市消防救援支队联合印发了《厦门市公共体育场馆消防安全标准化达标创建工作实施方案》,同步完善了全民健身公共服务场馆的日常管理规范。

3.多措并举培育社会力量

为有效促进协会、俱乐部等体育社会组织健康发展,积极推进体育社会组织规范化、社会化、专业化、实体化、高效化发展进程,厦门市体育局出台《厦门市参加全国全省综合性群众体育赛事活动经费开支标准管理办法》,联合厦门市民政局发布了《促进体育社会组织健康发展的实施意见》,对体育社会组织发展注册招募、服务记录、管理评价、扶持办法以及激励保障机制等方面做出相关规范化指引;为深入贯彻落实党的十九届五中全会精神,提升社区社会组织参与社区治理的能力,更好地发挥社区社会组织在创新基层社会治理中的积极作用,厦门市民政局制定了《厦门市培育发展社区社会组织专项行动实施方案(2021—2023年)》,为夯实全民健身社区体育组织提供了工作方向和行动指南;为深化"放管服"改革,规范、有序推进全市体育领域实施信用承诺工作,制定了《厦门市体育领域实施信用承诺管理制度》,对各类社会组织参与全民健身公共服务供给的规则予以规范化设定。在激发社会组织活力方面,出台了《厦门市社会办群众性体育赛事活动奖励实施办法》《厦门市社会力量承办市级运动队资助及奖励实施办法》《厦门市高水平职业体育俱乐部资助奖励实施办法》《厦门市体育产业基地及单位(项目)奖励实施办法》《厦门市社会办群众性体育赛事活动奖励实施办法》等各项奖励措施,修订完善了《厦门市体育彩票公益金支持体育事业专项资金管理办法》,以松紧结合、规范提升的原则进一步完善了社会力量办群众性赛事的激励措施,以政策后盾为保障,促使全民健身服务发展的社会力量在未来能释放更大的活力,切实激活各类体育社会组织和企业参与全民健身公共服务供给的积极性和主动性。为应对新冠肺炎疫情的影响制定了《厦门市体育局关于应对新冠疫情 进一步助力企业纾困减负若干措施的通知》,通过实施挂钩联系企业制度、减免企业租金等措施,积极有效且及时地对参与全民健身公共服务供给的企业予以扶持,及时完善社会参与保障措施。

4.分类强化体育人才管理

在管理类人才方面,为更好地结合实际开展公务员平时考核工作,加强公务员的日常管理和监督,厦门市体育局对《厦门市体育局公务员平时考核办法》进行修订,及时更新、完善了体育事业人力资源管理。在服务类人才方面,厦门市严格贯彻国家体育总局《社会体育指导员管理办法》,针对当前社会体育指导员工作存在无刚性要求、无职业门槛、无完整底数、无组织活动、无足够保障、无经费支撑等问题,有针对性地采取一系列措施,创新推出厦门市社会体育指导员志愿服务驿站,开展体育指导员技能大赛,引入专业志愿服务队伍,破解"被志愿"问题,开展社会体育指导员个人及组织评选表彰活动,设计开发社会体育指导员志愿服务系统等,摸索出了一条符合厦门实际的社会体育指导员工作发展路子。在竞技类人才方面,出台了《厦门市竞技体育后备人才培养基地校管理实施办法》《厦门市优秀运动员及优秀体育后备人才招收引进、在训练待遇和退役安置办法》《厦门市引进优秀竞技体育后备人才培养输送费使用管理办法》等政策文件,进一步完善了各类体育人才储备和保障措施。在专家团队建设方面,成立厦门市全民健身专家智库,组成了全面健身公共服务理论研究人才队伍等。

5.持续创新提升服务水平

第一,加强全民健身站点建设,规范健身站点的管理。厦门市体育局制定出台了《厦门市社会体育指导员志愿服务驿站规范化建设指引》,宣传科学健身知识,传授全民健身技能,指导全民健身活动,提供赛事志愿服务,常态化免费为广大群众提供科学、便捷、高效的健身技能指导,坚持无私奉献社会、热心服务大众的方针,为凝聚社会体育指导员队伍力量和更好实现全民健身科学指导、统一调度、规范服务提供保障,切实改善全民健身服务水平。第二,积极推进体医融合,与社区卫生服务中心(镇卫生院)共建体质监测点,建立"运动处方师工作站",实行"运动处方门诊"常态化看诊,提高大众健身的针对性和有效性。第三,开发并不断完善"Ai运动""厦门 i 健身""厦门体育"等智慧体育服务平台服务功能,持续创新全民智慧化服务平台。第四,上线涵盖学校体育场地、体育智慧健身房、免费或低收费健身场馆、社会体育指导员志愿服务驿站、健身路径、健身步道等内容丰富的厦门市健身地图,为居民提供便捷、智能化的健身服务查询及预约服务。

二、厦门市全民健身服务体系建设的成效和问题

(一)厦门市全面健身公共服务体系建设成效

1.供给主体不断拓宽,供给形式多元发展

一方面,在以政府为供给主体,政府、体育社会组织、体育企业等组织为生产主体的供给体系建设方面,截至 2021 年年底全市体育社会组织达 283 家,近五年来共计增长 53 家,年度体育社会组织数量总计及增量变化如图 1 所示;成立了体育类社会组织孵化基地和实践基地;创新建成全省首个由政府主导的,集合政府、社区、企业等各方力量的厦门体育智慧健身房(育秀试点工作

站);在全国率先对学校体育设施场地进行有顶层设计、有政策保障、有平台支撑的系统性开放,形成"厦门经验";有效激活企业及体育社会组织活力以及参与意识,丰富社会各方力量对于全民健身公共服务的各项资源投入,形成由路桥体育集团、文广体育公司、建设银行、光大银行、电信公司、各体育协会举办的厦门田径公开赛、全国青少年帆船俱乐部联赛、中国慢投垒球企业联赛厦门站、厦门市青少年围棋业余段、级位赛等各类商业或群众性赛事,协同推进群众性赛事进社区;联合厦门大学、华侨大学、集美大学、厦门理工学院成立厦门市全民健身专家智库,提高全民健身公共服务体系科学化和理论化水平。

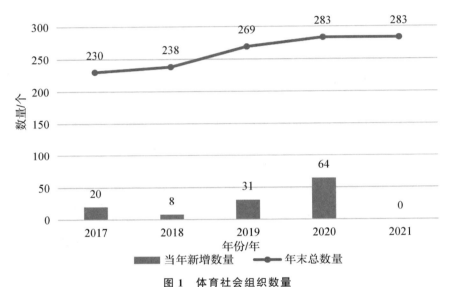

图1　体育社会组织数量

图表来源:作者自制。

数据来源:厦门市经济特区年鉴相关年份。

　　另一方面,在人力资源投入上,截至2021年年底,运动项目管理部门、体育运动学校以及体育运动场馆共计拥有体育从业人员495人,2017—2021年体育从业人数年度总计及增量变化如图2所示。

　　综上,近五年来,厦门市从设施开发及供应、学校体育设施开放、赛事活动举办到理论研究以及人力资源保障等多方位实现全面健身公共服务供给参与主体的多元化发展。

　　2.产品数量不断增长,服务水平不断提升

　　首先,硬件建设成效显著。自"十三五"以来,厦门市加大体育场馆建设及建设设施投入,每年都安排了重点建设项目,建设成绩斐然(表2)。截至2021

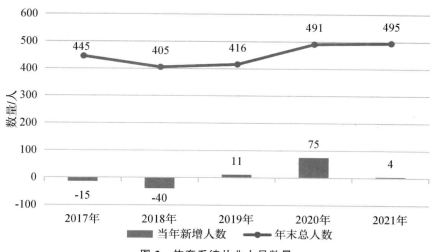

图 2 体育系统从业人员数量

图表来源:作者自制。

数据来源:厦门市经济特区年鉴相关年份。

年年末,全市体育场地总面积达到 1235.2 万平方米,人均体育场地面积达到 2.34 平方米,拥有体育场地数量 13448 个,近五年来新增体育场地数量及面积如图 3 所示。其中,室外运动场地 9327 个,室内运动场地 4121 个,全市累计建成各类市民健身步道、骑行道总长度 620 公里,基础大项场地 801 个、球类运动场地 7086 个、市民健身步道 362 条、市民健身房 1733 个、全民健身路径 2502 个,已开放学校体育设施的学校总计 117 所[①],近年来开放学校体育设施的学校总数变化及其年度增量如图 4 所示。

表 2 "十三五"以来厦门市体育场地设施类建设成果概览

年份	场地设施类建设成果
2016	1.投资 3.3607 亿元的市体育中心综合健身馆全面开工,2016 年已完成 4320 万元投资额。 2.总投资 5.3 亿元的市运动训练中心竣工并投入使用,部分项目还将对市民开放。 3.大力推进体育设施进公园、进社区,配合市规划委、市政园林局制定了《体育设施进公园标准》,投入 50 余万元为市属植物园、忠仑公园、筼筜湖及南湖公园等建设 24 套健身路径。 4.下拨区级体彩公益金 6837.66 万元用于各区、街道(镇)、社区(村)体育设施的建设和修缮,建设了 20 个多功能运动场,基层群众的健身场地设施不断改善。

① 数据来源:《厦门市全民健身场地设施建设补短板五年行动计划(2022—2026)》。

续表

年份	场地设施类建设成果
2017	1.市体育中心综合健身馆项目继续推进,2017年完成投资额12975万元,完成计划数的198%。 2.环东海域滨海旅游浪漫线跑道工程一期完工。 3.市、区体育部门利用体彩公益金857万元提升改造社区(村)27个水泥篮球场,新建15个小型体育健身场(馆)。 4.安装了102件公园健身路径,市、区、街道(镇)、社区(村)四级公共体育设施网络不断完善。
2018	1.新建和改建提升篮球场等体育场地设施55个,建设健身路径30处。 2.市政府为民办实事项目总长23公里的厦门步道开工建设。 3.市体育中心综合健身馆按计划在年底完工,市游泳馆改造工程、厦门理工学院体育馆开工建设。
2019	1.建成贯穿本岛东西方向、连接"八山三水"全长约23公里的健康步道,全市健身步道总里程已达到1100公里。 2.总投资3.36亿的市体育中心综合健身馆于2019年9月正式投入使用,市体育中心游泳馆改造一期项目顺利竣工。 3.市区两级共投入1260余万元用于健身器材与设施进社区、进乡村、进公园、进机关、进军营,共安装健身器材110件。 4.总投资2.19亿元的海沧街道文体活动中心项目年初已完成主体建筑封顶;新市级体育中心设计方案已确定,2020年春节前已实现基坑开工。 (根据2019年全国体育场地统计调查的初步数据,厦门市共有全民健身运动场地4195个,面积达15.1万平方米;人均体育场地面积为2.62平方米,居全省首位,人均拥有体育场地数量为每万人29.64个,居全省第3位。)
2020	1.新市级体育中心"一场两馆"建设已开工建设,翔安体育交流中心、理工学院、医学院、城市职业学院等一批体育馆已按计划建设。 2.田径体操馆、帆船帆板训练基地已进入前期工作计划。 3.五缘湾体育公园项目开始启动。 4.集合政府、社区、企业等各方力量,创新建设全省首个厦门体育智慧健身房(育秀试点工作站)。 5.推动工业仓储用地用于改造全民健身设施,对部分闲置储备用地和边角地,投入918余万元,配建2万多平方米体育设施。
2021	1.新建10个厦门智慧体育健身房,完成省体育局下达的5个游泳馆建设任务。 2.指导各区和有关部门围绕公园绿地、街边空地、桥下空间、道路周边、居住区周边闲置用地、边角地、小区广场等,新建改建200处以上全民健身场地设施。 3.出台体育公园建设指导意见和公园绿地建全民健身设施设置指引,指导各区改建1~2个体育公园。

图表来源:作者自制。
数据来源:厦门市体育局各年度工作报告。

其次,健身指导服务力度加大。自2021年3月社会体育指导员驿站建立至2022年7月,参与健身指导的志愿者已开展近370次轮值服务,总时长超过1200个小时;累计借用器材次数293次,公益课程已开设太极拳、跆拳道、

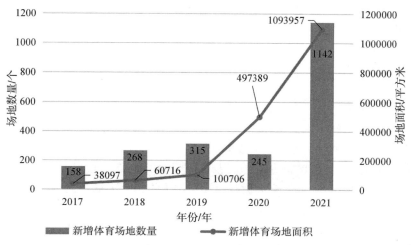

图 3 新增体育场地数量及新增体育场地面积统计

图表来源:作者自制。

数据来源:厦门市经济特区年鉴相关年份。

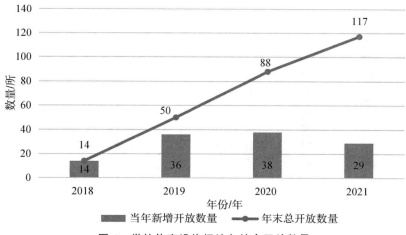

图 4 学校体育设施场地向社会开放数量

图表来源:作者自制。

数据来源:厦门市经济特区年鉴相关年份。

跑步、亲子跳绳、健身气功、体适能等 14 余项共计 377 场;参与报名公益课程的市民人数总计已超 4300 人次,接受服务对象范围包含五六岁的小朋友到六七十岁的老人;驿站的器材免费借用服务累计点击量达 3231 余次,公益课程累计点击量超4万多次。①

再次,群众体育活动多彩多姿。赛事主体逐渐从政府部门拓展至社会体育组织、企事业单位,形成了"政府搭台、部门协同、社会办赛"的新格局。在疫情常态化管理下,线上线下结合多样化创新型赛事有序开展,一方面以全民健身季、全民健身运动会为引领,厦门市多年来举办了体育时尚季、世界城市定向挑战赛、中国俱乐部杯帆船赛等赛事,同时各区积极举办各具特色的赛事活动,逐步形成了全民健身"一区一品牌、一街一特色"的格局,例如思明区举办了"思明运动营"、厦门(思明)50公里越野赛,湖里区举办了时尚三人篮球挑战赛、"禾山杯"社区足球赛,集美区举办了"嘉庚杯"羽毛球系列赛,海沧区举办的"2021海沧全民健身户外运动节暨全民健身运动会""天竺山万人徒步大会",同安区举办了北辰山越野赛,翔安区举办了翔安工业园第二届运动会等。据不完全统计,"十三五"期间厦门全市平均每年组织开展各类群众体育赛事活动近700场,经常参加体育锻炼的人数比例达42%,国民体质健康达标率达91%。2021年举办各类赛事40多项300多场次,参与群众超30万人次,利用丰富的群众性赛事,充分将全民健身参与积极性提升至了新的高度。② 2016—2021年举办各类运动会次数、全民健身活动次数以及总参与人数统计如图5所示。

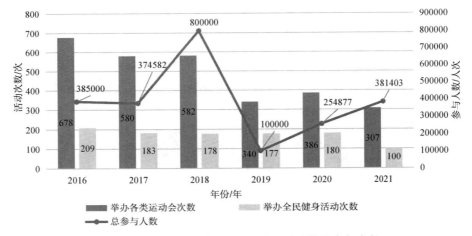

图5 举办各类运动会及全民健身活动次数及参与人数

图表来源:作者自制。

数据来源:厦门市经济特区年鉴相关年份。

---

① 数据来源:厦门市社体中心提供。

② 数据来源:《厦门经济体特区年鉴2021》《厦门市体育发展"十三五"专项规划》、厦门市体育局年度工作报告以及作者统计整理。

最后,在国民体质监测方面,依托社会体育指导员志愿服务驿站使体质测试服务贴近居民身边,以"运动处方师工作站"实行"运动处方门诊"常态化看诊,实现了国民体质监测深入到基层社区、企事业单位等,2016—2021 年接受国民体质测试人数年度汇总以及国民体质测试站(点)总数(个)与增量变化分别如图 6、图 7 所示。

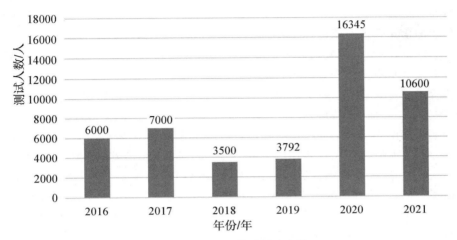

图 6　接受国民体质测试人数

图表来源:作者自制。

数据来源:厦门市经济特区年鉴相关年份。

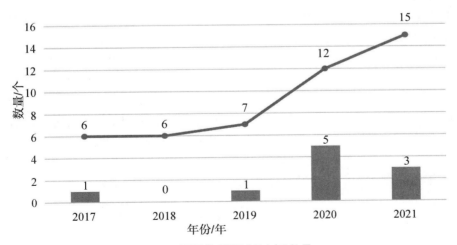

图 7　国民体质测试站(点)数量

图表来源:作者自制。

数据来源:厦门市经济特区年鉴相关年份。

(二)厦门市全民健身公共服务体系建设问题

1.政府转型与治理能力困境

随着我国政府职能转型和管理体制改革不断推进,服务型政府的理念开始在实践中扎根,满足公众的公共体育服务需求,需要政府能运用互联网、大数据等媒介工具提升政策透明度以及信息管理能力,积极探索转型后的职能所在并提升其效率。在厦门市全民健身公共服务体系构建过程中,政府在转型后的信息管理及职能定位方面存在一定程度的治理能力偏弱现象。

第一,条块分割带来的全民健身公共服务供给各自为政和信息不对称导致全民健身资源整合效率不高,管理存在碎片化甚至混乱等情况。例如,关于体育指导员人数,根据《厦门市 2021 年国民经济和社会发展统计公报》显示,截至 2021 年底厦门市拥有各级体育指导员共计 9462 人,但根据走访调查,由于不同批次人员的培训机构和管理机构各部不同导致管理碎片化,人员统计既分散又滞后——三级体育指导员由各区培训认证、二级由市体育局培训认证、一级由福建省培训认证、国家级由体育总局培训认证,加之早期缺乏电子档案,厦门市体育指导员总人数难以及时、精确地完成统计,截至 2022 年 9 月大约刚满一万人[①];再如,厦门市体育局政府信息公开栏目下于 2022 年 7 月 4 日完成更新的《厦门市学校体育设施开放学校基础信息》数据统计显示,目前开放学校总数共计 116 所[②],与实际公布的 2021 年年底所达到的 117 所这一数据存在出入,信息更新及时性和准确性有待考量。

第二,脱钩转型后的不适应。脱钩转型后的治理能力偏弱主要表现为服务意识不足,面对《行业协会商会与行政机关脱钩总体方案》等政策文件对组织脱钩做出的要求,厦门市体育组织、协会等已基本实现全面脱钩。但对于政府机构而言,脱钩并不是终结,而是治理转型的第一步。然而现阶段政府的角色显然还停留在脱钩后的"撒手"状态,并未投入"服务"供给者这一新的角色中。例如,对待如何为体育组织、协会等提供相应的服务,政府表现出了较为严重的被动"解决问题"式应对模式,即问题找上门再谈,没有问题就没有作为,总体是一种"被动回应"而非主动服务的角色状态,必然难以在实质上发挥主导力量。体育产品内在的非竞争性和非排他性特点决定了政府必须在全民健身服务供给中居于主导地位,脱钩只是为了实现服务多元化供给以及高效供给所需的一种转型发展手段,并不意味着公共服务及产品与政府彻底脱离关系,也绝非意味着政府从此不用再对相应体育组织和体育协会承担供给的

---

① 数据来源:厦门市社体中心提供。

② 数据来源:厦门市大数据安全开放平台《厦门市学校体育设施开放学校基础信息》(2022 年 7 月更新)。

体育公共产品负有责任。相反,脱钩意味着政府要在更全面、更关键以及更宏观的站位上主导全民健身公共服务在未来得到更优质的保障,以规划者、协调者、管理者、监督者的身份推动全民健身公共服务更高效地实现高质量发展。脱钩后政府下一步该如何作为,是现阶段治理能力的重要体现之一。

2.设施增量与均衡配备困境

全民健身服务体系的各项设施建设一方面在于数量,另一方面则在于质量。充足与否涉及的是数量问题,而均等化则是质量的关键衡量标准。根据厦门市健身电子图显示,现阶段①可供使用的全民健身学校、智慧健身房、场馆、体育指导驿站、健身点以及邻近运动场这六类场所,在全人群服务、全项目发展、全地域覆盖这三方面均存在总量不足以及均等化欠缺的问题。

首先,全人群服务最基本的要求就是在费用和便利程度上无区域差别的人均占比。群众在实际使用中最便利、且成本最低的邻近运动场是现阶段最贴近"全民"实质含义和要求的运动场地,而在现阶段有数据显示的354所邻近运动场中,完全建成的场地仅有75所,仅占总数的21%,各区在数量分配上虽未呈现出过于突兀的差异,但结合2021年年底常住人口统计数据,翔安区的人均占比是集美区的3倍之多。详见图8所示。

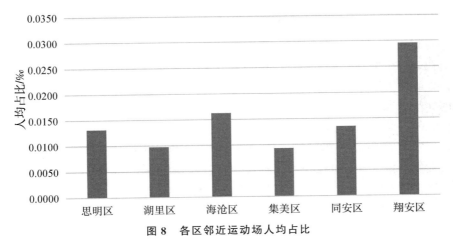

图8 各区邻近运动场人均占比

图表来源:作者自制。

数据来源:厦门健身电子地图2022年9月线上显示信息、《厦门市统计局关于反馈2021年各区主要人口指标数据的通知》及作者整理。

---

① "现阶段"具体指2022年9月疫情常态化管理时期,非疫情严重暴发或其他特殊管控时期。

但从乡村资源覆盖情况来考虑,根据国家统计局最新数据统计,思明区、湖里区、海沧区均无农村社区,因此各区内部在邻近运动场规划建设上不存在理论意义上的城乡差异情况。但面对城市社区和农村社区并存的集美、同安区、翔安区而言,根据厦门市健身电子地图显示的可供使用的场馆信息统计结果,拥有完全建成的邻近运动场的农村只有同安区莲花镇云铺村。集美区现有的完全建成的临近运动场则全部为杏林湾公园地带,农村社区为零;翔安区除了鼓锣水系公园 10 处以及东山公园 1 处完全建成的邻近运动场外,其余 7 处均位于城市社区,同样没有一所完全建成的邻近运动场地处于乡村社区。具体数据如表 3 所示。

表 3　各区城乡邻近运动场资源分布情况

区	邻近运动场总量/处	拥有邻近运动场的农村数量/处	农村社区数量/处	农村平均拥有邻近运动场数量/处
集美区	10	0	11	0
同安区	12	1	67	0.015
翔安区	18	0	54	0

图表来源:作者自制。

数据来源:厦门健身电子地图 2022 年 9 月线上显示信息、国家统计局及作者整理。

其次,就全项目发展而言,现有的足球、篮球、乒乓球、网球、排球、羽毛球、田径、游泳、健身器材(智慧健身房)等九类项目在数量、可使用率以及区域配比均等化方面同样存在一定的问题。以较为大众化且具有较高场地设备要求的乒乓球和篮球项目为例,根据厦门市健身电子地图显示的可供使用的场馆信息统计结果,各区绝大多数场馆都依托学校开放供给,受校园疫情常态化管控影响,各学校对外提供的全民健身场所无一例外全部处于临时关闭状态,无法提供全民健身公共服务。依据厦门市健身电子图 2022 年 9 月所显示的线上数据以及《厦门市学校体育设施开放学校基础信息》(2022 年 7 月更新)统计结果,具体情况如表 4、表 5 所示。

表 4　各区篮球场资源分布情况

区	篮球场地数/处	学校承担/处	非学校运动场馆/处	开放量/处	可使用率/%	区域配比/%
思明区	34	34	0	0	0	32.38
湖里区	17	16	1	1	5.88	16.19
海沧区	10	10	0	0	0	9.52
集美区	15	10	5	5	33.33	14.29

续表

区	篮球 场地数/处	学校 承担/处	非学校 运动场馆/处	开放量 /处	可使用率 /%	区域配比 /%
同安区	15	15	0	0	0	14.29
翔安区	14	14	0	0	0	13.33

图表来源:作者自制。

数据来源:厦门健身电子地图 2022 年 9 月线上显示信息、《厦门市学校体育设施开放学校基础信息》(2022 年 7 月更新)及作者整理。

表 5　各区乒乓球场资源分布情况

区	乒乓球 场地数/处	学校 承担/处	非学校 运动场馆/处	开放量 /处	可使用率 /%	区域配比 /%
思明区	5	5	0	0	0	55.56
湖里区	0	0	0	0	0	0
海沧区	0	0	0	0	0	0
集美区	1	1	0	0	0	11.11
同安区	3	3	0	0	0	33.33
翔安区	0	0	0	0	0	0

图表来源:作者自制。

数据来源:厦门市健身电子地图 2022 年 9 月线上显示信息、《厦门市学校体育设施开放学校基础信息》(2022 年 7 月更新)及作者整理。

3.疫情防控与服务供给困境

近年来厦门市全民健身服务体系建设所尝试的线上活动开发和设计安排在一定程度上弥补了疫情管控所带来的负面影响。但不可避免的是全民健身活动场所因此起彼伏的疫情态势以及由此形成的常态化疫情防控管理措施出现了大面积关停,除邻近运动场、智慧健身房、健身点以外,承担大多数运动项目的专业场馆、场地无法正常为绝大多数市民提供运动健身服务。从前文图表及数据统计可以清晰看出,全民健身所涉及的多类运动项目的承载场馆几乎全部呈现为零开放状态。除了出现疫情的非常时期,面对当前常态化管理现状,各类项目运动场馆依然是处于停滞状态。虽然在《厦门市体育局关于进一步做好常态化疫情防控工作的通知》及《厦门市体育运动场所常态化疫情防控措施指南》等相关文件中并未对运动健身场馆做出严格关停的要求和规定,但是由于厦门市绝大多数项目的承载运动场馆均来自校园对外开放供给,而校园封控管理又是确保学生教育教学稳定有序的关键举措。如此一来,关系到全民健身公共服务供给的各类项目所在场馆在实际服务供给上就不可避免地面临着"名存实亡"这一现实运行窘境——学校开放数量在不断扩大,但实际服务供给却处于瘫痪状态。如何破解疫情常态化管理下场馆供给与全民健身公共服务需求之间的矛盾,满足全民健身服务需求,是疫情时代构建全民健身公共服务体系必须面对并且有效解决的重点问题之一。

4.人才培育创新与制度化困境

首先,体育指导员人数配置不达标,且在人员的管理与培养方面亟待规范化。《厦门市2021年国民经济和社会发展统计公报》显示,截至2021年年底,厦门市拥有各级体育指导员共计9462人,每千人拥有体育指导员仅为1.79名,且目前所开展的体育指导员培训工作及其后续的健身指导流于形式,内容单一,并未形成稳定、可持续且能切实吸引广大群众的态势,服务变成一种自上而下的任务,而非自下而上的需求满足,培训工作如期开展、培训人员按要求结业,但相应的服务供给并未形成连贯和可追溯的稳定模式,人才培育方案的系统性、完整性以及接续工作并未形成制度化发展。

其次,对于面向社会的各项健身"公益课程"而言,同样存在形式大于现实意义的情况,以"体医融合"为目的的厦门市运动处方培训班虽然是厦门市体卫融合在推动人才队伍建设、科学健身知识宣传等"体育+健康"领域的一项积极尝试,但总体而言体卫融合的发展需要体育和医疗卫生等部门深度融合,更需要统筹配合的协作机制,各项措施和方案的实施都需要建立在科学、合理的系统化设置之上,制度化建设是保障各项融合创新措施及方案持续有效的关键所在。

再次,全民健身其他相关的公益指导课程从实际效果来看更像是服务相关部门的业绩需求和指标任务,对于广大群众而言,其内容设置、开设频率、需求满足程度以及便捷性很大程度上远不及自媒体网络视频以及各大应用程序更为高效。结合全民健身事业发展以及"体育+"融合发展需求,人才培育创新是必不可少且极为关键的一个环节,但各项创新举措的实施和演进都需要以切合需求为最终导向来确保其走向制度化发展,并最终形成持续有效的系统性运行模式,否则人才培育工作将沦为与需求脱钩的、劳民伤财的面子工程。

5.服务标准化与指标体系缺位

国家全民健身基本公共服务标准从"公共体育设施开放"和"全民健身服务"两个方面规定了全民健身基本公共服务范围及最低标准。但是,厦门市全民健身公共服务体系在全民健身公共服务的制度和标准建设过程中其操作规程标准、落实执行标准、监测评估标准等方面有待进一步完善,操作规程标准的制度建设,内容结构的合理化设置、科学合理等均存在不同程度的不足之处,国家全民健身公共服务标准指标体系建设不到位,暂未形成系统性指标框架和指标内容。

首先,在公共体育设施开放设置方面,《厦门市人民政府办公厅关于印发厦门市基本公共服务标准(2021 年版)》在第九章"文体服务保障"第 22 条"公共体育服务"一节第(83)条"公共体育设施开放中关于服务标准的要求"明确规定按照《厦门市全民健身实施计划 2021—2025》、《厦门市人民政府关于印发进一步推动学校体育设施开放实施方案的通知》(厦府〔2016〕296 号)、《厦门市人民政府关于进一步推进学校体育场地设施向社会开放工作的通知》(厦府〔2019〕3 号)等规定执行。其中,关于学校体育设施开放的具体规定基本满足国家标准的要求,并有明确的文件支撑。而对于体育场、体育馆、游泳馆、全民健身中心、体育公园、农民体育健身工程等公共体育设施所属户外公共区域及户外健身器材每天免费开放时间则并未在以上文件中有具体的规定;国家标准中第 3 条关于收费及优惠服务的相关要求,厦门市的三份文件中也并未做出具体规定,仅在《厦门市人民政府关于印发全民健身实施计划(2021—2025 年)》中强调要完善公共体育场馆免费或低收费开放补助政策;公共体育设施的应急、疏散、消防、安全、卫生防疫等相关工作也明确了责任单位,但暂未看到具体规定性文件以及相应的法律法规标准,也无具体、细化的系统性指标设置。

其次,全民健身服务标准化建设有待加强。国家全民健身基本公共服务标准在"全民健身服务"这一项是以提供科学健身指导、群众健身活动和比赛、科学健身知识等服务,免费提供公园、绿地等公共场所全民健身器材为服务内容。厦门市全民健身服务标准明确规定按照《国务院关于印发全民健身计划(2021—2025 年)的通知》(国发〔2021〕11 号)、《福建省政府办公厅关于加强全民健身场地设施建设发展群众体育的实施方案》(闽政办〔2021〕33 号)执行,但同样未根据厦门市具体情况做出清晰的规范化设定,并未形成厦门市全民健身公共服务相关的具体执行标准。

三、建设更高水平全民健身公共服务体系的思路

推动更高水平的全民健身公共服务体系建设,速度与质量缺一不可。人均体育场地面积与经常参加体育锻炼人数比例作为更高水平的全民健身公共服务体系的两项关键指标,前者取决于各项场地设施建设的数量和速度,而后者则是一项复杂的工程,涉及健身主动性、健身便利性以及社会健身氛围等多项主观因素。因此,更高水平全民健身公共服务体系建设一方面要关注客观基础设施配备情况,另一方面则要找准主观因素的突破口。

（一）做好需求甄别工作

1.厘清逻辑起点

全民健身公共服务的逻辑起点是群众需求,公共服务的出发点是公共需求,政府存在的目的在于满足民众的公共需求。[①] 提高对既有成果的满意度追踪,重视对群众全民健身服务需求的调查分析,是检验现有成果实际效用的唯一标准和根本标准。推动全民健身公共服务由政府供给导向转为群众需求导向,逐步实现群众在全民健身公共服务建设中的决策权并使其拥有制度化保障,推动全面健身公共服务体系建设将群众需求这一逻辑起点付诸实践。当表达权成为一项基本的政治权利,重视这些声音,是协调利益关系、理顺社会心态的起点。[②] 在全民健身公共服务体系建设中,逐步推动政府决策模式朝着构建以人民性为核心的决策逻辑方向发展,搭建以人民为中心的政策框架:以群众需求引导全民健身公共服务供给政策的制定,以多元参与的方式拓宽公共服务供给渠道,丰富供给内容,打破政府单一化、自上而下的供给模式,形成以群众需求为主导的决策逻辑,保证群众能切实参与到全民健身服务供给决策的各个环节。

2.建立精准服务

首先,在前期政策制定过程中,通过多平台,采取多种方式广泛获取群众声音,尤其是针对特定问题能有针对性地及时关注直接利益相关群众的诉求,为政策选择提供方向,确保后期政策制定的合理性。其次,在确定政策问题时,充分听取群众声音,聚焦群众对全民健身公共服务的关注点,分析不同区域、不同年龄段、不同工作性质群众的需求特点,确保公共服务供给与群众需求的有效适配。例如北京市东城区依托"街道吹哨、部门报到"工作机制,精准对接街道需求,及时指导和服务,切实倾听群众全民健身诉求,有效完成服务供给。最后,完善群众满意度调查工作,形成一套科学有效、稳定可持续的工作方案,将定期群众满意度调查与针对特定问题、特定群体、特定服务等各专项全民健身服务供给问题的满意度调查工作常态化,使以服务人民群众为核心的公共体育服务治理逻辑落到实处。借鉴近年来北京市朝阳区在全民健身公共服务体系建设中所坚持的"问计于民、问需于民"的原则及其所形成的需求细化、以需定供、精准扶持的长效机制,推动厦门市全民健身公共服务形成分类服务、特色引领、典型示范的按需供给模式,全力推动全民健身事业向更高水平不断前进,以就近服务、个性服务等手段实现精细化管理、精准化扶持,

---

① 珍妮特·V.登哈特.新公共服务:服务,而不是掌舵[M].丁煌,译.北京:中国人民大学出版社,2004.

② 人民日报评论部.倾听那些"沉没的声音"[N].人民日报,2011-05-26:14.

切实提高群众满意度。

(二)完善全民健身公共服务供给体系

1.健全全民健身组织网络

如前文所述,全民健身公共服务供给的逻辑起点在于满足群众健身需求。在党委领导下,由政府主导,企业、社会组织和个人等多主体参与,在人力、物力、财力等各项资源上共同发力,形成多元主体共同参与的全民健身公共服务治理格局(如图9),以协同共治完善全民健身服务供给,是构建更高水平的全民健身公共服务体系和更高质量的全民健身公共服务供给的关键所在。

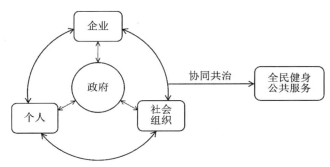

图 9　全民健身公共服务治理格局

图表来源:作者自制。

厦门市政府需要积极探索形成政府与各类社会组织、各类社会组织彼此之间就全民健身公共服务供给在各阶段、各环节、各领域形成稳定有效的互补关系,逐步建立稳定、有效、可持续运转的全民健身组织网络。政府通过主导全民健身公共服务体系建设中的全局性谋划和整体性推进,一方面推动多元参与主体在全民健身公共服务体系构建的各个阶段、各环节以及各领域辅助政府做好相应服务供给的补充工作,灵活适应阶段性规划安排需求,提高全民健身公共服务供给应对群众需求和客观环境的变化的灵活性。另一方面,逐步形成稳定有效、可持续的多元参与治理格局和相关体制机制,实现政府宏观调控,各类市场资源有效整合,社会组织、相关企业、社会团体和个体资源积极参与的系统化运转模式,推动形成服务制度更加完善、服务内容更加丰富、供给主体职责意识更加强烈、协作运转更加规范的更高水平的全民健身公共服务供给体系,以高质量的服务供给推动高水平全民建设公共服务体系建设。

2.明确政府核心主导地位

首先,转变政府角色。2022 年 9 月国家体育总局群体司司长丁东在解读全民健身工作发展战略中指出:广场舞是广大群众喜爱参与的运动方式之一,从群众自发的草根运动到现在形成一定规模,参与人群众多、地域覆盖广且备受关注,但在发展过程中也出现了扰民、抢地盘等问题,所以,在全民健身事业发展过程当中,"引导、规范、推动"十分重要。政府需要思考如何引导项目发展和群众健身。因此,全民健身公共服务开发与供给低效困境,从某种程度上可以称之为供给主体困境。而供给主体困境主要出现在国家体制机制改革中,尤其是从"全能型政府"向"服务型政府"过渡中出现了不适。[①] 破解主体供给困境,关键在于打破"等""靠""要"观念,重新塑造政府角色。公共体育服务治理的目标是政府治理效果得到提升,市场机制更加完善,社会组织得到发展,群众得到最佳公共服务,政府、市场和社会各负其责、协同运转,实现公共利益最大化。[②] 面对《行业协会商会与行政机关脱钩总体方案》等政策文件对组织脱钩做出的要求,需要政府将各类体育组织、协会等脱钩后的职能转化建立相应的接续安排。建立健全监督管理制度。在利益协调、管理及监督等方面要发挥积极主动作用,为各类组织提供全民健身公共服务建设发展的政策环境,确保各类组织能够依法依规平等、有效地参与全民健身公共服务的供给,激活社会力量。全民健身公共服务作为公共产品,终究是政府的职责与使命,无论多元参与为供给主体之间的关系变化以及协调运作带来何种变化,政府始终都处在核心主体的地位,承担规划、引导以及保障性责任。

其次,丰富社会培育实践。政府作为主导力量,要充分发挥培育社会力量的主动性,做到积极引导,调配各类组织有序、合理地嵌入群众体育生活,以宏观调控做好各区域内各类组织服务供给的合理分配,对各类组织要做到主动管理,克服被动处理问题的现实局面,完善基层体育社会组织地方培育制度。因此,政府在从以供给为主转为以主导为主的同时,要充分发挥主导的积极性,将"主导"落在实处。一方面,要不断强化党对体育社会组织的政治影响,激发组织工作的使命感。人民服务的基本宗旨是体育社会组织发展最基本的政治方向与价值导向,以此引导社会组织发展不偏离正确的轨道与方向,树立其参与全民健身公共服务供给的责任感,确保其原初动力的纯粹性。另一方面,要进一步拓宽政府采购种类,完善赛事、设施、服务采购制度,建立政府采购长效机制,着力解决社会组织、企业、个人志愿者等社会力量参与全民健身公共服务供给的内生动力的持久性问题,以拓宽体育社会组织参与渠道,为体育社会组织赋能。例如,英国政府将公共体育场地的管理权或所有权以低于

---

① 史琳,何强.我国全民健身公共服务供给:逻辑、困境与纾解[J].体育文化导刊,2022(8):43-49.

② 张凤彪,王松.我国公共体育服务绩效评价研究述评[J].体育科学,2017,37(4):62-73.

市场的价格转移给体育社会组织;日本将体育场馆市场化运营与地域体育振兴结合起来,不断强化场馆与所在区域的学校、社区和体育俱乐部的联系等,以此促进政府、企业与体育社会组织合作,引导体育社会组织直接经营场馆,拓宽体育社会组织参与渠道,完善体育社会组织参与保障,激活社会力量。

3.完善社会力量供给机制

第一,政府主导组织成立稳定且强有力的专业管理机构或管理团队,强化基层体育社团党建工作,引导体育社会组织健全法人治理结构。在体育组织人才输送方面,除了培训推荐优秀退役运动员、教练员和体育领域权威人士到体育社会组织任职,提高体育社会组织的体育专业权威性和知名度以外,要加强人员任职的稳定性,健全人员岗位职能设定和各项规范制度,确保人才输送能发挥实际效用,而非流于形式。可以借鉴温州市盘活基层体育社团的实践经验,促进体育组织"实体化"发展,切实发挥体育社团"自组织"的中介作用。

第二,扩大社会力量,拓宽参与范围。一方面,在政府主导下,结合区域发展现实,出台地方性法规以及各类专项规章制度,实施当地备案管理,根据发展和治理需要制定税收优惠政策,完善体育赛事、场馆运营、业务培训等公共服务公开招标制度,设立扶持专项经费;对于全民健身相关设施及服务中并不具有规模经济特征且进入门槛比较低的供给领域,如全民健身指导与培训,应完全向民营企业和民间组织开放,鼓励民营企业和民间组织积极开发全民健身相关服务开展所需的各项场所、人才供给、赛事活动举办以及课程学习等;以政策支持、表彰奖励等方式倡导除了企业家、社会精英、经济达人、政治人物等人群以外的企业、社会组织、个人志愿者等自发参与全民健身公共服务供给,激发多元参与意愿,拓宽参与范围。另一方面,参考《上海市体育社会组织发展"十四五"规划》,制定并出台专门针对体育组织相关的发展规划和实施方案,细化体育组织在数量、属性、合格率、人才配备情况、党组织覆盖率等方面的具体发展要求,使厦门市体育社会组织发展目标更清晰,成效可考核,进程可追溯,推动厦门市体育社会组织高质量发展。

第三,完善考核测评机制。一方面,借鉴温州市所实行的基层体育社团等级评估制度,重视对基层体育社团的考评及奖励,并辅以政府购买公共服务项目如群众性体育赛事、国民体质健康监测、体育健身指导培训等的优先承办权,激活基层体育社团。另一方面,建立并推行分级分类管理,从基本条件、治理结构、活动开展、绩效水平、群众满意度等方面制定活力指数评估标准,建立赛事活动品牌培育评估机制,推行公益服务综合评价制度,探索第三方服务信用评估与绩效评价,完善社会监督机制,建立健全问责机制,定期对体育社会组织、体育企业、社会精英等参与全民健身公共服务供给的社会力量实施阶段性审核,以公开透明的考核结果奖励高质量的社会力量供给者,注销低质量的社会力量供给者,保障社会力量参与全民健身公共服务供给全过程的公平与公正,推动多元参与治理可持续发展。再者,参照上海市体育社会组织规范化建设规划设计,建立跨部门的监管协同机制,建立健全综合评估制度、体育社会组织诚信信息库、公众监督渠道,并逐步形成完善的内外监督机制。

转变政府工作理念和工作重心,构建多元参与的全民健身网络组织,完善全民健身公共服务供给体系建设,一方面使政府可以更加集中力量投入于大型场馆的建设开发,另一方面以协同共治的治理格局大大提升全民健身公共服务供给的覆盖面,有效发挥多元主体对群众多样化需求的敏锐感知力,以更丰富的服务内容和更多样的供给方式满足群众多样化服务诉求,提高全民健身公共服务供给质量。

(三)营造全民健身社会氛围

塑造全民健身社会氛围是以实现一种全民健身的广泛积极性和普遍共识为最终目的的。提高全面健身普及度是现阶段行之有效的策略,主要涵盖以下三方面内容:首先,使全民健身理念的宣传普及成为一项持久且常态化进行的工作;其次,重视与各项软硬件设施的引入、落地同步开展的相关使用教学和科普工作,并确其相关宣传工作及时、到位;再次,将全民健身氛围的打造看作一场贯穿始终且具有历史使命意义的任务。

1.健身理念与健康中国宣传教育

美国作为世界体育强国,之所以强的根本原因一方面在于具备数量众多、组织完备、运转良好的健身组织网络,更重要的是拥有强大的全民健身社会生态系统,这是其民众热衷体育活动的内生动力系统。例如,欧美文化崇尚"健壮"之美,这种社会共同意识上的价值认可形成了社会特有的运动文化与风尚,而社会风尚不仅能吸引人且有极其强大的带动性,而这种全民运动氛围的形成是运动文化、运动风尚与宣传倡导彼此间良性互动的结果。营造社会体育文化氛围,加大有关运动行为的信息分享,提升民众的运动意识,既是全民健身公共服务体系的目标之一,也是全民健身公共服务体系得以有效运转的重要保障。2017年10月18日,习近平在党的十九大报告中明确指出,实施健康中国战略,要完善国民健康政策,为人民群众提供全方位全周期健康服务。全民健身是健康中国建设的战略基础、前端要地和有力支撑,是全体人民增强体魄、幸福生活的基础保障。证据表明,全民健身是提高人的身心健康素质和健康治理中非医疗干预最积极、最有效的重要手段,是健康中国建设的战略基础、前端要地和有力支撑。[①] 不同于欧美发达国家"健壮"之美的文化氛

① 刘国永.实施全民健身战略,推进健康中国建设[J].体育科学,2016,36(12):3-10.

围,"治未病"是中国传统的中医思想,也是中国人传统保健与养生的普遍共识,更是塑造群众健身意识、建立健康中国认识的文化基础,是打造全民健身氛围、激活全民健身内生动力的重要文化渊源。

推动健身理念与健康中国的宣传教育,首先要转变工作理念。要将全民健身上升为国家战略,以引导主体方的理念转变为前提,转变宣传教育工作单位及个人提升其工作价值定位,一方面将全面健身与国家"全面健康"战略理念融入职责使命中,将全民健身作为党联系群众、服务群众的独特作用和民生价值在开展宣传教育工作中付诸具体实践,另一方面要将健身理念与健康中国宣传教育作为全民健身公共服务的一部分,转换思维方式,将知识文化普及以及理念传递作为服务供给的一个环节,提高工作站位和价值认识。转变宣传教育引导者的思维方式和理念,是引导群众将全面健身与自身健康价值和健康中国有效融合的前提。其次要重视宣传教育。健身理念与健康中国的宣传教育是推动全民健身服务高质量发展的关键一环,是倡导健康文明的生活方式,树立大卫生、大健康观念,把以治病为中心转变为以人民健康为中心,建立健全健康教育体系,提升全民健康素养,推动全民健身和全民健康深度融合的必备任务,全面健身公共服务体系构建最终的受益者是全体国民,唤醒群众健康意识、引导群众科学健身、鼓励群众广泛健身,是构建全面健身公共服务体系的出发点和落脚点。健身理念与健康中国的宣传教育工作滞后,群众健身意识不足,公共服务体系构建的各项付出就将失去意义,或者呈现出本末倒置的效果,直接影响并决定着全民健身公共服务体系构建的最终成果。

2.服务设施的规划安排及使用普及

对于硬件设施而言,无论是依托互联网科技的智慧健身场所、智慧健身器材还是各项普通健身器材,都需要做好普及教育工作,针对操作说明、使用注意事项以及器材的功能功效等向群众做好必要的非正式或正式培训讲解,一方面降低群众参与全民健身的知识门槛,提高其健身兴趣以及健身积极性,另一方面也能确保群众以正确的操作使用体验各项健身设施的预期功能,帮助群众更轻松、更科学地结合自身身体素质和健身需求正确地使用各项健身器材并获得期望的健身效果,如此逐步形成良性循环,提高群众在健身运动中的获得感和幸福感,进一步扩大健身积极性和健身热情,打造全民健身氛围。再者,对于体育赛事、公益课程以及围绕"体育+"而开展的各项培训服务,要完善并加强事前宣传范围和宣传力度,确保活动受众广泛知晓;尽可能简化参与手续及操作程序以适应更多年龄段的群众参与;各项活动在内容设置、程序规划以及其他各项具体安排上应在细节处体现出对群众当下需求的回应性,以人性化设置激发群众积极性,促进各项软件服务配置切实发挥其应有的价值,避免流于形式。因此,就改善现有软硬件设施的实际效果而言,提高其真正意

385

义上的使用率是当务之急。着力推进普及宣传和教育,不仅能发挥各项设置预期的规划功能,更能通过使用率检验现有成果存在的漏洞和不足之处,为进一步的建设规划提供符合发展实际的意见参考,在加速推进全民健身公共服务新项目的同时完善既有成果,有助于使全民健身公共服务体系总体呈现出贴合实际、符合群众需求的稳步推进态势,以需求的有效契合激发群众健身动力,形成打造全民健身氛围的良性循环。

(四)改善全民健身设施供给

1.推动全民健身设施高质量发展

第一,提增量。推动全民健身设施高质量发展,要将健身设施建设用地纳入年度用地计划予以保障,并借鉴温州、广州等地利用非体育用地建设健身设施的经验,不断拓宽健身设施用地来源。"体育场地设施建设是体育事业的基石,抓好群众身边全民健身场地设施建设,不仅事关健康厦门建设推进及体育事业发展大局,还事关广大市民群众的美好体育生活。"①尽管厦门近年来陆续出台了《加快推进群众身边全民健身场地设施建设工作方案》《厦门市公园绿地全民健身场地设施配置指引》《厦门市工业(仓储)用地自行改造管理办法》等提升全面健身用地的各项方案与措施,但项目种类短缺情况与用地增量仍不匹配。

第二,保供给。在稳步提升全民健身用地数量的基础上,加快推进依项目、依闲置土地大小灵活开发丰富全民健身场地建设进程,借鉴上海、杭州、深圳等城市允许充分挖掘城市顶楼空间建设非标足球场,丰富中心城区白领人群运动健身场所的经验,厦门市应加快对不同区域人口结构、职业特征以及各类闲置空间特性进行分类统计,在提高全民健身场所数量的同时注重对项目种类的完善,确保各类闲置空间的实际设施配置与就近群众需求高度适配。

以数量推动发展所造成的健身设施供给日趋丰富而作用发挥尚显不足的"内卷化"窘境,是影响全民健身设施质量的重要方面,推动健身设施品类和数量布局规划的合理性、优化健身设施管理,是需要同步关注且亟待引起重视的方面,是推动健身设施良性发展的关键所在。

2.破解场所瘫痪窘境

破解疫情常态化管理下的场所瘫痪窘境,最直接最根本的解决方案在于根据区域需求加速修建更多非学校运动场馆作为全民健身公共服务的承载场所,覆盖多类型项目,抵达多区域群众生活周边地带,以充足、便利的场地开发

---

① 人民网.到2023年厦门将新建或改扩建500处"近邻运动场"涵盖20类体育运动场地〔EB/OL〕.〔2022-09-22〕. http://fj. people. com. cn/n2/2022/0922/c181466-40135483.html.

满足群众全面健身多项目运动需求。然而,这是一种耗时较长的规划方案,且短期内成本投入过高,并不能以最快的速度呈现应有的效果,是一个必须完成但却难以满足当下需求的建设项目,如《厦门市全民健身场地设施建设补短板五年行动计划(2022—2026)》对新体育中心、五缘体育中心、马銮湾文体中心、集美体育中心等市、区级体育场馆建设所做出的规划安等,但这只能作为解决当前公共服务开发和供给低效困境下同步进行的方案,绝不能成为唯一投入开展的解决方案。应依据中国体育改革发展在政府购买公共体育服务引导市场资源、市场主体协同促进体育事业和体育产业发展方面的战略选择,加快对受疫情冲击影响的经营性体育场馆的政府购买,采取"阳光普照"的危机应对策略,尽量扩大公共体育服务供应商来源范围,在确保服务质量的前提下,进一步降低政府采购进入门槛,分级分层次地引入体育供应主体,优化政府财政投向体育行业的覆盖效果。[①] 如此,既能在较短时间内解决疫情常态化管控下校园运动场所对外关闭所造成的全民健身体育服务供给不足的困境,又能在全民健身公共服务供给中引入市场资源,并以此为机会加速推动市场主体协同促进体育事业发展的战略规划。

3.完善场地建设规划

厦门市现有的全民健身场地建设主要依托校园开放来提升增量。根据厦门市健身电子地图显示,除健身器材项目外,篮球场、排球场、乒乓球、田径场、羽毛球场、足球场等项目的场馆均主要依靠学校开放来予以提供,且各区域、不同学校所提供的种类和数量参差不齐。在《厦门市公园绿地全民健身场地设施配置指引》《厦门市体育公园建设工作方案》《厦门市工业(仓储)用地自行改造管理办法》等相关政策支持和推动下,边角料、闲置土地以及"公园+体育"等项目的推进大大解决了厦门城市用地紧张和扩大健身场地数量的矛盾,健身器材配备量也得到了一定的提升,但是各类专业项目场地仍难以依需求而得到相应的开发建设。在疫情常态化管控下,学校场所全面临时关闭直接反映出除健身器材以外其他各类运动项目场地紧缺的现实问题,因此在筹备大型综合场馆建设外应加紧扩大对各项目种类的场地建设,除足球场、游泳馆、滑冰场等占地要求严格以及建设难度较大的场馆外,可以酌情加大对乒乓球场、羽毛球场、篮球场等普适性较强的运动场馆的广泛投放,丰富群众健身项目,以全种类与数量兼顾消除盲目内卷化。对配置标准、服务内容和评估体系等进行规范设计,消除健身设施供给上一刀切式的形式化现象。

---

① 宋昱.疫情防控常态化背景下的体育治理创新[J].哈尔滨体育学院学报,2021,39(5):1-7.

4.优化设施资源配置

健身设施高质量发展要坚持以人民为中心,群众需求是全民健身公共服务供给的逻辑起点,服务供给的效率需要从优化健身资源配置、完善供给结构予以更系统的规划和安排,提升健身设施增量要与资源配置合理性、供给结构创新性并行,通过体制机制改革提升健身设施管理及服务水平,使资金、技术、人力等资源要素投入能产生更高的运营效益,推动健身设施供给质量实现质的转变。

首先,坚持从需求出发,将群众需求这一逻辑起点融入全民健身各项设施的投放规划中。在规划制订前做好充分的需求调研,从宏观上可以按照城市人口结构特点、人口职业占比、人口老龄化以及三胎生育政策影响等对各项设施和资源进行投放比例总体规划;在微观具体操作上,根据不同地区、不同社区的具体人口构成特点以及客观地理环境状况进行资源筛选和论证,确保各项场地设施、器材配置都具备较高的投放价值,能发挥其应有的功能效果,既从根本上保障资源配置的合理性、科学性和高效性,又能较为精准地贴合群众需求,提高群众满意度。

其次,建立健全考核机制。针对各地区各年度的设施建设任务安排,一方面要做好完成率的考核评估,确保全民健身公共服务供给总体进度能依标准有序推进,另一方面更重要的是要建立各项任务成果的追踪评估系统。按标准要求完成相关设施建设只是服务供给的第一步,更重要的环节在于后续的管理和保障,其中一项至关重要的考核就在于对群众满意度的调查和分析评估,这是落实以群众需求为逻辑起点的重要反馈机制,是考核各项设施实际运行效果与群众需求匹配度的一项决定性指标,对于总结前期设备投放论证不足以及改善后续资源配置效率具有重要意义。

再次,从健身设施运营管理的角度出发,充分调动社会力量,减轻政府直接管理的投入占比,激活社会力量在人力、财力、物力等各领域的优势,巧用社会力量在群众需求分析上的敏锐度,善借社会力量在管理上的灵活性,将社会力量集思广益的智慧应用于全民健身公共服务供给环节中,明确主导与参与,创新供给结构,消除协同机制不畅,提高全民健身设施供给质量。

(五)提升全民健身公共服务水平

可量化的数据以及可参考的执行标准,是切实提升全民健身公共服务水平的基础。借鉴上海市在全民健身公共服务体系建设中所建立的全民健身指数报告以及社区全民健身公共服务标准,建立健全厦门市全民健身公共服务的数据支撑和指标体系,是提升厦门市全民健身公共服务水平的有力途径。

1.建立全民健身公共服务统计体系

对于提升全民健身公共服务水平而言,一套具备科学维度、精准数据的可量化指标必不可少。厦门市在提升全民健身公共服务水平上应借鉴上海市全民健身指数报告经验,形成对全民健身各项指数的常态化监测与统计。参照上海市全民健身指数报告在健身环境、运动参与、体质健康等方面的维度设定经验,确立符合厦门发展实际以及未来发展规划的全民健身指数维度,并对其各项数据进行分类界定、统计分析,使全民健身公共服务水平具备可量化、可参照、可对比的数据支撑,在不断完善和改进的同时使其成为一项常态化工作,以此形成推动全民健身公共服务均等化、信息化、融合化发展的一项重要参考指标,使全民健身公共服务水平拥有可量化的数据支撑。

2.加快构建全民健身服务指标体系

按照国家全民健身基本公共服务标准在"公共体育设施开放"和"全民健身服务"两个方面的规定,厦门应依据国家相关发展规划以及厦门市发展实际,加快制订贴合厦门全民健身发展需求的全民健身基本公共服务标准。上海市为贯彻落实国家和本市全民健身公共服务相关标准,依据《中华人民共和国体育法》《全民健身条例》《全民健身计划(2021—2025年)》《关于构建更高水平全民健身公共服务体系的意见》《上海市市民体育健身条例》《上海市全民健身实施计划(2021—2025年)》等文件,制定出台了《上海市社区全民健身公共服务标准》,形成了上海市社区全民健身公共服务建设及执行标准,其中,对社区体育设施、社区体育组织、社区体育活动、社区体育指导、社区体育保障五个方面做出了明确且细化的规定。例如在体育设施开放设置的具体执行标准上,上海市对社区公共体育设施免费或者低收费开放做出了不高于当地市场价的70%的标准设定,并且详细规定每天开放时间不少于8小时,并且进一步对开放时间及其他细节做出了如下详细规定:开放时间覆盖居民健身高峰时段,与居民上班时间等适当错开,公休日、节假日、学校寒暑假延长开放,全民健身日免费开放,对老年人、残疾人、学生、军人、消防救援人员和公益性群众体育赛事活动等收费一般不超过半价。详细、规范化、体系化的服务标准是提升全民健身公共服务水平的必要措施,加快建立健全厦门市全民健身公共服务指标体系,是厦门市加快落实国家全民健身基本公共服务标准、提升全民健身公共服务水平的有力途径。

四、探索厦门全民运动健身模范区创建的可行路径

全面健身模范区是厦门市构建全民健身公共服务体系的重要抓手,也是营造全民健身社会氛围的有力途径。依据《福建省第二届全民运动健身模范县(市、区)创建活动方案》的总体要求,高质量发展、均衡发展以及协同发展是当前全民运动健身模范区考核的重点内容。依据当前全民运动健身评价指标要求,厦门市全民运动健身模范区建设的主要思路可以归纳为扶持重点、保障

基础、打造特色这三大板块。

(一)厘清重点,有的放矢

创建全民运动健身模范区,首要任务在于确定对象。选定有条件的区域进行重点支撑,推动区域内部从基础设施建设到公共服务供给深度合作、协调共治,这是确保模范区创建工作可行性和高效性的绝对前提。美国在打造城市体育娱乐区方面的经验表明,体育娱乐区的建设与发展规划需要融入城市总体发展规划——一个新建的体育场馆及设施每年可举办数百场体育比赛,能吸引大量的观众,足以成为其周边商业发展的基础,也是打造特色城市的一个有力途径。因此,全民健身模范区建设需要融入城市总体发展规划,更需要来自城市总体发展规划所给予的战略定位以及各项政策支撑。区域体育发展现状、现有基础设施和服务供给现状、社会组织活力以及群众健身热情乃至于区域地理环境特点等都是全民运动健身模范区创建首先需要厘清的基本事实,应综合考察不同区域的基本实力和未来所具有的模范效应潜力,并在此基础上有的放矢地敲定全民运动健身模范区的创建方案、发力方向以及具体实施内容。

根据对城市各区域硬件设施、软件配置、社会力量参与度全民健身总体成效等四个方面的定量与定性相结合的方式,对各区域全民健身总体成效进行初步评断,并在此基础上对各区域全民运动健身事业发展做出问题诊断以及发展方向规划,结合各区实际环境特点、阶段发展重点以及各区域在全民健身发展特色亮点上的潜质进行论证,以此确定最具全民健身模范区建设潜力的区域进行重点支持,着力打造最具厦门特色且能最大程度发挥试点示范效应的全民运动健身模范区。

(二)完善服务,加强保障

1.健全政府支持

形成党政主要领导牵头、部门协同、群众广泛参与的全民运动健身模范区创建领导小组,为全民运动健身模范区创建工作提供科学领导和组织保障。建立健全各级组织领导的相关工作规范以及系统化的项目实施方案,对整个创建工作的全过程制定清晰的权责清单以及职能规划,确保组织运行的规范性,并以此形成有效的监督闭环,使项目整体能按期、按要求稳步推进。在整体运行过程中,发挥政府在全民运动及健身模范区构建过程中的主导作用,形成政府中不同层级以及不同部门之间的整合与协调作用模式,以专项领导小组确保创建工作的整体实施进展中各部门间横向和纵向的人力、物力、财力等各项资源流通流畅且高效,以组织领导力保障整体创建工作的顺畅运转,实现区发改、文化体育(旅游)、教育、财政、卫生、工商等部门协作机制,建立健全责任明确、分工合理、齐抓共管的工作机制,动员和整合各方面资源,形成推动全民健身高质量发展的合力。

2.拓宽资金渠道

健全全民运动模范区创建工作的财政支持政策,在以区财政资金投入为主的基础上,上级政府应对具备创建模范区条件的区域予以考察评比、重点扶持,划拨专项资金。与此同时,加快完善社会赞助相关制度,以"大体育"发展观将全民健身公共服务发展融入经济社会各相关领域,树立跨领域融合、多元化供给、全社会共享的融合发展理念,完善政策保障,以此实现资金支持的多向、畅通融入,以政策倡导、表彰激励等方式引导社会力量积极投入。例如,在私人募资方面,美国在城市体育娱乐区的场馆建设中以"冠名权""广告权"等非公共融资方式获取了大量来自体育俱乐部以及企业等的资金支持。除此之外,注重从顶层设计以及制度设定上鼓励区域灵活发展,激活区域资金自筹能力,充分调动区域自身发展活力,增强治理主动性和治理能力。

3.扩大人才队伍

完善全民健身公共服务体系人才引进政策,提高全民健身公共服务专项人才队伍建设。为应对全民健身信息化发展,有针对性扩大对大数据平台与专业技术人员的培养,以专业人才配备实现数字赋能全民健身公共服务治理,为全民健身相关的数据收集与分析、辅助决策、智慧平台研发等做出重要贡献;健全并扩大"体医+"人才培育,培养体医结合、体产结合等融合型人才,提高全民健身对人民体质、健康水平以及城市经济发展的贡献度;扩大社会体育指导员队伍,完善社会体育指导员培训、知识更新以及再培训工作,提高社会体育指导员的体育知识水平、专业技能和群众体育活动的组织管理能力,加快推动体育指导员进社区,提高群众健身科学性和健身质量。在此基础上,建立健全各类人才培育制度、管理办法,在不断扩大全面健身公共服务人才队伍的同时完善各类人才在相应岗位上的分配占比,做到引进有方、管理有序、配比合理,确保各类人才在全民健身公共服务各环节中发挥能动性,以人才队伍建设推动全民健身公共服务高质量发展。最后,完善体育志愿者队伍建设的规划与管理,借鉴日本体育志愿者发展经验,引导老年人从全民健身服务的接收者变为供给者,改变对老年人力资本状况的理性认识偏差,提升老年人参与体育志愿服务的常态化,实现参加体育志愿者与满足老年人需求有机融合,推动老年人全面健身公共服务质量的发展。

(三)开发特色,突出亮点

全民运动健身模范区建设中一项至关重要的考核在于特色亮点。国家《全民运动健身模范县(市、区)创建指标》中除基本指标外,将特色创新指标单独列出,明确指出"地方特色发挥基层活力和群众创造力,形成地方特色突出、符合当地实际、群众受益的全民健身事业蓬勃发展新局面是全民运动健身模范区评价的重要指标"。《福建省第二届全民运动健身模范县(市、区)创建活动方案》将高质量发展、均衡发展以及协同发展作为全民运动健身模范区考核的特色亮点内容,这也是当前厦门市突出亮点的关键所在。探索高质量发展、均衡发展以及协同发展中的厦门特色和亮点创新,是厦门全民运动健身模范区创建工作的一个重要突破口。

1.探索高质量发展厦门特色

全民健身公共服务供给高质量发展的逻辑起点在于需求满足,《"十四五"体育发展规划》中提到:"坚持推动体育各领域均衡发展、充分发展,围绕构建更高水平的全民健身公共服务体系,以问题为导向,着力补齐短板,以实现高质量发展。"针对全面健身公共服务供给,厦门市陆续出台的《厦门市"十四五"全民健身场地设施补短板整体解决方案》《关于加强全民健身场地设施建设发展群众体育的实施方案》《关于加快推进群众身边全民健身场地设施建设工作方案》《厦门市公园绿地全民健身场地设施配置指引》《厦门市体育公园建设工作方案》《厦门市工业(仓储)用地自行改造管理办法》等均反映出厦门全民健身公共服务基本设施供给所面临的城市拥挤、土地紧缺的现实困境,但同时也展现出了厦门特有的实现高质量供给的突破口——紧紧围绕需求满足这一逻辑起点,尽可能提高边角料土地在全民健身公共服务供给中的价值,破除贪多求大的盲目竞争,避免设施建设"内卷化"堆积,消除各项软硬件设施供给的不良增长,突出资源配置的精巧化,将资源配置与群众需求时刻保持在较高水平。例如同样面临城市用地紧张的上海市积极推动城市体育设施"楼顶工程",鼓励社会力量在商场、楼宇屋顶建设体育设施,如中环百联、大悦城、环球港、红星美凯龙(真北店)等商圈的建筑屋顶都建设了体育设施,许多商场、写字楼的地下室也变身为健身房、游泳池。健身场地实现了"上天入地",在百姓的身边构建起立体化、多元性的健身服务网络。因此,变瓶颈为机遇,同样是厦门市提高全民健身公共服务高质量发展的特色所在。

2.找准均衡发展突破口

根据国家统计局最新数据统计,思明区、湖里区、海沧区均无农村社区,因此其各区内部全民健身公共服务供给不存在理论意义上的城乡差异情况,而同安区、集美区、翔安区则属于城乡并存区域。因此,为破除服务供给均衡发展困境,在遵循各区区情的基础上应厘清重点,找准解决均衡化的着力点。一方面,在城乡并存的区域着力解决城乡差异性,分析农村地区全民健身公共服务供给缺口,优先重点供给满足群众全面健身公共服务的各项基本设施以及基本服务,在政府主导下推动各方资源向区域内农村社区倾斜。另一方面,在城市区域内,根据各区已有设施统计情况,分析各区域内在的差异性困境,以区域内社会经济发展特点以及未来规划方向,结合产业结构特点、主要职业构成、人口年龄结构、区域居民体质检测情况等具体现状,分析群众当前的需求层次,以需求满足为最终目的,发掘特定区域内群众在全民健身公共服务供给中获得感与幸福感差异最为明显的方面进行重点突破,以消除基本需求的差异性,推动全民健身公共服务供给的均衡化发展。

3.开创协同发展亮点工程

一方面,结合各区域历史文化特色、地理环境优势、体育发展强项,发掘各区域在竞技体育、体育产业、体育旅游、传统体育等方面独有的优势和潜力,形成具有区域特色和厦门特点的全面健身公共服务在"体育+"和"+体育"方面协同发展的亮点项目。依托地方资源禀赋及厦门市优秀传统体育创办体育赛事,打造具有地方特色的IP体育赛事。例如,可借鉴北京、上海近几年在业余联赛品牌赛事活动培育中的经验,探索并培育除传统业余赛事以外能体现厦门特色、符合厦门各类体育项目发展实际的品牌赛事活动,形成集竞技体育、体育产业、体育旅游以及传统体育等众多领域于一体的品牌效应。另一方面,借鉴以"体育社团+社区+居民"的共建机制和以"百姓健身房+国民体质服务站+全民健身志愿服务队"三位一体的服务体系所形成的首创的全民健身活动服务品牌——温州市"百姓健身房",探索形成厦门市特色协同发展工程。推动形成由政府主导,通过制定政策法规、改革体制机制的方式,充分激活社会力量、激发市场主动性、调动群众积极性,引导多元主体共同参与特色体育事业与全民健身的协同工作,形成"政府主导,社会与市场共同参与"的多元治理新格局样板工程,推动各特色领域体育事业与全民健身协同发展的融合深度和广度,并重点提升其治理能力现代化水平,加快形成具有品牌效应的厦门全民健身公共服务协同发展亮点工程,展现厦门全民健身与"体育+"协同发展治理水平与治理能力,形成展现厦门特色、符合厦门实际、受益当地群众的全民健身事业蓬勃发展新局面,为厦门全民运动健身公共模范区创建工作提供强有力的支撑。

393

参考文献

[1]国家体育总局.体育总局关于印发《"十四五"体育发展规划》的通知[EB/OL].[2021-10-25].https://www.sport.gov.cn/zfs/n4977/c23655706/content.html.

[2]国家体育总局.体育发展"十三五"规划[EB/OL].[2016-05-05].https://www.sport.org.cn/search/system/gfxwj/other/2018/1108/191840.html.

[3]王兵.更高水平全民健身公共服务体系"高"在哪儿[N].中国体育报,2022-04-22(2).

[4]林剑.两大关键问题有了答案[N].中国体育报,2022-04-13(2).

[5](美)珍妮特·V.登哈特.新公共服务:服务,而不是掌舵[M].北京:中国人民大学出版社,2004.

[6]史琳,何强.我国全民健身公共服务供给:逻辑、困境与纾解[J].体育文化导刊,2022(8):43-49.

[7]郑家鲲."十四五"时期构建更高水平全民健身公共服务体系:机遇、挑战、任务与对策[J].体育科学,2021,41(7):3-12.

[8]人民日报评论部.倾听那些"沉没的声音"[N].人民日报,2011-5-26(14).

[9]马杰华,舒为平,王佳.西部城市全民健身组织网络与效能提升研究:以陕西省西安市为例[J].体育学刊,2021,28(1):85-90.

[10]张学兵,章碧玉,孟令飞.社会力量办体育实践经验与启示:以"温州模式"为例[J].体育文化导刊,2022(4):47-52.

[11]裴立新.新时代中国体育社会组织发展研究[J].体育文化导刊,2019(3):17-22.

[12]刘国永.实施全民健身战略,推进健康中国建设[J].体育科学,2016,36(12):3-10.

[13]尤传豹,刘红建,周杨,等.推动全民健身与全民健康深度融合的政策路径研究[J].沈阳体育学院学报,2022,41(3):56-63.

[14]邱希,杜振巍."健康中国2030"背景下全民健身与全民健康深度融合发展的基本态势及发展策略[J].武汉体育学院学报,2021,55(11):41-49.

[15]人民网.到2023年厦门将新建或改扩建500处"近邻运动场"涵盖20类体育运动场地[EB/OL].[2022-09-22].http://fj.people.com.cn/n2/2022/0922/c181466-40135483.html.

[16]王小宁,练碧贞.后疫情时代全民健身公共服务体系发展策略研究[J].沈阳体育学院学报,2022,41(5):64-68,88.

[17]宋昱.疫情防控常态化背景下的体育治理创新[J].哈尔滨体育学院学报,2021,39(5):1-7.

[18]2017—2022年《厦门经济特区年鉴》统计资料.

课题负责人及统稿:朱仁显

执　　　　笔:杨　雪

厦门市促进竞技体育发展的对策研究

体育强则中国强,国运兴则体育兴。习近平总书记指出,进一步提升我国竞技体育综合实力,把竞技体育搞得更好、更快、更高、更强,增强我国竞技体育的综合实力和国际竞争力,提高在重大国际赛事中为国争光能力,有力带动群众体育发展,加快建设体育强国步伐。党的十八大以来,我国竞技体育确立发展方向、找准全新定位,不断提升发展质量,收获累累硕果,成功开创了竞技体育发展的新局面。国家《"十四五"体育发展规划》提出坚持举国体制与市场机制相结合,构建竞技体育发展新模式,从七大目标任务和四大建设工程就竞技体育发展的关键问题进行系统谋划,为新时代我国竞技体育的发展提供了行动指南和根本遵循。

厦门市竞技体育有着悠久的历史传统。中国最早的球场——"番仔球埔"(2011 年改名为马约翰体育场)即由美国领事李仙得于 1872 年在鼓浪屿开辟,用于进行足球、棒球、橄榄球等团体竞技项目。近年来,厦门市高度重视竞技体育发展,通过完善竞技体育人才培养体系,推进体教融合,鼓励社会参与,培养了谌龙、林清峰等多名奥运冠军,探索出一条竞技体育的多元发展之路。

一、厦门市竞技体育发展的背景

(一)竞技体育的内涵与功能

1.竞技体育的内涵

什么是竞技体育?学术界从不同视角进行分析界定。从过程视角来看,竞技体育可以视为全面发展身体,最大限度地挖掘和发挥人(个体或群体)在体力、心理、智力等方面潜力的基础上,以攀登运动技术高峰和创造优异运动成绩为主要目标的一种运动活动过程。[①] 从文化视角来看,竞技体育是按照一定的规则,最大限度地挖掘和发挥人体运动能力,以创造优异成绩,战胜对

---

① 董传升.论中国体育发展方式的公共转向:从国家体育到公共体育[J].北京体育大学学报,2013,36(1):14-19,63.

手,从而显示个人和团体在体育方面的实力为目的的运动文化。① 从体系视角来看,竞技体育是为了争取优异成绩而进行的各种专项运动及其组织领导体系和全部实施的总和。② 从社会活动视角出发,竞技体育是一种竞争性的社会活动,特指专门的竞赛活动。③

尽管对于竞技体育这一概念的定义各不相同,但竞技体育的内涵却包含几个核心的设定:一是竞技体育在正式组织起来的体育群体的成员或代表之间进行,参与主体是人,具有身体运动这一特性;二是竞技体育以打败竞争对手来获取有形或无形的价值利益为目标;三是竞技体育通过激发人的潜能,促进地区、民族、国家之间的交流,实现人和社会全面发展。

现代竞技体育具有竞争性、规则性、公认性、功利性和娱乐性等特点。竞争性是竞技体育最主要的特点,竞技体育赛事为参赛选手提供了共同认可的竞争平台和竞争对手,参赛选手目标是共同争夺竞技名次及名次背后的荣誉。规则性是竞技体育得以健康发展的灵魂。竞技体育竞赛规则是在充分考量竞技体育项目特质要求基础上形成的确保竞技体育得以规范、公正、有序开展的制度体系,包括相关法律法规文件和得到广泛认可的具体规定。竞技体育的公认性体现在两个方面:一是竞技体育运动员参与竞技体育活动所获得的成绩和荣誉为人们所认可;二是竞技体育运动自身作为体育运动的一种重要形式得到了普遍的推广和认可。功利性则表现为竞技体育的发展伴随着各种效益而产生。对选手来说,参与竞技体育在获得自身价值提升的基础上,能够获得一定的经济利益与社会认可;对于竞技体育组织来说,通过举办参与竞技体育赛事,能够获得相应的经济利益;对于国家来说,竞技体育发展在带来经济效益的同时,能够提升本国国民对国家的认同感。娱乐性是指竞技体育赛事成为人民日常生活中放松身心、消遣娱乐的重要节目,为其关注者带来精神上的享受。

2.竞技体育的功能

竞技体育发展受特定社会历史条件的制约,在不同历史发展阶段呈现出具有鲜明时代特征的社会功能。其功能变迁是对不断变化的社会、政治、经济环境所催生的各种需求的直接反映。新时代我国竞技体育的功能主要体现在以下几个方面:

一是健身功能。竞技体育自身即是竞技体育运动员在体力、智力、战术、技巧及团队配合方面的比拼,最大限度地发掘运动员潜能,从而实现对自身和

① 徐本力.21世纪中国竞技体育[M].北京体育大学出版社.2001:65.
② 王则珊.关于体育基本概念的新思考[J].体育科学.1990(3):20.
③ 熊斗寅.熊斗寅体育文选[M].贵州:贵州人民出版社.1996:199.

对手超越的过程。在这一过程中,运动员自身体能的激发及超越自我带来的满足感和成就感就是竞技体育健身功能的具体体现。

二是政治功能。竞技体育具有搭建公共外交平台、模糊意识形态与社会制度界限、促进政治文化互补、推动人类价值观的融合与重铸、争取政治正义的政治功能。[①]

三是文化功能。我国在竞技体育发展中提出以促进运动项目文化为核心的体育文化建设,提升体育文化软实力,发挥体育在社会主义文化强国建设中的重要作用。一方面,竞技体育的蓬勃发展促进了地区之间、国家之间的文化交流,成为文化交流的桥梁;另一方面,竞技体育提升了人民群众的文化自信,弘扬了我国优秀的体育文化精神。

四是教育功能。竞技体育具有带动群众体育和学校体育发展的引领作用。竞技体育推动群众体育的作用体现在普及体育项目,指导体育锻炼,推广健身方法,促使民众强身健体等方面。竞技体育对学校体育的推动作用,则通过进校园的方式来实现。

五是经济功能。竞技体育的经济功能体现在对竞技体育赛事组织、基础设施建设等方面的直接经济驱动和相关体育文化产业、旅游业发展的间接经济驱动两个方面。

(二)厦门市竞技体育发展的时代机遇

1.竞技体育的战略地位不断提升

重视竞技体育是党的优良传统。新中国成立后,毛泽东同志提出"发展体育运动,增强人民体质",明确了新中国体育事业发展的指导思想和根本任务。改革开放后,邓小平提出体育运动搞得好不好,影响太大了,是一个国家经济、文明的表现,要把体育搞起来,并且题词"提高水平,为国争光",勉励我国竞技体育发展。党的十八大以来,伴随着健康中国、体育强国和全民健身战略的深入实施,党和国家加强了对竞技体育的关注和支持,竞技体育发展迎来了宝贵的时代机遇。习近平总书记对中国的竞技体育发展十分关心,在多个场合谈到推进竞技体育发展的重要意义,并做出了一系列重要批示。在教育文化卫生体育领域专家代表座谈会上,习近平总书记对竞技体育的发展做了明确的指示:一是探索中国特色的"三大球"发展路径,持续推动冰雪运动的发展;二是创新竞技体育人才培养、选拔、激励保障机制和国家体制;三是坚决推进反兴奋剂斗争,强化拿道德的金牌、风格的金牌、干净的金牌意识,坚决做到反兴奋剂问题"零出现""零容忍";四是妥善应对新冠肺炎疫情带来的冲击影响,统

---

① 马冠楠,刘桂海.竞技体育政治功能新探[J].体育文化导刊,2011(7):140-142.

筹做好各类大型赛事的参赛备战工作。[①] 2019年,国务院办公厅印发《体育强国建设纲要》,提出要进一步提升我国竞技体育综合实力和国际影响力。党的十九届五中全会提出2035年建成体育强国的战略目标,体育强国的实现需要促进竞技体育和群众体育的协调发展,两者既相互独立,又相互统一,最终服务于人民的需求和人的全面发展。党的二十大提出促进群众体育和竞技体育全面发展,加快建设体育强国的战略方针。随着党和政府对竞技体育的关注不断提升,厦门市竞技体育发展迎来了新的时代机遇。

2.竞技体育的综合实力不断增强

我国竞技体育的发展历程就是中国人民追求体育强国梦想的一个缩影,与实现国家富强、民族振兴的美好愿景和建设中国特色的社会主义现代化强国相向同行。自新中国成立以来,在党的领导之下,新中国的竞技体育事业艰难起步,于1952年首次参加赫尔辛基奥运会。1979年,我国重返国际奥林匹克大家庭;1984年,在第二十三届奥运会上,我国体育健儿一举实现中国奥运金牌零的突破,掀开了中国参与现代奥林匹克运动历史的崭新一页;2008年北京奥运会,中国代表团位列金牌榜第一、奖牌榜第二,创下历史新高;在2020年的东京奥运会上,中国以38金88枚奖牌总数,再次展示了中国竞技体育的雄厚实力;举世瞩目的北京2022年冬奥会,中国队不畏强手、顽强拼搏,克服疫情带来的不利影响,获得7个大项、15个分项、103个小项的参赛资格,183名运动员共拿到201个参赛席位,实现了北京冬奥会"全项目参赛"目标。冰雪健儿在冬奥赛场敢打敢拼、超越自我,勇夺9金4银2铜共15枚奖牌,创造了我国参加冬奥会历史最好成绩,实现了运动成绩和精神文明双丰收的优异成绩。

当前,我国在竞技体育领域已经成为亚洲名副其实的体坛霸主,稳居奥运会第二集团,乒乓球、羽毛球、游泳、跳水等项目的竞技水平持续保持在世界领先位置,田径、游泳、水上等基础大项不断突破,竞技体育综合实力整体处于世界领先水平。在2021年11月进行的休斯敦世乒赛上,两位"00后"选手王楚钦和孙颖莎携手摘得混双冠军;在2022年世界羽毛球锦标赛上,中国队的金牌数和奖牌数都位列各队之首;在2022年布达佩斯游泳世锦赛上,中国队包揽了全部13个跳水项目的金牌,刷新了世锦赛的最好成绩。当前,我国竞技体育传统优势项目的实力进一步提升,其他项目加速赶超,成绩显著。竞技体育的赶超发展不仅大幅提高了我国竞技体育的水平,培养和储备了大量优秀体育人才,同时带动了健身休闲娱乐、体育中介、体育培训、体育传媒、体育旅

---

① 杨国庆."十四五"我国竞技体育发展的时代背景与创新路径[J].武汉体育学院学报,2021,55(1):5-12.

游等新兴业态发展,促进了体育产业的繁荣。此外,竞技体育的发展不仅进一步丰富了人民群众的精神文化需求,也为整个社会打下了良好的群众体育基础。

3.竞技体育的政策体系逐步完善

近年来,竞技体育方面的法律政策不断优化革新,为我国竞技体育的进一步发展夯实了制度基础。在法律层面,截至 2021 年年底,我国现行有效的体育法律规范包括 1 部体育法律,7 部体育行政法规,31 部体育部门规章,165件体育规范性文件,269 件地方性体育法规、规章和规范性文件,初步形成了一核多元的体育法律规范体系,对我国体育事业有序健康发展起到了至关重要的作用。其中《中华人民共和国体育法》作为我国现行法律体系中唯一一部体育方面的专门法律,反映了党和国家的体育政策,调整规范我国体育领域的基本关系,是我国体育事业发展的基础性法律,在我国体育法律规范体系中居于核心地位。2022 年 6 月 24 日,《中华人民共和国体育法》由十三届全国人大常委会第三十五次会议修订通过,将于 2023 年 1 月 1 日起施行。在竞技体育方面,《中华人民共和国体育法》从体育竞赛管理、运动员权利保护、职业体育规范与促进等方面对原有条款进一步修改完善。特别是在运动员权利保护方面,提出多措并举、全面发力,规定对运动员实行科学、文明的训练,维护运动员身心健康;依法保障运动员接受文化教育的权利;依法保障运动员选择注册与交流的权利;对优秀运动员在就业、升学方面给予优待;加强对退役运动员的职业技能培训和社会保障,为退役运动员就业、创业提供指导和服务。为确保选用公正廉明,规定代表国家和地方参加国际、国内重大体育赛事的运动员和运动队,应当按照公开、公平、择优的原则选拔和组建。

在政策层面,竞技体育政策是由政府专门机构制定的,实现或服务于竞技体育、创造优异运动成绩为目标的政治行为或行为准则。《"十四五"体育发展规划》提出从体制机制、项目布局、训练竞赛、人才培养等多维度全面构建协调发展的新格局,从打造集体球类项目提升工程和"三大球"振兴工程优化竞技体育项目布局、打造能征善战作风优良的国家队、加大科技赋能和突出备战参赛风险防范四个方面为竞技体育的改革创新做出了规划设计。在竞技体育人才培养方面,我国出台了《关于深化体教融合促进青少年健康发展的意见》,提出开展丰富的课余竞训活动;体育入中考、高考,统一青少年体育赛事体系,整合"传统校""特色校",共建高校高水平运动队,深化体校改革,推进社会体育组织进校园,学校设立教练员岗位,鼓励退役运动员进学校,畅通优秀体育人才成长通道,解决人员待遇问题,搭建保障体系等。发布《奥运项目竞技体育后备人才培养中长期规划(2014—2024)》,首次对我国 35 个大项 47 个分项提出专门的指导思想及原则。在运动员管理方面,修订《运动员技术等级管理办法》,提出规范管理、加强监管、政务公开等一系列相关措施,优化对竞技体育运动员的管理;出台《国家队运动员、教练员选拔与监督工作管理规定》《体育竞赛裁判员管理办法》,强调运用制度严格规范国家队运动员、教练员的选拔与监督。福建省印发《福建省关于促进体育社会组织健康发展的若干措施》《关于抢抓机遇发展冰雪运动的若干措施》《福建省"十四五"竞技体育发展规划》等系列政策文件,对福建省竞技体育的发展做出了规划设计。

当前我国竞技体育发展的法律政策逐渐完善,相关法律政策对竞技体育的促进发展起到了重要的保障作用。一是当前我国竞技体育政策注重加强并严格监督与管理机制,对体育领域全面正风肃纪,防止腐败行为发生;二是竞技体育政策通过加强对体育人才的培养和基地认定评估,推进体育强国发展进程;三是竞技体育政策通过弱化金牌观念,来纠正对竞技体育的偏颇认识,进而树立正确的体育政绩观。

4.竞技体育的管理机制优化革新

一是全国性单项运动协会改革逐渐深入。2017年中国足协作为首个脱钩的单项协会获得了人事、财务、外事等方面的自主管理权,成为依法自治的社会团体法人。随后,中国滑冰协会、中国铁人三项协会、中国篮球协会、中国田径协会等进行了以功能优化为目标的实体化改革试点,姚明、李琰、申雪、冼东妹、郎平等多位优秀退役运动员和教练员进入协会领导层,促进单项运动协会专业化运作。

二是运动项目职业化进程加速。体育职业化是指在一定体育项目基础上,以俱乐部为主体,由若干俱乐部共同成立职业联盟,在职业联盟的组织管理下,共同运营职业联赛,为市场和观众提供优质的体育比赛表演,从中获取社会价值和商业利益的过程。体育职业化有利于竞技体育水平的提高和体育资金的积累,极大地创造比赛的社会价值和商业利益。2015年以来,以《中国足球改革发展总体方案》为改革突破口,我国足球、篮球、排球、乒乓球、网球等多个运动项目的职业化水平不断提升,利用社会市场助力竞技体育发展,形成了一定规模的职业联赛市场,逐渐形成了一批"有传统、有人缘、有明星、有成绩、有关注、有市场"的运动项目,在品牌、营销等方面不断朝着以品牌为中心、服务球迷、服务媒体、服务赞助商的"一个中心、三个服务"方向发展。

三是竞赛体制和训练体制不断创新。国家体育总局以全运会赛制改革为突破口,开启"全民模式",稳步推行并建立中国特色现代化竞赛体系。2021年,陕西全运会进行了赛制改革:在项目设置上,把全运会的项目设置和奥运会的项目设置统筹考虑,囊括了东京奥运会全部小项,针对我国传统优势项目设置小年龄组;在参赛主体上,允许体育院校、社会俱乐部和个人参赛,鼓励更多主体参与。积极开展国家队办队模式多元化探索。针对市场化程度较高、竞技成绩优异、特色鲜明的运动项目,探索与运动项目协会共建国家队;发挥高校教、科、竞、训一体化优势,积极与高等体育院校建立战略合作与共建关系,北京体育大学、上海体育学院、天津体育学院、南京体育学院等高校相继成立了中国足球、乒乓球、排球、网球等学院;选择项目成绩较好、后备人才充裕的省市,通过与地方政府签署合作协议的形式实现精英体育资源的共建与共享。深入科体融合,国家体育总局与科技部建立了"科体协同"工作机制,组建了国家队科医团队,成员来自近两百家科教、医疗机构和高新技术企业,建立综合性运动会"科医保障营",组织开展国家队购买科技服务绩效评价工作。

上述种种可以说从宏观层面为厦门市竞技体育的进一步发展创造了良好的机遇,奠定了扎实的群众基础,提供了坚实的制度保障和有力的政策支撑。

二、厦门市竞技体育发展的实践探索

(一)推动竞技体育发展的措施

1.完善体制机制,为竞技体育发展提供制度保障

实现竞技体育高质量发展的基础在于创新体制机制和激活内生动力,提供制度保障和政策引领。厦门市在推动竞技体育发展过程中,一直重视创造良好的制度环境,优化竞技体育管理模式,规范竞技体育赛场行为,激发社会力量参与,完善体育人才培训体系。为此,厦门市出台了一系列竞技体育政策,这些政策大体可以归为激励类政策、规制类政策、培育类政策三类。

竞技体育激励类政策是对导致竞技体育朝着更好前景发展的行为和现象的扶持,运用奖励手段,使得竞技体育各主体向政府所倡导的方向努力的政策。厦门市在促进竞技体育发展方面先后出台了《厦门市社会力量承办市级运动队资助及奖励实施办法》《厦门市体育竞赛奖励办法》《厦门市高水平职业体育俱乐部资助奖励实施办法》《厦门市社会办群众性体育赛事活动奖励实施办法》《厦门市高水平体育赛事补助管理办法的通知》等政策。其政策的对象从运动员、体制内俱乐部扩展到社会力量所组织的俱乐部及运动赛事领域,实现了"从点到面"的激励覆盖。此外,各类激励政策力度强劲,譬如高水平体育赛事的补助最高可至 500 万元,厦门市社会组织承办市级运动队资助最高可至 200 万元(年),能够切实发挥政策的激励作用。

竞技体育规制类政策对竞技体育赛事、竞技体育项目、竞技体育管理等方面进行规范引导,旨在优化竞技体育行业管理机制,规范竞技体育赛事行为,营造公平、公正、公开的竞技体育赛事环境,为竞技体育行业的规范发展提供保障。厦门市出台的关于竞技体育的规范类政策主要涉及以下几个方面:在竞技体育赛事的规范发展领域出台了《厦门市体育竞赛裁判员管理办法(试

行)》,为体育竞赛裁判员的监督管理工作提供了政策参考;在竞技体育重点项目发展领域出台了《厦门市足球中长期发展规划》《厦门市足球改革发展方案》《厦门市足球场地设施建设规划》等相关文件,对以三大球为代表的重点竞技体育的项目发展进行了科学的规划,并围绕其发展出台了一系列的配套政策;在竞技体育管理体制机制发展领域先后出台了《厦门市体育传统项目学校管理办法》《厦门市体育传统项目学校评估细则》《厦门市参加全国全省综合性群众体育赛事活动经费开支标准管理办法》等。

竞技体育的培育类政策旨在提升竞技体育行业中直接参与竞技体育赛事的运动员及其后备人才的竞技能力,激发参与竞技体育行业中社会力量的活力。厦门市出台的竞技体育培育类政策在竞技体育运动员及其后备力量能力提升方面主要包括《厦门市优秀运动员招收引进、在训待遇、退役安置试行办法》《厦门市引进优秀竞技体育后备人才专项经费使用管理办法》《厦门市深化体教融合促进青少年健康发展的实施意见》《厦门市引进优秀竞技体育后备人才培养输送费使用管理办法》等相关政策文件,对厦门市竞技体育运动员的选拔、引进、安置、退役等方面进行了系统全面的政策设计;在激发社会活力方面主要包括《关于促进体育社会组织健康发展的实施意见》等相关政策文件,从体育社会组织的优化审查登记、积极培育、发展壮大、规范化管理、加强信用建设等方面促进体育社会组织蓬勃有序发展。详见表1。

表 1　厦门市促进竞技体育发展主要政策

年份	政策文件名称
2016 年	《厦门市体育传统项目学校管理办法》
2016 年	《厦门市体育传统项目学校评估细则》
2017 年	《厦门市足球中长期发展规划》
2017 年	《厦门市足球场地设施建设规划(2016—2020 年)》
2017 年	《厦门市运动员招收引进、在训待遇、退役安置(试行)办法》
2017 年	《厦门市体育竞赛奖励办法》
2017 年	《厦门市体育竞赛裁判员管理办法(试行)》
2019 年	《厦门市社会办群众性体育赛事活动奖励实施办法》
2020 年	《厦门市引进优秀竞技体育后备人才专项经费使用管理办法》
2020 年	《厦门市足球改革发展方案》
2020 年	《厦门市社会力量承办市级运动队资助及奖励实施办法》
2020 年	《厦门市引进优秀竞技体育后备人才培养输送费使用管理办法》

续表

年份	政策文件名称
2020 年	《厦门市高水平职业体育俱乐部资助奖励实施办法》
2020 年	《厦门市参加全国全省综合性群众体育赛事活动经费开支标准管理办法》
2020 年	《厦门市深化体教融合促进青少年健康发展的实施意见》
2021 年	《关于促进体育社会组织健康发展的实施意见》
2021 年	《厦门市高水平体育赛事补助管理办法的通知》
2022 年	《厦门市优秀运动员及优秀体育后备人才招收引进、在训待遇和退役安置办法》

资料来源：厦门市体育局网站。

2.培育社会组织，构建多元参与竞技体育格局

体育社会组织，是指从事各种体育运动、健身活动的体育社会团体、体育基金会和体育社会服务机构等。组织开展体育活动是体育社会组织的特有属性，体育社会组织在参与体育公益服务、承接公共体育服务购买、普及运动技术、组织开展体育竞赛、培养体育人才等方面具有独特的功能作用。① 厦门市重视体育社会组织的发展，提出"增强体育社会组织生存发展能力，使之成为体育赛事活动的主力军、全民健身运动的排头兵"的目标，从加强党的领导、提升扶持力度、加强人才培养、促进规范发展等方面促进厦门市体育社会组织的发展。

厦门市体育局高度重视加强党对体育社会组织的领导，分别从党建工作、管理机制、信息化建设、经费保障四个方面加以落实。建立体育局业务主管体育社会组织党建负责制，由市体育局机关党委负责；已脱钩或直接登记的体育社会组织党建工作，由市民政局社会组织综合党委负责。

在促进社会组织发展的规范化方面，优化体育社会组织审批流程，明确推行"一趟不用跑"和"最多跑一趟"的政策，审查阶段由 4 个环节控制在 3 个以内，办理时限压缩至 6 个工作日；加强体育社会组织信用建设，要求社会组织签订信息承诺书，对部分不按照规定参加年检，不履行承诺制度的体育社会组织，列入活动异常名录和失信名单。

进一步增强对体育社会组织的扶持力度。发挥体育总会枢纽作用，鼓励体育社会组织购买公共体育服务，加大金融支持力度，建设发展孵化基地，推进体育融合发展，扶持举办赛事活动，开展评估等级。同时，厦门市社会组织

---

① 裴立新.新时代中国体育社会组织发展研究[J].体育文化导刊,2019(3):17-22.

党组织孵化园加挂"厦门市体育社会组织发展孵化基地"牌子,提供一定比例的办公场所用于孵化体育社会组织。鼓励体育社会组织办群众性体育赛事,按照《厦门市社会办群众性体育赛事活动奖励办法》,给予部分优秀赛事奖励,调动社会组织办赛积极性。明确体育社会组织举办的市级及以上公益性赛事,经市体育局认定为精品赛事的,市体育中心最高给予5折优惠,解决体育社会组织举办赛事经费不足问题。

在加强人才培养方面,通过培训推荐优秀退役运动员、教练员和体育领域权威人士到体育社会组织任职,提高体育社会组织的体育专业权威性和知名度;鼓励市级体育社会组织等社会力量参与组建市级运动队,引进高水平运动人才,代表厦门参加省级以上的比赛。此外,厦门市还通过多渠道广泛宣传,营造关心和支持体育社会组织的氛围,帮助体育社会组织健康发展。

3.完善培训体系,打造专业人才队伍

人力资源的开发培育和人才队伍的建设是竞技体育事业发展的核心内容。厦门市以打造专业化、多元化的竞技体育人才队伍为目标,从完善配套设施建设、变革管理体制机制、加强人才合作交流、优化训练方式方法、扩充后备人才力量等方面着手,致力于为竞技体育的发展打造专业人才队伍。

一是加强竞技体育发展的基础设施建设。凭借2015年厦门市承办"第一届全国青年运动会"这一契机,厦门市先后开展提升改造体育中心足球场,建设海沧体育中心体育场、新市级体育中心"一场两馆"、翔安体育交流中心、理工学院、医学院、城市职业学院等一批体育馆及田径体操馆、帆船帆板训练基地等竞技体育专业训练基地等基础设施建设工作。厦门市市运动训练中心建成投入使用,按照"训练项目上规模,管理机制上台阶,训练水平上质量"的发展规划,对搬迁入驻的市体校、市竞技体育运动项目管理中心、市射击射箭运动中心进行了机构整合和人员、编制调整,不断优化运动训练、文化教育、科研服务和后勤保障等工作。

二是积极完善竞技体育人才培养、训练、管理的体制机制。2022年4月,厦门市体育局所属训练单位进行机构编制调整,厦门市体育运动学校、厦门市竞技体育发展中心、厦门市水上运动中心三家训练单位整合为一家——厦门市体育运动学校。合并后厦门体育运动学校拥有24个大项,270余名教职工,有1600多名在训运动员,涵盖训练竞赛、教学科研、后勤保障三大板块工作。

三是积极推动人才交流合作,引进竞技体育优质人才,带动相关竞技体育项目发展。出台了《厦门市引进优秀竞技体育后备人才专项经费使用管理办法》,引导和支持引进竞技体育优质人才。制定竞技体育品牌项目建设实施方案,进一步规范专项资金的使用和管理。加强同国际田联、亚足联等国际体育组织的合作与交流,与希腊马拉松市,荷兰祖特梅尔市,韩国平泽、木浦,马来西亚槟城等城市的国际体育交流日益密切。依托厦门"对台体育合作与交流基地"的平台,加强与台湾地区在竞技体育发展方面的交流合作。

四是优化竞技体育运动员的训练体系,建立完善的后勤保障制度。强化科学训练,加强科学训练监控指导,加强体能、战术、心理等方面的专业培训,提升竞技综合实力。加大优秀教练员的引进力度,完善教练员岗位培训和注册管理制度,聘请国内外高水平教练员对全市教练员进行专项业务培训,并选派优秀教练员参加国家级业务培训,全面提升教练员业务能力和综合素质。

五是围绕竞技体育人才后备军的培养,加强对青年人才的培养力度。深入创新体教融合的后备人才培养模式,通过体育传统校建设竞技体育后备人才培养孵化基地,围绕典型赛事吸引青少年参与,提升青少年体育活动的覆盖面和影响力。鼓励通过政府购买服务的方式,借助社会资源开展青少年业余训练。构建青少年业余训练信息数据库,为教练员科学选材提供数据支持,提高科学育才选材水平。与教育部门积极对接,完善"市队校办"的体育后备人才培养模式。制定厦门竞技体育后备人才培养的中长期发展规划,进行重点项目后备人才培养布局,完善各体育传统校和少年业余体校训练评估奖励政策。

(二)竞技体育发展的成效

1.赛事体系不断优化

多年来,厦门市积极申办各类竞技体育赛事,赛事数量逐步攀升,赛事规模逐渐扩大,赛事影响力逐渐增强,办赛形式更加多样化,赛事运营更加市场化、投资主体更加多元化,竞赛组织更加专业化,先后打造出厦门国际马拉松赛、全国健身锦标赛健身模特大赛、厦门国际武术大赛等一系列品牌赛事,每年举办大型体育赛事超40项,形成以厦门马拉松赛为引领,世界铁人三项、世界沙滩排球锦标赛、世界杯攀岩赛,以及高尔夫、羽毛球、龙舟、汽车场地越野、车辆模型等赛事为核心,厦金海峡横渡、海峡杯帆船赛、棒垒球、武术等对台体育交流为特色,"一区一品"赛事为基础的格局。体育竞赛表演业日益繁荣,厦门市区域赛事中心城市的地位作用不断凸显。每项赛事的成功申办不仅搭建起各地互鉴对话和文明交流的桥梁,彰显运动员的竞技体育精神,诠释新时代厦门市民的良好风貌,更提高了厦门市国内国际影响力。

一是赛事数量逐年升高,赛事规模逐渐扩大。在赛事数量方面,厦门市每年举办的大型竞技体育赛事从2017年近30多项上升至2021年40多项,当前每年参与群众超30万人次。

二是赛事效益进一步提升,赛事品牌价值凸显。以厦门马拉松赛为例,该赛事创办于2003年,至今已举办了19届,是国内领先的马拉松赛事之一,获得世界田联（WA）、国际路跑协会（AIMS）、中国田径协会（CAA）三大权威顶级认证，入选"国家体育产业示范项目"，获评首批"国家体育旅游精品赛事"，也是亚洲首个获得国际路跑协会（AIMS）"绿色环保奖"的马拉松赛事，连续多年获得"中国田协金牌赛事"的荣誉，并于2021年升级为"世界田联精英白金标赛事"，跻身世界最高级别马拉松赛事，并获评厦门经济特区建设四十周年全面深化改革优秀案例。厦门马拉松赛带给厦门市的经济效益也逐年提升，尽管在2020年受到新冠肺炎疫情的影响，但厦门马拉松赛产生的经济效益依然不断上升（详见图1）。厦门市也先后被中国田协授予"中国马拉松突出贡献奖"和全国首个"马拉松城市"称号。此外，海峡两岸龙舟赛、中国俱乐部杯帆船赛等7个项目被评为中华体育文化优秀项目和中国体育旅游精品项目。

三是赛事布局更优化合理，"一区一品"赛事格局成型。思明区一直以来承办全国沙滩排球锦标赛和海峡两岸高校沙滩排球邀请赛，并被国家排管中心授予"全国沙滩排球赛事基地""全国优秀沙滩排球赛区"；集美区则利用自身传统文化的优势禀赋，组织开展海峡两岸龙舟赛、全国汽车场地越野赛；同安区举办的中国职业高尔夫球锦标赛是目前国内最高级别的男子职业高尔夫球巡回赛，也是目前国内唯一向国际组织申请世界排名积分的自主职业赛事；湖里区举办的中国俱乐部杯帆船挑战赛填补了中国在航海俱乐部之间正式比赛的空白，推动中国帆船航海运动的发展；海沧区则举办中国高尔夫女子公开赛、厦门海沧半程马拉松等赛事。

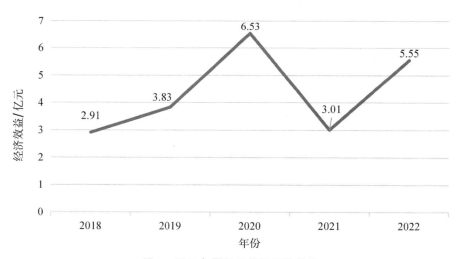

图1　近五年厦门马拉松经济效益

数据来源：厦门市体育局网站及作者整理。

2.竞技成绩显著提高

竞技体育成绩是运动员参加比赛的结果,是根据特定的评定行为对运动员及其对手的竞技能力在比赛中发挥状况的综合评定。竞技体育成绩是衡量竞技体育发展水平的重要标准,近年来厦门市在竞技体育基础大项创新突破的同时,传统优势项目也在"迭代升级"中不断跃上新台阶,具有可持续竞争力的竞技体育项目日益增多,竞技体育整体水平以及竞技成绩含金量不断提升,成就斐然。

在大型体育赛事方面,"十二五"期间,厦门市运动员在参加国际、国内大赛中,共获得世界冠军9个,亚洲冠军12个,全国冠军43个;"十三五"期间,厦门市运动员在参加国际、国内大赛中共获得世界冠军30个,亚洲冠军11个,全国冠军150个,竞技体育综合实力迅速提升,竞技体育成绩取得突破进展。在奥运赛场上,2012年伦敦奥运会上厦门市运动员共获得1金2铜、1个第五名、1个第六名、1个第七名,取得历史性突破;2016年里约奥运会,厦门市运动员共取得了2枚金牌、1枚银牌、1枚铜牌,并打破2项世界纪录,金牌数、奖牌总数、破世界纪录项次数和带入省运会金牌、奖牌和得分数均超过历届奥运会,创造了厦门运动员参加奥运会的历史最好成绩。在全运会上,厦门市运动员成绩实现了从2009年第11届获得1金6银6铜的成绩至2021年第14届获得7金3银7铜的巨大进步,奖牌数量创历史新高。其中在2013年全运会上获得9金、7.5银、10.5铜共27枚奖牌的好成绩,位列全省第一。2015年首届全国青年运动会,厦门市体育运动员获得11金、13银、9铜的优异成绩,市体育局获省政府记集体三等功;在2019年第二届全国青年运动会上先后斩获12金、20银、21铜的优异成绩,金牌和奖牌总数均超上届,创历史新高,被省体育局评为"福建省参加第二届全国青年运动会贡献奖"。与此同时,2014—2015年赛季中国羽毛球俱乐部超级联赛厦门特房羽毛球俱乐部获得冠军,这是厦门体育历史上获得的首个国内顶级联赛冠军。2020年运动员葛曼棋接连斩获100米和200米全国冠军,创两个项目全国最好成绩。详见图2。

3.体教融合作用凸显

一是通过竞技体育后备人才培养基地校建设,创立了体教融合发展的新模式。厦门市体育局根据《关于加强竞技体育后备人才培养工作的指导意见》的相关精神,结合厦门实际情况,联合厦门市教育局、市财政局、市人力资源和社会保障局于2020年联合制定了《厦门市竞技体育后备人才培养基地校管理实施办法》,对厦门市竞技体育后备人才相关工作提出了创新思路。基地校通过"以点带面"的示范效应,让更多在校生参与专业竞技体育项目,培养学生掌握1~2项运动技能,养成热爱运动、终身运动的良好习惯;同时,基地校的模式让在训运动员文化课不断档,文化与体育并重,有助于培养有知识有文化、

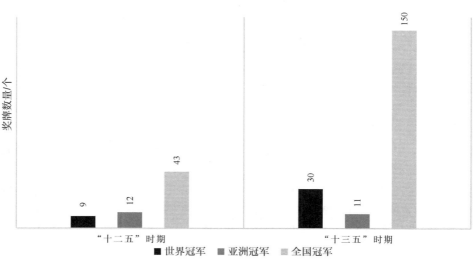

图 2   厦门市"十二五"至"十三五"时期竞技体育成绩变化

数据来源：厦门市体育局网站。

体育专长突出的体育后备人才。2020 年厦门市创建 49 所竞技体育后备人才培养基地校，下拨 680 万元补助经费，激励学校培养后备人才。2021 年厦门市新增 15 所竞技体育后备人才培养基地校。

二是夯实传统校基础，提升青少年体育发展水平。体育传统项目校的创建重在普及推广，旨在在校园里营造氛围浓厚的体育文化，促进学生德智体美劳全面发展。厦门市先后出台《厦门市体育传统项目学校管理办法》《厦门市体育传统项目学校评估细则》等多项政策，对传统体校开展评级，进一步完善了传统体校的制度保障。2020 年厦门市对 57 所传统项目学校进行考评并下拨 147 万元补助经费，进一步鼓励学校开展体育赛事活动。从 2017 年开始，厦门传统体校数量逐渐增加，截至 2021 年共有体育传统校 72 所，其中在 2019 年建立 57 所市级体育传统校，其中包括 1 所国家级、34 所省级体育传统校（其中 13 所省级体育传统学校受到省体育局表彰和扶持）。重点竞技体育项目与学校实现深入合作，厦门足球队与厦门二中、外国语学院、双十中学签订协议合作共建；蹦床队与湖明小学共同培养人才；体操队与群惠小学深入合作；篮球队、排球队也与厦门十中、竹坝中学、翔安一中等学校开展合作，成效显著。其中，厦门一中、公园小学 2019 年连续两年分别获得全国体育传统项目学校游泳联赛的中学组、小学组团体冠军、亚军。厦门一中以总分 448.5 分获得中学组团体冠军，打破 2 项赛会纪录，摘取 22 枚金牌，15 人成为国家一级运动员。

三是竞技体育人才培养和引进工作稳步推进。在人才培养方面,"十三五"期间,厦门市建立 57 所市级体育传统校,创建 40 所竞技体育后备人才培养基地校,向省队输送 190 名运动员,向国家青年队输送 4 名运动员,向国家队输送 28 名运动员。在人才引进方面,2020 年厦门市出台了《厦门市引进优秀竞技体育后备人才专项经费使用管理办法》,引导和支持各单位共同做好竞技体育人才引进工作,当年引进运动员 4 名,体育人才 5 名。2021 年厦门市引进 11 名优秀竞技体育后备人才,并在陕西全运会、省年度锦标赛中取得优异成绩。

四是青少年相关竞技体育赛事不断完善,成为竞技人才后备军培养的练兵场。2016 年以来连续举办青少年"三大球"联赛,赛事规模、竞技水平不断提升。2019 年组织开展厦门青少年冰球联赛、海峡杯(翔安)青少年棒球邀请赛、全国青少年帆船联赛等青少年单项体育赛事活动,积极引进并举办以中国世界青少年足球赛为代表的高端赛事活动。2020 年厦门市体育局同市教育局联合主办市中小学生足球、田径、游泳等 9 个项目比赛,共有 658 队 6538 名学生参与;组队参加 2020 年福建省中学生体育联赛,参赛人数共约 350 人,获得多项好成绩,足球项目包揽男、女项目前三名。2021 年举办厦门市"奔跑吧·少年"儿童青少年主题健身活动,共 22 个项目 33 场活动,参与人数达 27000 余人。

4.社会活力持续释放

社会力量的支撑赋能是竞技体育得以发展的重要因素之一。所谓社会力量是指能够参与、作用于社会发展的基本单元,包括自然人、法人(社会组织、党政机关事业单位、非政府组织、党群社团、非营利机构、企业等等)。厦门市积极推进竞技体育发展,从培训社会组织和引导市场力量两个维度持续发力,引导社会力量积极参与竞技体育发展,成效显著。

在培育引导社会组织方面,随着厦门市对体育社会组织的培育扶持,体育社会组织力量大大增强,参与竞技体育事业的积极性持续激发,参与竞技体育事业的广度和深度不断拓展,已经成为厦门市推动竞技体育事业发展中不可忽视的重要力量。一是体育社会组织数量逐年增加,2011 年厦门市体育协会及民办非企业单位共有 26 家,截至 2021 年已经增长至 283 家(详见图 3),基本实现人群体育协会、单项体育协会全覆盖。其中在 2016 年、2019 年,厦门市体育社会组织迅速发展,分别每年增加 61 家、112 家。2021 年厦门市选拔出 14 家社会力量代表厦门市组队参加省运会青少年部社会俱乐部组比赛。二是厦门市体育社会组织从原有的游离于竞技体育之外逐渐走向与竞技体育的融合发展。一方面,厦门市体育社会组织承办了全年 80% 以上的大中型赛事,成为厦门赛事体系建设的重要力量;另一方面,社会组织进一步激发了社会活力,吸引社会群众对竞技体育的关注。

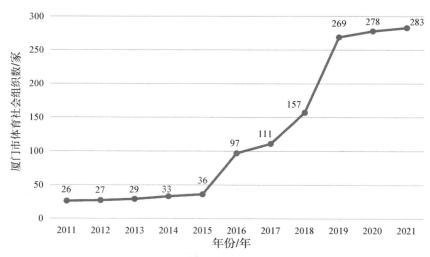

图3   2011—2021厦门市体育社会组织增长情况

数据来源:《厦门市国民经济和社会发展统计公报》(2011—2021)。

在激发市场力量,引导企业参与方面,厦门市自身率先在全省成立体育产业服务工作站,营造良好营商环境,吸引竞技体育相关企业参与竞技体育发展并获全省示范推广。一系列企业组织的体育赛事蓬勃发展,涌现出欧洲篮球中国赛(厦门站)、UIM世界XCAT摩托艇锦标赛、首届中国赛区联赛厦门分站赛、亚洲高尔夫球锦标赛、大唐地产中国拳王赛、中国汽车漂移锦标赛年度总决赛等多项国内外大赛,形成了广电集团的赛事运营、建发集团的电子竞技、特房集团的羽毛球和攀岩、轻工集团的模型体育等为格局的"一企一品"赛事特色。此外,随着政府对参与竞技体育企业扶持力度的加大,奥佳华智能健康科技集团股份有限公司、厦门奥林匹克·诺斯蒂文化体育公园2个项目分别获评2018年度国家体育产业示范单位、示范项目。厦门康乐佳运动器材有限公司、厦门京鼎体育文化发展有限公司—厦门大唐体育服务综合体、简极科技有限公司—INSAIT青少年足球竞训大数据平台3个项目获评2019年度国家体育产业示范单位(项目),钢宇工业获评国家体育产业示范单位,企业参与厦门市竞技体育发展的活力被进一步激发。

5.足球事业发展迅速

足球运动的真谛不仅在于竞技,更在于增强人民体质,培养人们爱国主义、集体主义、顽强拼搏的精神。当前,足球成为我国建成体育强国的标志性事业。作为第一批开放的通商口岸,厦门是中国最早接触现代足球的城市之一。近年来,厦门市足球事业发展迅速,在赛事组织、人才培养等方面取得了显著的成就。

为促进厦门市足球运动的发展,厦门市先后出台了《厦门市足球中长期发展规划》《厦门市足球场地设施建设规划(2016—2020 年)》《厦门足球改革方案》,召开厦门市足球改革发展联席会议,完善了厦门市足球运动发展的制度设计。在组织承办足球相关的赛事方面,厦门市获得了 2023 年亚足联中国亚洲杯承办权,是厦门足球事业发展的里程碑。为贯彻落实国家体育总局关于"全面振兴三大球"任务,提高厦门市"三大球"的竞技水平,培养和输送"三大球"后备人才,创建了厦门市青少年"三大球"联赛竞赛制度。在足球基础设施建设方面,厦门市大力推进社会足球场地建设,"十三五"期间,共新建社会足球场地 61 片。在人才培养方面,厦门市规划布局足球青训工作,推动足协的改革,不断完善市级青少年训练体系和竞赛体系,设立了 U12/15/17 组青少年足球锦标赛;推动社会力量开展青少年足球培训,全市在足协注册登记的社会青训机构达到 20 多家。厦门市在相关足球赛事中成绩不断攀升,厦门趣店足球俱乐部于 2020 年组建完成并获得参加中国足球协会会员协会冠军联赛资格,并在 2021 年中国足球协会会员协会冠军联赛中获得第二名的好成绩,成功冲乙。厦门二中先后斩获 2016 年、2018 年中国中学生足球锦标赛冠军,是福建省中学生足球队在全国赛中取得的最好成绩。

三、厦门市竞技体育发展存在的问题

(一)竞技体育社会组织力量相对薄弱

1.社会组织根浅株弱

竞技体育社会组织是促进竞技体育发展的重要力量,但我国竞技体育社会组织的发展起步晚,自身成长缓慢,缺乏规范有效的治理制度,导致竞技体育社会组织在促进竞技体育发展中成效不佳。厦门市近年来大力扶持培育体育社会组织参与竞技体育事业,但由于这类组织自身结构尚不完善,往往也进一步造成多元参与竞技体系中社会主体的能力缺失。虽然近几年厦门市体育社会组织的数量不断增长,但是相较于国内竞技体育发达城市仍然有较大差距。2020 年上海市体育社会组织有 1437 家,而同时期厦门市体育社会组织仅有 278 家,相比而言厦门市体育社会组织的发展仍然较为滞后。一些竞技体育协会在吸纳会员时无正规流程,且会员来源途径单一、素质参差不齐,制约了组织专业化、规范化的发展。这类竞技体育社会组织缺乏自我认知,在资金和资源上对政府的依赖性极强,没有明确自身的定位和职能,缺乏独立性;自身能力欠缺,稳定性较差,管理体系也不够完整;组织内部缺乏多渠道且行之有效的监督,信息公开不完善;缺乏自我提升的动力,缺少向社会化市场化

411

转型的积极性、向优秀社会组织学习的主动性和"脱离"政府的决心。政府主要采用整顿清理、处罚取缔等"运动式治理"对不完善、不规范的体育社会组织进行规制,这往往导致竞技体育社会组织降低对自身治理结构的关注和改良,不能从人员、经费、理念等方面推动组织的内在发展,进而建立起良好的管理架构。

2.相关制度设计尚不完善

法律法规是竞技体育社会组织获取合法身份和实现良好发展的保障,尤其是一些发展历史较短、基础尚不够坚实的竞技体育社会组织,更依赖于强有力的制度保障。目前,我国涉及体育社会组织的相关法律法规数量偏少、层级较低且不够细化。就厦门市而言,针对促进竞技体育社会组织发展,仅出台了《厦门市民政局关于促进体育社会组织健康发展的实施意见》,在针对竞技体育社会组织监管、评估等方面存在着一定的政策空白,对竞技体育社会组织发展培育举措和制度倾斜的力度不足,从而导致竞技体育社会组织容易陷入无序化发展、野蛮生长和"自生自灭"等不良循环中。

在管理方面,厦门市对竞技体育社会组织治理采取政府主导的运动式治理模式,厦门市体育局每年对体育类社会组织年报进行审查,并指导和督促厦门市体育组织和民办非企业单位按要求开展年检工作,尚未形成科学完备的竞技体育组织评估机制。在竞技体育社会组织日常工作开展中,遵循重大事项报告制度,由相关组织提前30天向厦门市体育局提交书面报告,并按要求提交相关材料,经厦门市体育局同意后报厦门市民政局备案,整个监管过程覆盖面不全。总体来看,市政府相关部门与竞技体育社会组织的互动不足,更多依赖于社会组织自身治理结构的完善发展,而厦门市竞技体育组织自身发展又不充分,长此以往,组织生存的基本环境得不到有效优化,结构易松散,组织成员存在不稳定性,呈现"随意性"发展的态势,不利于厦门市竞技体育社会组织的良性发展。

(二)人才结构不均衡,总量短缺

1.后备人才队伍的结构性失衡

厦门市竞技体育后备人才数量储备不足,极大地影响了厦门市竞技体育的发展。受制于厦门市独特的地区结构、经济环境、社会文化氛围,相关竞技体育培训单位所处地理位置不佳,办学优势遭到削弱;厦门市家庭多为独生子女家庭,子女从事竞技体育的意愿不强;教练员队伍整体素质不能满足需要,体育后备人才培养效益相对较低;长期以来在人才培训中形成重视竞技成绩、轻视文化教育的培养模式;基础教育部门政策的调整,使拥有相应运动等级的运动员在参加基础教育升学考试时,不再享有加分特权。这些因素在一定程度上制约了竞技体育后备人才队伍的发展壮大。

厦门市竞技体育后备人才梯队建设结构不合理集中表现在三线运动员数量偏少，"塔基"瘦小。部分项目二线队伍缺失，有的项目甚至出现断层现象。厦门市竞技体育二线队伍建设主要依赖于三线选拔和二线引进，三线队伍的储备不足直接影响到整个厦门市二线队伍的选拔。厦门市三线队伍生源紧张、选材难度大，影响了选材质量，造成淘汰率较高。同时，厦门市教练员招聘限制条件较多，对应聘人员的职称、运动等级、竞赛成绩、学历都有较高的要求，招聘教练员困难，部分项目创建较晚，队伍规模有限，教练员配备较少，造成厦门市竞技体育发展中教练员的数量不足。

2.人才培养项目布局存在短板

厦门市竞技体育项目布局的原则是"突出优势、挖掘潜优势、兼顾一般、抓基础"。但目前存在着优势不突出，各个项目发展混乱的问题。由于不同竞技体育项目在厦门市的发展基础各不相同，厦门市在竞技体育项目布局上难以平衡。虽然近年来厦门市积极优化竞技体育项目布局，促进岛内外竞技体育一体化发展，但在短期内成效有限。由于各竞技体育项目在厦门市群众基础不同，受欢迎度不同，制约了部分优势项目、潜优势项目的生源选拔；个别项目训练设施缺失，后备人才梯队结构建设不合理等，对优秀教练员缺乏足够的吸引力，使各项目的发展不能按照计划进行；竞技体育项目经费过多使用于场馆的建设、训练设施的采购和后勤保障，而在招生、训练、比赛、科研等方面则投入不足，制约了项目的扩大和发展，致使梯队建设出现断层现象。

3.体教融合中文化教育缺失

当前厦门市在深入体教融合方面取得了一定的进展，但体教融合的深层次问题仍然存在。从人才学、运动心理学角度出发，在高级别的竞赛中，除了体能、运动技巧的比拼以外，更是对运动员智慧的考验，良好快速的适应能力和调整能力、强大的心理暗示作用、必胜的信念，往往可以使运动员发挥出最佳甚至超常的竞技水平。而体校校园文化的建设，对稳固后备人才的心态平衡、提高后备人才的适应能力、增强后备人才必胜信心等方面具有重要作用。在体校教学中存在着文化课学习和专业技能训练安排不够合理的现象，教育更多地向技能训练倾斜，训练时间过多、强度过大，一方面占用了文化课学习时间，另一方面使运动员过于疲劳，影响了文化课学习时的精神状态；文化教育的氛围不够浓厚，对文化教育缺乏科学合理的认识，导致体校存在思想上轻视文化学习的情况。当前关于体校校园文化建设研究较少，致使体校校园文化缺乏理论指引，对体校校园文化建设原则、目标、任务、内容没有清醒的认识，对于开展体校校园文化建设尚未形成清晰的规划、明确的制度。各界对于后备人才所处的外部环境重视程度不足，对于体校校园文化建设对良好校风形成的积极作用认识不够到位。竞技体育后备人才的专业性较强，以至于大

413

家更关注运动员的运动成绩,往往容易忽略竞技体育后备人才大多是未成年人,而作为一名未成年人,其成长是多方面的,且正处于价值观形成的关键时期,外部环境会对运动员造成潜移默化的影响。

(三)项目布局与管理体制有待优化

1.竞技体育各项目发展不均衡

厦门市竞技体育发展中各项目的发展不够均衡。厦门市在田径(短跑、跨、跳)、游泳、体操、射击、射箭、举重、羽毛球、帆船、皮划艇、跆拳道等优势项目投入较多,而对乒乓球、帆板、拳击、赛艇、蹦床、跳水、武术散打等潜在优势项目和武术套路、击剑、网球、柔道、篮球、足球、排球、摔跤等一般发展项目关注不足。集美大学每年都会招收高水平的运动员50人,但是由于项目分布比较狭窄,只有田径、游泳、武术三个方向,这些运动员一般是代表学校参加大学生运动会,很少代表厦门市参赛,虽能在一定程度上补充后备力量,但暴露出项目狭窄、人数少的问题。从高水平竞技体育人才、竞技体育后备人才贮备、科学化训练水平以及技战术水平等方面来看,与竞技体育重点布局项目要求皆存在较大差距。这种带有一定偏向性的竞技体育发展模式,致使厦门市竞技体育项目发展不平衡态势愈演愈烈,已成为制约厦门市竞技体育发展的主要瓶颈。虽然厦门市整体竞技体育发展水平不断提升,但是竞技体育发展中的偏向性导致奥运会项目和非奥运会项目、夏季奥运会项目与冬季奥运会项目、个人项目与集体项目发展不平衡,新兴奥运会项目发展不充分。竞技体育活动参与主体仍由政府主导,而比赛项目比较狭窄,对于人民大众喜闻乐见的运动方式吸纳不足,达不到全民运动的目的,这些均是竞技体育竞赛体制发展中急需解决的问题。

2.资源吸纳整合能力不足

当前厦门市竞技体育仍实行政府主导驱动的模式。从现阶段的竞技体育竞赛体制分析,大量的单项比赛、全国性综合比赛,都有鲜明的非排他性、非竞争性,政府在这些赛事资源中占据绝对的主导权,这导致社会体育竞赛组织无法参与到比赛中。厦门市体育局出台的《厦门市社会办群众性体育赛事活动奖励实施办法》旨在鼓励企业、社会组织积极举办体育赛事,但最高奖励仅为10万元,奖励标准较低。此外,针对社会力量组织承办竞技体育赛事,在政府帮扶方面并未做出其他的制度安排。当前,厦门市政府对于综合性运动会、单项体育比赛等大型体育竞赛,考虑更多的是社会效益而非经济效益,加之赛事组织、管理和运作能力欠佳,导致经济效益较差,而经济效益往往是衡量大型体育竞赛举办成功与否的标准。虽然上述所说的这些赛事在一定程度上有助于推动城市经济发展,但同样会给政府带来巨大的财政负担。随着我国经济步入新常态,厦门市面临着财政压力,政府通过财政手段办赛的意愿明显减弱,单纯依靠财政来支撑大型体育赛事的能力明显减弱。总体来看,目前的竞技体育比赛机制在吸纳市场资源、社会资源方面能力不足,制约着竞技比赛的开展,不利于体育强市目标的实现。

3.科技赋能竞技体育发展效益不够明显

在科体融合方面,2022 年厦门市体育局成立体育产业专家库,首批聘请48 名专家学者为专家库成员,包含高等院校、金融、法律、体育等各界专家及"双百人才"等。据悉,此举旨在进一步发挥专家决策建议和专业咨询作用,为厦门体育产业实现高质量发展提供智力支撑。厦门市在竞技体育领域中科学技术的融合发展仍然存在一定短板,相关的制度设计仍不完善,新科技、新材料、新技术等先进设施和条件并未有效融入运动训练全过程,运动训练的科学化、智能化水平不高,科技驱动力量比较薄弱;运动训练的科学化保障机制不健全,不能很好地调动各类人员参与科技助力工作的积极性,传统、经验式训练仍然占主导,训练参赛科技保障效率不高;现代科学技术与运动训练结合不够紧密,新材料、新装备、新技术、云计算、人工智能等未被全面引入竞技体育领域,科技引领行动和智能化场馆升级改造不系统,训练器材、运动装备和仪器更新迭代不及时。在新发展阶段,广泛运用科技引领竞技体育发展显得尤为迫切。

(四)新冠肺炎疫情对竞技体育发展造成冲击

疫情防控对传统竞技体育治理构成了挑战。新冠肺炎疫情导致全球各地体育赛事根据本国疫情状况与自身特点,相继选择空场、易地、延期与改制等方式。疫情暴发后,包括国际奥委会以及各单项体育联合会在内的各级各类赛事主办单位都在积极探索和寻求一个科学权威的办赛标准,但是鉴于疫情的复杂性以及各国防控效果存在较大差异性,目前还没有一个针对疫情的大型体育赛事办赛标准,也没有就大型体育赛事规模大、比赛地点分散以及参赛人员复杂等问题,建立一套成熟的风险管控策略,这是当前厦门市举办竞技体育大型赛事的一个重大挑战。2020 年以来,全球各类顶级体育赛事不得不采取延期、缩小规模或空场比赛等措施,疫情防控之下大型体育赛事成功举办缺乏"重启样本"。厦门市在举办大型体育赛事方面也受到疫情的冲击影响,原本承办的 2023 年亚足联亚洲杯将易地举办。对于运动员而言,一方面疫情为运动员带来一定程度的心理负担,主要表现为担心竞技水平下降,无法产生自我满足感与成就感,一些级别相对较低的运动员,主要收入依赖于赛事奖金,赛事停摆致其经济压力增大;另一方面,疫情使许多运动员无法参赛,也给运动员训练备战带来影响。

四、促进厦门市竞技体育发展的对策建议

（一）培育引导竞技体育社会组织高质量发展

1.推动竞技体育社会组织市场化、社会化转型

按照《行业协会商会与行政机关脱钩总体方案》的要求，逐步推动体育社会组织与管理部门在机构、职能、资产财务、人员管理和党建、外事等五个方面的分离，实现在综合监管关系、行政委托和职责分工关系、财产关系、用人关系和管理关系等五个方面的规范。政府应当以"体育权力清单"为依据，发挥宏观管理和监督的职能。引导培育竞技体育社会组织，通过招募体育志愿者、成立社会企业等形式，向社会力量特别是向市场组织借人、借力。推动社会组织的市场化转型，健全理事会、监事会制度，借鉴企业经营运作方式；持续加强体育社会组织专（兼）职工作队伍建设，完善人事制度；拓宽业务范围，拓展资金筹措渠道。适当开展营利性经营活动，更好地实现组织目标和宗旨，实现社会效益和经济效益的最佳融合。利用厦门市361、特步、安踏等各类体育企业资源丰富的独特优势，积极推动社会组织同相关体育企业进行合作，借鉴市场组织中有益的经营管理方式，提高体育社会组织内部管理的科学性和有效性。同时通过与相关企业的合作，拓宽自身的资金筹集渠道，推动体育社会组织的"实体化"发展。利用体育社会组织资源优势，在人才输送、赛事活动、项目推广、宣传普及等方面，实现社会组织与市场组织优势整合、取长补短，探索协调发展新路径。

2.完善竞技体育社会组织的监督管理机制

建立健全厦门市竞技体育社会组织监管制度。建立健全党、政府、社会组织等为监管主体的综合监管体系，健全完善党建工作机构、登记管理机关、业务主管单位、相关职能部门各司其职、协调配合的综合监管体制。市民政局、体育局积极引导竞技体育类社会组织建立完善资产使用和管理制度，依据《中华人民共和国会计法》《民间非营利组织会计制度》，对实际发生的经济业务事项进行会计核算，编制财务会计报告，重大资产配置、处置必须经过社会组织权力机构审议，接受监事会（监事）监督。完善信息公开制度和评估制度，积极推进以社会监管为基础的多元化监管，考虑出台《厦门市体育社会组织评估管理办法》。进一步规范和强化对体育社会组织的政治监督、行政监督、财会监督、行业监督和社会监督。加强体育社会组织党的建设，引领组织发展的同时也可以增强对社会组织的监管力度；加强独立第三方评估与认证工作，规范厦门市体育社会组织评估工作，提高评估监督的有效性；加强厦门市体育总会、各级各类体育社会组织互相监督、指导，形成体育社会组织的互律机制，发挥

其突出的制约和监督作用。加强体育社会组织会员、社会公众、其他利益相关者、新闻媒体等的日常监督,形成信息交换及共享,增强社会监督力度。积极推进体育社会组织的信息公开工作,充分利用现代媒体,将厦门市体育社会组织基础信息、经费使用信息、信用信息、合作信息、政府购买服务信息等统一、集中、定期发布,提高相关信息的可获得性,实现厦门市体育社会组织大数据共享。

(二)健全竞技体育人才培养体系

1.深入体教融合推动人才教育

深化与教育部门的合作,坚持以人为本,将训练、竞赛成绩以及学生运动员的文化成绩叠加,作为评价学校教学和办学效度的多维评价标准,促进体校学生文化教育、运动训练、人文素养的全面协调发展。通过精准施策与改革,丰富体校多元化功能,夯实体校精英化人才培养阵地。鼓励优质体育资源和优质教育资源有机结合,充分实现教练员和教师的互派互聘、设施资源的共享共用,与名校联合管理,构建优秀的运动队伍,共同打造特色项目和优势项目。如与厦门一中联合办班,解决游泳、乒乓球、羽毛球和部分田径项目运动员的文化学习,解决那些文化成绩较好、训练成绩不错,但不愿进入体校学习的运动员的实际困难;继续加强与各个高校联系,如就近与集美大学体育学院联合办队,实现优势互补、资源互补,间接拓宽运动员进大学的门路,有效解决运动员的就业出路等问题;与省内一些地市合作,在当地建点,解决厦门市高水平后备人才不足的痛点。建立健全运动员文化教育联席会议制度和督导制度,建立由厦门市体育局牵头的竞技体育后备人才管理体制和运行机制,体育和教育行政部门各负其责,全面落实后备人才教学计划,保障在校生的教育经费,不断完善教学设施设备,不断美化教学环境,不断提升基础设施等办学条件。贯彻落实《奥运项目竞技体育后备人才培养中长期规划(2014—2024)》,开展新周期高水平后备人才培养基地创建和升级工作,将体校、学校和社会组织纳入评选范围,加强培养竞技体育后备人才阵地建设。加强业余体校对运动员的文化教育工作,推动业余体校与优质中小学合作、共建、联办,落实后备人才的培养工作,保证运动员的文化学习,妥善解决文化学习与专业训练之间的矛盾,不断提高运动员文化教育质量和运动训练成果。

2.优化竞技体育人才培养模式

在教练员培养方面,加大对教练员的招聘力度,适当降低对教练员的运动等级要求。教练员是竞技体育后备人才培养的引导者和组织者,除了教授运动技能、指导运动员训练外,还肩负着传递社会传统道德、价值观念的使命。要充分认识到单纯依靠教练员经验的训练方法和培养模式,已经远远不能满足竞技体育后备人才培养的需求。教练员的招聘需求应从关注运动成绩转为关注"科研学术"能力。合理提高教练员的薪资待遇水平,进一步完善奖励机制,激发教练员的工作热情。尽可能解决新入职教练员的基本生活问题,提高人才招聘竞争力,吸引更多优秀教练员加盟。强化教练员的归属感,增加教练员的岗位培训进修机会,使之不断更新观念、知识和能力,掌握现代训练技术,并用于自己的教学训练中,与时俱进。

在运动员培养方面,建立健全体育传统项目学校与竞技体育后备人才培养基地校的有效衔接机制。做大做强业余体校,探索"市队校办""市队区办"的新模式。设立一批指向更明确的竞技体育后备人才培养基地学校,扩大招生选才的基础面。大力引进有培养前途的优秀苗子,培养成尖子运动员。依靠社会力量共同构建多元参与的竞技体育发展平台,将社会力量、学校培养竞技体育人才作为专业队培养人才之外的有力补充。积极探索社会俱乐部、协会、企业等多主体合作的竞技体育后备人才培养新模式。借鉴世界体育强国和国内竞技体育发展先进地区在选材方面的成功经验,从运动员长期发展理论、项群训练理论、社会学、系统科学相关理论等方面透视并深挖科学选材的支撑基础,突破项目、地域间的限制,加大对运动员进行二次选材、跨界跨项选材,即晚选材、晚定项、动态选材和跨界、跨项、跨地选材;将教育政策和体育政策相结合,通过充分挖掘竞技体育后备人才选拔空间,激活优秀人才多元选拔方式,建立后备人才流动的"绿色通道",培养优秀竞技体育后备人才。

3.推动青少年竞技体育赛事发展

按照青少年身心发展规律和运动技能培养规律对各级各类青少年竞技体育赛事进行改革,建立健全符合青少年生长发育规律、运动员成才规律、运动技能形成规律及本地特点的青少年体育竞赛体制,通过构建分级分层的青少年体育赛事体系,使其回归"参与是目的、竞技是平台、教育是手段"的青少年体育赛事本质。积极开展青少年体育竞赛,定期发布厦门市阳光体育竞赛计划,发挥青少年各类竞技体育赛事在后备人才培养中的杠杆作用。建立校内竞赛、校际联赛、选拔性竞赛为一体的大中小学体育竞赛体系,构建市、区两级学校体育竞赛制度和选拔性竞赛(夏令营)制度。进一步推进青少年冰雪运动普及发展,积极打造体现厦门市特色、优势的青少年品牌赛事活动。加强学校体育赛事和青少年体育赛事的衔接与整合,优化赛事项目设置。大力开展线上线下相结合的青少年体育运动会、家庭趣味体育活动、亲子体育挑战赛等活动,扩大体育活动参与规模和范围。建立厦门青少年体育俱乐部赛事,选拔第十七届省运会青少年部社会俱乐部组参赛队伍。争取到2025年,青少年"阳光体育"赛事在2020年基础上增加20%,参加青少年赛事活动的人次达到2万人次以上,省级、市级传统校创建数量超过65家;着力培育1~2家高水平青少年体育俱乐部,新增1~2个国际A类赛事落户。

（三）调整优化竞技体育赛事体系与项目布局

1.调整优化竞技体育赛事体系

一是完善竞技体育赛事的各类保障。以厦门市承办第18届亚足联中国亚洲杯足球赛（厦门赛区）等大型竞技体育赛事为契机，着力加强体育赛事规范化、标准化、数字化建设，提升竞技体育赛事治理能力，实现事项办理"跑一次"、赛事举办"一张网"。全方位提升运动队运行管理与保障水平，加强竞技体育后备人才专业队伍建设，建立涵盖训练教学、文化教育、医疗康复、科研、后勤等的竞技体育赛事运行管理机制和保障体系。加大财政支持力度，优化资金投入结构，对各类赛事承办费用灵活拨款，将培养经费纳入同级财政预算，让体育俱乐部在经费投入方面得到有效保障，加大对运动员日常训练和竞赛需求方面的资金投入。此外，加大对竞技体育项目青训方面的经费投入，以学校和业余体校为依托，完善校内青训中心的建设。考虑每年划拨一定比例的公益资金用于青训和赛事推广，打造竞技体育青训品牌，吸引广大青年对竞技体育的关注参与。

二是着力打造符合厦门市体育资源禀赋优势的品牌体育赛事。着重开发具有比较优势的体育赛事资源，充分利用发掘厦门在体育自然资源、经济资源与地方政策资源方面的优势，以打造区域性体育赛事中心城市为目标，结合厦门市目前体育场馆资源匮乏，承办大型综合性体育赛事的能力较弱的现实制约，进一步做大做强厦门马拉松赛、中国俱乐部杯帆船挑战赛、世界沙滩排球巡回赛厦门分站赛以及世界女子高尔夫球巡回赛厦门分站赛等品牌赛事，积极发展足球、羽毛球等高水平单项体育赛事，将厦门市在体育资源方面的比较优势最大化。深化对台体育交流合作，围绕海峡杯帆船赛和厦金海峡横渡等赛事，拓宽两岸体育交流合作的领域，重点推动羽毛球、乒乓球、武术、马拉松、游泳、帆船、跆拳道、棋牌、棒垒球等优势项目的交流与合作，积极探索海峡两岸体育融合发展新路径。

2.科学调整竞技体育项目设置

国家《"十四五"体育发展规划》提出巩固和保持优势项目，挖掘和培育潜在优势项目，大力发展田径、游泳基础大项，以足球、篮球、排球为重点，全面夯实"三大球"等集体球类项目的发展基础，不断提升竞技水平。而从当前厦门市竞技体育竞赛项目的竞争力看，基础项目、集体球类项目发展仍相对滞后，竞技体育项目结构设置仍需进一步优化调整。优化厦门市竞技体育项目布局要坚持优势项目与潜在优势项目并举，根据潜在优势项目的特征及竞争力进行科学规划、动态管理，根据厦门市自身资源禀赋找准潜在优势项目的"突破口"，确定优先发展和重点扶持的潜在优势项目，在保持优势项目竞争力的同时带动潜在优势项目发展，推动潜在优势项目形成和提升自身核心竞争力。

419

进一步扩大羽毛球、举重、游泳、射箭、帆船帆板、体操(含蹦床)等传统优势项目,加快提高田径、射击、击剑、武术(套路)、皮划艇等潜在优势项目,扶持发展三人篮球、滑板、冲浪、攀岩、小轮车、街舞等新兴运动项目。大力实施"集体球类项目振兴战略"和"体能项目全面提高战略",切实提升"三大球"和"基础大项"的整体实力。在三大球项目上,要坚定不移走职业化道路,加强体育训练理论与实践的探索创新,深化体制改革,调整项目发展思路。通过"三大球"振兴工程,逐步建立健全"三大球"管理和运行制度体系,夯实"三大球"的人才基础、设施基础、社会基础、文化基础和市场基础,不断提升"三大球"运动的规模、质量、效益和水平。支持和北方冰雪强省合作组建冰雪项目队伍,重点发展冰球、冰壶、滑冰等项目。探索海峡两岸棒垒球项目融合发展新路子。

(四)推进科体融合,助力竞技体育发展

近年来,体育领域科技发展越发呈现指数效应,深刻改变着全球体育竞争格局。《福建省"十四五"竞技体育发展规划》指出,加大人工智能、大数据分析和智能设备等高科技在运动队训练备战中的运用,实施竞技体育科技驱动工程,推进科技真正成为提升训练水平的重要抓手,引领竞技体育发展。

厦门市在推动竞技体育发展的过程中,要进一步发挥科技助力作用,以需求为导向,建立集多学科、综合性科学训练、科学研究和科技保障于一体的竞技体育科技助力服务保障工作体系,加强对科技助力投入的效益评估和管理监督。提高体育科技创新攻关能力,依托智能体育工程、生命科学、虚拟现实、体育装备研发、精密仪器等"智慧建造"技术,构建竞技体育科研体系,跨界支撑和推动科研攻关项目发展等要务,围绕重点参赛项目体能、技战术、心智能的训练内容,以及超量恢复的集合安排、负荷结构、周期安排、训练监控、营养康复、器材装备等最新科技成果进行研究,以科研创新助力竞技体育训练,满足新时代驻训备战的工作要求。支持企业建设研发中心和科学实验室,大力开发科技含量高、拥有自主知识产权的产品,促进创新链与产业链深度融合。科学部署各类竞技体育重大赛事的参赛安排,转变传统保障训练与保障作战的分离式保障,建立健全"科、训、医、教"一体化训练模式,发挥科技在运动员日常训练和竞赛组织中的促进作用,细化科技辅助体能训练方案,优化运动员心理辅导策略,加快运动队复合型训练管理团队建设,组建重点运动项目主教练主导下的跨学科、高水平研究团队,提高竞技体育科技攻关和服务水平。加强高等体育院校科技创新工作,增加体育科技成果供给,推进产学研一体化发展。针对目前厦门市后勤人员配备中科研、医生、保健按摩师、心理医师人数较少的现实制约,适当引进科研、医务、保健、心理、营养师等人员。

(五)加快推进竞技体育职业化发展

竞技体育职业化是竞技体育发展到一定历史阶段的必然产物,是竞技体育市场化、产业化、社会化的必然结果。目前厦门市在羽毛球、足球等竞技体育职业化发展方面取得了一定的成绩，在羽毛球领域，自 2012 年至 2018 年连续 7 年参加中国羽毛球超级联赛，获得 2 次冠军，3 次亚军，1 次季军，比赛成绩稳居前四名；在足球领域，组建厦门鹭岛足球俱乐部，冲击中乙联赛成功，获得 2021 赛季中乙职业联赛参赛资格。但是整体来看厦门市职业体育俱乐部仍然较少，竞技体育的职业化和市场化仍然不高。

进一步推动竞技体育职业化发展，厦门市政府、市体育局应简政放权，做好制度设计，适当放松规制，打破职业化过程中体育行政主管部门潜在的行政性垄断，充分发挥市场机制在推动竞技体育职业化中的作用，使竞技体育职业化的核心资源（教练员、运动员、体育场馆等）真正进入市场，让职业体育俱乐部成为职业体育发展的强势主体，从而推动职业体育的公司化治理。建立和完善职业体育联盟，让联盟成为联赛运营的第一责任主体，真正承担起联赛推广、运作、资产保值增值的责任与义务；让职业体育俱乐部在职业体育运作中享有公平竞争的权利，促进其成为注重联赛长久发展的战略投资者，而非短期投机者。拓宽职业体育发展渠道，推进具备条件的运动项目走职业化道路，支持教练员、运动员职业化发展，加大编制、经费、人才引进和安置等配套政策支持。鼓励具备较好市场基础的运动项目试点运动员、教练员商业权益和所有权益分离。鼓励和引导厦门市优秀运动队与企业合资组建职业体育俱乐部。支持高水平职业体育俱乐部发展，培育高水平青少年体育俱乐部，鼓励社会资本组建足球、篮球、排球、羽毛球、网球等职业俱乐部，推动鹭岛职业足球俱乐部健康发展。推动职业体育、专业体育融合发展，支持社会力量组队参加国际、全国和省市各类体育赛事，支持社会力量向省、市级运动队输送优秀人才。鼓励企业投资建设"三大球"职业俱乐部，增加投入，加大引援、转会、租借力度，有效提升职业化球队整体实力，充分发挥职业体育竞赛引擎效用。借鉴厦门特房羽毛球俱乐部成功的经验，依次推进优势项目体育职业化，加强体育局领导挂钩运动队制度；实行个别项目负责制，如羽毛球实行总/主教练责任制。加强和有实力的职业俱乐部、社会力量合作，提高"以奖代补""购买服务"的力度，不断吸引和撬动社会资本参与。搞活竞技体育表演市场，发挥职业体育创造市场利润的能力、提高职业项目竞争力水平的能力和创造工作岗位的能力，以此增强竞技体育自身造血功能。

（六）加强竞技体育赛事疫情风险管控

一是客观认识疫情对竞技体育的现实冲击，关注竞技体育运动员在疫情防控之下的压力，科学合理地调整训练模式，调动运动员训练的主动性和积极性。由于疫情防控导致部分竞技体育赛事不定期延后，运动员的备赛计划被打乱，需要客观认识运动员竞技能力的优劣势，适时调整训练负荷与内容设置,制订出科学的赛事延期训练计划;训练保障团队应充分收集并分析竞争对手竞技能力发展的相关信息,以便科学、合理地调整有利于运动员竞技能力展示的训练计划;将各类替代性比赛融入日常训练,尽可能创造条件设立模拟对抗赛,加大各项目队内比赛的组织频率,以赛带练,开展多途径的赛事演练。

二是针对疫情防控对厦门市组织承办的各类竞技体育赛事的负面影响,进一步完善应对疫情冲击的专门联结机制。完善大型竞技体育赛事疫情管理系统,建设数据采集、出行管理、数据汇交、大数据分析、辅助决策、疫情预警、主动防御等应用模块和功能的疫情动态管理机制,提升疫情防控链韧性。构建竞技体育赛事疫情风险识别平台、竞技体育赛事疫情风险应对平台、组建传染病风险咨询专家组,完善重大竞技体育赛事疫情风险管控机制。

参考文献

[1]颜天民.竞技体育的意义:价值理论研究探微[M]北京体育大学出版社.2003.

[2]董传升.论中国体育发展方式的公共转向:从国家体育到公共体育[J].北京体育大学学报,2013,36(1):14-19.

[3]徐本力.21世纪中国竞技体育[M].北京体育大学出版社.2001.

[4]王则珊.关于体育基本概念的新思考[J].体育科学.1990(3):16-20.

[5]熊斗寅.熊斗寅体育文选[M].贵州:贵州人民出版社.1996.

[6]马冠楠,刘桂海.竞技体育政治功能新探[J].体育文化导刊,2011(7):140-142.

[7]杨文轩,陈琦.体育概论[M].第二版.高等教育出版社.2013.

[8]杨国庆."十四五"我国竞技体育发展的时代背景与创新路径[J].武汉体育学院学报,2021,55(1):5-12.

[9]裴立新.新时代中国体育社会组织发展研究[J].体育文化导刊,2019(3):17-22.

课题负责人及统稿:朱仁显

执　　　　　笔:王景群

创新厦门市体育事业管理体制机制研究

习近平总书记曾指出,"体育是提高人民健康水平的重要途径,是满足人民群众对美好生活的向往、促进人的全面发展的重要手段,是促进经济社会发展的重要动力,是展示国家文化软实力的重要平台",强调在"十四五"时期开启全面迈向社会主义现代化体育强国新征程,要科学预判体育面临的新形势,聚焦关键问题和重点领域,坚持问题导向,深化体育事业管理体制机制改革,不断开创体育事业发展新阶段。多年来,厦门市按照国家、省、市的总体战略要求,从建设国际体育名城的战略高度,紧扣全方位推动高质量发展超越的主题,综合考虑未来一个时期厦门体育发展趋势和现实条件,并以厦门市体育发展的突出问题为导向,以国内外体育管理先进经验为参照,对体育事业管理体制机制创新做出系统谋划和部署,以此扎实推进厦门市体育公共服务均等化,补齐全民健身短板,满足群众多元化体育服务需求,建成社会主义现代化体育强国的样板城市和国际体育名城。

一、体育事业管理体制机制创新与厦门市体育事业发展

建立健全与社会主义现代化相适应的体育事业管理体制机制,不仅是我国体育主动适应国际形势,在国际体育新格局中提升影响力和领导力的必然选择,也是对全面深化改革、实现国家治理体系和治理能力现代化的积极回应,更是将体育全面融入国家经济社会发展的总体格局,建设中华民族伟大复兴事业的应有之义。[①] 近年来,厦门市积极创新体育事业管理体制机制,这是厦门市对国家构建更高水平全民健身公共服务体系战略的落实,是推动体育事业高质量发展的理性选择,也是破解体育事业发展困境的现实要求。

(一)体育事业管理体制机制的内涵

体育事业管理体制是指体育管理的机构设置、权限划分、运行机制等方面的体系和制度的总称,是实现体育总目标的组织保证。其具体的表现形式一

---

① 李峚.体育强国建设背景下体育体制机制改革的中国逻辑与路径[J].上海体育学院学报,2011,46(1):41-51。

方面是负责体育事业的领导机构和组织、它们之间的隶属关系和责任范围以及由这些机构和组织所制定和实施的各种有关制度和措施,另一方面是上述各类组织和机构的运行方式、管理方法和控制手段。体育事业管理机制是指影响体育事业管理运行各因素的结构、功能及其相互关系,以及这些因素发生影响、发挥功能的作用过程和作用原理。

基于这一认识,本文所指的"体育事业管理体制机制"是规范体育事业发展中的各种行政行为、市场行为和社会行为的一系列机构设置、关系框架及其联结方式,具体包括领域关系、组织关系、权责关系等,以及建立和调整关系框架及其运行的制度措施、作用过程和原理。

体制活则全盘活,机制新则事业兴,制度稳则国家稳。[①] 体育事业管理体制是实现体育总目标的组织保证,决定着体育事业管理的运行机制,而体育事业管理体制机制则又共同决定体育事业发展的行稳致远,因而体育事业管理体制机制变革创新至关重要。

(二)厦门市体育事业管理体制机制创新是大势所趋

近年来,厦门市坚持以习近平新时代中国特色社会主义思想为指导,深入学习贯彻党的十九大和十九届历次全会精神,认真落实市委市政府体育事业发展要求部署,取得了显著效果,较好地完成了体育事业各项任务。但在体育事业发展中还存在一些具体问题,如全民健身设施智能化水平不够高,后备人才挖掘渠道较窄,疫情防控常态化下服务业发展面临不少困难,产业结构优化升级程度不够,体育执法力量薄弱等。新时代,厦门市应贯彻新发展理念,构建新发展格局,创新体育事业管理体制机制,推进体育事业高质量发展。

1.落实中央关于构建更高水平全民健身公共服务体系的战略部署

构建更高水平的全民健身公共服务体系,是加快体育强国建设的重要基石,是满足人民对高品质生活期待的内在要求,是推动全体人民共同富裕取得实质性进展的重要内容。2022年3月23日,中共中央办公厅、国务院办公厅印发《关于构建更高水平的全民健身公共服务体系的意见》,明确要求各地区各部门结合实际认真贯彻落实。厦门市为进一步贯彻落实中央关于构建更高水平全民健身公共服务体系的战略部署,积极推进完善体育事业管理体制机制供给侧结构性改革,不断满足市民群众日益增长的体育健身和体育产品消费需求,构建起统筹城乡、公平可及、服务便利、运行高效、保障有力的更高水平全民健身公共服务体系。从本质上说,这正是厦门市贯彻落实中央、国务院关于构建更高水平全民健身公共服务体系战略部署的体现。

---

① 李峰.体育强国建设背景下体育体制机制改革的中国逻辑与路径[J].上海体育学院学报,2011,46(1):41-51.

2.推动体育事业高质量发展的理性选择

近年来,体育事业的高质量发展已成为驱动社会协同发展和事关人民福祉的大事,推动体育事业实现高质量发展也已列为"十四五"时期体育事业整体发展顶层设计中的重要议题。实现体育事业高质量发展离不开市场化经济的发展、体育产业规模的扩大、参与主体的多样化、公共体育服务供给质量的提升等因素。然而时代瞬息万变,站在新的发展起点,面对老问题和新挑战,体育事业如何以更高的质量发展?厦门市推动体育事业持续高质量发展的出路在哪里?本文认为,构建适应新发展格局的体育事业管理体制机制才是激发体育事业高质量发展的内生动力,这也是实现体育事业高质量发展的理性选择,诸多外部物质因素只是内生动力的衍射,内部管理的体制机制变革与创新才是根本。因而厦门市只有完善体育事业管理体制机制,才能进一步转变体育事业发展方式,并进一步提升体育发展的社会凝聚力与贡献值,从而推动本市体育事业高质量发展与行稳致远。

3.破解体育事业发展困境的现实要求

近年来,厦门市在市委、市政府的坚强领导下,全面落实国家、省、市相关决策部署,积极推动本市体育事业提质升级,体育各项工作已取得明显成效。如本市新增 29 所学校对外开放,目前已开放 117 所学校;推动并建设 25 家智慧健身房,并在全省体育系统推广;全市体育社会组织已达 283 家,已基本实现人群体育协会、单项体育协会全覆盖;海沧区获评福建省首批"全民运动健身模范县(市、区)";新引进 11 名优秀竞技体育后备人才[①],并在陕西全运会、省年度锦标赛中取得优异成绩;截至 2020 年年底,全市经常参加体育锻炼人数比例达到 42%,城乡居民国民体质合格率 91.2%[②],各项指标在全省处于领先水平。

"十四五"时期,厦门市体育事业高质量发展既面临重要战略机遇,也存在一些困难和挑战。

首先是厦门市体育事业发展面临重要战略机遇。新一轮科技革命和产业变革深入发展,新一代信息技术在体育领域场景应用不断扩大,数字体育、智慧体育将成为体育事业发展的趋势。厦门市作为数字城市发展的典范,数字信息技术发展领先,市委、市政府对发展智慧体育事业也高度重视,因而厦门

① 厦门市体育局.厦门市体育局 2021 年工作总结和 2022 年工作计划[EB/OL].[2022-04-08]. http://sports. xm. gov. cn/xxgk/zfxxgk/ml/jhzj/202204/t20220408 _ 2653367.htm.

② 厦门市体育局.厦门市"十四五"体育事业发展专项规划[EB/OL].[2021-11-05].http://sports. xm. gov.cn/xxgk/zfxxgk/ml/jhzj/202111/t20211105_2612300.htm.

体育高质量发展面临良好机遇。为实现数字体育、智慧体育高质量发展,厦门市亟待转变管理理念,变革与完善体育事业管理体制机制,适应数字时代治理模式。除此之外,厦门市居民体育消费总规模逐年扩大,厦门市体育局发布的《2021年厦门市居民体育消费调查报告》显示,2021年厦门市居民体育消费总规模达133.97亿元,人均体育消费支出2537.3元[①],厦门市体育事业发展正面临黄金期。因而为满足人民群众的高质量体育发展需求,立足本市体育发展黄金机遇,变革与完善体育事业管理体制机制至关重要。

其次是厦门市体育事业仍面临困难与挑战。从外部环境来看,国际环境日趋复杂,新冠肺炎疫情反复,体育事业发展不稳定性明显增加。从厦门市自身来看,体育发展不平衡不充分问题仍然突出,主要表现为:一是广大市民日益增长的多元化体育需求与有效供给不足的矛盾仍较突出,如体育场馆等硬件设施供给不充分,体育协会造血功能不强;二是竞技体育尖子运动员不多,后备人才储备不足;三是体育产业集聚度不高,尚未形成产业园区,且产业结构有待优化;四是体育服务业增加值占比较低,市场开发不充分;五是重大赛事规模和影响力不够,群众性赛事活动普及深度不够等。

面向未来,厦门市应立足"十四五"时期体育事业发展机遇与挑战,坚持问题导向,转变管理模式,完善体育事业管理体制机制,开创厦门市体育事业全面、协调、可持续、高质量发展新局面。

二、厦门市体育事业管理体制机制改革创新的实践

体育事业管理体制机制作为我国体育事业有序运行的基底,是推动我国体育事业高质量发展的坚实保障。多年来,厦门市为实现本市体育事业高质量发展,积极探索体育事业管理体制机制改革,目前已形成政府监督、市场运营、社会组织管理的多主体长效协同格局,并建立起体育事业各领域相互协调且资源共享模式,使得本市体育事业发展图景多彩,形成"厦门经验"。

(一)完善体育事业管理体制

在体育事业管理体制中,随着政府管理职能的转换,社会力量在管理中逐步承担起主要执行任务,因而在体育事业管理上构建一种"小政府、强社团、大社会"新型管办分离治理模式,充分发挥体育社会组织的作用,提高体育社会组织综合服务能力,完善配套的法律规范,强化社会力量开展群众性赛事和活动的功能,才能真正夯实体育管理组织基础。

1.持续推进体育社会组织改革

近年来,厦门市围绕"健康厦门体育强市"建设目标,持续推进本市体育社

---

① 2021年厦门市居民体育消费调查报告[N].厦门日报,2022-09-11.

会组织改革,规范体育事业管理,夯实组织基础。一方面,厦门市颁布并实行《厦门市体育局厦门市民政局关于促进体育社会组织健康发展的实施意见》,建立健全体育社会组织工作推进机制,发展壮大一批体育社会组织,增强本市体育社会组织生存发展能力,使之成为体育赛事活动的主力军、全民健身运动的排头兵,将体育事业管理推向市场,实现"管办分离",取得了显著成效。据统计,目前厦门市有市级体育社会组织283家,市级126家,区级157家。[①]其中市足球协会、篮球协会、桥牌协会、高尔夫球协会、游泳协会、武术协会等体育社会组织自身建设与业务能力显著提升。另一方面,在体育事业管理中,随着政府管理职能和角色的转化,社会力量逐步承担起主要的执行任务,但现实却是社会团队素质良莠不齐,体育管理问题层出不穷。如果没有配套的相关法律条令予以规范,体育事业的多元化管理势必漏洞百出。因而厦门市也进一步规范体育事业法制化管理,先后出台《厦门市体育领域违法行为从轻处罚事项清单》《厦门市体育领域违法行为减轻处罚事项清单》《厦门市体育领域行为免予行政强制事项清单》《厦门市体育局关于印发厦门市体育领域首次或轻微违法行为不予处罚实施办法(试行)的通知》等170[②]余个规章条令,从源头规范体育事业。

2.构建多元主体协同治理机制

公共体育服务高质量发展是中国特色社会主义高质量发展的重要组成部分,更是体育产业高质量发展的强大动力源。在传统"举国体制"下,我国体育管理模式单一,体育管理的主体为政府部门,政府部门通过行政指令来直接干预体育管理,忽视体育事业发展的规律,虽在管理中缺乏市场需求的考察,但也能胜任基本的公共体育服务质量要求。[③]但随着近些年体育服务质量需求的提升,体育事业的产业化趋势明显和我国社会创新治理成效显著,我国体育事业管理的主体范围也开始逐步向多元化趋势发展,正在走一条"政社分开多元协同"道路。厦门市在体育事业管理体制改革探索中,体育行政组织逐渐转换角色和职能,真正成为本市体育事业发展的顶层设计者、调控者、引导者、监督者,而篮球、足球、乒乓球、跆拳道、体育舞蹈、徒步运动等本市为数不多的协会组织在管理中代行政府先前的职责,开展项目活动推广、赛事举办、项目赛制制定、招募会员注册、项目培训等;市场组织负责场馆运营、提供赞助资金和

① 厦门市体育局.厦门市"十四五"体育事业发展专项规划[EB/OL].[2021-11-05].http://sports.xm.gov.cn/xxgk/zfxxgk/ml/jhzj/202111/t20211105_2612300.htm.

② 厦门市体育局.厦门市体育局2021年工作总结和2022年工作计划[EB/OL].[2022-04-08].http://sports.xm.gov.cn/xxgk/zfxxgk/ml/jhzj/202204/t20220408_2653367.htm.

③ 黄旭晖.我国体育管理体制的改革趋势[J].当代体育科技.2015,5(21):158.

427

体育用品、体育设施制造、赛事推广和项目商业化运营等,形成政府监督、市场运营、协会管理的多主体协同联动治理模式。此模式下,三方发挥各自专长,对体育事业的各项具体业务以协商、协同、共治、联动的方式治理,夯实体育组织基础。

3.不断健全体育事业管理的运行、监督和协调机制

在体育事业管理中,完善的体育事业管理机制能够促进体育事业高质量发展。厦门市体育事业管理体制已从举国体制向"政府+社会+市场"的管办分离体制转变,体育事业运行、监督和协调机制也相应发生转变。首先在体育事业运行上,厦门市通过完善体育人才培养和引进机制,广泛吸纳社会人才管理运行体育事业。据统计,"十三五"期间,厦门市引进11名优秀竞技体育后备人才,建立57所市级体育传统校和40所竞技体育后备人才培养基地校,全市共有72所体育传统校和77个竞技体育后备人才培养基地校项目(队)①。其次在体育事业监督上,厦门市完善体育事业监督机制,从法律上赋予公民具体监督权,建立公民监督工作机构,畅通新闻舆论监督渠道,设立专门监督和评估组织等对体育管理进行监督。除此之外,厦门市还完善评估机制,及时审核社会团队在体育事业管理中存在的问题,确保体育事业健康发展。最后在体育事业协调上,厦门市完善体育事业双主体协调机制,一方面强化政府的宏观调控职能管理体育事业,另一方面借助体育社会组织提供的沟通网络协调管理体育事业,形成各自独立、互不干涉,但又相互依存、相互合作的新协调模式。

(二)深化体育部门"放管服"改革

在全面建设体育强国背景下,体育部门传统以行政管理为主体易带来政策阻滞和公共事务人力资源不足等问题,我国体育行政组织也面临简政放权和优化服务,扮演"元治理"角色。近年来,厦门市体育行政组织深化赛事管理、场馆运营等领域放管服改革,推动体育管理社会化、网络化和向基层下移,划定体育行政组织权力边界,减少行政审批事项,放宽市场准入,实施负面清单,优化政务服务,构建起一套"收放自如"的体育事业"管办分离"的管理体制,不断提高了行政效率和服务水平。

1.完善赛事管理服务机制

当前,厦门市体育行政机构几乎都已与广播电视、文化、新闻出版、旅游等部门合并。以此为基础,厦门市体育行政组织深化体育赛事管理服务机制"放管服"改革,按照"能放尽放"原则推动重大赛事审批权限下放给社会组织,减

---

① 厦门市体育局.厦门市"十四五"体育事业发展专项规划[EB/OL].[2021-11-05].http://sports.xm.gov.cn/xxgk/zfxxgk/ml/jhzj/202111/t20211105_2612300.htm.

少审批环节,优化政务服务,明确推行"一趟不用跑"和最多跑一趟"政策,将4个环节控制在3个以内,同时压缩办理时限由2个工作日至6个工作日[①],构建起一套赛事举办"一站式服务"机制和赛事公共安全服务体系。近年来,厦门市以线上线下创新结合方式成功举办了体育时尚季、世界城市定向挑战赛、中国俱乐部杯帆船赛等赛事。仅2021年,厦门共举办各类赛事达40多项300多场次,参与群众超30万人次。[②]

2.助推场馆市场化委托运营

厦门市借鉴英国谢菲尔德市体育场馆群运营管理模式,鼓励公共体育场馆"改造功能、改革机制",由政府投资新建体育场馆,但为了保障场馆的高效运转和缓解公共部门人力资源不足等问题,将体育场馆日常运营管理权力委托给第三方企业或者委托给专业的场馆运营方。该模式不仅充分开发了本市体育场馆的可用资源,据统计,目前厦门市已实现98.5%公共体育设施向社会开放[③],还最大化场馆的开放时间,提高了场馆的使用率,提升了场馆服务水平。

3.构建体育事业"管办分离"治理模式

厦门市体育与教育、卫生、产业、文化等高度融合发展已成为显著趋势。"政府统管或统办"的工作方式早已不符合当前厦门市体育公共事务治理的实际情况。近年来,厦门市体育行政组织注重体育事业管理中的监管协调与顶层规划,并在本市体育事务的后备人才选拔、赛事活动运营监管、公众基本体育服务保障、体育行政服务办理、场地设施建设与运动装备供应等方面保留宏观管理能力,把其他适合由市场和社会承担的具体体育服务事项按照法定方式和程序下移至具备条件的社会组织和企事业单位,构建政府和社会力量"管办分离"治理模式(见表1)。

4.优化政务服务

近年来,厦门市体育局为优化体育行政组织政务服务,提升体育事业服务水平,以加强便民服务建设为抓手,大力整治"门难进、脸难看、事难办"问题,建立落实首问负责、限时办结、一次性告知、服务承诺和责任追究等便民服务制度,打通联系服务群众的"最后一公里"。如在"基层建设提升年"活动中,

429

① 厦门市民政局.厦门市民政局关于促进体育社会组织健康发展的实施意见[EB/OL].[2021-01-06].http://sports.xm.gov.cn/xxgk/zfxxgk/ml/flfg/202101/t20210106_2612343.htm

② 厦门市体育局.厦门市体育局2021年工作总结和2022年工作计划[EB/OL][2022-04-08].http://sports.xm.gov.cn/xxgk/zfxxgk/ml/jhzj/202204/t20220408_2653367.htm.

③ 厦门市体育局.厦门市"十四五"体育事业发展专项规划[EB/OL].[2021-11-05].http://sports.xm.gov.cn/xxgk/zfxxgk/ml/jhzj/202111/t20211105_2612300.htm.

工作组下沉6个事业单位深入查找问题,列出问题清单。随后,局党组对个别问题严重的单位进行了书面通报批评并责令检查,对23人次给予组织处理。[①]

表1 "放管服"改革视域下体育事业"管办分离"治理模式权责界定

治理主体	职　　能	责　　任
政府组织	制定公众参与体育的各类保障法规、政策与制度,监管大众健身休闲活动的开展和宏观调控公共体育服务市场,保障大众公正地参与健身休闲活动	为公众顺利有序地开展健身休闲活动提供完善的制度保障、体育场地设施建设与运动装备供应、赛事活动运营的监管、公众基本体育服务的保障、各类体育行政服务的办理等责任
社会组织	开展群众喜闻乐见的公共体育活动,承办政府投资的公共体育项目,提供群众性体育活动指导服务,营造良好的社会群众体育活动氛围	承担着维护公众体育权益、持续为广大群众组织策划与经营各类公共体育活动、补足公众体育需求的短板供给、长期为群众提供各类健身休闲活动指导检测服务等责任
市场组织	体育设施资助,体育产品资助,体育场馆运营,体育赛事宣传推广,体育商品化运营	承担着体育运营、承办和赞助各类体育比赛、兴办体育服务经营实体、投资体育服务和体育设施等责任

(三)健全多部门长效协同工作机制

新时代,我国体育产业正面临"运动场景设计不足、商业模式要素匮乏、变现渠道较为单一"等问题,为突破体育产业发展瓶颈,国家多部委数次发文强调"融合发展",体育产业也迎来了"融合发展"新阶段。近年来,厦门市深入贯彻落实国务院、省政府关于完善"体育+"融合发展政策,完善本市体育与发展改革、教育、财政、人社、规划、文旅、卫生健康等部门长效协同工作机制,构建起厦门市体育融合发展、长效协同的制度保障,形成了新的产业形态和门类。

1.推动体育局与发展和改革委员会协同工作

为充分发挥厦门市财政预算内投资的引导和撬动作用,推动厦门市建立更高水平的市民健身公共服务体系,厦门市发改委与体育局建立长效协同工作机制,共同做好项目的储备、组织、协调、监督等工作,确保项目及时开工,建

---

① 厦门市体育局.厦门市体育局2021年工作总结和2022年工作计划[EB/OL].[2022-04-08].http://sports.xm.gov.cn/xxgk/zfxxgk/ml/jhzj/202204/t20220408_2653367.htm.

成后及时组织验收。以体育设施规划建设为例,在 2016 年至 2020 年间,厦门市发改委和体育局协同组织、监督建成市运动训练中心、市体育中心综合健身馆等一批体育场馆和 23 公里的山海健康步道以及全省首个 24 小时无人值守智慧健身房。① 除此之外,体育局和发改委还根据本市市民健身公共服务体系现状,在预算内重点投资支持体育公园、全民健身中心、公共体育场、社会足球场、健身步道、户外运动公共服务设施等 6 类项目建设,并监督此六类项目工程进展。厦门市目前已形成供给丰富、布局合理、功能完善的健身设施网络体系且正在发挥作用。

2.推动体医融合发展

2019 年,厦门市体育局协同厦门市卫健委在筼筜街道社区卫生服务中心、筼筜街道育秀社区率先启动全省首个"体医融合示范社区"试点建设,为慢病患者提供运动干预。该项目通过政府主导,街道社区提供场地资源,社区卫生服务中心和高校组建医疗专家团队,形成"政府部门—医院—社区—科研院所"四位一体的"体医融合"模式,该模式使得参与者通过运动干预,其舒张压、腰围、臀围、血糖及高密度脂蛋白、胆固醇等数据均往好的方向发展,居民健康状况有所改善。除此之外,厦门市体育局和卫生健康部门还协同完成莲兴社区等三个社区全民健身服务指导,启动"运动处方师工作站",实行"运动处方门诊"常态化看诊,并将国民体质监测深入到基层社区、企事业单位,为 1 万余名群众提供健康指导服务。截至 2020 年,厦门市城乡居民国民体质合格率91.2%②,各项指标在全省处于领先水平。

3.强化财政金融与体育融合力度

目前,体育已成为全球经济重要产业之一。体育产业的发展,需要金融服务的支撑,体育与金融的融合发展,实际上是双方受益增值的过程。③ 近年来,厦门市体育局与财政局协同完善金融走进体育产业机制,除体育局甄选基金管理机构,对接社会资本设立体育产业基金,直接投资厦门市拟重点扶持的体育产业企业外,还鼓励符合条件的体育企业通过上市、发行公司债券、利用债务融资工具和资产证券化产品等筹措发展资金。截止到 2020 年年末,厦门市体育产业规模体量不断壮大,产业发展质量效益不断攀升,体育产业实现总产出 420.97 亿元,年均增长 7.4%,体育产业增加值年均增长 7.9%,处于全国

---

① 厦门市体育局.厦门市"十四五"体育事业发展专项规划[EB/OL].[2021-11-05].http://sports.xm.gov.cn/xxgk/zfxxgk/ml/jhzj/202111/t20211105_2612300.htm.

② 厦门市体育局.厦门市"十四五"体育事业发展专项规划[EB/OL][2021-11-05].http://sports.xm.gov.cn/xxgk/zfxxgk/ml/jhzj/202111/t20211105_2612300.htm.

③ 方磊.金融与体育携手并进[N].中国银行保险报,2022-04-29(8)

较为领先位置。除上述融资渠道外,厦门市还成功引进中国体育产业投融资展,签约总投资额达 6.1 亿元。[①]

4.促进体教融合发展

厦门市体育局和教育局为深入贯彻落实中共中央办公厅、国务院办公厅印发的《关于全面加强和改进新时代学校体育工作的意见》,培养文化知识和体育技能同样出色的后备人才,积极探索体教融合发展道路,并率先在厦门一中与厦门市竞技体育发展中心联合共建协同育人机制,把"体教融合"与落实立德树人根本任务紧密结合,把体育竞技与文化教育进一步优势互补,以体育精神推动校园文化建设,以文化教育助推竞技水平提高。随后厦门市体育局和教育局将该模式在岛内外各个学校推广。

5.完善"文化＋旅游＋体育"产业深度融合

近年来,厦门市体育局与文旅局在推动"文化＋旅游＋体育"产业融合机制上取得了显著成效。以文旅体融合发展的海滨浴场为例,厦门市目前正在推进建设的多个海滨浴场中,已有环东海域、珍珠湾两个海滨浴场进入试运营,日峰值客流量超 2000 人次。"体育＋文旅"融合机制以文化、体育吸引人气,以休闲娱乐、商业消费留住人气,目前已成为助推厦门市成为国际消费中心城市、体育强市和世界一流旅游休闲城市建设的重要抓手。除建设海滨浴场外,厦门市体育局还联合文化和旅游部、林草局、发展改革委等责任单位,打造体育旅游精品示范工程,设计出一批有吸引力的体育旅游精品线路、精品赛事和示范基地,并引导和规范体育旅游示范区建设。厦门市还将登山、徒步、越野跑等体育运动项目作为发展森林旅游的重要方向。

6.完善体育局与人社局协同工作机制

体育专业技术人才和管理人才引进、培养及其制度性保障是厦门市建设国际体育名城的有生力量。近年来,厦门市体育局落实党中央、国务院加快推进体育强国建设决策部署和深化职称制度改革的总体要求,坚持党管人才原则,遵循体育人才成长规律,突出体育行业特点,以科学评价为核心,以促进体育人才开发使用为目的,联合厦门市人社局建立科学化、规范化、社会化的人才培训与就业制度,优化体育专业技术人员和管理人员岗位设置,深化体育专业人员职称制度改革,完善体育从业人员评价机制,为本市体育技术人才与管理人才的开发使用提供机制保障。

7.完善厦门市体育局与规划局协同机制

近年来,厦门市在市委、市政府主导下全力推进全民健身高质量发展和健

---

① 厦门市体育局.厦门市"十四五"体育事业发展专项规划[EB/OL].[2021-11-05].http://sports.xm.gov.cn/xxgk/zfxxgk/ml/jhzj/202111/t20211105_2612300.htm.

康厦门建设,并取得了显赫成果。但随着厦门经济发展迅速、变化加剧,原体育设施专项规划在执行过程中起到一定指导作用的同时也正面临新问题和新情况,因而厦门市体育局与规划局完善长效合作机制,使得厦门市体育局能及时掌握厦门社会变化第一手信息,调整更新体育设施规划,以此适应厦门经济社会发展变化和厦门市民公共体育服务需求。以本市老龄化为例,截至 2021年,厦门市 60 周岁以上户籍老年人突破 40 万人,占全市总人口的 15％左右,已进入中度老龄化社会。为解决老年人健身服务问题,整体提升老年人身体素质,厦门市深入推进老年人健身康乐家园活动,创建率达 83％①,居全省前列。

(四)优化体育场馆运营模式

体育场馆作为推进全民健身工程的重要基底部分,扩大其增量,盘活其存量,复合利用,创新服务,实现其社会效益和经济效益双向发展,是其未来改革完善的目标。这一目标的实现不仅需要扩大其设施供给,更为重要的是要优化其运营管理。近年来,厦门市为满足全体居民对高质量健身生活的向往,不断优化体育场馆运营模式。

1.构建社会力量市场化运营模式

据厦门市体育局统计,自 2016 年以来,厦门市体育场地新增数量、新增面积以及室外场地面积总体呈现增长趋势(见表 2),截至 2021 年年末,厦门市体育场地数量 13448 个,其中,室外运动场地 9327 个,室内运动场地 4121个。② 数量众多且规模庞大的健身场地,如何优化其运营来盘活国有资产,实现经济收益和社会收益?厦门市给出了模式经验。厦门市政府鼓励通过BTO(建设—移交—运营)、BOT(建设—运营—移交)等多种模式,支持企业和社会组织参与运营管理体育场馆并推动体育场馆由单一运营向市场化综合性运营发展,实现政府与社会共建共享,在盘活体育场地设施存量资源的同时,也提高设施利用率,提升场馆服务质量效益。

---

① 厦门市体育局.厦门市体育局 2021 年工作总结和 2022 年工作计划[EB/OL].[2022-04-08].http://sports.xm.gov.cn/xxgk/zfxxgk/ml/jhzj/202204/t20220408_2653367.htm.

② 厦门市体育局.厦门市全民健身场地设施建设补短板五年行动计划(2022—2026)[EB/OL].[2022-08-24].http://sports. xm. gov. cn/xxgk/zfxxgk/ml/jhzj/202208/t20220830_2684204.htm.

表2 厦门市2016—2021年年度新增体育场地设施情况表

年份	新增体育场地数量/个	新增体育场地面积/平方米	室外场地面积/平方米
2016	115	12552	12552
2017	158	38097	37985
2018	268	60716	14889
2019	315	100706	42034
2020	245	497389	484672
2021	1142	1093957	902682

数据来源:2016—2022年《厦门经济特区年鉴》。

2.采取一站式经营,智能化实操

大型公共体育场馆作为一项社会型、服务型的体育产业,只有不断契合当前人们的需求,符合消费者和客户的使用理念,才能进一步提高社会竞争力与经济效益。多年来,厦门市体育场馆运营一直注重确保场馆为体育赛事等主体产业服务和为全民健身公益服务实现社会效益最大化的同时,还注重提高场馆利用率,实现其经济效益最大化。[1] 厦门市主要通过采取一站式经营和智能化实操改革来做好场馆功能改造、机制改革。一方面,厦门市体育场馆除了由专业团队市场化综合性运营外,还形成一站式管理和服务模式,从而改善了场馆设施运营环境,促进了经济效益和社会效益双向发展;另一方面,厦门市打造智慧体育场馆运营管理模式。随着新一代信息技术的创新突破,数字经济与实体经济融合加速,场馆智慧化升级作为场馆转型发展的良器,已成为实务界与理论界关注的重点。[2] 与此同时,国家出台了一系列配套政策鼓励以移动互联网、大数据、云计算技术为支撑开发体育服务,提升场馆预定、健身指导、运动分析、体质监测、交流互动、赛事参与等综合服务水平。在此背景下,厦门市积极打造智慧场馆运营模式,不仅自主研发智慧场馆管理系统,其服务内容涵盖全民健身服务、竞技训练管理、竞赛管理三大应用系统,可用于体育培训、运动训练、体育赛事、体育传媒等多个业务板块,具体涉及运动项目分析、场馆营销情况、场馆特色分析、财务状况、用户分布、男女比例等一系列整体经营画像分析,还梯次推进智能化硬件更新,确保公共体育场馆实现在线

---

[1] 马俊苹.福建省大型体育场馆运营模式优化研究[J].三峡大学学报(人文社会科学版),2017,39(6):81-84.

[2] 张强、王家宏.新时代我国智慧体育场馆运营管理研究[J].武汉体育学院学报,2021,55(11):62-69.

预约支付、会员储值、门票售卖等,实现足不出户查询场馆和网上缴费办,减少不必要的人力核验环节,削减场馆机械性工作岗位。据统计,厦门市目前共开放 25 家智慧健身房运营,并拟在 2022 年新建 10 个厦门智慧体育健身房运营。[①]

3.倡导体育场馆基地复合使用

近年来,厦门市支持在不改变、不影响建设用地主要用途的前提下,复合利用土地建设健身设备,实现健身场地与其他公共服务设施用地共享;在不妨碍防洪、供水安全等前提下,依法依规推进体育公园建设及健身设施嵌入公园绿地和生态空间,并增设指引标识。另外,厦门市还主张加强体卫养融合,在养老设施规划建设中加入文体项目,如在文化中心、社区服务中心基地设置健身场地、文体活动室等。《厦门市体育局关于印发厦门市全民健身场地设施建设补短板五年行动计划(2022—2026)的通知》显示,厦门市拟规划新建、改扩建体育公园不少于 12 个,健身步道不少于 70 公里。[②] 而这些健身设施场地多采用复合用地模式,将健身设施内化于其他公共服务设施用地中。

(五)推动公共体育服务社会化

改革开放以来,我国体育公共服务制度建设不断推进,供给主体多样化,初步形成了政府主导、社会参与的公办民办并举模式。同时,与人民群众日益增长的体育公共服务需求相比,不少领域的公共体育服务仍存在质量效率不高、规模发展不足和地区发展不平衡等问题,迫切需要政府创新公共服务供给模式,在公共体育服务领域更多动用社会力量,全力推动社会力量办体育。当前,向社会力量购买公共体育服务已经成为当前政府供给公共体育服务的主要模式。[③] 所谓政府向社会力量购买公共体育服务是指:通过发挥市场机制作用,把政府直接向社会提供的公益性公共体育服务事项,按照一定的方式和程序,交由具备一定条件的社会力量承担,并由政府根据合同约定向其支付相关费用。近年来,厦门市积极助推市政府向社会力量购买公共体育服务,全力推动社会力量办体育,已取得成效。这主要得益于厦门市明确政府购买公共体育服务范围、规范购买交易方式程序、完善监督评估机制与群众参与机制。

---

① 厦门市体育局.厦门市体育局 2021 年工作总结和 2022 年工作计划[EB/OL].[2022-04-08].http://sports.xm.gov.cn/xxgk/zfxxgk/ml/jhzj/202204/t20220408_2653367.htm.

② 厦门市体育局.厦门市全民健身场地设施建设补短板五年行动计划(2022—2026)[EB/OL].[2022-08-24].http://sports.xm.gov.cn/xxgk/zfxxgk/ml/jhzj/202208/t20220830_2684204.htm.

③ 闫建华;田华刚.政府购买公共体育服务的法律规制与冲突[J].体育成人教育学刊,2020.36(3):10.

1.明确政府购买公共体育服务范围

厦门市体育局和市财政局根据政府公共体育服务需求和社会组织专业化优势,鼓励各级各部门同等条件下优先向体育社会组织购买相关服务,并通过购买公共体育服务方式,将场馆管理、体育赛事活动、项目普及培训等交由各级体育社会组织承担。近年来,厦门市在加大政府向社会力量购买公共体育服务力度,推动社会力量办体育的同时,也已划定明确的购买范围,在指导性正面清单的基础上采用负面清单制度,将厦门市政府购买公共体育服务的范围界定为确定性范围、可裁量性范围和禁止性范围,使其内容具体细化,并由同级财政、监察等部门进行合法性和可行性审查。据统计,厦门市近五年来,政府用于公共体育事业采购支出的数额庞大(见表3),其中2017年最多,达到3456.19万元,而2020年最少,仅6.5万元。

表3　2017—2021年厦门市政府体育事业采购支出情况表

单位:万元

年份	采购货物支出	采购工程支出	采购服务支出	总计支出
2017	1181.81	545.68	1728.70	3456.19
2018	1165.37	371.22	548.93	2085.52
2019	1227.56	70.35	1563.82	2861.74
2020	6.50	0.00	0.00	6.50
2021	4.78	0.00	893.36	898.14

数据来源:2017—2021年度厦门市体育局部门决算说明。

2.规范购买交易方式及程序

随着我国政府向社会力量购买公共体育服务力度的加强,体育行政组织的自由裁量权也在扩张,仅依靠实体法来约束政府购买公共体育服务的行政行为显然不够,需要寻求交易方式和程序的阳光透明。近年来,厦门市把规范政府购买体育公共服务的交易方式和程序使其透明化作为"加大政府向社会力量购买公共体育服务力度,全力推动社会力量办体育"政策的重要内容。具体来说,厦门市政府在向社会组织购买公共体育服务时,其具体途径是首先向社会发布具体项目:购买主体根据购买公共服务项目的要求,及时、充分地向社会公布购买的服务项目的内容、承接主体的要求、绩效评价标准等信息。其次是组织项目申报:承接主体根据服务项目要求,结合本单位提供服务的能力,向购买主体——厦门市政府提交公共服务项目具体实施方案。接下来是组织项目评审:由购买主体——厦门市政府对承接主体服务方案的资料完整性和项目实施方案的可行性进行初审并组织监察、机构编制、发改、财政、审计、物价等相关部门,开展购买项目的论证工作,必要时成立项目评审专家组,确定项目实施的承接主体及价格。再接下来是进行项目结果公示：由购买主体根据项目论证或评审结果,网上公示项目实施的承接主体及相关事项。最后是组织监管项目实施：在公示无异议后,购买主体在规定时间内与项目实施的承接主体签订购买服务合同,明确服务事项、时序进度、质量要求、付款方式、违约责任等相关内容;购买主体按照合同约定督促承接主体实施项目,年度对项目进行绩效考核评价,建立承接主体信用记录,并接受财政部门的监管。

3.健全监督评估机制和群众参与机制

厦门现有的监督法律和政策规定仅是针对承接人的监管,对行政购买主体并未做充分的责任规定,这势必造成行政监管主体权责不一致,监管责任意识缺失,监管效率低下,权力寻租腐败等问题。近年来,厦门市完善公共体育服务购买主体与承接主体全方位监管制度,建立事前目标设定、事中管理和事后评价的全过程监督模式,制定严格的项目评估标准与制度,明确绩效评估的具体指标,还对具有较强专业性的服务项目组织邀请高校或体育科研机构相关专家学者参与评估,使政府内部评估与社会评估有机结合。此外,公众参与也是监督政府购买体育公共服务的有效手段。厦门市近年来着力完善群众参与监督机制,通过网络、座谈会、实地走访、听证会等方式在事前决策阶段、事中监督阶段和事后绩效评估阶段广泛听取群众意见。

(六)统筹推进体育人才队伍建设

深化体制机制改革,统筹推进体育各类人才队伍建设,聚焦高层次人才、急需紧缺人才,为未来体育事业发展总目标的实现提供人才基础和智力支持,是厦门市体育事业高质量发展的源泉。

1.深化体育人才队伍建设体制机制改革

近五年来,厦门市创新体育人才队伍建设体制机制,形成有利于体育人才队伍成长的管理、培养、使用、考核、激励、竞争、保障和流动机制,成效显著(见表4)。一是在本市的人才管理机制方面,厦门市体育局建立体育人才工作领导小组和本市体育人才工作协调机制,并坚持党管人才原则,完善本市体育人才管理模式。二是在人才培养机制方面,建立了多主体参与的现代化体育人才培养与开发体系,持续实施体育人才知识更新工程和技能提升行动,广泛开展全市县区体育对口帮扶与合作工程。三是在人才考核评价机制方面,以职业属性和岗位要求为基础,分类建立人才评价机制,深化体育专业人员职称制度改革和技能人才评价制度改革,建立了专业技术人才与高技能人才评价贯通机制。四是在人才激励机制方面,切实发挥表彰奖励的导向引领作用,完善了体育系统表彰奖励体系。五是在人才保障机制方面,鼓励和支持引导各优秀退役运动员在体育领域内进行自主创新创业,充分发挥市场在人才资源配置中的作用,打通优秀退役运动员、教练员进入学校担任体育教师的渠道,畅通优秀退役运动员、教练员出口。六是在人才流动机制方面,畅通本市机关、本市企事业单位、体育社会组织等各方面人才流通渠道,探索制定出了运动员、教练员等体育人才跨地区流动政策,鼓励各类体育人才通过兼职服务、技术攻关、项目引进等多种方式实现柔性流动。据统计,上述政策实施后,厦门市体育行业后备人才培养和输送力度不断加大,仅"十三五"期间,本市向省队输送 190 名运动员,向国家青年队输送 4 名运动员,向国家队输送 28 名运动员。①

表4 厦门市 2017—2021 年各赛事获奖情况统计表

年份	世界赛	亚洲赛	全国赛	省级赛
2017	3金1银4铜	2金2铜	51金37银30铜	104金94银99铜
2018	12金6银3铜	6银4铜	58金88银120铜	198金178银181铜
2019	20金8银9铜	6金7银	86金71银72铜	224金180银187铜
2020	—	—	24金43银29铜	6金9银10铜
2021	—	—	25金18银20铜	65金53银74铜

数据来源:2017—2022 年《厦门经济特区年鉴》。

2.深化领军人才队伍建设体制机制改革

近年来,厦门市依托重大项目、重大工程建设德才兼备的高层次体育技术和管理人才队伍。一是启动体育领军人才培养工程,依托重大项目、重大工程,如亚洲杯足球赛等培养体育领军人才,依托优质项目工程为高层次体育人才的培养创造条件。二是在全市体育行业培养集运动训练、体育科研、运动医学、体育产业、体育文化等领域知识能力的高水平复合型管理团队,以此促进产、学、研成果转化力度,充分发挥高水平管理人才及其团队的示范引领作用。为此,厦门市体育局于 2022 年 4 月牵头成立厦门市体育产业专家库,聘请高等院校、金融、法律、体育等各界专家及"双百人才"共 48 名成员。② 三是建立高层次人才交流数据平台,把本市各区县体育高层次人才纳入本市人才工程数据平台。四是充分挖掘引进具备体育项目策划能力、体育项目营销能力、体育项目管理能力、体育赛事业务能力、体育场馆业务能力、体育组织业务能力和熟悉相关体育政策法规的国外体育经理人,切实提高外籍高层次管理人才

① 厦门市体育局.厦门市"十四五"体育事业发展专项规划[EB/OL].[2021-11-05].http://sports.xm.gov.cn/xxgk/zfxxgk/ml/jhzj/202111/t20211105_2612300.htm.
② 厦门市体育局.厦门体育产业专家库成立[EBOL].[2022-04-22].http://sports.xm.gov.cn/tyxw/202204/t20220424_2657350.htm

使用效益。五是强化高水平技能人才培养工作,通过技术交流、研发攻关等活动促进高技能人才成长。

3.深化紧缺人才队伍建设体制机制改革

厦门市体育系统深入研究本市体育事业特点,统筹谋划本市体育事业发展趋势,多措并举,完善本市急需紧缺人才队伍建设体制机制。一是依托高校院所,如厦门大学等,探索体育交叉学科建设,加强融合培养力度,培养更多高素质、急需紧缺人才。二是开展五年专项培训计划,大力培养运动防护师、体能教练等紧缺复合型专业人才以及体育新业态发展急需的企业经营管理人才。三是举办全国体育行业职业技能竞赛和技能交流活动,更新体育行业从业人员职业技能以适应体育事业高质量发展要求。四是建立本市急需紧缺人才引进和评价绿色通道,放宽政策条件,简化进入程序。仅 2021 年度,厦门市就引进紧缺型体育竞技人才 11 名,均在陕西全运会、省年度锦标赛中取得优异成绩。除引进竞技人才外,厦门市同样注重培养本土竞技体育人才弥补竞技体育缺口,为此新增竞技体育培养基地,截至 2021 年,全市共有 72 所体育传统校和 77 个竞技体育后备人才培养基地校项目(队)。①

(七)完善支持体育发展的相关政策

为深入贯彻国务院、省政府关于促进全民健身和体育消费,推动体育事业高质量发展的一系列政策,厦门市除完善全体市民健身公共服务体系外,还强化要素保障,激发市场活力和消费热情,完善财政、金融、税收、土地、能源等领域支持体育发展的各种政策,推动厦门体育事业高质量发展。

1.强化财政支持体育发展的政策

近年来,厦门市财政局根据体育事业年度发展情况,整合体育事业相关资金,从两方面强化财政支持体育事业发展力度。一方面,厦门市财政强化支持新建包括体校新校区在内的体育基础设施和引进高水平优质师资。具体包括:一是因地制宜建设体育设施。市财政出资鼓励各类市场主体利用工业厂房、商业用房、仓储用房、边角地等既有建筑、闲置用地及屋顶、地下室等空间建设改造成体育设施。如厦门市力争在 2023 年底新建或改扩建 500 处以上全民健身场地设施。二是财政资助加大全民健身设施建设力度。如组织实施全民健身提升工程和每个区安排 2 个左右公园提升改造成为体育公园等。②

---

① 厦门市体育局.厦门市体育局 2021 年工作总结和 2022 年工作计划[EB/OL].[2022-04-08].http://sports.xm.gov.cn/xxgk/zfxxgk/ml/jhzj/202204/t20220408_2653367.htm.

② 厦门市人民政府办公厅.厦门市人民政府办公厅关于引发加快推进群众身边全民健身场地设施建设工作方案的通知[EB/OL].[2022-03-25].http://sports.xm.gov.cn/xxgk/zfxxgk/ml/jhzj/202203/t20220325_2639028.htm.

三是加大财政资助力度,引进体育专业中小学教师、社会体育培训指导员、高层次竞争人才、复合型体育管理人才等,均可享受安家补贴与入户入学等人才政策。另一方面,厦门市财政按一定标准加大体育竞赛、体育训练、体育交流、中等职业体育教育与设施等项目资金支出(见表5),强化财政资助体育项目力度和范围:对于获得国家、省体育专项资金资助的,按照就高标准不重复原则,市体育专项资金予以补助或补足,上级专项资金文件明确要求地方配套的除外(同一项目已获得市政府投资或厦门市其他市级财政专项资金资助或奖励的,市体育专项资金一般不再资助或奖励)。除此之外,还有一批暂未纳入资助范围但极具发展潜力的体育项目也予以考虑,根据实际需要由市体育局向市财政局提出资助意见,报市政府研究确定。

表5　厦门市体育局部门2021年一般公共预算拨款部分支出

部分支出项目	支出金额/万元	较上年增加额/万元	较上年增加比例/%	备注(原因)
运动项目管理	6295.82	205.62	+3.38	事业单位公用经费支出增加
体育竞赛	798.89	-292.23	-26.78	经费减少
体育训练	2275.75	540.24	+31.13	水上中心、竞技体育发展中心、体校体育训练保障支出增加
体育场馆	73.88	-3190.04	-97.74	体育中心体育场馆建设支出减少
体育交流与合作	0	-13.55	-100	经费减少
群众体育	0	-38	-100	群众体育项目支出功能科目调整减少
初中体育教育	1.28	0.53	+70.67	体校义务教育寄宿学生生活补助增加
中等职业体育教育	3060.97	-1016.33	-24.93	体校项目支出功能科目调整减少
中等职业学校教学设施	1346.34	1346.34	+100	体校项目支出功能科目调整增加

数据来源:《2021年度厦门市体育局部门决算》。

2.创新金融支持体育发展的政策

厦门市为助力体育事业发展和体育产业转型升级,创新推出一系列金融政策、工具支持体育事业发展。一是运用招商金融科技,创新体育事业融资模式。厦门市充分发挥银行机构的金融科技优势,运用互联网、大数据、人工智能、云计算等先进技术,与体育行业的核心企业或政府产业平台共建产业互联网生态圈,通过线上放款、在线保理、政府采购贷、银税贷等线上产品为体育企业提供快速、便捷、免担保抵押融资。二是根据体育企业分层分类定制融资产品。针对本市体育行业龙头企业,通过供应链融资方式,聚焦体育产业上下游生态圈,通过以大带小、批量推进的方式,形成金融机构与龙头企业合作供应链融资;针对本市体育行业进出口企业,金融机构为体育行业的进出口外贸企业提供跨境并购、外币融资、跨境结算等全方位的金融支持;针对本市体育行业科技创新型企业,政府、投资机构、体育行业大型龙头企业三方共建、共享科技金融生态圈;针对体育行业中的小微企业,金融机构根据企业年度纳税情况给予纯信用、免担保的授信额度。三是鼓励符合条件的体育企业通过上市、发行公司债券、债务融资工具和资产证券化产品及股债结合型产品进行融资,筹措发展资金。从而不断壮大体育产业规模体量,提升产业发展质量效益。据统计,厦门市六个区体育产业近年来发展态势良好(见表6和表7),这得益于厦门市创新金融支持体育产业政策的制定与出台。

表6　厦门市2020—2021连续两年体育产业发展情况

截止年份	体育产业总产出/亿元	实际增加值/亿元	占本市地区生产总值/%
2020年	420.97	154.68	3.23
2021年	475.23	75.35	2.67

数据来源:《厦门市体育局2021年工作总结和2022年工作计划》《厦门市体育局2020年工作总结和2021年工作计划》《厦门市"十四五"体育事业发展专项规划》,厦门市体育局官网。

表7　厦门六区体育产业和法人及个体工商户数量统计

指标		思明区	湖里区	集美区	同安区	海沧区	翔安区	总计
体育产业单位	数量/家	2428	1710	1270	946	526.6	387.2	7307
	百分比/%	33.20	23.40	17.40	12.90	7.70	5.30	
法人及其产业活动单位	数量/家	2053	1458	901	622	407	239	5680
	百分比/%	36.10	25.70	15.90	11	7.20	4.20	
个体工商户	数量/家	375	369	324	252	150	148	1627
	百分比/%	23	22.70	19.90	15.50	9.80	9.10	

数据来源:吴林.新时期厦门市体育产业高质量发展中存在的问题及对策[J].哈尔滨体育学院学报,2021,39(4):71-76.

3.健全土地支持体育发展的政策

近年来,厦门市在支持体育事业高质量发展时统筹考虑体育用地布局,在安排体育事业发展年度土地利用计划时,健全体育发展新增建设用地的政策。

一是在公共健身设施上,体育局联合市发改委、资源规划局、市政园林局、建设局、市土总、各区政府等责任单位合理利用公共绿地、市政用地建设足球场、篮球场、排球场、健身步道等体育设施;充分利用闲置收储用地来建设临时性体育设施;除此之外,还鼓励利用社区和小区公共空间试点建设一批空间集约、方便实用、性价比高的24小时无人值守智能健身房,满足社区居民多样化和便利化的健身需求。二是在体育产业发展上,积极探索利用集体建设用地、符合条件的"四荒"(荒山、荒沟、荒丘、荒滩)土地发展体育产业。三是在农村集体用地上,市资源规划局和各区政府支持农村集体经济组织利用集体建设用地自办或以土地使用权入股、联营等方式参与健身休闲项目。截至2021年年末,全市体育场地总面积1235.2万平方米,人口528万人,人均体育场地面积达到2.34平方米。①

4.完善能源支持体育发展的政策

近年来,厦门市体育局、发改委、财政局、各区政府等责任单位立足本市山海资源优势,完善能源支持体育发展政策。一是优化体育产业空间布局,重点建设绿色生态山林户外运动产业带、蓝色水上运动休闲产业带;重点发展足球、篮球、排球、羽毛球、乒乓球、网球、拳击、跆拳道、击剑、马拉松、游泳、攀岩、帆船(板)、皮划艇等传统运动项目;鼓励发展室内高尔夫、小轮车、跑酷、轮滑、滑板、飞盘、台科搏、定向越野等新兴时尚健身休闲项目,推动运动项目产业化。二是围绕可利用的水域、空域、林地等自然资源,综合考虑生态、防洪、供水安全等因素,分类制定允许开展的体育赛事活动目录,推动公共资源向体育活动和场地开放。三是利用本市滨海旅游城市特点,举办帆船、马拉松、高尔夫球、沙滩排球、铁人三项、汽车越野等国际品牌赛事。四是作为"一带一路"战略中无缝对接的海路枢纽城市,充分发挥其在体育发展中的作用与价值。市体育局、发改委、财政局以及各区政府等责任单位联合加强厦门与"一带一路"沿线国家和地区开展体育交流与合作,举办"一带一路"马拉松、帆船、足球、篮球等系列体育赛事,培育2—3项国际品牌赛事,3—5项全国品牌赛事。

5.改革税收支持体育发展的政策

20世纪90年代至今,财税政策作为政策工具频频出现在体育产业领域,在我国体育产业发展中扮演着重要角色。近年来,厦门市为促进本市体育事业发展,改革税收支持体育发展相关政策。首先,厦门市体育局、发改委、财政局及各区政府等责任单位丰富体育财税优惠方式,采取直接优惠与间接优惠、

---

① 厦门市体育局.厦门市全民健身场地设施建设补短板五年行动计划(2022—2026)[EB/OL].[2022-08-24].http://sports.xm.gov.cn/xxgk/zfxxgk/ml/jhzj/202208/t20220830_2684204.htm.

事前优惠与事后优惠相结合的方式,同时补充税收豁免、优惠税率、免税期、纳税扣除等直接优惠和投资抵免、固定资产加速折旧、成本扣除等间接优惠方式。其次,厦门市体育局、发改委、财政局及各区政府等责任单位不断完善厦门市体育财税激励政策。一是支持本市公益性体育活动的开展,予以免征增值税优惠或根据情况适当退税的优惠政策。二是自 2012 年以来,对本市具有商业性特点,能够促进全民健身发展和服务于体育相关新兴产业的企业,其符合条件的技术转让所得免征、减征企业所得税。三是对经认定为体育非营利组织,其所得符合条件的收入免征企业所得税。四是对本市具有公益性特点的体育建设类项目,例如为群众开展体育健身活动的体育场馆建设用地,免征土地使用税。五是对本市开展商业性体育项目的企业,允许固定资产加速折旧,适当减轻企业税。六是企业为开发新技术、新产品、新工艺发生的研究开发费用,未形成无形资产记入当期收益的,在按照规定据实扣除的基础上,按照研究开发费用的 50％加以扣除;形成无形资产的,按照无形资产成本的 150％摊销。七是以税收优惠方式吸引本市企业对体育赛事的赞助。

三、厦门市体育事业管理体制机制创新的成效、经验和挑战

体育事业管理体制机制改革是体育事业高质量发展的内部动力,是体育事业发展行稳致远的有力根基。厦门市近年来不断从各个领域完善体育事业管理体制机制以适应厦门社会经济现代化发展,取得了显著成效,形成“厦门经验”。然而随着社会发展、新旧矛盾交替,厦门市体育事业管理体制机制中仍存在一些问题亟待解决。

(一)体育事业管理体制机制改革创新的成效

推动体育事业高质量发展是“十四五”时期体育事业整体发展顶层设计中的重要议题。而实现体育事业管理体制机制创新则是推动体育事业高质量发展的内部动因。近年来,厦门市创新体育事业管理体制机制,为厦门市体育事业高质量发展提供内部保障与内生动力,取得了显著成效。

1.政府主导、社会参与的管理格局初步形成

党的十八届三中全会提出创新社会治理体制后,体育领域也持续加大体育社会组织改革力度,推动体育社会力量参与体育事业管理。近年来,厦门市按照“政企分开、政资分开、政事分开、政社分开”的原则深化体育部门“放管服”改革,推动体育管理社会化、网络化和向基层下移,持续推进体育社会组织改革,通过优化审查登记程序培育壮大一批体育社会组织、发展壮大群众身边的基层体育社会组织、引导体育社会组织加强规范化建设和引导体育社会组

织加强信用建设等途径扶持培育社会力量,并发挥体育社会组织的公益属性,由其负责举办大型群众性体育赛事、管理场馆设施运营、项目普及培训、项目活动宣传、后备人才培养等具体事项,将体育推向市场,由社会力量办体育。目前,厦门市已初步形成由政府统筹监管、社会力量参与管理运营,双方优势互补、强强联合的新格局。

2.全民健身与全民健康深度融合的工作框架初现雏形

推动全民健身与全民健康深度融合与长效协同是提高人民身体素质和健康水平的重要举措,是体育公共服务体系的重要内容,也是推动体育事业实现高质量发展的重要途径。这需要打破体育、卫生、医疗、教育、人社、规划等部门界限和行业壁垒,形成合纵连横、协同创新和复合治理的长效协同工作体制机制。近年来,厦门市各区县政府积极探索成立了全民健身和全民健康深度融合工作领导小组,由主管领导牵头,体育、卫生健康、教育、发改委、人社、规划等部门负责人参与其中,统筹协调解决多部门融合过程中的重大问题,明确全民健身和全民健康事业中的各部门责任与权限,初步搭建起体育部门在多部门融合工作中发挥主体和纽带作用,卫生健康、文化旅游、教育、养老、人社、规划等有关部门发挥协同作用的工作框架,多方互动、形成合力。目前,厦门市在这一体制机制建设工作上已颇显成效,已初步形成全民健身与全民健康深度融合的工作框架雏形。

3.依法治体的制度体系逐步完善

依法治体是实现体育事业管理体制机制创新的重要支撑,是推进体育治理体系和治理能力现代化的重要途径,也是提高人民群众体育工作满意度的有力保障。近年来,厦门市在体育事业管理体制机制改革中高度重视依法治体,先后出台相关条例、规章制度、惩戒办法等完善体育标准,健全体育评价,优化体育监管,强化体育法规。除此之外,厦门市还加快体育领域相关法规文件立、改、废、释工作;增进体育行政机构职能转变中的法治作为,认真落实中央有关创新行政管理方式和依法全面履行政府职能的要求,编制厦门体育局部门权力与责任清单,建立完善的动态调整机制;全面推进法治体育建设,构建有利于体育社会化和市场化的法治机制。这极大丰富了厦门市"依法治体"的制度体系。这一法治体系一方面为厦门市体育事业管理体制机制创新提供了法律保障,实现有法可依,另一方面推动厦门市体育事业管理工作机制得以合理合法运行,实现体育管理工作法治化,进而提升人民群众体育工作满意度。

(二)体育事业管理体制机制改革创新的经验

体育事业管理体制机制是体育事业有序运行的重要保障,是推动体育事业高质量发展的内部动力。近年来,厦门市推动完善体育事业管理体制机制改革,取得了显著成效,形成"厦门经验"。

1.坚持党的领导

体育事业管理体制机制改革是全面深化改革的重要组成部分,涉及体育工作的全局性、方向性和创新性,其领导力量直接关系到体育事业改革的成败。厦门市体育事业管理体制机制改革坚持和完善党领导体制,把党的领导贯穿到体育事业管理体制机制改革工作的各方面、各环节中,为体育事业管理改革提供有力的领导核心,为体育事业高质量发展提供政治保证。

2.坚持健康为本

体育具有民生性,它是民生事业的重要内容与组成部分;同时体育对其他民生事业如教育、医疗、就业、社会保障等也具有重要影响作用。因而体育事业管理体制机制改革要以民生福祉为出发点,以健康为本。厦门市多年来体育事业管理体制机制改革坚持以保障人民健康为中心,突出体育作为促进人健康幸福、社会和谐的事业定位,积极响应体育民生诉求,推动健康关口前移,在更好地满足人民日益增长的体育美好生活需要的同时,深化全民健康工程,推动厦门全民健身与全民健康工程的深度融合发展。

3.坚持改革创新

厦门市体育事业管理体制机制改革应时而变,立足数字时代,深入实施创新驱动发展战略,通过互联网、数字技术赋能体育事业管理体制机制,实现机制创新、模式创新、政策创新,推动体育事业发展质量变革、效率变革、动力变革,使得厦门市体育事业高质量超越发展的动力和活力得以增强。

4.坚持市场导向

厦门市注重通过供需两端发力的发展机制来推动本市体育产业高质量发展。一方面发挥市场在体育资源配置中的决定性作用,通过积极培育多元市场主体、活跃体育资本市场和搭建体育资源交易平台,构建现代体育市场环境,充分调动社会资本的体育市场参与度,并以市场需求为导向,不断增强体育产品和服务供给能力。另一方面以市场为导向,创新体育消费体制机制,以体育促进消费,通过拓展体育健身、体育观赛、体育培训、体育旅游等消费新空间,使得体育消费新模式和新方式得以涌现。

5.坚持联动融合

体育改革是一个复杂的系统工程,既涉及国家层面,又涉及地方和社会层面,许多体育问题具有跨界性、跨域性、复合性特点,需要多方协同、形成合力。厦门市体育事业管理体制机制改革遵循现代体育发展规律,加强全局性谋划、战略性布局、整体性推进,既推动全民健身、竞技体育、体育产业、体育文化协调发展,也推动体育发展和经济社会发展协调,并实现两者发展质量、结构、规模、效益、安全相统一,还推动体育与教育、卫生健康、人社、规划、发改等部门建立长效协同机制,树立大体育、大健康理念,使"体育+""+体育"成为推进体育高质量发展超越的新引擎。

6.坚持突出特色

厦门市充分立足本市体育发展现实情况、山海资源条件、体育发展目标等实际,突出特区优势、山海优势和文明城市优势,完善支持体育高质量发展的资源、能源、地理等政策,发展具有厦门特色的体育事业、体育产业和体育文化,包括打造全民健身特色活动,强化和发展竞技体育优势项目,培育和塑造体育产业特色品牌等。

(三)新时代厦门市体育事业管理体制机制存在的问题

习近平总书记把体育改革纳入全面深化改革统筹谋划,强调要坚持问题导向,集中力量破解体育发展难题,加快推进体育事业管理体制机制改革创新步伐,为我国体育事业发展注入新的活力和动力。当前,厦门市体育事业管理体制机制存在一些深层次矛盾和问题,如:仍未能均衡实现政府与市场均衡贡献;广大市民日益增长的多元化体育需求与高效供给的矛盾仍较突出;竞技体育尖子运动员不多,后备人才储备不足,政策优势不明显;体育产业集聚度不高,尚未形成产业园区等。分析厦门市体育事业管理体制机制中诸多问题及其成因,才能为体育事业改革提供引导。

1.政府与市场在体育发展中的贡献程度未能实现均衡

积极稳妥地发挥政府与市场的力量是厦门市体育事业管理体制机制改革的主要方向。但当前厦门体育事业发展中,政府发挥的功能仍然远超于市场和社会组织,两者未能实现均衡贡献,一种有为政府、有效市场、有机社会的大体育格局尚未完全形成。这主要是因为厦门体育事业管理体制机制仍存在一些问题。

首先是多元主体参与治理的机制设计欠佳。目前厦门市多主体协同共治的参与机制仍不完善。一方面,当前厦门市体育社会组织力量参与体育治理路径不畅通,从而导致有意愿参与并提供志愿服务的体育社会组织和个人难以找到服务对象;另一方面,当前厦门市政府与社会体育组织的合作仅集中在体育场馆和体育综合类硬件设施项目方面,两者共享不足,合作领域比较有限。因而社会力量难以在更广更深的的程度上参与本市体育管理。

接下来是政府内部及部门间的协同程度不高。当前厦门市具体政策的执行力度和履责意识仍然不够强,部门间资源的调动深度有待于进一步提升,如职业体育赛事受制于东京奥运会、陕西全运会等战略,国家队和俱乐部关系难以协调,各体育项目协会职能不全以及项目管理中职权不清晰等均影响社会力量在体育事业中发挥贡献。

2.市民日益增长的多元化体育需求与高效供给的矛盾仍较突出

厦门市经济和社会发展情况较好,吸引越来越多的各类人群来厦追求理想,安居乐业。但因为工作和生活节奏加快,压力加大,大部分人群身体透支和亚健康情况比较普遍,市民体质健康状况不容乐观。据福建省第五次国民体质监测报告显示,当前福建省成年人身体素质和身体反应能力呈现下降趋势,成年人和老年人超重肥胖率持续增长,2020 年分别为 31.3% 和 9.6%,较 2014 年分别增长了 1.8 个和 2.5 个百分点。[①] 另外据《2021 年厦门市居民体育消费调查报告》显示,截至 2021 年,厦门市居民体育消费总规模达 133.97 亿元,体育用品消费、体育培训和教育服务消费、健身休闲消费位居前三;跑步/健步走、羽毛球、篮球、游泳和乒乓球运动项目参与度居前五。大数据显示,厦门市居民每周锻炼 3 次及以上的人群比例最高,达 32.0%,有六成以上居民每次体育锻炼时间大概在 30 分钟到 1 个小时之间。[②] 由上述数据可知,厦门市市民体育健身锻炼需求比例较大且需求样式较多。但目前厦门市体育公共服务设施仍存在一些问题:首先是总量不足,人均体育场地面积虽处于全国平均水平,但与厦门市经济社会发展不相适应;其次是设施结构优化力度不强,岛内外布局不均衡,城乡差距和区域差距明显,尤其是群众身边的健身设施还不够;再次是类型不够丰富,目前全民健身设施类型中篮球、羽毛球、健身路径较多,但滑轮、滑冰、户外运动等新兴项目运动场地较少,依据厦门良好的山海条件,还有较大拓展空间;最后是利用效率不高,体育场馆设施运营管理水平不高,社区健身设施使用有待加强。因而,厦门市目前市民日益增长的体育健身需求与公共体育设施供给不足、质量不优、种类有限且利用不高的矛盾日渐突出。

3.竞技体育发展人才储备不足,竞争力不强

目前,厦门市竞技体育发展人才储备不足且竞争力不强。这主要是因为传统竞技体育所依赖的政府主导模式与现在市场经济下多元主体共同参与的职业体育管理模式以及运行机制存在矛盾冲突,加上项目协会、职业俱乐部等体育社会组织自主决策权也不高,所以仅依靠政府主导、财政支持难以支撑竞技体育发展所需的人才资源和财力资源,激励不足,后备人才储备不足,从而竞争力有限,尤其是财政紧缺时期更为明显。就竞技体育人才培训和储备来说,目前厦门市的问题是依旧主要依赖体育系统培养竞技人才,而社会组织、协会、俱乐部联合培养后备人才的渠道还未打通;利用高等院校培养后备人才

---

① 福建省体育局.福建省第五次国民体质监测报告[EB/OL].[2022-08-08].https://tyj.fujian.gov.cn/zwgk/xwzx/sxdt/202208/t20220808_5970030.htm

② 厦门市体育局.2021 年厦门市居民体育消费调查报告[N].厦门日报,2022-09-11.

的方式还未在全市普及;职业体育发展进程缓慢,与本市市场经济条件下的职业化、市场化趋势不相适应。因而厦门市竞技体育发展人才储备不足,竞争力还不强。

4.体育产业集聚度不高,尚未形成产业园区

近年来,厦门体育产业规模体量不断壮大,产业发展质量效益不断攀升,截至 2020 年年末,厦门市体育产业实现总产出 420.97 亿元,"十三五"期间,体育产业总产出年均增长 7.4%,体育产业增加值年均增长 7.9%[①],处于全国较为领先位置,但本市体育产业聚集度不够高,仍尚未形成产业园区。其具体原因一方面是市场机制的作用激发不足。当前,厦门市体育事业管理体制机制改革不到位,导致体育要素市场激发难以形成,从而难以发挥市场决定性作用,形成产业集群园区。如体育场馆"管办分离"分权进展困难,场馆资源推向市场化管理受阻;体育协会垄断体育资源,从而使得运动员、赛事版权等一批优质体育资源存在市场化与开放化程度不高。另一方面原因是体育产权市场尚未形成,其产权交易机制仍不健全,从而难以形成产业集群。厦门市目前的体育市场不仅缺乏优质体育资源,还不具备清晰的产权界定、专业化的交易规则、职业化的体育资产评估机构以及交易平台,其相关配套服务也不够完善,导致产权交易困难、交易数量偏少,难以形成产业集群。

四、完善厦门市体育事业管理体制机制的对策

随着近年来厦门经济社会快速发展,人才涌入,原有体育事业管理体制机制难以适应新时代厦门体育高质量发展,因而厦门体育事业管理体制机制需要聚焦问题,深化供给侧结构性改革,完善本市体育事业管理体制机制。

(一)完善全民健身公共服务的社会力量参与体制机制

构建更高水平的全民健身公共服务体系不仅是政府部门的责任,动员广泛的社会力量参与,人尽其才、物尽其用、地尽其力,才能实现体育"破圈",实现高质量发展。2021 年 8 月 3 日,国务院印发《全民健身计划(2021—2025年)》,指出要加强党对全民健身工作的领导,推动构建政府主导、社会协同、公众参与、法治保障的全民健身工作机制,优化全民健身公共服务资源配置方式,形成政府、社会、市场等主体在全民健身公共服务供给中的多主体协同关系,完善社会力量办体育体制机制。

1.优化社会力量参与全民健身公共服务体制机制

社会力量参与办体育,供给全民健身公共服务设施是未来体育事业管理

---

① 厦门市体育局.厦门市"十四五"体育事业发展专项规划[EB/OL].[2021-11-05].http://sports.xm.gov.cn/xxgk/zfxxgk/ml/jhzj/202111/t20211105_2612300.htm.

体制机制改革的重要趋向。社会力量办体育不仅可以最大限度盘活国有资源,实现经济效益和社会效益双发展,还可以提升全民健身设施供给服务质量效益。但社会力量参与办理全民健身公共服务关键是"办",要素是"钱",这离不开厦门市优化社会力量参与全民健身公共服务体制机制改革,从源头破解"办"和"钱"两大难题。厦门市作为中国百强城市,活跃的社会资本、领先发展的数字技术、敢为人先的创新特质、开明的政府管理模式,使得厦门具备社会力量办体育或"民办体育"的优势。因此,厦门市需要研究完善社会力量参与全民健身体育事业管理的体制机制。对此,首先应推动简化各类社会体育组织参与全民健身体育事业管理的审批流程,发展培育基层群众身边的体育社会组织,并不断推动体育社会组织实体化、市场化,选取体制外有想法、有专业、有经验者担任体育社团带头人。其次,应畅通社会力量参与全民健身公共服务的渠道和范围,通过签订合同、委托等政府购买服务方式,把体育场地设施建设运营、健身业务培训等公共服务和行业自身能解决的事项,逐步交由体育社会组织承担。最后,应保障社会力量投资权益,加大财税、金融支持力度,根据体育发展需求和绩效评价结果,对相关体育社会组织和市场主体给予支持,鼓励社会资本参与投资建设全民健身设施并依法按约定享受相应权益。

449

2.建立健全全民健身组织培育机制

专业化、网络化的全民健身组织是推动构建高水平、高质量的全民健身公共服务体系的重要基础,而这一健身组织的建立和高效运转离不开社会力量的广泛热情参与。为此,厦门市应充分发挥本市体育社会组织示范作用,充分释放体育社会组织活力,建立以本市体育总协会为枢纽、各项单项体育协会为支撑、基层体育组织为主体的全民健身组织网络。首先,应积极稳妥推进体育协会与体育行政部门脱钩,体育行政部门要确保加强对体育社会组织的政策引导和监督管理。其次,持续推动本市全民健身组织自治、自理能力建设,由单项体育协会对会员单位联系服务,完善相关标准规范,保障其专业化、规范化、程序化、合法化发展。再次,将健身运动项目的推广普及作为对各类体育协会的主要评价指标并开展定期评价活动。最后,支持党政机关、企事业单位、学校常态化制度化组织健身活动,鼓励发展在社区内活动的群众自发性健身组织。

3.完善"体育+"健身发展的社会力量参与机制

社会力量参与"体育+"健身发展意味着政府需要深化"放、管、服"改革,充分调动社会资源和社会力量,完善支持社会力量参与"体育+"健身发展的机制,并畅通参与渠道和范围,推动社会力量走进"体育+卫生健康""体育+教育""体育+文旅"等全民健身工程并承担相应角色,发挥其组织化、网络化、基层化作用。以体卫融合项目工程为例,厦门市可鼓励有条件的体育社会组织和个人志愿者加入医疗机构学习以运动康复为特色的专业知识和技能,并将相关专业知识和技能融入体育协会组织日常健身训练或常驻社区"体育＋卫生健康"健身示范工程中发挥作用。

(二)完善竞技体育人才培训体制机制

竞技体育是体育事业的核心部分,在体育强国建设中具有重要作用,而竞技体育人才培养则是竞技体育高质量发展的源泉和动力。习近平总书记在会见中国女排代表时指出要坚持举国体制和市场机制相结合培养竞技体育后备人才,在党的集中领导下充分调动一切各领域优势资源,保障优秀竞技运动员的选拔与培训,提升中国竞技体育竞争力和影响力。

1.强化社会力量培养竞技体育人才机制

竞技体育人才培养机制的完善是竞技体育得以发展的持续动力。为此,厦门市首先应构建多元化竞技体育人才培养格局,打破传统体制壁垒,推动建立以体校为龙头、社会力量为补充的多元化后备人才培养新模式。其次,须树立全市一盘棋思想,充分发挥本市体育系统、社会学校、市场企业等各领域力量,凝聚各方资源向竞技体育人才培养汇聚,形成上下协同、横向贯通、精英汇聚的训练机制。再次是创新教练员培养评价制度,打破身份限制,将优秀运动队教练员、业余训练教练员和民办体育培训机构教练员一并纳入教练员队伍培养体系,探索和完善新兴体育职业和体育系统外教练员评价标准。最后是完善赛事成绩奖励政策。社会力量培养的运动员、教练员代表本市在奥运会、亚运会和全运会等重大赛事中取得优异成绩的,适用相关赛事成绩奖励政策,给予同等的物质和精神奖励。

2.构建"体育＋教育"融合的人才培养体系

人才是竞技体育发展之源,做好竞技体育后备人才培养事关厦门市竞技体育发展全局。为此,厦门市应该深度融合"体育＋教育",由本市体育和教育部门共同制定学校竞技体育培养标准并纳入学生考核范畴和学生竞技运动水平等级评定制度等,推动竞技体育后备人才培养的体教融合发展政策得以落实。首先,应充分发挥学校普及技能、体校专业化训练、社会力量个性化培训功能,形成主体多元、功能多样的竞技体育后备人才培养渠道;其次,应因地制宜、因项目制宜建设各级各类竞技体校,探索鼓励竞技体校与中小学校多种合作模式,不断增强影响力和吸引力,强化体校培养后备竞技人才主阵地、主渠道作用;最后,应拓宽升学和继续教育保障渠道,创新运动员职业技能培训模式,在疏通优秀退役运动员、教练员进入学校从事体育教学、训练渠道的同时,建立更为完善的竞技体育运动员职业规划与就业创业指导体系,鼓励竞技运动员从事体育竞技、体育管理等相关职业,为优秀竞技体育人才提供多元化就业渠道。

3.创新科技赋能竞技体育人才培养机制

近年来,体育领域科技发展呈现指数效应,科技正在以前所未有的速度改变体育发展格局,厦门市竞技体育后备人才培养也离不开科技赋能助力。首先,应充分发挥科技作用,以本市竞技体育人才需求为导向,建立集多学科、综合性科学训练、科学研究和科技保障于一体的竞技体育人才培养工作体系,以此提升竞技运动训练的科学性、针对性和个体化水平。其次,应进一步完善科技助力竞技体育人才培养工作发展体系,建立集科研攻关与科技服务于一体的、跨学科、跨地区、跨行业、跨部门的科技助力保障体系,通过硬核科技提升各类竞技体育训练效能。最后,应推动高等体育院校改革与发展,为新时代体育发展提供有力的竞技体育人才支撑。厦门市还需搭建高等体育院校教学、训练、科研、竞赛等方面的交流合作平台,着力推动建设具有中国特色的世界一流体育大学和一流学科;除此之外,厦门市还需加强高等体育院校科技创新工作,增加体育科技成果供给竞技体育人才培训领域,推进产学研一体化发展。

(三)完善体育产业复合发展体制机制

体育产业是满足人民群众对美好健身生活向往、促进经济社会高质量发展的重要支柱。《体育强国建设纲要》《关于促进全民健身和体育消费推动体育产业高质量发展的意见》等文件均提出要将体育产业发展成为国民经济支柱产业。目前厦门市既处在体育产业发展最好时期,又面临体育产业结构调整升级。简政放权,充分发挥社会资本在体育产业发展中的作用,培养引进一批体育产业高层次人才,构建厦门特色体育产业品牌,厦门才能实现体育产业复合发展。

1.健全社会资本投资体育产业机制

近年来,厦门市体育产业复合发展多以政府投资为主,社会力量贡献程度低,因而接下来厦门市应鼓励社会资本投资本市体育产业复合发展。首先,应加强体育产业规划引领,分项目制定社会资本投资体育产业发展规划。这包括推动社会资本投资建设健身休闲、竞赛表演、场馆服务、中介培训、体育用品制造与销售等产业协同发展格局;积极培育山地户外运动、水上运动、航空运动、水上摩托车运动、电竞运动等领域体育消费新业态;鼓励支持社会资本投资建设体育综合体和运动休闲小镇,并在项目准入、人才、土地、金融等方面给予重点支持。其次,应建立健全体育产权制度和要素市场化配置机制。这包括厦门市未来需建立全市体育资源交易平台,推动各类体育资源要素市场化配置。以体育赛事举办为例,厦门市在推动体育赛事市场化运营的同时,也要按市场化原则建立体育赛事转播收益分配机制。除此之外,厦门市还要支持各类体育社会组织采用冠名、赞助、特许经营等方式开发无形资产。最后,应加大财税、金融支持体育社会组织和市场主体的力度,引导鼓励社会资本投入体育产业复合发展。

2.强化体育产业高级人才培养和引进机制

高素质的体育产业人才是体育产业复合发展的决定因素,快出人才和多出人才是加快厦门体育产业复合发展的前提条件。为此,厦门市首先应优化引进和培养体育产业人才体制机制。引进和培养体育产业人才相结合,是解决人才问题的根本出路,因而厦门要面向国内外引进各类高层次、高素质的管理人才。其次,应以当地高等院校为依托,支持有条件的大专院校增设体育产业专业和课程,按市场需求培养体育产业专业人才;另外还要支持有条件的体育企业单位与大专院校联合,培养既懂经济又懂体育的高层次复合型管理人才。再次是加强体育岗位职业培训,创新体育服务业从业人员执业资格制度,提高从业人员的素质和能力。接下来是培育和规范体育人才市场,完善人才评估体系和激励机制。最后是由政府选派资助人员到一些从事体育产业的国际中介机构学习、实践,培养一批体育产业专家队伍,加速厦门市体育产业与国际的接轨。

3.创新"体育产业+厦门特色"协同发展机制

体育产业特色发展是未来体育产业发展的重要趋势,而为实现体育产业特色发展,厦门市应创新体育产业发展体制机制,创新市场要素、产业格局、企业布局、自然资源、地理位置、人文环境等要素融入本市体育产业发展的政策,实现"体育产业+厦门特色"协同发展。首先,厦门市毗邻台湾,应利用地理位置优势加强对台合作,催化厦门体育产业发展。这要求厦门利用特殊的地理环境和区域优势,加强对台体育产业发展交流,培植体育市场,共同打造中国人的体育用品品牌。其次,厦门体育产业发展还应瞄准高消费的体育休闲商务活动。厦门岛拥有最适合人居的环境,以旅游、会展、高科技研发为主的第三产业相对发达,高级商务活动频繁,而高级商务活动往往伴随着体育休闲娱乐。因而厦门市未来应继续引进和利用外资,投资高消费的体育商务休闲产业,为本市体育产业增添活力。最后,应利用本市较好的群众体育基础,积极发展体育单项运动协会,并发挥协会的专业特长和功能,以体育活动的普及带动体育产品需求的增加。

结　语

体育事业管理体制机制是体育运行的根基和骨干,更是影响体育改革成效的深层次因素。只有完善体育事业管理体制机制,筑牢根基,搭稳架构,不断改革创新,适应社会主义现代化发展,才能推动体育事业行稳致远。"十四五"时期,厦门市应立足本市"十三五"时期体育事业管理体制机制改革经验、成效和问题,科学预判本市体育发展面临的新机遇与新挑战,坚持问题导向,聚焦重点领域和关键环节,围绕全民健身公共服务的社会力量参与、竞技体育人才培训、体育产业复合发展等领域进行体制机制改革创新,释放政府压力,激发市场活力,办好群众体育,不断开创厦门市体育事业发展新局面。

参考文献

[1]厦门市体育局.厦门市体育局2021年工作总结和2022年工作计划[EB/OL].[2022-04-08].http://sports.xm.gov.cn/xxgk/zfxxgk/ml/jhzj/202204/t20220408_2653367.htm.

[2]厦门市体育局.厦门市体育局关于印发厦门市"十四五"体育事业发展专项规划的通知[2021-11-05].http://sports.xm.gov.cn/xxgk/zfxxgk/ml/jhzj/202111/t20211105_2612300.htm.

[3]厦门市人民政府办公厅.厦门市人民政府办公厅关于促进全民健身和体育消费推动体育产业高质量发展的实施意见[2019-11-08].http://www.xm.gov.cn/zwgk/flfg/sfbwj/201911/t20191115_2400293.htm.

[4]厦门市体育局.2021年厦门市居民体育消费调查报告[N].厦门日报,2022-09-11.

[5]厦门市体育局.厦门市体育局关于印发厦门市全民健身场地设施建设补短板五年行动计划(2022—2026)的通知[2022-08-23].http://sports.xm.gov.cn/xxgk/zfxxgk/ml/jhzj/202208/t20220830_2684204.htm.

[6]厦门市人民政府办公厅.厦门市人民政府办公厅关于引发加快推进群众身边全民健身场地设施建设工作方案的通知[2022-03-07].http://sports.xm.gov.cn/xxgk/zfxxgk/ml/jhzj/202203/t20220325_2639028.htm.

[7]李鉴.体育强国建设背景下体育体制机制改革的中国逻辑与路径[J].上海体育学院学报,2011,46(1):41-51.

[8]黄旭晖.我国体育管理体制的改革趋势[J].当代体育科技,2015,5(21):158.

[9]方磊.金融与体育携手并进[N].中国银行保险报,2022-04-29(8).

[10]马俊苹.福建省大型体育场馆运营模式优化研究[J].三峡大学学报(人文社会科学版),2017,39(6):81-84.

[11]张强;王家宏.新时代我国智慧体育场馆运营管理研究[J].武汉体育学院学报,2021,55(11):62-69.

[12]闫建华,田华刚.政府购买公共体育服务的法律规制与冲突[J].体育成人教育学刊,2020,36(3):10.

[13]厦门市人民政府.2017—2021年厦门市经济特区年鉴.[EB/OL].

[2022-09-12].http://www.xm.gov.cn/zfxxgk/xxgkznml/gmzgan/tjnj/.

[14]吴林.新时期厦门市体育产业高质量发展中存在的问题及对策[J].哈尔滨体育学院学报,2021,39(4):71-76.

课题负责人及统稿:朱仁显

执　　　　　笔:孙梦琼

后　记

　　本书的组织、编撰、出版和发行分别得到了厦门市委市政府、市人大、市政协、市有关部门和全市各高校与研究机构以及厦门大学出版社的大力支持,在此一并表示感谢。我们要特别感谢各职能部门、高校和研究机构的高度重视和密切配合,他们为我们提供了高质量的研究成果。我们还要特别感谢本书总编审——集美大学李友华教授、厦门大学李文溥教授与朱仁显教授,以及本书责任编审——厦门市委政策研究室郑亚伍处长、厦门市发展研究中心戴松若副主任、厦门大学朱冬亮教授和厦门市政协提案委秘书处余强处长,他们都认真细致地审阅了本书稿件并提出了许多建设性意见。

　　本书各篇内容都是独立的研究成果,代表作者本人的学术观点。文中涉及的大量统计和调查数据截止至 2022 年第三季度,并在此基础上预测最后一个季度的数据,2022 年全年度的实际数据仍以厦门市统计局正式公布的数据为准。

　　由于时间和水平有限,本书难免存在疏漏和差错之处,敬请读者指正并见谅。

编者
2022 年 12 月